AF885370

ACCESO GRATUITO DURANTE UN AÑO AL eBOOK Y/O AUDIOLIBRO ADQUIRIDOS A TRAVÉS DE AMAZON

Si ha adquirido este libro a través de **Amazon**, puede solicitar acceso gratuito a su versión digital durante **un año de forma gratuita**. Siga estos pasos:

¿Cómo solicitarlo?

1. Envíe un **correo electrónico a info@colex.es** con el asunto: **«Solicitud de eBook - [Título del libro]»**.
2. **Adjunte la factura de compra** de Amazon como comprobante.
3. Indique en el cuerpo del correo:
   - Su **nombre completo**.
   - Su **dirección de correo electrónico**.
     (para activar su cuenta en **www.colex.es**, si aún no está registrada).
4. **Una vez verificada la compra, recibirá un código de activación** para canjear en **www.colex.es**

✓ Una vez se valide el código, aparecerá una ventana de confirmación y su eBook y/o audiolibro estará disponible **durante 1 año desde su activación** en la pestaña «Mis libros» en el menú de usuario.

— Para más información y acceso a su código, visite: www.colex.es —

* Los audiolibros están disponibles en las ediciones más recientes de nuestras obras. Se excluyen expresamente las colecciones «Códigos comentados», «Biblioteca digital» y los productos de www.vademecumlegal.es.

No se admitirá la devolución si el código promocional ha sido manipulado y/o utilizado.

DERECHO DE LA CONSTRUCCIÓN Y USO DE LA VIVIENDA

(Suelo, Construcción, Propiedad Horizontal, Arrendamientos Urbanos y Registro de la Propiedad)

DERECHO DE LA CONSTRUCCIÓN Y USO DE LA VIVIENDA

(Suelo, Construcción, Propiedad Horizontal, Arrendamientos Urbanos y Registro de la Propiedad)

Carlos de Lara Vences

Doctor en Derecho
Abogado
Profesor de Derecho Civil de la UBU

COLEX 2025

Calle Costa Rica, número 5, 3.º B (local comercial)
A Coruña, 15004, A Coruña (Galicia)
info@colex.es
www.colex.es

I.S.B.N.: 978-84-1194-826-5
Depósito legal: C 314-2025

AGRADECIMIENTOS

Mi más sincero y profundo agradecimiento a mi maestro, el Profesor Dr. Caballero Lozano, por las facilidades y sus exigencias en la redacción de esta obra, y, por supuesto, por la generosidad y paciencia que siempre ha demostrado conmigo.

Quiero agradecer el apoyo desinteresado de mi amigo, el Profesor Dr. Fernando García-Moreno Rodríguez.

Y, por supuesto, a mis hijos, Daniel y Silvia; a mis héroes y padres, Julio y Menchu; a la Profesora Dra. Sandra Alonso Tomé, por acompañarme en el camino de la vida y, en general, a toda mi familia. No he podido tener una familia mejor. Gracias por todo.

SUMARIO

ABREVIATURAS

SECCIÓN PRIMERA
EL SUELO

CAPÍTULO I
RÉGIMEN JURÍDICO DEL SUELO

SECCIÓN SEGUNDA
EL CONTRATO DE OBRA

CAPÍTULO II
EL CONTRATO DE OBRA EN EL CÓDIGO CIVIL

CAPÍTULO III
LEY DE ORDENACIÓN DE LA EDIFICACIÓN

SECCIÓN TERCERA
PROPIEDAD HORIZONTAL

CAPÍTULO IV
INTRODUCCIÓN A LA PROPIEDAD HORIZONTAL

CAPÍTULO V

CONSTITUCIÓN DE LA PROPIEDAD HORIZONTAL

CAPÍTULO VI
ÓRGANOS DE GOBIERNO

CAPÍTULO VII
OBLIGACIONES DE LOS PROPIETARIOS

CAPÍTULO VIII
CONSERVACIÓN Y MEJORA DEL EDIFICIO

SECCIÓN CUARTA
ARRENDAMIENTOS URBANOS

CAPÍTULO IX
CONTRATO DE ARRENDAMIENTOS URBANOS

SECCIÓN QUINTA
REGISTRO DE LA PROPIEDAD

CAPÍTULO X
REGISTRO DE LA PROPIEDAD

CAPÍTULO XI
PROCEDIMIENTO REGISTRAL

BIBLIOGRAFÍA

SENTENCIAS Y RESOLUCIONES

ABREVIATURAS

A) Textos legales

CC	Real Decreto de 24 de julio de 1889 por el que se publica el Código Civil
CCat	Ley 5/2006, de 10 de mayo, del libro quinto del Código Civil de Cataluña, relativo a los derechos reales.
CE	Constitución Española.
CP	Ley Orgánica 10/1995, de 23 de noviembre, del Código Penal.
CTE	Real Decreto 314/2006, de 17 de marzo, por el que se aprueba el Código Técnico de la Edificación.
ET	Real Decreto Legislativo 2/2015, de 23 de octubre, por el que se aprueba el texto refundido de la Ley del Estatuto de los Trabajadores.
LAU	Ley 29/1994, de 24 de noviembre, de Arrendamientos Urbanos.
LC	Real Decreto Legislativo 1/2020, de 5 de mayo, por el que se aprueba el texto refundido de la Ley Concursal.
LCDCFN	Ley 1/1973 de 1 de marzo, por la que se aprueba la Compilación del Derecho Civil Foral de Navarra.
LCRC	Ley 13/2015, de 24 de junio, de Reforma de la Ley Hipotecaria aprobada por Decreto de 8 de febrero de 1946 y del texto refundido de la Ley de Catastro Inmobiliario, aprobado por Real Decreto Legislativo 1/2004, de 5 de marzo.
LCSP	Ley 9/2017, de 8 de noviembre, de Contratos del Sector Público, por la que se transponen al ordenamiento jurídico español las Directivas del Parlamento Europeo y del Consejo 2014/23/UE y 2014/24/UE, de 26 de febrero de 2014.
LDV	Ley 12/2023, de 24 de mayo, por el derecho a la vivienda.
LEC	Ley 1/2000, de 7 de enero, de Enjuiciamiento Civil.
LESPJ	Ley Orgánica 1/2025, de 2 de enero, de medidas en materia de eficiencia del Servicio Público de Justicia.
LH	Decreto de 8 de febrero de 1946 por el que se aprueba la nueva redacción oficial de la Ley Hipotecaria.
LN	Ley del Notariado de 28 de mayo de 1862.
LOE	Ley 38/1999, de 5 de noviembre, de Ordenación de la Edificación
LPACAP	Ley 39/2015, de 1 de octubre, del Procedimiento Administrativo Común de las Administraciones Públicas.

LPH	Ley 49/1960, de 21 de julio, sobre propiedad horizontal.
LPRL	Ley 31/1995, de 8 de noviembre, de prevención de Riesgos Laborales.
LSSC	Ley 32/2006, de 18 de octubre, reguladora de la subcontratación en el Sector de la Construcción.
RDELH	Real Decreto 1093/1997 de 4 de julio, por el que se aprueban las normas complementarias al Reglamento para la ejecución de la Ley Hipotecaria sobre Inscripción en el Registro de la Propiedad de Actos de Naturaleza Urbanística
RDSSLC	Real Decreto 1627/1997, de 24 de octubre, por el que se establecen disposiciones mínimas de seguridad y de salud en las obras de construcción
RH	Decreto de 14 de febrero de 1947 por el que se aprueba el Reglamento Hipotecario
TRLSRU	Real Decreto Legislativo 7/2015, de 30 de octubre, por el que se aprueba el texto refundido de la Ley de Suelo y Rehabilitación Urbana.

B) Otras

ATS	Auto del Tribunal Supremo
BOE	Boletín Oficial del Estado
DGRN/	Dirección General de los Registros y del Notariado/
DGSJFP	Dirección General de Seguridad Jurídica y Fe Púbica
Pág.	Página
Págs.	Páginas
RDGRN/	Resolución de la Dirección General de los Registros y del Notariado/
RDGSJFP	Resolución de la Dirección General de Seguridad Jurídica y Fe Púbica
SAP	Sentencia de la Audiencia Provincial
ss.	Siguientes
STC	Sentencia del Tribunal Constitucional
STJUE	Sentencia del Tribunal de Justicia de la Unión Europea
STS	Sentencia del Tribunal Supremo
STSJ	Sentencia de Tribunal Superior de Justicia
Vol.	Volumen

SECCIÓN PRIMERA

El suelo

CAPÍTULO I

RÉGIMEN JURÍDICO DEL SUELO

1. Propiedad del suelo

1.1. Régimen en el Código Civil

Dispone el artículo 348 CC que la propiedad es el derecho de gozar y disponer de una cosa o de un animal, sin más limitaciones que las establecidas en las leyes. Este precepto consagra el principio de libertad de fundo, en virtud del cual, se presume que toda propiedad está libre de cargas y limitaciones, salvo que de forma expresa se pruebe lo contrario. Se trata de una presunción *iuris tantum*.

Debe delimitarse el concepto suelo, que no solo abarca el plano superficial del mismo, sino que se extiende de forma vertical recordando el concepto romano de la propiedad: hasta el cielo y el infierno[1]. Ello aparece consagrado en el artículo 350 CC que señala que el propietario del suelo lo es también de lo que está debajo de él, refiriendo expresamente a obras y excavaciones bajo su superficie. En el ámbito de la edificación, permite la construcción de plazas de aparcamiento y trasteros en las plantas sótano de los edificios.

No obstante, esta posibilidad no es ilimitada, sino más bien al contrario, dada la imposible existencia de derechos absolutos que se ven convertidos en obligaciones cuando colisionan con otros derechos. El citado artículo 350 CC establece límites a la propiedad privada:

a) Derivados de relaciones jurídico-privadas: servidumbres.

b) Derivados de relaciones jurídico-públicas: leyes sobre minas y aguas y los reglamentos de policía. Estos límites son consecuencia de la transcendencia pública de los bienes objeto de las anteriores normas legales.

---

1 *Cuius est solum, eius est usque ad coelum et ad ínferos*. Atribuido a ACCURSIO (1182-1263), glosador de la Escuela de Bolonia. ACCURSIO, F., *Gran Glosa*.

Pero el propietario de la superficie no será sólo propietario del suelo, sino también del vuelo. Aunque el artículo 350 CC no se refiere expresamente al vuelo, lo cierto es que debe entenderse incluido el mismo, como así lo entiende la generalidad de la doctrina[2]. En el mismo sentido, el artículo 12.2 TRLSRU y la STS de 23 de junio de 1998[3].

1.2. Régimen urbanístico del suelo

1.2.1. Contenido general de la propiedad del suelo

El artículo 11.1 TRLSRU determina que el régimen urbanístico de la propiedad del suelo es estatutario, lo que implica que el mismo es el que resulte de la regulación que en cada momento realice el ordenamiento jurídico[4]. En este sentido, debe tenerse en cuenta lo señalado por el artículo 11.2 TRLSRU, en el sentido de que hay que distinguir entre la propiedad del suelo y la posibilidad edificatoria. Señala este precepto que la patrimonialización de la edificabilidad se produce únicamente con su realización efectiva, y está condicionada en todo caso al cumplimiento de los deberes y el levantamiento de

---

2 Considera Larrosa Amante que, «resulta evidente que toda construcción, por su propia naturaleza, supone una elevación sobre el terreno y por ello la ocupación de dicho espacio aéreo, e igualmente que no sería aceptable la construcción en terreno propio, pero ocupando el vuelo de una finca ajena, pues este acto supondría una lesión del derecho de propiedad». Larrosa Amante, M.A., «Comentario Artículo 350. Real Decreto, de 24 de julio de 1889, que dispone la publicación del Código Civil», en *Artículo Monográfico Sepín*, junio 2009, SP/DOCT/10851.

3 Artículo 12.2 TRLSRU: «Las facultades del propietario alcanzan al vuelo y al subsuelo hasta donde determinen los instrumentos de ordenación urbanística, de conformidad con las leyes aplicables y con las limitaciones y servidumbres que requiera la protección del dominio público».

STS 607/1998, 23 de junio de 1998, ECLI:ES:TS:1998:4206. «Al estudiar el derecho de propiedad se ha reconocido, desde siempre, que su extensión —en caso de inmueble— no se limita al suelo propiamente dicho, sino que alcanza al vuelo —lo que está encima— y al subsuelo —lo que está debajo— siendo muy conocida, aunque no es aplicable absolutamente hoy en día (el poder del propietario, según la concepción actual, se extiende hasta donde llegue su interés) aquel aforismo procedente de la doctrina romanista medieval de que el poder del propietario se extiende *usque ad sidera et usque ad inferos*. El derecho sobre el vuelo puede entenderse como una parte del derecho de propiedad, como hace la sentencia de 9 de julio de 1988 (la sentencia de 11 de noviembre de 1919 dijo que del artículo 350 se deduce que el propietario del suelo lo es también del vuelo) o como un derecho real que recae en cosa ajena, como hace la de 24 de diciembre de 1991. En todo caso, el derecho de propiedad se extiende al vuelo y si éste está desgajado del anterior, el vuelo queda configurado como derecho real inscribible en el Registro de la Propiedad, como dice la citada sentencia de 9 de julio de 1988».

4 Véase sobre el particular, pese a ser un trabajo de hace ya bastantes años, dado que no ha perdido apenas actualidad, el trabajo de Chinchilla Peinado, J. A., «Régimen urbanístico de la propiedad del suelo», *Revista de Derecho Urbanístico y Medio Ambiente*, núm. 152, 1997, págs. 11 y ss.

las cargas propias del régimen que corresponda, en los términos dispuestos por la legislación sobre ordenación territorial y urbanística.

Conforme a lo dispuesto en el artículo 11.3 TRLSRU, todos los actos de edificación estarán sujetos a autorización administrativa. No obstante, dichas autorizaciones serán regladas y no sujetas a actos discrecionales de la administración, ya que, en caso de denegación, ésta deberá ser motivada. Por lo tanto, son susceptibles de impugnación en caso de disconformidad. Cuando las facultades o derechos urbanísticos pretendidos contravengan la ordenación territorial o urbanística no podrán ser adquiridos por silencio administrativo, por lo que no puede alegarse inactividad resolutoria de la administración para contravenir estas normas contrarias a derecho. Como regla general, las resoluciones en materia urbanística deben ser expresas y el silencio administrativo será negativo[5].

Sin perjuicio de lo ya señalado respecto del derecho de vuelo y posibilidad edificatoria sobre rasante, el artículo 12.1 TRLSRU dispone que el derecho de propiedad del suelo comprende las facultades de uso, disfrute y explotación del mismo, conforme al:

a) Estado del suelo
b) Clasificación del suelo: urbano, urbanizable y no urbanizable.
c) Características objetivas
d) Destino que tenga en cada momento.
e) La legislación en materia de ordenación territorial y urbanística aplicable por razón de las características y situación del bien.

La propiedad del suelo confiere también su facultad de disposición, con el límite al respeto el régimen de formación de fincas y parcelas y de relación entre ellas[6].

---

5 En relación con el silencia administrativo dentro del ámbito urbanístico, me remito al reciente trabajo de CASTELAO SIMÓN, J., «A vueltas con el silencio administrativo en urbanismo», en *Derecho Urbanístico en España: situación actual y perspectivas de futuro. Estudios en Homenaje a Julio Castelao Rodríguez*, El Consultor de los Ayuntamientos, Madrid, 2024, págs. 393 y ss.

6 Artículo 26.2. TRLSRU: «La división o segregación de una finca para dar lugar a dos o más diferentes sólo es posible si cada una de las resultantes reúne las características exigidas por la legislación aplicable y la ordenación territorial y urbanística. Esta regla es también aplicable a la enajenación, sin división ni segregación, de participaciones indivisas a las que se atribuya el derecho de utilización exclusiva de porción o porciones concretas de la finca, así como a la constitución de asociaciones o sociedades en las que la cualidad de socio incorpore dicho derecho de utilización exclusiva.
En la autorización de escrituras de segregación o división de fincas, los notarios exigirán, para su testimonio, la acreditación documental de la conformidad, aprobación o autorización administrativa a que esté sujeta, en su caso, la división o segregación conforme a la legislación que le sea aplicable. El cumplimiento de este requisito será exigido por los registradores para practicar la correspondiente inscripción.

La propiedad del suelo contiene también, una serie de deberes descritos en el artículo 15 TRLSRU[7]:

a) Deber de uso, compatible con la ordenación territorial y urbanística.

b) Deber de conservación: condiciones de seguridad, salubridad, accesibilidad universal, ornato, etc., con el límite de la mitad del valor actual de construcción de un inmueble de nueva planta, equivalente al original, en relación con las características constructivas y la superficie útil, realizado con las condiciones necesarias para que su ocupación sea autorizable o, en su caso, quede en condiciones de ser legalmente destinado al uso que le sea propio. En caso de superación del límite, el exceso es satisfecho por la Administración que ordene las obras que lo rebasen[8].

c) Deber de realizar las obras adicionales que la Administración ordene con el límite del deber legal de conservación, lo que constituye el límite de las obras que deben ejecutarse a costa de los propietarios. Cuando se supere dicho límite, correrán a cargo de los fondos de la Administración que ordene las obras que lo rebasen para obtener mejoras de interés general.

La Administración competente podrá imponer, en cualquier momento, la realización de obras para el cumplimiento del deber legal de conservación, estableciendo un plazo para su ejecución[9]. El acto administrativo firme que así lo acuerde, constituirá una afección real inmediata sobre el inmueble a fin de constituir una garantía real para asegurar el cumplimiento de la obligación. Se hará constar dicha afección real en el Registro de la Propiedad mediante norma marginal.

Los notarios y registradores de la propiedad harán constar en la descripción de las fincas, en su caso, su cualidad de indivisibles».

7 Resulta de obligada recomendación el trabajo de De los Mozos y de los Mozos, J. L., «Propiedad y urbanismo», en *Hacia un nuevo urbanismo: curso sobre ordenación del espacio y régimen del suelo*, Fundación de Estudios Inmobiliarios, Madrid, 2005, págs. 231 y ss.

8 Véase sobre el particular García-Moreno Rodríguez, F., «El límite del deber de conservación: El difícil equilibrio entre la conservación de los edificios, construcciones e instalaciones y la ruina económica», *Revista de Derecho Urbanístico y Medio Ambiente*, núm. 347, 2021, págs. 19 y ss.

9 La imposición que la Administración competente puede ejercitar en cualquier momento para que los propietarios afronten las obras precisas relacionadas con su deber de conservación, se denomina orden de ejecución, pudiendo observar múltiples y variados ejemplos de la misma, así como la evolución que ha seguido hasta nuestros días en el trabajo de García-Moreno Rodríguez, F., y Villanueva López, A., «Las órdenes de ejecución hoy: de su tradicional apego al deber de conservación a su desarraigo presente y consiguiente desnaturalización. Una visión de conjunto a la luz de su vigente regulación», *Revista de Derecho Urbanístico y Medio Ambiente*, núm. 320, 2018, págs. 19 y ss.

En caso de incumplimiento se procederá a su realización subsidiaria por la Administración Pública competente, sustituyendo ésta al titular y asumiendo la facultad de edificar o de rehabilitarlos con cargo a aquéllos[10], o a la aplicación de cualesquiera otras fórmulas de reacción administrativa a elección de ésta. En tales supuestos, el límite máximo del deber de conservación podrá elevarse, si así lo dispone la legislación autonómica, hasta el 75 % del coste de reposición de la construcción o el edificio correspondiente.

1.2.2. Contenido particular de la propiedad del suelo

Su contenido difiere en virtud de su clasificación. Se puede clasificar el suelo en: no urbano, urbanizable y urbano.

1.2.2.1. Suelo no urbanizable

Se define como no urbanizable el suelo que no ha sido objeto de transformación urbanística y que el ordenamiento jurídico vigente no permite que se convierta en urbanizable[11]. Su fundamento se encuentra en la especial protección que requieren por su especial valor paisajístico, histórico, arqueológico, ambiental, cultural, científico, agrícola, forestal, ganadero o sus recursos naturales, o por su relación con el dominio público[12].

Sus facultades son:

a) Usar, disfrutar y disponer del suelo de conformidad con su naturaleza.

b) Dedicarlo al uso agrícola, ganadero, forestal, cinegético, o cualquier otro vinculado a la utilización racional de los recursos naturales.

En el suelo preservado por la ordenación territorial y urbanística de su transformación mediante la urbanización, que deberá incluir, como mínimo, los terrenos excluidos de dicha transformación por la legislación de protec-

---

10 Sobre el particular me remito por entero a CHINCHILLA PEINADO, J. A., «La ejecución subsidiaria en materia de urbanismo», *Revista de Derecho Urbanístico y Medio Ambiente*, núm. 164, 1998, págs. 29 y ss.

11 Un clásico que no puede dejar de consultarse si se quiere saber más sobre el suelo no urbanizable es el libro de PAREJA I LOZANO, C., *Régimen del suelo no urbanizable*, Marcial Pons, Madrid, 1990.

12 Con la finalidad de saber todas las particularidades del suelo no urbanizable, tanto en su condición de suelo no urbanizable común, como de suelo no urbanizable de especial protección, así como los usos permitidos, compatibles y prohibidos con las diversas categorizaciones de este último, me remito por entero al exhaustivo trabajo de GARCÍA-MORENO RODRÍGUEZ, F., «Régimen jurídico del suelo rústico de Castilla y León», en *Nuevo Derecho Urbanístico de Castilla y León*, Thomson Reuters Aranzadi, Cizur Menor (Navarra), 2017, págs. 391 y ss., ya que pese a centrarse en el análisis de dicho suelo en la Comunidad Autónoma castellanoleonesa, lo contemplado en él resulta aplicable, *mutatis mutandis*, al suelo no urbanizable del resto de Comunidades Autónomas.

ción o policía del dominio público, de la naturaleza o del patrimonio cultural, los que deban quedar sujetos a tal protección conforme a la ordenación territorial y urbanística por los valores en ellos concurrentes, incluso los ecológicos, agrícolas, ganaderos, forestales y paisajísticos, así como aquéllos con riesgos naturales o tecnológicos, incluidos los de inundación o de otros accidentes graves, y cuantos otros prevea la legislación de ordenación territorial o urbanística, las facultades del derecho de propiedad incluyen las de usar, disfrutar y disponer de los terrenos de conformidad con su naturaleza, debiendo dedicarse, dentro de los límites que dispongan las leyes y la ordenación territorial y urbanística, al uso agrícola, ganadero, forestal, cinegético o cualquier otro vinculado a la utilización racional de los recursos naturales. Su uso de disfrutará con sujeción a la legislación del patrimonio cultural y patrimonio natural:

a) Ley 16/1985, de 25 de junio, del Patrimonio Histórico Español.

b) Ley 42/2007, de 13 de diciembre, del Patrimonio Natural y de la Biodiversidad.

Dispone el artículo 13.1.II del TRLSRU que la utilización de los terrenos con valores ambientales, culturales, históricos, arqueológicos, científicos y paisajísticos que sean objeto de protección por la legislación aplicable, quedará siempre sometida a la preservación de dichos valores, y comprenderá únicamente los actos de alteración del estado natural de los terrenos que aquella legislación expresamente autorice.

Deberes de los propietarios del suelo:

I. Generales

a) Deber de conservación para mantener los terrenos y su masa vegetal en condiciones de evitar riesgos de erosión, incendio, inundación, así como daños o perjuicios a terceros o al interés general, incluidos los medioambientales; garantizar la seguridad o salud públicas; prevenir la contaminación del suelo, el agua o el aire y las inmisiones contaminantes indebidas en otros bienes y, en su caso, recuperarlos de ellas en los términos dispuestos por su legislación específica; y asegurar el establecimiento y funcionamiento de los servicios derivados de los usos y las actividades que se desarrollen en el suelo.

b) Prevenir la contaminación del suelo, el agua, el aire u otros bienes; reparación si se ha producido.

II. En el supuesto del suelo en situación rural no sometido al régimen de una actuación de urbanización, además de lo anterior:

a) Ejecutar las infraestructuras de conexión con las redes generales de servicios.

b) No realizar reparcelaciones urbanísticas.

c) Respetar lo dispuesto en la legislación agraria, forestal o de similar naturaleza, en materia de divisiones, segregaciones o fraccionamientos.

En este suelo quedan prohibidas las parcelaciones urbanísticas, sin que, puedan efectuarse divisiones, segregaciones o fraccionamientos de cualquier tipo en contra de lo dispuesto en la legislación agraria, forestal o de similar naturaleza.

III. En particular, suelo en situación rural sometido al régimen de una actuación de transformación urbanística:

a) Participación en los deberes legales de la promoción de la actuación, en un régimen de equitativa distribución de beneficios y cargas.

b) Permitir ocupar los bienes necesarios para la realización de las obras, en su caso, al responsable de ejecutar la actuación.

1.2.2.2. Suelo urbanizable

El suelo urbanizable es aquel susceptible de convertirse en urbano siempre que así esté previsto en el planeamiento urbanístico[13].

Pueden ser de dos tipos:

a) Programado: suelo susceptible de ser urbanizado en un futuro más o menos cercano, siempre que así esté previsto en la normativa de planteamiento municipal. Cuentan con los suministros esenciales, tales como agua y luz, así como acceso rodado.

b) No programado: Suelo con previsibilidad de urbanización a largo plazo, ya que no están incluidos en este sentido en el planeamiento municipal, precisando previa ordenación.

Sus facultades son:

a) Derecho de consulta a las Administraciones competentes sobre previsión de conexión de la urbanización con las redes generales de servicios y, en su caso, las de ampliación y reforzamiento de las existentes fuera de la actuación.

b) Derecho al resarcimiento de daños y perjuicios en caso de alteración de los criterios y las previsiones facilitados en la contestación.

13 Para profundizar más en los tipos, facultades y contenido del suelo urbanizable, me remito por entero al completo trabajo de García-Moreno Rodríguez, F., «Suelo urbanizable», en Fundamentos de Derecho Urbanístico, Thomson Reuters Aranzadi, Cizur Menor (Navarra), 2009, pág. 548 y ss. Y mucho más reciente, de idéntico autor, el trabajo titulado: «La muchas veces olvidada obligación de justificar el nuevo suelo urbanizable que se aprueba, en cuanto que garante del predicado desarrollo urbano sostenible·, *Revista de Derecho Urbanístico y Medio Ambiente*, núm. 364, 2023, págs. 37 y ss.

Contenido:

a) Reclamación de gastos derivados de la elaboración de proyectos necesarios que resulten inútiles, conforme al régimen de responsabilidad patrimonial de las Administraciones Públicas.

b) Derecho de elaborar y presentar el instrumento de ordenación que corresponda, si la Administración no lo ha reservado a la iniciativa pública.

c) Derecho a participar en la ejecución de las actuaciones de nueva urbanización, con distribución equitativa de beneficios y cargas en proporción a su aportación.

d) Derecho a la realización de usos y obras de carácter provisional que se autoricen. No obstante, en caso de demolición ordenada por la Administración no habrá derecho a indemnización alguna.

e) Derecho de usar, disfrutar y disponer de los terrenos.

1.2.2.3. Suelo urbano

Se considera urbano al que cuenta con los servicios básicos de acceso con rodados, abastecimiento de agua, evacuación de aguas y suministro de energía eléctrica en el momento que se realice el planeamiento urbano. También lo será aquel que, aunque no cuente con aquellos servicios en ese momento, lo obtenga en la ejecución del planeamiento urbano[14].

Facultades: serán las mismas que las del suelo urbanizable:

a) Derecho de consulta a las Administraciones competentes, sobre previsión de conexión de la urbanización con las redes generales de servicios y, en su caso, las de ampliación y reforzamiento de las existentes fuera de la actuación.

b) Derecho al resarcimiento de daños y perjuicios en caso de alteración de los criterios y las previsiones facilitadas en la contestación.

Contenido:

a) Gastos derivados de la elaboración de proyectos necesarios que resulten inútiles, bajo el régimen de responsabilidad patrimonial de las Administraciones Públicas.

b) Derecho a participar en la ejecución de las actuaciones de nueva urbanización, con distribución equitativa de beneficios y cargas en proporción a su aportación.

---

14 Si se desea profundizar más en las propiedades, características y contenido del suelo urbano, resulta de obligada lectura el trabajo de De Vicente González, J. L., «Suelo urbano», en *Fundamentos de Derecho Urbanístico,* Thomson Reuters Aranzadi, Cizur Menor (Navarra), 2009, págs. 514 y ss.

c) Derecho a la realización de usos y obras de carácter provisional que se autoricen, pero en caso de demolición ordenada por la Administración no habrá derecho a indemnización alguna.

d) Derecho a completar la urbanización de los terrenos.

e) Derecho a edificar sobre unidad apta para ello en los plazos establecidos.

f) Derecho a participar en la ejecución de actuaciones de reforma o renovación de la urbanización, etc.

g) Derecho a obtener las autorizaciones administrativas necesarias para lo anterior.

Deberes:

I. Deber de uso, que comprende:

a) Deber de completar la urbanización de los terrenos.

b) Deber de edificar en los plazos establecidos.

II. Deber de participar en el régimen de distribución de beneficios y cargas, cuando la Administración imponga la realización de actuaciones.

III. Deber de conservación, cuando se trate de edificaciones:

a) Observar los requisitos básicos de la edificación establecidos en el artículo 3.1 LOE[15].

b) Actualizar las instalaciones de las edificaciones existentes a las normas vigentes en cada momento.

c) El límite del valor de las obras que deben costear los propietarios será la mitad del valor actual de construcción de un inmueble de nueva planta, equivalente al original. Cuando se supere el límite el exceso será satisfecho por la Administración que ordene las obras que lo rebasen.

En todo caso, conforme a los señalado en el artículo 17.5 TRLSRU, corresponde la realización de las actuaciones sobre el medio urbano a los siguientes sujetos[16]:

---

15 Artículo 3.1 LOE: Con el fin de garantizar la seguridad de las personas, el bienestar de la sociedad y la protección del medio ambiente, se establecen los siguientes requisitos básicos de la edificación, que deberán satisfacerse, de la forma que reglamentariamente se establezca, en el proyecto, la construcción, el mantenimiento, la conservación y el uso de los edificios y sus instalaciones, así como en las intervenciones que se realicen en los edificios existentes:
Relativos a la funcionalidad.
Relativos a la seguridad.
Relativos a la habitabilidad.

16 Véase en este sentido el trabajo de García-Moreno Rodríguez, F., «Sujetos obligados a la realización de las obras que comprenden tanto la rehabilitación edificatoria, como la

I. Los obligados por la legislación de ordenación territorial y urbanística.

II. Los propietarios y los titulares de derechos de uso otorgados por ellos:

a) Según la proporción acordada en el contrato o negocio jurídico.

b) Si no hay contrato o negocio jurídico:

» Si las actuaciones son o no «reparaciones menores» motivadas por el uso diario de la vivienda, sus instalaciones y servicios, corresponderá al titular de derecho de uso.

» Si no es así, corresponderá al propietario.

III. Las comunidades de propietarios y cooperativas de viviendas, respecto de los elementos comunes. Artículo 9.1.e) LPH.

IV. Las Administraciones Públicas, respecto de los elementos propios de la urbanización:

a) Si no existe el deber legal para los propietarios de asumir su coste.

b) Cuando las Administraciones Públicas financien parte de la operación con fondos públicos, en los supuestos de ejecución subsidiaria a costa de los obligados.

2. Compraventa del terreno

Señala el artículo 1469 CC que la obligación de entregar la cosa vendida comprende la de poner en poder del comprador todo lo que exprese el contrato. Aquí se analiza la compra de un terreno como objeto cierto que es materia del contrato al que se refiere el artículo 1261.2.° CC, en definitiva, la cosa determinada a que se refiere el artículo 1445 CC. En el caso de la compraventa de terrenos para la edificación es imprescindible la correcta determinación de su superficie.

Lo que va a analizarse en este epígrafe, es el supuesto en que existe diferencias entre lo pactado y lo que se creyó que se pactaba; porque si lo que existe es una diferencia entre lo pactado y lo finalmente entregado, siendo dicha diferencia consciente por parte del vendedor, se estará ante un supuesto de incumplimiento total del contrato[17].

---

regeneración y renovación urbanas», en *Ley de Rehabilitación, Regeneración y Renovación Urbanas*, El Consultor de los Ayuntamiento y de los Juzgados – La Ley, Madrid, 2013, págs. 162 y ss.

17 Albácar López, J.L., «Comentarios a los artículos 1445 a 1603», en *Código Civil, Doctrina y Jurisprudencia,* obra colectiva, coordinador: Albácar López, J.L., Trivium, Madrid, 1991, págs. 199-202.

2.1. Compraventa por unidad de medida

Si en el contrato de compraventa se hubiera hecho constar la cabida o dimensiones del terreno, fijando como precio una cantidad unitaria a multiplicar por las unidades de medida de este (por ejemplo, a razón de 3€/m2), el vendedor deberá entregar al comprador la superficie de terreno pactada. Esto no siempre será posible, puesto que no siempre habrá posibilidad de disposición por parte del vendedor de una superficie igual a la pactada en contrato.

En el supuesto de menor cabida, el comprador podrá optar por lo siguiente:

a) Rebaja proporcional del precio.

b) Rescisión del contrato, cuando la menor cabida sea superior a la décima parte de la superficie pactada. Si se pacta la compra de un suelo para edificar y este resulta ser de una dimensión sensiblemente inferior a la inicialmente pactada, puede ser que resulte insuficiente desde una perspectiva física, jurídica o económica para ser edificado.

En el caso de mayor cabida, se deberá tener en cuenta el alcance de esta:

a) Si no excede de la vigésima parte de la dimensión del terreno pactada en contrato, el comprador deberá pagar el incremento del precio final en proporción a la mayor cabida final.

b) Si excede de la vigésima parte de la superficie pactada en contrato, el comprador podrá optar entre:

   - Pagar el mayor valor del terreno en proporción al incremento de la superficie real, en relación con la descrita en el contrato de compraventa.
   - Desistir de la compraventa pactada.

Si fuera de igual cabida, pero con calidad inferior a la pactada, el comprador podrá optar por lo siguiente:

a) Rebaja proporcional del precio.

b) Rescisión del contrato, cuando el menor valor del terreno vendido exceda de la décima parte del precio acordado en contrato.

En los supuestos de error de cabida que sean consecuencia de errores descriptivos del Registro de la Propiedad, podrá ser subsanados mediante el expediente de dominio de rectificación de la descripción del terreno regulado en el artículo 201 LH[18]. Este expediente se tramitará conforme al procedimiento establecido en el artículo 203 LH[19]. Para ello, están legitimados el

18 En este sentido, RDGRN/DGSJFP, de 9 de enero de 2024, BOE de 19 de febrero de 2024.

19 Se aplicará este artículo salvo lo dispuesto en el apartado c) de la regla segunda, los apartados d) y e) de la regla quinta, el último párrafo de la regla sexta, así como que el contenido de las certificaciones de las reglas tercera, se entenderán limitados a la rectificación cuya inscripción se solicita.

titular registral del terreno o de una cuota indivisa del mismo, así como el titular de cualquier derecho real inscrito sobre la finca.

Si la diferencia de cabida no fuera consecuencia de errores descriptivos del Registro de la Propiedad, deberá seguirse un procedimiento distinto. Si faltaran porciones de terreno que no se encontraran previamente inscritas deberá procederse a su inmatriculación, es decir, a su primera inscripción en el Registro de la Propiedad, que necesariamente deberá ser la de dominio conforme a lo dispuesto en el artículo 7.I LH. Cuando se trate de fincas resultantes de un expediente administrativo de reorganización de la propiedad, expropiación o deslinde, el procedimiento adecuado será la rectificación del título original o la previa tramitación del procedimiento administrativo correspondiente.

Conforme a lo dispuesto en el artículo 201.3 LH no será necesario el expediente de rectificación:

a) Cuando las diferencias de cabida no excedan del diez por ciento de la inscrita y se acredite mediante certificación catastral descriptiva y gráfica, siempre que de los datos descriptivos respectivos se desprenda la plena coincidencia entre la parcela objeto del certificado y la finca inscrita.

b) Cuando la diferencia alegada respecto de la superficie del terreno no exceda del cinco por ciento de la cabida que conste inscrita.

En estos casos, es necesaria la certeza del registrador sobre la realidad de la modificación interesada, lo cual debe manifestarlo en resolución debidamente motivada basada en:

a) La comprobación exacta de la superficie del terreno.

b) La solicitud reiterada de rectificaciones de la superficie del suelo.

c) Proceder la finca de actos de modificación de entidades hipotecarias, como la segregación, la división o la agregación, en los que se haya determinado con exactitud su superficie. Esta exactitud derivada de actos de quienes garantizan sus obligaciones sobre los terrenos cuya cabida debe ser rectificada, es suficiente motivación para que el registrador proceda a la corrección de su superficie.

2.2. Compraventa por precio alzado

Cuando el precio de la compraventa del terreno se fije por un precio alzado, ese precio unitario y cierto es el que será objeto del contrato, no pudiendo modificarse, aunque posteriormente el comprador observe que tiene una menor cabida, o el vendedor que es mayor de la que obra en el contrato.

2.3. Compraventa mixta

Se denomina compraventa mixta, aquella en la que además de describirse el suelo objeto del contrato con expresión de sus linderos, se fija también su cabida. En este caso, con independencia de la cabida señalada, el vendedor está obligado a entregar todo lo que se encuentra dentro de los linderos. Si no fuera posible deberá rebajarse el precio en la proporción a la menor cabida de la señalada en el contrato, con la excepción de que este sea anulado porque el comprador considere que lo que se entrega no coincide con lo pactado. Se trataría de un supuesto de *alliud pro alio*, en que lo entregado es algo distinto a lo pactado que no sirve para el fin que fue propuesto.

2.4. Prescripción

La acción derivada de la entrega de un terreno de cabida o calidad distinta a la pactada en el contrato prescribe a los seis meses. Se trata de una acción de prescripción, por lo que solo podrá ser estimada a instancia de parte y podrá ser objeto de interrupción. El *dies a quo* es el día de la entrega del terreno objeto de la compraventa.

3. Accesión

3.1. Concepto

Del artículo 358 CC se deduce su definición: lo edificado, plantado o sembrado en finca ajena pasará a ser propiedad del dueño de esta. La accesión se fundamenta en el principio *superficie solo cedit*. Hay que tener en cuenta que cuando se promulgó el Código Civil, la realidad económica española era más rural y agraria, con lo que el suelo, generalmente, tenía mayor valor que lo edificado[20].

En la actualidad no es la regla general, como más adelante se verá, a la hora de analizar la accesión invertida.

---

20 LARROSA AMANTE destaca que el suelo era el elemento de mayor valor y de ahí la preferencia de este sobre lo edificado, «que siempre se consideraba de inferior valor económico». LARROSA AMANTE, M.A., «Comentario Artículo 358. Real Decreto, de 24 de julio de 1889, que dispone la publicación del Código Civil», en *Artículo Monográfico Sepin*, junio 2009, SP/DOCT/10859.

3.2. Clases de accesión

3.2.1. Accesión industrial inmobiliaria

Es la incorporación de la propiedad de lo edificado al patrimonio del propietario del suelo. Según dispone el artículo 359 CC, se establece una presunción a favor del propietario del suelo, considerando que lo edificado en su propiedad, realmente ha sido edificado por él. Se trata de una presunción *iuris tantum*, en el sentido de que quien haya realizado la edificación podrá acreditar su autoría[21].

Los distintos supuestos se regulan en los artículos 360 a 365 CC:

3.2.1.1. Trabajo en suelo propio con materiales ajenos

Regulado en el artículo 360 CC. En este caso, si el propietario del terreno hubiera realizado una edificación en suelo propio, pero con materiales ajenos, deberá indemnizar al dueño de estos mediante el pago de su valor económico, si hubiera obrado de buena fe. Si hubiera actuado de mala fe, además del deber de pago del valor de los materiales utilizados, deberá resarcirle de los daños y perjuicios, es decir, del daño emergente y del lucro cesante. No obstante, el dueño de los materiales podrá retirarlos si con ello no se produce alteración de la obra construida.

3.2.1.2. Trabajo en suelo ajeno con materiales propios

Regulado en los artículos 361 a 363 CC. El propietario del suelo puede hacer suyo lo edificado por un tercero, pero para ello deberá indemnizar a quien haya realizado la edificación.

Si la construcción hubiera sido de buena fe, se indemnizará a quien la haya realizado los gastos necesarios y útiles. Respecto de los gastos útiles, podrá optar quien haya construido en suelo ajeno con materiales propios, por sustituir el pago de estos gastos por el del incremento del valor del suelo en el que se ha edificado. El constructor de buena fe gozará de derecho de retención hasta que se le paguen todos los gastos necesarios y útiles. En ningún caso el dueño del suelo estará obligado a indemnizar por los gastos de lujo u ornato, sin perjuicio de poder retirarlos de la edificación si esta no sufriera daños. No obstante, el dueño del suelo gozará del derecho preferente a pagar los gastos suntuarios siendo la opción de retirada, subsidiaria de la posibilidad de que el dueño opte por el pago de su valor.

---

21 Larrosa Amante, M.A., «Comentario Artículo 359. Real Decreto, de 24 de julio de 1889, que dispone la publicación del Código Civil», en *Artículo Monográfico Sepin*, junio 2009, SP/DOCT/10860.

Si la edificación ha sido de mala fe, quien la hubiera realizado perderá su propiedad y no tendrá derecho a ser indemnizado. Además, el dueño del suelo podrá exigir la demolición de lo edificado, a consta de quien lo hubiera realizado de mala fe. Aunque el Código Civil no lo regule expresamente, debe entenderse que la consecuencia de la demolición de lo edificado debe ser la indemnidad del dueño del terreno, en el sentido de que la demolición debe entenderse no sólo como el derribo de la construcción, sino dejar el terreno en las mismas condiciones que se encontraba con anterioridad al proceso edificatorio. Si no pudiera hacerse así, quien haya construido de mala fe deberá indemnizar por ello al propietario del terreno.

Dispone el artículo 364.I CC, que en el caso de que concurra mala fe en ambos, quien edifica y dueño del terreno, los derechos para ambos serán los mismos que si hubieran actuado de buena fe. El precepto establece una compensación de responsabilidad de ambos. De hecho, la distinción de buena y mala fe se hace con la finalidad de proteger a quien actúa de buena fe, frente a quien lo haga de mala fe. Si ambos actúan de mala fe, no hay una parte digna de ser protegida. El artículo 364.II CC establece que existirá mala fe por parte del dueño del terreno cuando la edificación se haya ejecutado a su vista, ciencia y paciencia, es decir, con conocimiento exacto de lo que estaba sucediendo, y no formuló oposición expresa a ello. Esto no quiere decir que cuando el dueño del suelo no se oponga a la edificación realizada con su pleno conocimiento, no podrá adquirir la propiedad de lo edificado, sólo que actúa de mala fe. Igualmente, esto tampoco significa que sea el único supuesto de mala fe por parte del dueño del propietario del suelo, sino que es un supuesto legalmente descrito y directamente aplicable.

3.2.1.3. Trabajo en suelo ajeno con materiales ajenos

Regulado en el artículo 365 CC. Este supuesto se refiere a cuando se construye en suelo ajeno y lo hace con materiales que son propiedad de un tercero, es decir, que también son ajenos. En este caso, quien utilizó estos materiales debe pagar su valor a su propietario, pero en el caso de que sea insolvente, surge la obligación de pago del dueño del terreno. Esta obligación es subsidiaria de la de quien construye, y se fundamenta en el perjuicio que sufriría el dueño de los materiales, y correlativo beneficio del dueño del suelo que adquiere la propiedad de lo edificado. No obstante, si el dueño del terreno exige que se derribe lo edificado, no surgirá esa obligación subsidiaria de indemnizar ya que no existe beneficio correlativo para él.

3.2.2. Accesión natural

Los hechos naturales producen efectos sobre el suelo, pudiendo incrementar la superficie del terreno donde edificar. En definitiva, es causa de la adquisición del dominio por efecto de la accesión. El Código Civil regula los siguientes supuestos:

3.2.2.1. Aluvión

Regulado en el artículo 366 CC. Implica el acrecimiento de los márgenes de las fincas ribereñas por efecto de la corriente de las aguas[22].

Dos requisitos[23]:

a) Que el terreno que acrezca lo haga en un fundo sito en la ribera del río.

b) Que el acrecimiento sea sucesivo, paulatino y de carácter de natural[24], excluyendo el «resultado de la acción del hombre o que no sean paulatinos (incrementum patens)».

3.2.2.2. Avulsión

Regulado en el artículo 368 CC. En este caso se produce una segregación de parte de un terreno, transportándolo junto a la ribera de otra finca. Si la porción de terreno es conocida, seguirá siendo propiedad del dueño del suelo del que ha sido segregado. Si no lo fuera, pasará a ser propiedad del dueño del suelo ribereño.

3.2.2.3. Mutación de cauces

Conforme lo señalado en el artículo 370 CC, el cambio del cauce de un río lleva como consecuencia que terrenos inicialmente ocupados por el río queden liberados, mientras que terrenos que anteriormente eran objeto de titularidad privada ahora sean ocupados por el río. Los terrenos que queden liberados del cauce del río pasarán a ser propiedad de los dueños de los terrenos ribereños, de forma equidistante a cada una de las fincas. En este supuesto, resulta esencial que la mutación sea por causa natural.

Dispone el artículo 372 CC que los terrenos privados ocupados por el nuevo cauce de un río navegable y flotable debido a la variación natural del cauce pasarán a integrar el dominio público. No obstante, el propietario del suelo tendrá derecho a recuperarlo en caso de nueva mutación del cauce que lo deje seco. En este caso, para que el propietario del terreno recupere su propiedad no será necesario que la mutación sea natural, sino que, además, también puede producirse por trabajos legalmente autorizados.

---

22 Los hechos naturales pueden provocar mutaciones jurídico-reales inmobiliarias. García Ruiz de Huidobro, A.V., «El objeto de la inscripción», en *Tratado de Derecho Inmobiliario Registral*, obra colectiva, coordinadores: Espejo Lerdo de Tejada, M. Murga Fernández, J.P. y Del Rey Barba, S., Editorial Tirant Online, DOCUMENTO TOL 8.622.258.

23 En este sentido, Diez de Lezcano Sevillano, I. «Derecho de bienes», en *Manual de Derecho Civil*, obra colectiva, Vol. IV, Walters Kluwer, Madrid, 2021, págs. 138-139.

24 Torres Lana, J.A., «Comentario al artículo 366 CC», en *Código Civil. Doctrina y Jurisprudencia*, obra colectiva, Tomo II, Coordinador Albacar López, J.L., Trivium, Madrid, 1991, págs. 218-220.

3.2.2.4. Acumulación de árboles

Según el artículo 369 CC, los árboles arrancados por la corriente de las aguas pertenecen al propietario de los terrenos a donde vayan a parar. Pero el antiguo propietario puede reclamarlos durante el plazo de un mes, pero deberá pagar los gastos ocasionados al propietario del terreno a fin de recogerlos y ponerlos en un lugar seguro.

3.2.2.5. Lagunas

Según dispone el artículo 367 CC el aumento o disminución temporal de las lagunas no afecta a los propietarios de los fundos colindantes.

3.2.3. Accesión invertida

La accesión invertida carece de regulación legal en el derecho común, aunque sí aparece expresamente regulada en el artículo 542-9 CCat[25].

Se considera que se produce la accesión invertida cuando el dueño, al edificar en su terreno, invade suelo ajeno. El hecho causante es la construcción extralimitada, mientras que la accesión invertida será el efecto. En este caso, se invierte el principio *superficies solo cedit* por *accessorium sequitur principale,* es decir, lo accesorio sigue a lo principal. Se considera accesorio el suelo, mientras que lo principal será la construcción. Si bien anteriormente, el valor mayor siempre era el del suelo, la realidad económica actual obliga reconsiderar que el suelo es el mayor valor siendo una concepción económica y socialmente superada, sobre todo en el ámbito urbano, donde la construcción tiene un valor superior al del suelo.

En el derecho común la doctrina de la accesión invertida es una creación jurisprudencial, que realiza una interpretación de la accesión y del artículo 361 CC conforme a la realidad social actual, siendo una posibilidad contemplada en el artículo 3.2 CC.

---

25 Ley 5/2006, de 10 de mayo, del libro quinto del Código Civil de Cataluña, relativo a los derechos reales.
Artículo 542-9. Construcción en suelo ajeno con valor superior de la edificación.
1. El propietario o propietaria del suelo en que otra persona ha construido total o parcialmente, de buena fe, cuando el valor del suelo invadido es inferior o igual al de la construcción y el suelo ajeno, debe ceder la propiedad de la parte del suelo invadida a los constructores si estos lo indemnizan por el valor del suelo más los daños y perjuicios causados y si la edificación constituye una unidad arquitectónica que no es materialmente divisible.
2. Los propietarios del suelo invadido pueden obligar a los constructores a comprarles todo el solar cuando el suelo invadido no puede dividirse o el resto del suelo resulta no edificable.
3. Los propietarios del suelo invadido pueden optar por una indemnización en especie consistente en la adjudicación de pisos o locales si los constructores han constituido el régimen de propiedad horizontal o si este régimen puede constituirse físicamente en el edificio construido.

Por lo tanto, el dueño de lo construido pasa a ser propietario del terreno sobre el que se ha edificado. Para ello, la jurisprudencia exige la concurrencia de una serie de requisitos:

a) Ser dueño de lo edificado.

Señala la STS de 25 de febrero de 2010 la inexistencia de la accesión invertida por construcción extralimitada, puesto que los terrenos ocupados fueron adquiridos por prescripción[26].

b) Construcción extralimitada en suelo ajeno.

Conforme a la RDGRN de 12 de enero de 2015, cuando la construcción de un edificio se realiza por un comunero sobre el suelo que es común con otros, no se trata de un supuesto de accesión, ya que no se invade un terreno colindante o ajeno[27].

c) Invasión parcial, no total.

Si fuera total, resultaría de aplicación la accesión tradicional regulada en el artículo 361 CC.

d) Buena fe en la invasión.

La buena fe se fundamenta en la creencia de que se podía edificar. Si quien construye actúa de mala fe se aplicará lo dispuestos en los artículos 362 y 363 CC. Es decir, el dueño del terreno invadido tendrá la posibilidad de elegir entre adquirir lo edificado sin indemnizar, u optar por la demolición de la obra, reponiendo el suelo a su estado primitivo. No obstante, deben tenerse en cuenta la aplicación de los principios de equidad e interdicción del abuso del derecho, regulados en los artículos 3.2 y 7.2 CC. En este sentido, la SAP Las Palmas de 7 de septiembre de 2016 determina que cuando se construyó la vivienda sobre el vuelo, los demandados eran conscientes que no tenían consentimiento expreso ni tácito de los propietarios, sin que procede aplicar la accesión invertida al no darse el requisito de la buena fe[28]. La SAP Burgos de 26 de enero de 2022 considera que para aplicar el artículo 364 CC hace falta el requisito de la buena fe, esto es, construir sobre terreno ajeno desconociendo este dato, lo que es imposible en el caso de la esposa, que sabía que lo hacía sobre un terreno privativo de su esposo[29].

e) Construcción indivisible.

Si la construcción fuera divisible se aplicaría la accesión directa regulada en el artículo 361 CC. En este sentido, la SAP Granada de 15 de

26 STS, Sala Primera, de 25 de febrero de 2010. ECLI:ES:TS:2010:906.

27 RDGRN de 12 de enero de 2015. (BOE de 19 de febrero de 2015.)

28 AP Las Palmas, Sec. 4.ª, de 7 de septiembre de 2016. ECLI:ES:APGC:2016:1374

29 SAP Burgos, Sec. 3.ª, de 26 de enero de 2022. ECLI:ES:APBU:2022:37.

octubre de 2010 señala que no procede la accesión invertida cuando lo construido no forma un todo indivisible con el suelo[30].

f) El valor de lo edificado, en su conjunto, debe ser mayor que el del suelo invadido.

Si el suelo tiene un valor superior a lo edificado será de aplicación la accesión directa regulada en el artículo 361 CC, puesto que el fundamento de la accesión invertida es que el suelo no siempre tiene mayor valor que la edificación, más bien al contrario. En este sentido, la STS de 3 de abril de 1992 señala que en un supuesto concurren todos los requisitos para apreciar la accesión invertida: invasión parcial del suelo o del vuelo ajeno, indivisibilidad de la construcción, buena fe del edificante y valor muy superior de lo construido o edificado[31].

g) Inexistencia de arrendamiento o usufructo.

Si la construcción se levantara en un terreno al que está unido el constructor en virtud de una relación locativa o un derecho real de usufructo, se aplicaría la regulación propia de cada uno de ellos y no la doctrina de la accesión invertida.

Las consecuencias de la accesión invertida para aquel que edifica en suelo ajeno cumpliendo los requisitos citados, es que adquirirá el terreno sobre el que se ha realizado la edificación, aunque deberá pagar el precio de la porción ocupada de aquel, así como la indemnización de daños y perjuicios que resulte procedente. Esta indemnización incluirá como daño el menoscabo que repercuta sobre el resto de la finca ajena y, como perjuicio el lucro cesante derivado de la pérdida de la porción de terreno sobre la que se ha construido.

4. Permuta de solar por edificación futura

4.1. Concepto

Aunque en este epígrafe se va a analizar la permuta del solar a cambio de parte de la edificación futura, existen otros supuestos que, aunque menos habituales pueden ser conceptuados dentro del contrato de cesión de suelo por obra[32].

30 SAP Granada, Sec. 5.ª, 15 de octubre de 2010. ECLI:ES:APGR:2010:1635.

31 STS, Sala Primera, de lo Civil, 3 de abril de 1992. ECLI:ES:TS:1992:2942.

32 Ruda González, A., *El contrato de cesión de suelo por obra,* Tirant lo Blanch, Valencia, 2002, TOL 636.3499. En este sentido, considera que dentro del contrato de cesión del suelo por obra caben, al menos, las siguientes posibilidades: permuta de solar a cambio de pisos, compraventas coligadas con precios compensados, cesión de solar con prestación mixta, cesión de solar por obra mediante derecho de vuelo, cesión de suelo por

Se trata de un contrato no sujeto a regulación expresa en nuestro derecho positivo común, siendo calificado por la doctrina como un contrato atípico de formulación mixta del contrato de permuta, de compraventa y de obra[33]. Sin embargo, sí está regulado en los artículos 621-58 a 621-66 CCat, en la sección tercera dedicada a la cesión de finca o de aprovechamiento urbanístico a cambio de construcción futura[34].

A la hora de construir un edificio que vaya a quedar sujeto al régimen de propiedad horizontal, existen dos posibilidades: por un lado, construir la edificación en un suelo que previamente se haya comprado conforme a las reglas de la compraventa y, por tanto, mediante el pago de un precio; por otro, se puede adquirir suelo a cambio de elementos privativos futuros y resultantes de la edificación. En este segundo supuesto de permuta de solar por edificación futura, uno de los contratantes se obliga a transmitir el solar a cambio de la entrega por parte de quien lo recibe y, en concepto de pago por la transmisión de la titularidad dominical de uno o varios elementos privativos resultantes de la edificación. Este tipo de contrato surge como fórmula de financiación para la compra del terreno sobre el que se va a edificar[35]. Con ello, el promotor tiene un acceso al mismo sin coste de tesorería inmediato, evitando con ello un apalancamiento financiero y el pago de intereses derivados de un préstamo.

4.2. Partes contratantes

Las partes del contrato son:

a) Cedente: transmitente de la propiedad del suelo. Para el cedente, la ventaja de este contrato es que la urbanización y edificación del solar será cometido del cesionario, con el evidente ahorro de costes. No

obra mediante un derecho de superficie, venta del solar con opción de compra de pisos a construir, cesión de solar a cambio de prestación alternativa.

33 Marco Menchón, S., «Contrato de arrendamiento de obra», en *Manual de Derecho Inmobiliario*, obra colectiva, coordinador: Moreno Ubric, R., Aranzadi, Cizur Menor, 2021, pág. 184.

34 El artículo 621-58 de la Ley 3/2017, de 15 de febrero, del libro sexto del Código civil de Cataluña, relativo a las obligaciones y los contratos, y de modificación de los libros primero, segundo, tercero, cuarto y quinto se refiere al mismo: «el contrato de cesión de la propiedad de una finca, del derecho de aprovechamiento urbanístico o de cualquier derecho real que conlleve la facultad de edificar, a cambio de la adjudicación de una construcción futura o resultante de la rehabilitación, requiere, en el momento de su formalización, que se identifiquen necesariamente las viviendas, los locales o las demás edificaciones y que se haga su descripción de acuerdo con la normativa de la propiedad horizontal, indicando cada uno de los adjudicatarios».

35 Martínez Magallanes, R., «Contrato de permuta de solar por obra futura», en *Manual de Derecho Inmobiliario*, obra colectiva, coordinador: Moreno Ubric, R., Aranzadi, Cizur Menor, 2021, pág. 316.

tendrá que invertir, limitándose exclusivamente recibir los elementos privativos futuros, por lo que, además, no asume ningún riesgo.

b) Cesionario: adquirente de la propiedad del suelo. Es el promotor o promotor-constructor. Para el cesionario, la ventaja es que no necesita comprar el solar, es decir, pagarlo al principio antes de dar comienzo al proceso constructivo. Además, supone un importante ahorro en caso de que hubiera necesitado financiación para la compra del solar.

4.3. Objeto

Es objeto de este contrato, por un lado, el solar donde se va a edificar el inmueble; y por otro, los elementos privativos que se entregarán como precio de la transmisión de la propiedad del solar. En este sentido, señala el artículo 1261.2.° CC que es un elemento esencial el objeto cierto que sea materia de contrato. Por lo tanto, no basta una mera descripción genérica de los elementos privativos que se van a entregar como pago del precio, sino que, por el contrario, deberán estar perfectamente identificados en el contrato que suscriban las partes.

4.4. Contenido

4.4.1. Obligaciones del cedente

4.4.1.1. Entregar el solar y transmitir la propiedad del suelo

Señala la STS de 8 de marzo de 2001 que se entiende por cumplida la obligación de entrega cuando se transmite la propiedad del solar al cesionario, quien toma posesión de este, concurriendo el título y el modo[36].

Si no se produce la entrega del solar y la transmisión de su titularidad dominical, el cedente no podrá reclamar la entrega futura de los elementos privativos objeto del contrato ya que la construcción será imposible, pero como señala la SAP Baleares de 1 de julio de 2015, tampoco podrá exigir en base al cumplimiento por equivalencia, la entrega del dinero pactado en la permuta si él previamente no ha transmitido el inmueble[37].

La transmisión de la titularidad dominical y la entrega del solar es suficiente para entender cumplida la obligación sin perjuicio de que posteriormente, el aprovechamiento urbanístico sea inferior al inicialmente previsto por el cesionario. En este sentido, señala la SAP Salamanca de 17 de octubre

---

36 STS, Sala Primera, de lo Civil, 235/2001, de 8 de marzo. ECLI:ES:TS:2001:1839.

37 SAP Baleares, Sec. 3.ª, 196/2015, de 1 de julio. ECLI:ES:APIB:2015:1174.

de 2011 que el permutante cumplió con su obligación de entregar las fincas rústicas, sin que el hecho de que posteriormente se transformen en tres parcelas urbanizables en lugar de 4 sea un incumplimiento por su parte[38].

Se producirá incumplimiento de la obligación de entrega, si no se puede hacer porque la finca no estaba previamente inscrita a nombre del cedente. En este sentido, la SAP Santa Cruz de Tenerife de 5 de mayo de 2016 dispone que el cedente incumplió el contrato de permuta, ya que la inscripción de la finca a nombre del cesionario no fue posible hasta que se subsanaron los defectos que lo impedían, y cuando prácticamente había transcurrido el plazo para ejecutar las obras[39]. Igualmente, la SAP Santa Cruz de Tenerife de 7 de julio de 2014 considera que existe incumplimiento del cedente que no tenía inscrito su dominio por existir una discrepancia de la finca inscrita, con la que era segregada en la adjudicación al mismo, lo que impidió la inscripción de la permuta[40].

4.4.1.2. Obligación de respetar el precio pactado o fórmula elegida para su pago

El cedente no podrá modificar el precio de la cesión de forma unilateral, aunque posteriormente haya una variación en los precios de mercado[41]. Su obligación de pago se mantiene, aunque se hayan realizado cambios en la obra conocidos y consentidos por el cedente[42].

4.4.1.3. Saneamiento por evicción

De conformidad con lo dispuesto en el artículo 1450 CC, el cedente se obliga frente al cesionario a responder del saneamiento por evicción, de tal forma que, si el cesionario pierde por evicción el solar recibido, podrá elegir entre recuperar la cosa entregada a cambio o reclamar la indemnización de daños y perjuicios sufridos. El derecho a recuperar el suelo mientras el cesionario lo mantenga en su poder, es decir, esté a su libre disposición, y sin perjuicio de los derechos adquiridos sobre el terreno con buena fe por un tercero.

Por lo tanto, cuando se trata de una permuta existe un régimen especial de saneamiento por evicción que se aplicará con carácter preferente al general. Este régimen especial consiste en otorgar un derecho de adquisición preferente al permutante despojado por la evicción, siempre respetando los dere-

38 SAP Salamanca, Sec. 1.ª, 428/2011, de 17 de octubre. ECLI:ES:APSA:2011:669.

39 SAP Santa Cruz de Tenerife, Sec. 3.ª, 164/2016, de 5 de mayo. ECLI:ES:APTF:2016:1307.

40 SAP Santa Cruz de Tenerife, Sec. 3.ª, 239/2014, de 7 de julio. ECLI:ES:APTF:2014:979.

41 STS, Sala Primera, de lo Civil, 190/2010, de 22 de marzo. ECLI:ES:TS:2010:1517.

42 SAP Barcelona, Sec. 17.ª, 11/2016, de 14 de enero. ECLI:ES:APB:2016:1230.

chos adquiridos de buena fe por terceros. El régimen general de la evicción se aplicará a todos aquellos aspectos no recogidos en el régimen especial[43].

4.4.1.4. Saneamiento por vicios ocultos

Esta garantía se deriva de la remisión contenida en el artículo 1541 CC a la regulación de las acciones edilicias contenida en los artículos 1484 a 1490 CC.

Debe entenderse, no obstante, que la aplicación del saneamiento por vicios ocultos es dispositiva, pudiendo válidamente acordar cláusulas que modifique el régimen legal, ya que la aplicación de las normas reguladoras de la compraventa serán subsidiarias al principio de autonomía de la voluntad de las partes y a la regulación propia de la permuta contenida en los artículos 1538 a 1540 CC[44].

No es suficiente la existencia de cualquier vicio para instar el saneamiento por vicios ocultos, puesto que es preciso que se trata de vicios que «hagan impropio el objeto de la compraventa para el fin a que se destina y que no se encuentren a la vista de un modo manifiesto y ostensible», como así lo señala la STS de 24 de febrero de 2006[45].

4.4.2. Obligación del cesionario

La obligación principal del cesionario es el pago del precio mediante la entrega de un piso o pisos a construir, una participación en los beneficios de la venta de los pisos o locales o de cualquier otro modo convenido siempre que sea mediante la entrega de algo a cambio puesto que, si no, no se trataría de un supuesto de permuta sino de compraventa. No obstante, es posible que el precio sea mixto, es decir, consista en la entrega de uno o varios inmuebles y, además, una cantidad de dinero en metálico[46].

El precio, como parte esencial del contrato, no puede modificarse posteriormente por el hecho de que el cesionario se encuentre tras la celebración del contrato de permuta con un exceso de edificabilidad de la parcela, no siendo aplicable por analogía el régimen regulador del exceso de cabida[47].

---

43 LARROSA AMANTE. M. A., «Comentario Artículo 1540. Real Decreto, de 24 de julio de 1889, que dispone la publicación del Código Civil», *Artículo Monográfico Sepín*, junio 2009, SP/DOCT/12135.

44 LARROSA AMANTE. M. A., «Comentario Artículo 1541. Real Decreto, de 24 de julio de 1889, que dispone la publicación del Código Civil», *Artículo Monográfico Sepín*, junio 2009, SP/DOCT/12136.

45 STS, Sala Primera, 2011/2006, de 24 de febrero. ECLI:ES:TS:2006:1052

46 SAP Alicante, Sec. 4.ª, 375/2014, de 18 de diciembre. ECLI:ES:APA:2014:4058.

47 STS, Sala Primera, 517/2009, de 30 de junio. ECLI:ES:TS:2009:4247.

Si entregado el terreno al cesionario, estando éste está en la libre posesión y disfrute de las fincas, no haga entrega al cedente de lo pactado como contraprestación de la permuta por causas imputables a aquel, se producirá un incumplimiento flagrante del contrato y el cedente podrá pedir la resolución contractual al amparo de lo dispuesto en el artículo 1124 CC regulador de las obligaciones recíprocas[48].

4.5. Consumación

El contrato quedará plenamente consumado con la finalización de la obra constructiva y entrega del piso o pisos al cedente y, en su caso, también con la entrega del dinero pactado como parte del precio. Para que se entienda producida la entrega del inmueble o inmuebles pactados, de conformidad con la teoría del título y el modo, se deberá realizar mediante escritura pública.

4.6. Incumplimiento

En caso de incumplimiento, la primera consecuencia es la obligación de restitución de las prestaciones. Esto implica la restitución a los vendedores de la titularidad dominical de la finca libre de cargas y gravámenes, es decir, debe devolverse la finca en el estado físico y jurídico en que se encontraba a la firma de la permuta[49]. De hecho, si el cesionario constituyó una hipoteca sobre la finca, debe devolver al cedente la cantidad necesaria para levantarla en su totalidad[50]. Si el cesionario no acredita la superficie realmente edificada y la entrega del porcentaje pactado, deberá abonar en dinero lo pretendido por el titular del solar permutado[51].

La resolución del contrato de permuta conlleva la devolución de la finca al estado físico y jurídico en que estaba inicialmente, si bien el cedente podrá elegir entre la demolición de la obra o quedarse con lo construido, sin pagar por ello. Así lo disponen los artículos 362 y 363 CC.

---

48 SAP Sevilla, Sec. 8.ª, 274/2014, de 16 de octubre. ECLI:ES:APSE:2014:4188.

49 SAP Madrid, Sec. 21.ª, 136/2016, de 11 de marzo. ECLI:ES:APM:2016:5173. SAP Huesca, Sec. 1.ª, 159/2015, de 25 de noviembre. ECLI:ES:APHU:2015:335. SAP Zaragoza, Sec. 5.ª, 154/2010, de 15 de marzo. ECLI:ES:APZ:2010:264.

50 AP Valencia, Sec. 6.ª, 331/2011, de 26 de mayo. ECLI:ES:APV:2011:3818.

51 STS, Sala Primera, 541/2011, de 7 de julio. ECLI:ES:TS:2011:4487.

5. Declaración de obra nueva

5.1. Consideraciones generales

La regulación legal básica de la inscripción de la declaración de obra nueva se establece en los artículos 45 a 55 del Real Decreto 1093/1997 de 4 de julio, por el que se aprueban las normas complementarias al Reglamento para la ejecución de la Ley Hipotecaria sobre Inscripción en el Registro de la Propiedad de Actos de Naturaleza Urbanística.

Dispone el artículo 45 RDELH que serán inscribibles en el Registro de Propiedad los edificios construidos conforme a la normativa urbanística en «virtud de los títulos previstos por la legislación hipotecaria».

A estos títulos se refiere el artículo 202.1 LH, que dispone que los edificios podrán inscribirse en el Registro de la Propiedad «por su descripción en los títulos referentes al inmueble», en el que se describa éste, siempre que se otorgue conforme a su normativa. Estos títulos se relacionan en el artículo 308 RH. Si bien en la dicción literal de este precepto se cita el artículo 208 LH, realmente debemos entender que se refiere al artículo 202 LH en su redacción dada por la LCRC.

El artículo 308.2.º RH se refiere expresamente a la declaración de obra nueva: «Mediante escritura pública descriptiva de la obra nueva, ... o a la que se acompañe certificado del arquitecto director de la obra o del arquitecto municipal, acreditativo de que la construcción está comenzada o concluida». Por lo tanto, esta escritura no se limita a constatar la existencia de una obra iniciada o terminada, sino que produce los efectos jurídicos de posibilitar el acceso del edificio al Registro de la Propiedad. Esta interpretación viene avalada por la RDGRN/RDGSJFP de 3 de diciembre de 2003, que determina que respecto a la obligación de constituir los seguros a los que se refiere el artículo 19 LOE, se deberá hacer constar en la escritura de declaración de obra nueva «el carácter obligatorio de la constatación registral de la finalización de la obra»[52]. Ello es consecuencia de lo dispuesto en el artículo 20.1 LOE, que establece como requisito para la inscripción en el Registro de la Propiedad de la escritura de declaración de obra nueva la constitución de los seguros a los que se refiere el artículo 19 LOE. En este sentido se la RDGRN/RDGSJFP de 7 de julio de 2015[53].

El artículo 45 RDELH establece el contenido de la declaración de obra nueva, distinguiendo entre contenido esencial del título y aquel que se hará constar si así consta en el proyecto.

52 RDGRN/RDGSJFP de 3 de diciembre de 2003 (Resolución-circular).

53 RDGRN/RDGSJFP de 7 de julio de 2015 (BOE de 12 de agosto de 2015).

Respecto al contenido esencial, debe constar el número de plantas, superficie de parcela ocupada y el total de los metros cuadrados construidos. En cuanto a la superficie de parcela ocupada, debe tenerse en cuenta que ésta debe estar identificada mediante sus coordenadas de referenciación geográfica, como así dispone el artículo 202.II LH. Como señala la RDGRN/RDGSJFP de 6 de septiembre de 2016, para inscribir una finca no será suficiente con las coordenadas de la superficie ocupada, sino que, además, será necesario que con carácter previo se inscriban sus coordenadas de referenciación geográfica y su delimitación[54].

Las menciones no esenciales del título se refieren a la relación de elementos privativos del edificio. Si bien el artículo 8.4.º.II LH se refiere a los «distintos pisos o locales susceptibles de aprovechamiento independiente», este precepto se refiere a las menciones obligatorias del título constitutivo y no de la escritura de declaración de obra nueva. No obstante, si en el proyecto figura esta relación de elementos privativos resultará preceptiva su constancia en la declaración de obra nueva.

El artículo 46 RDELH contiene los requisitos de inscripción de la declaración de obra nueva, consistentes en una triple acreditación: obtención de las licencias exigibles, que el técnico acredite que la obra nueva se ajusta al proyecto por el que se obtuvo licencia y que, en su caso, la obra se encuentra finalizada. Conforme al artículo 55 RDELH, corresponde al Registrador calificar bajo su responsabilidad el cumplimiento de estos requisitos, denegando la inscripción de aquellos documentos que no los cumplan.

5.2. Licencias

Respecto de la necesidad de acreditación de las licencias exigibles, el artículo 46.I RDELH excluye expresamente a aquellas que no lo sean.

La obligación de aportar en la escritura de declaración de obra nueva el testimonio literal de la licencia también se establece en el artículo 48.I RDELH. La aportación del testimonio tan sólo será posible en los supuestos de resolución expresa. Cuando ésta sea presunta, el artículo 48.2 RDELH sustituye la necesidad de aportación del testimonio de la licencia concedida, por la aportación del original o testimonio de la certificación del acto presunto. Si aun así la administración tampoco expide certificación de acto presunto, se podrá sustituir por la aportación del «escrito de solicitud de licencia y, en su caso, el de denuncia de la mora, el escrito de solicitud de la certificación del acto presunto», siempre que estos documentos estén sellados por la administración competente.

54 RDGRN/RDGSJFP de 6 de septiembre de 2016 (BOE de 30 de septiembre de 2016).

A ello, habrá que añadir la declaración expresa del solicitante de la licencia por la que manifiesta que, en los plazos de su concesión no le ha sido denegado, ni se le ha entregado certificación de acto presunto.

De los artículos 46.1 RDELH y 28.I TRLSRU, se deduce que, para la inscripción de una obra nueva, en cuanto a las licencias se refiere, debe aportarse los siguientes documentos:

a) El acto expreso de conformidad, aprobación o autorización administrativa (licencia de obras).

b) La licencia de uso o declaración responsable. En este sentido, RDGRN/RDGSJFP, de 30 de marzo de 2022[55].

Según dispone el artículo 54 RDELH, los Registradores de la Propiedad también deberán notificar a los ayuntamientos las inscripciones de la obra nueva en que se den alguna de las circunstancias siguientes:

a) Su licencia sea consecuencia de un acto presunto.

b) Cuando las declaraciones de obra nueva terminada «se pruebe por certificación del catastro o del ayuntamiento, certificación técnica o por acta notarial, la terminación de la obra en fecha determinada y su descripción sea coincidente con el título».

Tanto en los supuestos de notificación al ayuntamiento competente a que se refiere el artículo 28.4.b) TRLSRU como a los que se refiere el artículo 54 RDELH, el Registrador «hará constar en la inscripción y en la nota de despacho la práctica de la notificación».

En el supuesto de que el titular de la licencia acuda al ayuntamiento a fin de solicitar que se declare la vigencia de la misma, aunque haya transcurrido el plazo previsto en ella, no se podrá apreciar de oficio, sino que preciará de un expediente de caducidad al efecto. En este sentido, RRDGRN/RRDGSJFP de 20 de junio de 2019 y de 22 de julio de 2019[56].

Por último, y según disponen los artículos 65 y 67 del TRLSRU, cuando se incoen expedientes de disciplina urbanística que afecten a actuaciones por las que se creen nuevas fincas registrales por declaración de obra nueva o constitución de régimen de propiedad horizontal, la administración actuante deberá acordar la práctica de anotación preventiva.

Dicha anotación preventiva deberá practicarse sobre la finca en la que recaiga el expediente administrativo. Las mismas caducarán a los cuatro años y podrá acordarse su prórroga a instancia de la administración competente o por resolución judicial. Si la administración dictara resolución por

55 RDGRN/RDGSJFP, de 30 de marzo de 2022 (BOE, de 19 de abril de 2022).

56 RRDGRN/RRDGSJFP de 20 de junio de 2019 (BOE 17 de julio de 2019) y de 22 de julio de 2019 (BOE 9 de agosto de 2019).

la que se acuerde la práctica de la anotación preventiva, responderá de los daños y perjuicios que se causen a terceros de buena fe afectado por el expediente, que no habrán podido conocer su existencia por la falta de práctica de la anotación preventiva referida.

En estos casos, una vez que se ha inscrito la declaración de obra nueva, declaración de la constitución del régimen de propiedad horizontal o los conjuntos inmobiliarios, el Registrador de la Propiedad deberá notificar a la Comunidad autónoma que sea competente dichas inscripciones, así como los datos que resulten del registro.

Esta comunicación tiene los siguientes requisitos formales:

a) Deberá dejarse constancia de la misma al margen de las inscripciones realizadas.

b) Se acompañará de certificación de las operaciones realizadas y de la autorización administrativa.

5.3. Clasificación

En relación con estos requisitos, debemos analizar lo dispuesto en el artículo 28 TRLSRU.

El artículo 28.I TRLSRU establece los requisitos de las escrituras públicas de declaración de obra nueva, cuya concurrencia también será requisito previo para su inscripción en el Registro de la Propiedad, como así lo exige el artículo 28.2 TRLSRU.

Así se deduce también de lo dispuesto en el artículo 202.I LH *in fine*.

Debe distinguirse si se trata de declaración de obra nueva en construcción o terminada.

5.3.1. Declaración de obra nueva en construcción

Respecto de la obra nueva en construcción se exige: original para ser testimoniado en la escritura pública «del acto de conformidad, aprobación o autorización administrativa» de la obra conforme la legislación aplicable, así como el certificado expedido por el técnico competente que acredite que la obra se ajusta al acto administrativo referido y que se describe en el artículo 46.2 RDELH.

El artículo 8.4.° I LH admite la posibilidad de que sea objeto de inscripción no sólo la obra nueva terminada, sino también la que se encuentre en construcción, siempre que ésta haya comenzado. Es necesario acreditar mediante certificado técnico la descripción de la obra, el número de plantas, la superficie de cada planta ocupada, el total de los metros cuadrados edificados, y si así lo contiene el proyecto, el número de elementos privativos del edificio, menciones a las que se refiere el artículo 45 RDELH.

En cuanto a la declaración de obra nueva en construcción, una vez que ésta termine, deberá hacerse constar su finalización mediante nota marginal al asiento de inscripción. Para ello se precisa escritura pública notarial acreditativa de la finalización de la obra mediante certificado técnico que acredite que ésta se ajusta al proyecto en relación con el contenido a que se refiere el artículo 45 RDELH.

Según dispone el artículo 47.2 RDELH, las personas legitimadas para instar el acta notarial acreditativa de la finalización de las obras serán:

a) El declarante de la obra nueva en construcción aun cuando le haya trasmitido, total o parcialmente.

b) En caso de finca en régimen de comunidad de bienes, quienes ostenten la mayoría necesaria para realizar actos de administración.

En el caso de Comunidad de Bienes tenemos que distinguir cuatro supuestos distintos:

a) Si lo que se pretende es la declaración de obra nueva sobre una finca en régimen de comunidad de bienes, es preciso el consentimiento de todos los titulares de la finca, ya que de conformidad con lo dispuesto en el artículo 397 CC estamos ante una alteración en la cosa común.

b) Si lo que se pretende es únicamente el otorgamiento de la escritura pública de declaración del fin de la obra a fin de que ello conste en nota al margen de la inscripción de una obra en construcción, de conformidad con el artículo 47.2.c) RDELH, estarán legitimados quienes «reúnan la mayoría necesaria por realizar actos de administración». En este sentido, RDGRN/RDGSJFP de 11 de julio de 2022[57].

c) En caso de que el edificio se haya constituido en régimen de propiedad horizontal porque haya más de un propietario de elementos privativos, estará legitimado el presidente de la comunidad de propietarios.

d) En caso de que la finca esté atribuida a una sociedad de gananciales, estarán legitimados cualquiera de los cónyuges.

También puede ocurrir que una vez que se termina la obra, la descripción no sea coincidente con lo inscrito en el Registro de la Propiedad al haberse realizado modificaciones en el proyecto. En este caso y según dispone el artículo 28.3 TRLSRU, se hará constar en el Registro de la Propiedad mediante asiento de inscripción con los mismos requisitos que para el otorgamiento de escritura pública, e inscripción de la obra terminada conforme disponen los artículos 28.1.II a) y b) y .2 TRLSRU.

Mientras no conste en el asiento del inmueble la terminación de la obra, los títulos derivados de la obra en construcción se inscribirán con la descrip-

57 RDGRN/RDGSJFP de 11 de julio de 2022. (BOE, de 2 de agosto de 2022).

ción que conste en inscripción, haciendo constar el Registrador mediante nota de despacho que la obra está pendiente de la práctica de nota registral de su finalización, a fin de otorgar publicidad de tal hecho frente a terceros y que no puedan ampararse en la figura del tercer hipotecario de buena fe. Así resulta de lo señalado en el artículo 51 RDELH. Como se manifiesta en las RRDGRN/RRDGSJFP; de 8 de abril de 2008 y de 9 de abril de 2008[58]:

> «Notarios y Registradores de la Propiedad advertirán expresamente y harán constar al pie del título respectivamente, la circunstancia de no constar registralmente la finalización de la obra ni la prestación de las garantías exigidas a los efectos de los artículos 19 y 20 y la disposición adicional segunda de la Ley 38/1999, de 5 de noviembre».

Por lo tanto, el Registrador despachará el título haciendo constar en la nota al pie que la obra está pendiente de que se practique la nota registral de su finalización, como así lo dispone el artículo 51 RDELH.

5.3.2. Declaración de obra nueva terminada

Cuando se trate de declaración de obra nueva terminada, se exige el certificado de que la obra esté realmente terminada y que, además, se ajusta al proyecto administrativo aprobado mediante acto administrativo, tal y como dispone el artículo 46.3 RDELH. Además, de conformidad con el artículo 28.1 TRLSRU es necesario la acreditación documental de los siguientes extremos: por un lado, cumplimiento de los requisitos de la Ley de Ordenación de la Edificación y, por otro, cumplimiento de las autorizaciones administrativas que garanticen «las condiciones necesarias para su destino» conforme a la normativa urbanística y los requisitos de eficiencia energética. Cuando la normativa aplicable lo permita, podrán sustituirse «por comunicación previa o declaración responsable» y que haya transcurrido el plazo establecido para que pueda iniciarse la correspondiente actividad, salvo *resolución obstativa* que obre en el Registro de la Propiedad.

Los requisitos para la entrega de la edificación a sus usuarios son la entrega del libro del edificio al que se refiere el artículo 7 LOE y la suscripción de las pólizas de seguro de daños materiales, de caución o garantía financiera descritos en el artículo 19 LOE.

La obligación de entrega del libro del edificio a los usuarios, así como la obligación de su aportación para su archivo registral, dejando constancia en el folio real de la finca del hecho de su aportación, se regula en el artículo 202. III L.H. Esta norma se aplica a aquellas edificaciones cuya licencia municipal de obras se haya solicitado con posterioridad al 6 de mayo de 2000, al ser

58 RRDGRN/RRDGSJFP; de 8 de abril de 2008 (BOE, 7 de mayo de 2008) y de 9 de abril de 2008 (BOE, 7 de mayo de 2008).

ésta la fecha de entrada en vigor de la Ley de Ordenación de la Edificación, conforme a su disposición final cuarta. En este sentido, SAP Barcelona de 15 de diciembre de 2010 y SAP Madrid de 20 de octubre de 2011[59]. Cuando el artículo 202.III LH excluye a las edificaciones que por su antigüedad no sea exigible la aportación registral del libro del edificio, se está refiriendo a aquellas cuya solicitud de licencia municipal se haya realizado con anterioridad al 6 de mayo de 2000.

La aportación del libro del edificio es requisito esencial para poder inscribir la escritura donde conste el final de obra, salvo cuando la normativa autonómica exima de tal obligación. En este sentido, RDGRN/RDGSJFP de 20 de septiembre de 2018[60]. La normativa autonómica podrá eximir de esta obligación, ya que es la competente en materia de vivienda, como así se señala en la RDGRN/RDGSJFP de 19 de febrero de 2018[61].

La RDGRN/RDGSJFP de 17 de enero de 2017 define el libro del edificio como:

> «Un conjunto de documentos gráficos y escritos, que proporcionan a los propietarios y usuarios la información necesaria no sólo para la contratación de los servicios y suministros necesarios para el funcionamiento del edificio, sino también para llevar a cabo, entre otras, actuaciones relativas a su mantenimiento y conservación a la correcta ejecución de eventuales obras de reforma, reparación o rehabilitación o al resarcimiento de daños materiales causados por vicios, defectos de construcción, documentación que, por su propia naturaleza y finalidad, debe ser actualizada y ser accesible a los sucesivos interesados, propietarios y sucesivos adquirientes, a los que debe añadirse a las administraciones públicas».

Si bien es cierto que el artículo 149.1.8.ª CE establece la competencia exclusiva del Estado en materia de ordenación de los registros e instrumentos públicos, también lo es que la regulación del libro del edificio no son normas de carácter registral, sino material, por lo que es preferente la legislación autonómica.

5.3.3. Declaración de obra nueva antigua

Regula el artículo 28.4 TRLSRU los supuestos en que, aun habiéndose producido infracción urbanística no puede restaurarse la legalidad mediante la demolición de lo construido, por haber prescrito. No se puede testimoniar la licencia, ni aportar el acto de conformidad, aprobación o autorización administrativa. En este supuesto se puede suplir la documentación anterior

---

59 SAP Barcelona, (sección 17.ª) núm. 607/2010, de 15 de diciembre. (ECLI:ES:APB:2010:10787) y SAP Madrid, (sección 14.ª), núm. 523/2011, de 20 de octubre. (ECLI:ES:APM:2011:1463).

60 RDGRN/RDGSJFP de 20 de septiembre de 2018 (BOE de 10 de octubre de 2018).

61 RDGRN/RDGSJFP de 19 de febrero de 2018. (BOE de 7 de marzo de 2018).

mediante la aportación de certificación expedida por el Ayuntamiento o técnico, acta notarial descriptiva de la finca o Certificación catastral descriptiva y gráfica de la finca, debiendo constar en ellos la terminación de la obra y su fecha, así como la descripción coincidente con el título.

El procedimiento comenzará con la aportación de la documentación descrita anteriormente debiendo comprobar el Registrador la inexistencia de anotación preventiva por incoación de expediente de disciplina urbanística. También comprobará que el edificio no se encuentre sobre suelo demanial o esté afectado por servidumbre de uso público general.

El Registrador deberá notificar a los ayuntamientos en cuyo término municipal radique el edificio, de aquellos cuya descripción de la obra terminada no coincida con la que conste en el Registro de la Propiedad al haberse modificar el proyecto y, cuando se haya producido infracción urbanística que, aunque implique demolición, esta posibilidad se encuentra ya prescrita. Si tras la notificación al Ayuntamiento competente éste comprueba que se ha inscrito sin la certificación municipal, deberá dictar resolución para que conste en el Registro de la Propiedad mediante nota marginal en la inscripción de la declaración de obra nueva, su situación urbanística y las limitaciones impuestas al propietario. Esta resolución no es facultativa para el Ayuntamiento por cuanto que, si no se dicta, la administración será responsable frente al adquirente de buena fe de los daños y perjuicios que se le causen. Esta regulación contenida en el artículo 28.4.V TRLSRU resulta redundante por cuanto que por un lado señala que «dará lugar a la responsabilidad de la administración competente en el caso de que se produzcan perjuicios económicos al adquiriente de buena fe...» y, posteriormente señala: «en tal caso, la citada administración deberá indemnizar al adquirente de buena fe de los daños y perjuicios causados». Si es responsable de los daños y perjuicios causados, deberá indemnizar por los mismos sin necesidad de establecer expresamente que esa sea la consecuencia.

5.4. Certificado técnico

Como se ha señalado previamente, el artículo 46 RDELH exige que, para la inscripción de obra nueva de edificios en construcción, se aporte certificado técnico que acredite que la misma se ajusta al proyecto objeto de licencia. En el mismo sentido, en los supuestos en que el edificio esté terminado, se exige el certificado técnico que acredite que la obra ha finalizado y que se ajusta al proyecto objeto de la licencia.

El artículo 49 RDELH establece las distintas modalidades en que puede realizarse dicho certificado técnico:

a) Por comparecencia del técnico al acto de otorgamiento de la escritura o autorización del acta.

b) Por incorporación del certificado técnico a la matriz de la escritura o del acta, con firma legitimada notarialmente. En este caso, el certificado técnico debe contener la descripción de la obra nueva, que coincida con aquellos extremos del título que deban ser objeto de acreditación.

c) Unir el certificado técnico como documento complementario del título inscribible. La firma del técnico deberá estar notarialmente legitimada. Se establece un contenido esencial: descripción de la obra en construcción o terminada, nombre del notario autorizante, fecha del documento y su número de protocolo.

Conforme a la RDGRN/RDGSJFP de 4 de septiembre de 2019 no se exige visado profesional alguno, exigiéndose sólo que la acreditación se realice mediante comparecencia en el otorgamiento de la escritura o con la legitimación notarial de la firma que obre en el Certificado[62].

El artículo 50 del RDELH describe a quien se puede tener a estos efectos como técnico competente:

a) Quien por sí sólo o en unión con otros técnicos sea el firmante del proyecto objeto de la licencia.
b) Quien por sí solo o en unión con otros técnicos se haya encargado de la dirección de la obra.
c) Cualquier técnico que acredite suficientes facultades mediante certificación de su colegio profesional. En este sentido, la RDGRN/RDGSJFP de 2 de septiembre de 2021 señala la necesidad de que el colegio profesional acredite que el técnico que «emite el certificado tenga facultades, cualificación y habilitación profesional para ello vigentes en el momento de la emisión de dicho certificado»[63]. Conforme a la RDGRN/RDGSJFP de 1 de diciembre de 2015 puede firmar cualquier técnico que no firmara el proyecto, ni tuviera encomendada la dirección de la obra, siempre que su colegio profesional certifique que tiene facultades suficientes para ello[64].
d) El técnico municipal a quien se le haya encomendado esa función del Ayuntamiento en cuyo término radique la finca.

5.5. Calificación registral

Dispone el artículo 55 RDELH que los Registradores de la Propiedad calificarán bajo su responsabilidad el cumplimiento de lo que se dispone en esta norma respecto de las declaraciones de obra nueva. Denegará la inscripción de los documentos que no reúnan los requisitos contenidos en el mismo y que ya se han analizado previamente en este epígrafe, «sin perjuicio de

62 RDGRN / RDGSJFP de 4 de septiembre de 2019 (BOE, de 30 de octubre de 2019).

63 RDGRN/RDGSJFP de 2 de septiembre de 2021 (BOE de 14 de octubre de 2021).

64 RDGRN/RDGSJFP de 1 de diciembre de 2015 (BOE de 28 de diciembre de 2015).

lo dispuesto, sobre publicidad registral de la irregularidad urbanística, en la legislación aplicable a cada caso».

Respecto del régimen de calificación no se observa ninguna especialidad respecto al régimen general establecido en el artículo 18.I LH, más allá de la relación documental contenida en el reglamento.

6. El derecho de superficie

6.1. Régimen jurídico

De conformidad con lo dispuesto en el artículo 53.4 TRLSRU, el derecho de superficie urbana está regulado en los artículos 53 y 54 TRLSRU, por la legislación civil en lo no previsto por él y por el título constitutivo del derecho[65]. En el ámbito del derecho foral, se regula en las leyes 430 a 434 LCDCFN y en los artículos 564-1 a 564-6 CCat.

A raíz de la STC de 20 de marzo de 1997 la regulación del derecho de superficie desde un punto de vista urbanístico es competencia de las comunidades autónomas, mientras que su regulación civil corresponde al Estado[66]. Consecuencia de dicha sentencia es la promulgación del Real Decreto Legislativo 7/2015, de 30 de octubre, por el que se aprueba el texto refundido de la Ley de Suelo y Rehabilitación Urbana[67].

6.2. Concepto

El concepto del derecho de superficie viene recogido en el artículo 53.1 TRLSRU, que lo define como un derecho real que atribuye al superficiario la facultad de realizar construcciones o edificaciones en la rasante y en el vuelo y el subsuelo de una finca ajena[68]. Resulta esencial que el superficiario mantenga la propiedad temporal de las construcciones o edificaciones realizadas[69].

---

65 Para profundizar más en el Derecho de Superficie, véase el interesante trabajo de Cobacho Gómez, J. A., «Reflexiones sobre el Derecho de superficie urbana», *Revista Crítica de Derecho Inmobiliario*, núm. 710, 2008, págs. 2281 y ss.

66 STC, 61/1997, de 20 de marzo. ECLI:ES:TC:1997:61.

67 Signes Pascual, M., «Propiedad y derechos reales», en *Manual de Derecho Inmobiliario*, obra colectiva, coordinador: Moreno Ubric, R., Aranzadi, Cizur Menor, 2021, pág. 340.

68 El objeto del derecho de superficie debe entenderse en un sentido amplio, incluyendo la instalación de placas solares sobre la cubierta del edificio o instalación de un parque eólico sobre parte de una finca. Pretel Serrano, J.J., «El Derecho de Superficie», en *Lecciones de Derecho Privado*, obra colectiva, directores: Manuel Rivera Fernández y Manuel Espejo Lerdo de Tejada, coordinadora: Esther Muñiz Espada, Tomo III, Tecnos, Madrid, 2022, págs. 340-341.

69 Para tener una visión general de lo que implica y comporta el Derecho de Superficie resulta de interés el trabajo de Del Riso Sotil, L. F., «El Derecho de Superficie», *IUS ET VERITAS: Revista de la Asociación IUS ET VERITAS*, núm. 54, 2017, págs. 210 y ss.

También puede constituirse el derecho de superficie sobre construcciones o edificaciones ya realizadas, o sobre viviendas, locales o elementos privativos edificaciones sujetas al régimen de propiedad horizontal. En este caso, se atribuye la propiedad temporal de esas edificaciones o elementos privativos de los edificios en régimen de propiedad horizontal al superficiario, manteniéndose la propiedad separada del dueño del suelo[70].

6.3. Sujetos

6.3.1. Propietario del terreno

El propietario del terreno sobre el que el superficiario construye o adquiere edificaciones o elementos privativos de los edificios sujetos al régimen de propiedad horizontal, puede ser una entidad local o cualquier otra persona jurídica pública o privada, pudiendo tratarse, incluso, de personas físicas particulares. Como dispone el artículo 53.2 TRLSRU, «el derecho de superficie sólo puede ser constituido por el propietario del suelo, sea público o privado».

6.3.2. Superficiario.

El superficiario es quien construye o adquiere edificaciones o elementos privativos de los edificios sujetos al régimen de propiedad horizontal, sobre terreno ajeno.

6.4. Objeto

Sobre el suelo y con sujeción al Plan General de Ordenación Urbana que corresponda, se podrá construir edificaciones o adquirir edificaciones ya construidas y elementos privativos de edificios sujetos al régimen de propiedad horizontal.

Se podrá edificar sobre el subsuelo siempre que expresamente se haya previsto así en el título constitutivo, puesto que si no corresponderá al propietario del suelo de conformidad con lo dispuesto en el artículo 54.4 TRLSRU.

70 López-Dávila Agüeros, F. y Rosales Araque, M., definen el derecho de superficie como «un derecho real temporal que atribuye al superficiario la facultad de construir sobre suelo ajeno, manteniendo su propiedad durante el tiempo pactado de las construcciones o edificaciones realizadas». López-Dávila Agüeros, F. y Rosales Araque, M., «Presentación de Jurisprudencia al Detalle: El derecho de superficie», *Notas y Comentarios Sepin*, diciembre 2017, SP/DOCT/73087.

6.5. Contenido

6.5.1. Facultades del superficiario

El superficiario podrá:

a) Construir en suelo ajeno sobre el que se haya constituido el derecho de superficie.

b) Será propietario *ad tempus* de lo edificado hasta la reversión final.

c) Transmitir y gravar su derecho, supeditado a lo dispuesto en el título constitutivo del derecho de superficie. El artículo 107.5.° LH permite que el derecho de superficie pueda ser objeto de hipoteca.

d) Constituir la propiedad superficiaria en régimen de propiedad horizontal.

e) Transmitir y gravar elementos privativos sin necesidad de consentimiento por parte del propietario del suelo.

6.5.2. Obligaciones del superficiario

a) Pagar la contraprestación si la superficie se ha constituido como onerosa. En todo caso, la entrega final de lo construido no puede considerarse como parte del pago, ya que es un efecto propio del derecho de superficie.

b) El superficiario tiene la obligación de edificar en el plazo previsto. En caso de no haberse previsto plazo o que este sea mayor al contemplado en la licencia de construcción, habrá que remitirse al plazo señalado por ésta para construir.

6.5.3. Derechos del propietario del suelo

a) Transmitir y gravar libremente su derecho sin necesidad de consentimiento del superficiario.

b) Cualquier pacto que no contravenga los límites a la libertad contractual contenidos en el artículo 1255 CC.

6.6. Constitución

Como dispone el artículo 53.2 TRLSRU el derecho de superficie es de constitución registral, es decir, para su válida constitución precisa ser formalizado en escritura pública y posterior inscripción en el Registro de la Propiedad.

Para la inscripción del derecho de superficie no es necesaria su georreferenciación hasta que la edificación se encuentre finalizada[71].

Se puede constituir el derecho de superficie a título oneroso o gratuito. Si es a título oneroso, el precio podrá consistir:

a) En el pago de una suma alzada o de un canon periódico.

b) En la adjudicación de viviendas o locales o derechos de arrendamiento de unos u otros. En este caso, al finalizar el plazo pactado se producirá la reversión total de lo edificado.

6.7. Duración

La duración del derecho de superficie será la pactada en el título de su constitución, pero, en todo caso, tendrá un límite temporal de noventa y nueve años. La duración del derecho de superficie deberá constar en la escritura pública de constitución del derecho e inscrita en el Registro de la Propiedad[72].

6.8. Extinción

6.8.1. Causas

a) Vencimiento del plazo concedido por el propietario del terreno al superficiario para edificar, sin haberlo hecho.

b) Vencimiento del tiempo de duración del derecho, pactado en el título constitutivo del derecho de superficie.

c) En defecto de pacto, el transcurso del tiempo máximo de duración del derecho de superficie: 99 años.

En todo caso, no es motivo de extinción la destrucción del edificio, puesto que se podría volver a edificar en plazo.

6.8.2. Efectos

a) El propietario del suelo hace suya la propiedad de lo edificado: *ipso iure*, no siendo precisa la *traditio*.

---

71 RDGRN/DGSJFP de 28 de noviembre de 2019. BOE de 27 de diciembre de 2019. En el mismo sentido, MATAMOROS MARTÍNEZ, R., «La propiedad de los edificios», en *Estudios sobre la propiedad horizontal*, obra colectiva, coordinadora: Susana SAN CRISTÓBAL REALES, La Ley, Madrid, 2009, pág. 107.

72 En relación con la duración del Derecho de Superficie, resulta de obligada consulta el trabajo de GUARDIOLA, J. J., y VARSI ROSPIGLOSI, E., «Perpetuidad o temporalidad del derecho real de superficie», *Revista de Direito Civil Contemporáneo – RDCC: Journal of Contemporay Private Law*, núm. 37, 2023, págs. 309 y ss.

b) El superficiario no tiene derecho a indemnización alguna.

c) Cabe el pacto sobre la liquidación del régimen del derecho de superficie, según lo dispuesto en el artículo 54.5.II TRLSRU.

d) Se extinguen toda clase de derechos reales o personales impuestos por el superficiario. En este sentido, dispone el artículo 13.2 LAU que los arrendamientos otorgados por el superficiario se extinguirán al término del derecho de superficie.

e) En caso de confusión entre los derechos de propiedad del suelo y el del superficiario, continuarán gravándolos separadamente hasta el transcurso del plazo del derecho de superficie a fin de que este modo de extinción no perjudique a terceros.

7. El derecho de vuelo y subedificación

7.1. Régimen jurídico

Carece de regulación en el Código civil, sin embargo, si está regulado en el artículo 10 LPH. En el ámbito foral se regula en los artículos 435 a 442 LCDCFN.

7.2. Concepto

Los derechos de vuelo y subedificación son la facultad que se reserva el propietario de un edificio en caso de transmisión de su titularidad dominical, para hacer suyas las plantas que pueda elevar en el edificio o las construcciones que se realicen bajo el subsuelo, siempre que no constituyan derecho de superficie. Así lo dispone el artículo 16.2 RH.

Se diferencia del derecho de superficie en que mientras en los supuestos del derecho de vuelo y subedificación el que edifica hace suyo lo edificado; en el derecho de superficie, no.

El derecho de vuelo y subedificación pueden ser inscritos en el Registro de la Propiedad, así como las cuotas de participación que se vayan a asignar a las nuevas plantas o, en su caso, las reglas para su determinación.

Este derecho no puede ser de duración indeterminada, puesto que como señala la RDGRN/RDGSJFP de 15 de septiembre de 2009[73], no caben derechos reales limitados de carácter perpetuo o con plazo indefinido.

73 RDGRN/RDGSJFP de 15 de septiembre de 2009. BOE de 7 de octubre de 2009.

7.3. Regulación en la Ley de Propiedad Horizontal

La ley de Propiedad Horizontal distingue respecto a la construcción de nuevas plantas aquellos supuestos que son obligatorios y voluntarios, de forma análoga a la distinción entre acuerdos obligatorios y voluntarios.

Dispone el artículo 10.1 LPH que la construcción de nuevas plantas que resulten preceptivas a consecuencia de la inclusión del inmueble en un ámbito de actuación de rehabilitación o de regeneración y renovación urbana, tendrán carácter obligatorio y no requerirán de acuerdo previo de la Junta de propietarios, impliquen o no modificación del título constitutivo o de los estatutos, y vengan impuestas por las Administraciones Públicas o solicitadas a instancia de los propietarios. En este caso, la construcción de nuevas plantas resulta preceptiva para la comunidad de propietarios que estará obligada a su ejecución.

El artículo 10.3.b) II LPH señala que la construcción de nuevas plantas requerirá acuerdo adoptado por la doble mayoría de tres quintas partes. Esta obra requerirá autorización administrativa, consentimiento de los propietarios afectados y acuerdo entre estos y comunidad. Conforme a lo dispuesto en el artículo 10.3) II y 17.4 III LPH, la comunidad de propietarios podrá adoptar un acuerdo por la doble mayoría de tres quintas partes por el que se fijen las nuevas cuotas de participación y se determine la naturaleza de las obras. Sin perjuicio de ello, se podrá acudir al arbitraje o al dictamen de técnicos como medio alternativo para solución de conflictos. Los acuerdos deben ser adoptados por la doble mayoría de tres quintas partes y sin límite de disidencia, según lo dispuesto en el artículo 17.4 III LPH, introducido en la Ley de Propiedad Horizontal mediante la disposición final quinta del Real Decreto-ley 8/2023, de 27 de diciembre, por el que se adoptan medidas para afrontar las consecuencias económicas y sociales derivadas de los conflictos en Ucrania y Oriente Próximo, así como para paliar los efectos de la sequía[74].

La STS de 25 de mayo 2009 determina que no basta que el propietario único del edificio y antes de iniciar el proceso de venta de los elementos privativos se reserve para sí y de forma indeterminada el derecho de vuelo, que por otra parte es elemento común del edificio según dispone el artículo 396 CC[75]. Y ello es así porque considera que impide a los futuros adquirentes conocer de forma precisa las condiciones en que se va a realizar la obra y decidir con pleno conocimiento sobre la adquisición de su vivienda, dejando a la comunidad en una situación de provisionalidad en cuanto a la futura configuración del edificio. No obstante, este pronunciamiento es anterior a

74 Para conformar doble mayoría, debe ser de propietarios y de cuotas de participación. Por límite de disidencia se entiende el número de mensualidades ordinarias de gastos comunes que peritan al disidente no estar obligado al cumplimiento del acuerdo adoptado.

75 STS, 389/2009, de 27 de mayo. ECLI:ES:TS:2009:3564.

la reforma del artículo 10 de la Ley de Propiedad Horizontal llevada a cabo mediante la promulgación de la Ley 8/2013, de 26 de junio, de rehabilitación, regeneración y renovación urbanas, por lo que surge la duda de si puede mantenerse esta interpretación en la actualidad. La respuesta debe ser afirmativa a la luz de lo dispuesto en la RDGRN/RDGSJFP de 12 de marzo de 2020 que señala que «en virtud del principio de especialidad, para la constitución del derecho de vuelo, ha de determinarse el número de plantas, plazo de ejercicio, cuotas de nuevos elementos, y demás requisitos»[76]. Señalan las RRDGRN/RDGSFP de 7 de mayo de 2014, BOE de 3 de julio de 2014 y 3 de junio de 2020, BOE de 23 de julio de 2020 que

> «pueden acceder al Registro las cláusulas de los estatutos del régimen de propiedad horizontal de un edificio, tras la Ley 8/2013, que permiten realizar sin necesidad de consentimiento o autorización de la junta de propietarios, la agrupación, segregación o división, dada la prevalencia del principio de autonomía de la voluntad, en supuestos en el que no existen razones de orden público para afirmar el carácter imperativo de la normativa»[77].

Pero en todo caso, si no se incluye una cláusula estatutaria en la que conste cuales van a ser las nuevas cuotas de participación o el método para su cálculo, deberá aprobarse por acuerdo adoptado en junta de propietarios por la doble mayoría de tres quintas partes.

76 RDGRN/RDGSJFP de 12 de marzo de 2020. BOE de 6 de julio de 2020.

77 RRDGRN/RDGSFP de DGRN/DGSJFP de 7 de mayo de 2014, BOE de 3 de julio de 2014 y 3 de junio de 2020, BOE de 23 de julio de 2020.

SECCIÓN SEGUNDA

El contrato de obra

CAPÍTULO II

EL CONTRATO DE OBRA EN EL CÓDIGO CIVIL

1. Regulación legal

Aunque la definición del contrato de obra se contiene en el artículo 1544 CC, se regula en los artículos 1588 a 1600 CC. Esta regulación se refiere a los contratos de obra privados excluidos del ámbito de aplicación de la Ley de Ordenación de la Edificación.

Posteriormente se promulga la Ley 38/1999, de 5 de noviembre, de Ordenación de la Edificación, que tiene como objeto regular los «aspectos esenciales el proceso de la edificación», es decir, la construcción o rehabilitación sustancial de edificios, como así los disponen los artículos 1 y 2 LOE. No obstante, su objeto será analizado con más detalle en el epígrafe correspondiente, bastando aquí esta distinción *prima facie*.

Aunque el análisis del contrato de obra que se está realizando, lo es desde el punto de vista del derecho civil, conviene mencionar la regulación de los contratos del sector público que se rigen por la Ley 9/2017, de 8 de noviembre, de Contratos del Sector Público, por la que se transponen al ordenamiento jurídico español las Directivas del Parlamento Europeo y del Consejo 2014/23/UE y 2014/24/UE, de 26 de febrero de 2014. Conforme a lo dispuesto en el artículo 2 LCSP, esta norma regula los «contratos onerosos, cualquiera que sea su naturaleza jurídica», que se celebren por las administraciones públicas relacionadas en el artículo 3 LCSP.

2. Concepto

El contrato de obra se define en el artículo 1544 CC como aquel en virtud del cual «una de las partes se obliga a ejecutar una obra ... por precio cierto»[78]. Este concepto de obra no de limitarse a aquella que tiene como objeto una vivienda o parte de ella, sino también cuando encargamos a un sastre la confección de un traje o a un pintor un cuadro, si bien, en este capítulo se tratara exclusivamente del contrato de obra inmobiliaria.

La SAP Málaga de 17 de marzo de 2023 lo define como un contrato bilateral de obligaciones recíprocas, en la que el pago del precio debe ser la contraprestación por la entrega de la obra ejecutada correctamente[79]. Por lo tanto, se puede definir el contrato de obra como aquel contrato oneroso y bilateral, por el cual una de las partes se compromete a ejecutar una obra, y la otra a pagar por ella el precio estipulado por su ejecución correcta y en el plazo convenido.

La doctrina se refiere a este contrato de diversas formas: «contrato de ejecución de obra», «arrendamiento de obra», «contrato de empresa»[80].

Es criticable la ubicación sistemática del contrato de obra dentro del Código Civil, ya que se califica al mismo como un contrato de arrendamiento. Esta ubicación proviene de su regulación en el derecho romano, concretamente del contrato denominado *locatio conductio operis*[81]. De hecho, el artículo 1542 CC considera que los contratos de naturaleza locativa pueden ser de cosas, obras o servicios. La doctrina considera anticuada esta regulación[82].

---

78 Marco Menchón, S., «Contrato de arrendamiento de obra», en *Manual de Derecho Inmobiliario*, obra colectiva, coordinador: Moreno Ubric, R., Aranzadi, Cizur Menor, 2021, pág. 167. Este autor complementa esta definición del contrato de obra «como aquél por el cual el contratista se obliga respecto del comitente, o dueño de la obra, a la obtención de un resultado, con o sin suministro de materiales, empleando la diligencia debida y asumiendo los riesgos de llevarlo a cabo, lo anterior por un precio cierto».

79 SAP Málaga, Sec. 4.ª, 195/2023, de 17 de marzo, ECLI:ES:APMA:2023:717. Con cita de la STS de 20 de noviembre de 2011

80 García Conesa, A., Derecho de la Construcción, 1.ª Ed. Bosch, Barcelona, 1996, págs. 10-11., págs. 10-11. Marco Menchón, S., «Contrato de arrendamiento de obra», en *Manual de Derecho Inmobiliario*, obra colectiva, coordinador: Moreno Ubric, R., Aranzadi, Cizur Menor, 2021, págs. 167-168.

81 Torrent Ruiz, A., *Manual de Derecho Privado Romano,* Librería General, Zaragoza, 1987, págs. 461-467. Se consideraba inicialmente el contrato de obra como un arrendamiento de servicios, en el que se arrendaban los servicios de un operario, habitualmente esclavo, y se le pagaba por ellos. «De esta forma podemos definir la *locatio-conductio operarum* como aquel contrato por el que las partes se obligan, una a poner su propia actividad de trabajo a disposición de la otra durante un cierto tiempo mediante el pago de una merced; la otra se obliga a pagar tal mereced».

82 Díaz Barco, F., *Manual de Derecho de la Construcción,* 4.ª Ed., Aranzadi, Cizur Menor, 2018, pág. 32. Considera este autor que la regulación en el Código Civil del contrato de obra es arcaica. Marco Menchón, S., «Contrato de arrendamiento de obra», en *Manual de Derecho Inmobiliario*, obra colectiva, coordinador: Moreno Ubric, R., Aranzadi, Cizur Menor, 2021, págs. 168-169. Manifiesta que «la realidad económica y social de nuestro país en la que el sector de la construcción ocupa un lugar predominante del tejido empresarial e industrial, deja patente la desfasada decimonónica prevista en el Cciv».

La regulación del Código Civil tiene como objeto obras mucho más simples que las actuales, que en muchos casos están dotadas de una gran complejidad, y eso, junta a la necesidad de dotar de un nuevo régimen de responsabilidades, es lo que llevó a la aprobación de la Ley de Ordenación de la Edificación. La finalidad de esta norma, como ya se ha señalado, es regular los procesos de la edificación que, generalmente son de mayor envergadura, reservándose la regulación del Código Civil a obras distintas a las relacionadas en el ámbito de aplicación al que se refiere el artículo 2 LOE. No obstante, esta norma contiene la posibilidad, en determinados casos, de exigir responsabilidad contractual en los procesos constructivos, por lo que en estos supuestos será de aplicación la regulación que respecto del contrato de obra contiene el Código Civil, además de la regulación general de las obligaciones y contratos.

De la definición del contrato de obra que proporciona el artículo 1544 CC se desprende que los objetos de este contrato son dos: la obra y el precio. Debe entenderse estos objetos como elementos esenciales del contrato, en el sentido que dispone el artículo 1261.2.º CC, puesto que, si no hay obra o no hay precio, tampoco habrá contrato de obra.

3. Elementos del contrato de obra

3.1. Elementos subjetivos

El objeto de análisis de este epígrafe se refiere la regulación del contrato de obra en el Código Civil, pero la relación de sujetos relacionados con la obra contenida en esta norma es claramente limitada y desfasada a la realidad constructiva actual, sólo aplicable a pequeñas obras, por lo que deja fuera a sujetos intervinientes que sí están regulados en la Ley de Ordenación de la edificación. Respecto de éstos, nos remitimos al estudio de dicha ley[83].

3.1.1. Comitente

Se denomina comitente al dueño de la obra, es decir, a quien encarga al contratista su realización.

---

83 Carrasco Perera, A., Cordero Lobato, E. y González Carrasco. M.C. *Derecho de la Construcción y de la Vivienda.* 7.ª Ed., Thomson Reuters Aranzadi, Cizur Menor, 2012, pág. 314. Consideran estos autores que, en realidad, sólo el comitente y el contratista son partes en este contrato, refiriéndose al resto como sujetos intervinientes. Marco Menchón, S., «Contrato de arrendamiento de obra», en *Manual de Derecho Inmobiliario*, obra colectiva, coordinador: Moreno Ubric, R., Aranzadi, Cizur Menor, 2021, págs. 170.

3.1.2. Contratista

Se denomina contratista a quien se compromete a ejecutar correctamente la obra a cambio de un precio cierto.

3.1.3. Arquitecto

Se refieren a estos profesionales los artículos 1591 y 1593 CC, si bien, la regulación del artículo 1591 CC se encuentra superada por la Ley de Ordenación de la Edificación. La doctrina considera que la realización del proyecto tiene la consideración de contrato de obra ya que persigue un resultado, mientras que la dirección de obra es un arrendamiento de servicios[84].

3.1.4. Auxiliares

El artículo 1596 CC dispone que el contratista es responsable del trabajo realizado por las personas que ocupe en la obra. Se entiende que la *ratio legis* de este precepto es evitar que el contratista pretenda eludir su responsabilidad por los daños causados por sus empleados. Responderá el contratista en caso de cesión del contrato, cuando en la designación del cesionario no haya intervenido el comitente. También en el caso de la subcontratación, cuando haya sido expresamente prohibida por el comitente o se haya contratado en atención a las circunstancias personales del contratista[85]. En caso de que la obra hubiera sido adjudicada en virtud de las características personales del contratista, no podrá delegarse su ejecución. Si no fuera personalísima, entonces sí que podrá llevarse a cabo la delegación[86].

---

84 Díaz Barco, F., *Manual de Derecho de la Construcción,* 4.ª Ed., Aranzadi, Cizur Menor, 2018, pág. 44. Carrasco Perera, A., Cordero Lobato, E. y González Carrasco. M.C. *Derecho de la Construcción y de la Vivienda.* 7.ª Ed., Thomson Reuters Aranzadi, Cizur Menor, 2012, pág. 314.

85 Carrasco Perera, A., Cordero Lobato, E. y González Carrasco. M.C. *Derecho de la Construcción y de la Vivienda*. 7.ª Ed., Thomson Reuters Aranzadi, Cizur Menor, 2012, pág. 315-317.

86 Albácar López, J.L., «Comentarios a los artículos 1445 a 1603», en *Código Civil, Doctrina y Jurisprudencia,* obra colectiva, coordinador: Albácar López, J.L., Trivium, Madrid, 1991, págs. 1263-1265. Si el contrato de obra tiene carácter *intuitu personae* el contratista no podrá encargar su ejecución a un tercero, pero si no lo tiene y el contratista puede garantizar la ejecución de la obra en las condiciones pactadas, se podrá delegar.

3.2. Elementos objetivos

3.2.1. Obra

Como ya se ha señalado con anterioridad, el objeto del presente contrato puede ser, tanto cosas muebles como inmuebles. No obstante, se analizará el objeto del contrato de obra de transcendencia inmobiliaria.

La obra regulada en el Código Civil puede delimitarse negativamente por exclusión de la contenida en el artículo 2 LOE. En este sentido, serán todas aquellas obras no relacionadas en dicho precepto. Por lo tanto, se regirán por las disposiciones del Código Civil aquellas obras que no sean las siguientes:

a) El proceso de la edificación, entendiendo por tal la acción y el resultado de construir un edificio de carácter permanente, público o privado, cuyo uso principal esté comprendido en los siguientes grupos:

1. Administrativo, sanitario, religioso, residencial en todas sus formas, docente y cultural.
2. Aeronáutico; agropecuario; de la energía; de la hidráulica; minero; de telecomunicaciones (referido a la ingeniería de las telecomunicaciones); del transporte terrestre, marítimo, fluvial y aéreo; forestal; industrial; naval; de la ingeniería de saneamiento e higiene, y accesorio a las obras de ingeniería y su explotación.
3. Todas las demás edificaciones cuyos usos no estén expresamente relacionados en los grupos anteriores.

b) Tendrán la consideración de edificación a los efectos de lo dispuesto en esta Ley, y requerirán un proyecto según lo establecido en el artículo 4, las siguientes obras:

1. Obras de edificación de nueva construcción, excepto aquellas construcciones de escasa entidad constructiva y sencillez técnica que no tengan, de forma eventual o permanente, carácter residencial ni público y se desarrollen en una sola planta.
2. Todas las intervenciones sobre los edificios existentes, siempre y cuando alteren su configuración arquitectónica, entendiendo por tales las que tengan carácter de intervención total o las parciales que produzcan una variación esencial de la composición general exterior, la volumetría, o el conjunto del sistema estructural, o tengan por objeto cambiar los usos característicos del edificio.
3. Obras que tengan el carácter de intervención total en edificaciones catalogadas o que dispongan de algún tipo de protección de carácter ambiental o histórico-artístico, regulada a través de norma legal o documento urbanístico y aquellas otras de carácter parcial que afecten a los elementos o partes objeto de protección.

c) Se consideran comprendidas en la edificación sus instalaciones fijas y el equipamiento propio, así como los elementos de urbanización que permanezcan adscritos al edificio.

La correcta ejecución de la obra, entendiéndola como resultado, es la obligación principal del contratista. Así es desde la regulación de la *locatio conductio operis* en el derecho romano[87]. Se entiende por obra el resultado de la actividad del contratista, que ha debido ser ejecutada correctamente y conforme a lo estipulado con el comitente. En todo caso, no será obra la actividad desplegada por el contratista ni los medios utilizados para su ejecución, pues su concepto se limita exclusivamente a su resultado. A diferencia de lo que ocurre con el contrato de arrendamiento de servicios, y aunque aparezcan definidos por razones históricas en el mismo precepto legal, el objeto de este contrato no se trata de una mera actividad, sino que lo que se persigue es el resultado perfecto y en plazo[88]. Aunque para la ejecución de la obra se precise aportar una serie de medios adecuados, la obtención del resultado es la finalidad propia de este contrato, no pudiendo justificarse que el resultado no sea el contratado mediante el pretexto de haber dedicado mucho tiempo y medios para ello.

Con relación a su objeto, debe distinguirse si el contratista aporta los materiales, o por el contrario es el dueño de la obra quien lo hace. Esta distinción resulta de lo dispuesto en el artículo 1588 CC, teniendo una transcendencia fundamental respecto a los riesgos asumidos en caso de pérdida de la obra.

a) Contrato de obra con suministro de material

En el supuesto de que el objeto del contrato sea la ejecución de una obra y aportación del material por parte del contratista, debe analizarse el contrato. Se trata de un contrato que contiene una prestación de hacer: obra, y una prestación de dar: materiales. Para determinar la clase de contrato habrá que examinar cual es la prestación principal, es decir, si es un contrato de obra con aportación de material, o un contrato de compraventa con una prestación de hacer. El derecho romano ya establecía la duda de si se trataba de una compraventa *(emptio venditio)* o de un contrato de obra *(locatio conductio operis)*[89].

---

87 Arias Ramos, J. y Arias Bonet, J.A., Derecho Romano II, Obligaciones, familia y sucesiones, 18.ª Ed. Editoriales de Derecho Reunidas, Madrid, 1986, págs. 658-659.

88 Díaz Barco, F., *Manual de Derecho de la Construcción,* 4.ª Ed., Aranzadi, Cizur Menor, 2018, págs. 32-35. Define el resultado de este contrato como: «opus *consumatum et perfectum*».

89 Arias Ramos, J. y Arias Bonet, J.A., *Derecho Romano II, Obligaciones, familia y sucesiones*, 18.ª Ed. Editoriales de Derecho Reunidas, Madrid, 1986, págs. 658-659. Señalan estos autores que para algunos jurisconsultos la diferencia se encontraba en si el contratista suministraba o no el material, mientras que para otros dependía de si se daba más importancia a la obra o a los materiales.

No se puede dar una respuesta general para todos los supuestos, puesto que requiere el examen pormenorizado de cada supuesto. Hay que analizar cada una de las prestaciones objeto del contrato y ver cuál es la predominante, puesto que el contrato se compone de una prestación predominante y una accesoria. Si predomina la obligación de hacer se trataría de un contrato de obra, si por el contrario la que predomina es la obligación de dar se estaría ante una compraventa. Para ello, en primer lugar, habrá que estar a la voluntad de las partes a la hora de suscribir el contrato y, si ello no fuera posible, habrá que acudir al dictamen de peritos a fin de que determinen la prestación predominante del contrato. En último término habrá que analizar la transcendencia del resultado como consecuencia del contrato, ya que, si principalmente se valora éste, se trataría de un contrato de obra, y si no es así, es un contrato de compraventa. Para ello, resulta determinante lo pactado en el contrato suscrito entre comitente y contratista.

Se trata de una diferencia importante, puesto que en el caso de que predomine la obligación de hacer y, por lo tanto, fuera un contrato de obra se trataría de una obligación de resultado, mientras que en el caso de la compraventa se analiza que su objeto sean materiales adecuados para la obra, carente de vicios. La diferencia estriba en la clase de acción que puede ser ejercitada, en el sentido de que si se está ante un contrato de compraventa se ejercitará la acción de saneamiento por vicios ocultos, mientras que sí es un contrato de obra se ejercitará la acción de cumplimiento defectuoso.

Otra diferencia es el plazo de prescripción[90]. Si se trata de un contrato de compraventa y, por tanto, del ejercicio de acciones edilicias, estarían sujetas a un plazo de caducidad de seis meses. Sin embargo, las acciones del contrato de obra están sometidas al plazo general de las obligaciones no sujetas a término propio, es decir, el plazo de prescripción de cinco años señalado en el artículo 1964 CC. Respecto del contrato de obra con suministro de material no hay ninguna duda de que el plazo de prescripción es el de cinco años al que se refiere el artículo 1964 CC, tras su reforma operada por la Ley 42/2015, de 5 de octubre, de reforma de la Ley 1/2000, de 7 de enero, de Enjuiciamiento Civil. En este sentido, se pronuncian las STS de 14 de febrero de 2011[91] y SAP Murcia, Cartagena, de 25 de octubre de 2022[92]. Las sentencias citadas califican este tipo de contrato como una «relación jurídica compleja».

b) Contrato de obra sin suministro de material

En este supuesto, no hay ninguna duda de que se trata de un contrato de obra cuyo objeto es una prestación de hacer. El material lo aporta el comi-

90 Díaz Barco, F., *Manual de Derecho de la Construcción*, 4.ª Ed., Aranzadi, Cizur Menor, 2018, págs. 67-70.

91 STS 66/2011, de 14 de febrero, ECLI:ES:TS:2011:542.

92 SAP Murcia, Cartagena, Sec. 5.ª, 278/2022, de 25 de octubre, ECLI:ES:APMU:2022:2591.

tente, limitándose el contratista a su ejecución con lo aportado por el dueño de la obra. Su transcendencia deriva del régimen de responsabilidad en caso de ruina de la obra antes de la entrega, el cual se analizará más adelante.

3.2.2. Precio

Esta es la principal obligación del dueño de la obra y, por tanto, el principal derecho del contratista. Es un elemento esencial de contrato como objeto de éste, y su cobro es la causa lícita del contratista. Por lo tanto, de conformidad con lo dispuestos en los artículos 1261 y 1544 CC, sin precio no existe contrato de obra.

Exige el artículo 1544 CC que el precio sea cierto, lo que no exige que sea determinado por las partes en el momento de suscripción del contrato o de la ejecución de la obra, sino que puede determinarse posteriormente conforme a los usos de mercado o a la costumbre del lugar, por las partes o un tercero[93].

El precio de la obra será el que hayan pactado los contratantes en virtud del principio de autonomía de la voluntad de las partes. Las partes podrán pactar que el precio se determine por un tercero que hayan designado, y a falta de determinación consensual o por parte del tercero del precio de la obra, el mismo se podrá determinar en dictamen pericial si así lo admiten las partes contratantes[94]. En su defecto, el precio será determinado judicialmente, posibilidad que admite, entre otras, la STS de 30 de enero de 2015[95]. Aunque se determine judicialmente, la realidad es que su cuantificación provendrá de lo prueba pericial practicada en el procedimiento, por lo que, si el objeto de debate tan solo es la cuantía del precio, resultará más económico y rápido someter la disputa al dictamen de peritos. Las partes pueden pactar que este dictamen pericial tenga la consideración de laudo, si previamente así lo han convenido mediante el correspondiente convenio arbitral. Respecto del contrato de obra, la mayoría de las diputas en relación con los mismos se podrían resolver fácilmente, de una manera más rápida y económica a través

93 Marco Menchón, S., «Contrato de arrendamiento de obra», en *Manual de Derecho Inmobiliario*, obra colectiva, coordinador: Moreno Ubric, R., Aranzadi, Cizur Menor, 2021, pág. 173. Señala este autor que no debe confundirse precio cierto con precio fijo, citando para ello la STS de 10 de diciembre de 1915 que establece que «el legislador lo que ha declarado es la certeza en la concurrencia del precio, no sus contingencias ni las modalidades de pago». En el mismo sentido, SAP Girona, Sec. 2.ª, 388/2022, de 27 de septiembre, ECLI:ES:APGI:2022:1230.

94 Considera Pacheco Jiménez que «el dictamen pericial ocupa un lugar preeminente para averiguar cuál es el precio usual en el contrato de obra. Pacheco Jiménez, M.N., «La determinación del precio: Fijación unilateral por una de las partes del contrato», en *Revista Doctrinal Aranzadi Civil-Mercantil* núm. 5/2010, BIB 2010\1344.

95 STS 36/2015, de 30 de enero, ECLI:ES:TS:2015:262.

de los medios adecuados de solución de conflictos (MASC): mediación, arbitraje y conciliación, por lo que resulta un acierto que la LESPJ los introduzca en el proceso como requisito previo de procedibilidad.

Lo que no podrá dejarse al arbitrio de una de las partes contratantes es la fijación del precio del contrato de obra, por prohibirlo así el artículo 1256 CC[96]. También puede aplicarse por analogía el artículo 1449 CC, aplicable al contrato de compraventa, que dispone que «el señalamiento del precio no podrá nunca dejarse al arbitrio de uno de los contratantes». Se trata de una excepción al principio de libertad de pacto, puesto que no se puede pactar que la fijación de un elemento esencial de un contrato la determine una de las partes contratantes, ya que, además, supone una infracción del principio de equilibrio de las prestaciones.

La fijación del precio con anterioridad a la ejecución de la obra suele hacerse a través del correspondiente presupuesto donde se describirá la obra a realizar y el precio a pagar por ella. Dependerá del tipo de contrato de obra que se celebre, es decir, si es por unidad, por tanto alzado, etc., si el presupuesto se detalla por partidas o se confecciona de forma global. La elaboración del presupuesto no es preceptiva, aunque sí aconsejable a fin de evitar ulteriores disputas sobre el precio de la obra. En todo caso, el mismo debe ser realista y adaptado a la ejecución de la obra que se va a realizar[97]. El presupuesto tiene una función interpretativa muy importante respecto del contenido del contrato de obra, ya que, en caso de discrepancia entre contratante y contratista, el presupuesto arrojará luz sobre la auténtica intención de las partes contratantes[98].

No obstante, el presupuesto no suele agotar las posibilidades posteriores de alteración del objeto del contrato, encontrándonos ante lo que se denomina precios contradictorios. Estos precios suelen ser la consecuencia directa de modificaciones posteriores debidas al devenir del contrato de obra o aprovechando el comitente su ejecución. Como regla general se suele resolver la modificación de precio resultante del cambio de objeto mediante remisión a la decisión de la dirección facultativa, pero esto debe ser expre-

---

96 Santos Briz, J., «Comentarios a los artículos 1088 a 1314», en *Código Civil, Doctrina y Jurisprudencia*, obra colectiva, coordinador: Albácar López, J.L., Trivium, Madrid, 1991, págs. 570-571. Se refiere a que la aplicación de la prohibición de arbitrio se reserva a las partes esenciales del contrato, no a los meros elementos accidentales. Obviamente, el precio, como se ha señalado es un elemento esencial del contrato de compraventa.

97 En este sentido, Arboleda López, S. A., y Serna Gutiérrez, E. *Presupuesto y programación de obras: conceptos básicos*, Instituto Tecnológico Metropolitano, Medellín, 2019, pág. 10.

98 García Conesa considera el presupuesto como un elemento de interpretación e integración del precio. García Conesa, A., *Derecho de la Construcción*, 1.ª Ed. Bosch, Barcelona, 1996, págs. 187-194.

samente acordado en contrato o posteriormente por los contratantes[99]. No existiendo acuerdo entre las partes en relación con la modificación de precios o remisión a la decisión de la dirección facultativa, su determinación deberá realizarse a través de los medios adecuados para solución de conflictos y, en caso de no resultar posible a través del correspondiente procedimiento judicial. En todos estos casos, deberá contarse con un dictamen pericial que determine el precio a aplicar.

El presupuesto puede llevar incluido ya el beneficio industrial, que es el que recibirá el contratista como consecuencia de la ejecución de la obra contratada, o puede fijarse el coste de la obra añadiendo finalmente un porcentaje de beneficio, que, en definitiva, es la auténtica causa contractual para el contratista[100].

Una cuestión importante respecto al pago del precio de la obra es la posibilidad de que se pacte que el mismo se realice a medida que la obra va avanzando, conociendo este sistema como pago por certificación. A medida que la obra avanza, el director facultativo de la misma va certificando la parte de obra que se va ejecutando con la periodicidad que se pacte en el contrato. No sólo se certifica la obra ejecutada sino su precio, suscribiéndose normalmente, además de por el director de la obra, por el comitente y el contratista. No obstante, suele pactarse que, en caso de discrepancia entre las partes del contrato, el profesional director de la obra dirimirá la disputa. También suele ser objeto de pacto un plazo de oposición por parte del comitente al contenido de la certificación, de tal modo que su silencio durante el mismo equivaldrá a su aceptación tácita. Este pacto tiene el mismo fundamento que la prescripción de las acciones, es decir, evitar primar el abandono de la oposición por parte del comitente y garantizar la seguridad jurídica del contratista. A fin de evitar que el contratista pueda tener dificultades respecto a la financiación de la obra, y porque, además, atentaría contra la buena fe contractual, cualquier discrepancia sobre el contenido de la certificación no puede fundamentar el impago de la obra, sino que su objeto se resolverá en la liquidación final del contrato[101].

El pago al contratista del precio del contrato de obra es una obligación no sujeta a término propio, por lo que de conformidad con lo dispuesto en el

---

99 Amezcua Ormeño, E., «Ius variandi, precios contradictorios y revisión de precios en el contrato de obras celebrado por poder adjudicador no administración pública tras la Ley de economía sostenible», en *Revista Aranzadi Doctrinal,* núm. 6/2011, BIB 2011\1276.

100 En el mismo sentido, García Conesa, A., *Derecho de la Construcción*, 1.ª Ed. Bosch, Barcelona, 1996, págs. 186-187.

101 En este punto se discrepa de la opinión de Díaz Barco que considera que diferir la resolución de la disputa a la liquidación final del contrato es una estipulación dispositiva, por cuanto que, aunque no se pacte tal posibilidad, la misma debe aplicarse en virtud de la doctrina de la interdicción del abuso del derecho. Díaz Barco, F., *Manual de Derecho de la Construcción*, 4.ª Ed., Aranzadi, Cizur Menor, 2018, pág. 60.

artículo 1964.2 CC el plazo de prescripción es el de cinco años, como señalan las SAP Asturias, Oviedo, de 3 de febrero de 2023[102] y SAP Málaga de 28 de noviembre de 2022[103]. Sin embargo, la obligación de pago a los técnicos intervinientes estará sujeta al plazo de prescripción de tres años.

En caso de impago y con fundamento en el artículo 1124 CC, puede darse la resolución del contrato de obra siempre que derive de la voluntad manifiesta y culpable de incumplimiento del contrato de obra por parte del comitente, así como que la parte que insta su resolución haya cumplido escrupulosamente la prestación a la que se ha obligado, ya que ésta es una exigencia que se deduce de lo dispuesto en el artículo 1100. V CC[104]. Cuando el incumplimiento no es de tal entidad se optará por el mantenimiento del contrato, acudiéndose a las excepciones de incumplimiento o cumplimiento defectuoso con subsanación de lo mal hecho o reducción del precio de la obra[105]. Por lo tanto, la regla general será el mantenimiento del contrato, optándose por su resolución sólo en los supuestos de incumplimiento total de la prestación. En este caso, el contratista puede ejercitar una acción de reclamación de cantidad[106] que se tramitará conforme a las normas generales contenidas en los artículos 249 y 250 LEC, es decir, por razón de su cuantía. El contratista podrá oponer, ya sea frente a la acción resolutoria o de reclamación

---

102 AP Asturias, Oviedo, Sec. 4.ª, 64/2023, de 3 de febrero, ECLI:ES:APO:2023:515.

103 AP Málaga, Sec. 5.ª, 496/2022, de 28 de noviembre, ECLI:ES:APMA:2022:3255.

104 Díaz Barco cita la STS 599/2010, de 1 de octubre, ECLI:ES:TS:2010:5782, la cual señala los requisitos que la misma exige para la resolución de los contratos de obra: «A) la necesaria reciprocidad de obligaciones en juego B) la exigibilidad de las mismas, no sujetas a condición o término, C) el exacto cumplimiento por parte del reclamante de aquello que le incumbía D) la existencia de una manifiesta voluntad rebelde en el acusado como incumplidor, no siendo suficiente el retraso o cumplimiento tardío, E) que el incumplimiento recaiga sobre los elementos esenciales del contrato, de tal forma que frustre la finalidad contractual del mismo, F) la afirmación de que la prueba de las causas del incumplimiento corresponde al que las alega, debiendo interpretarse restrictivamente esta causa resolutoria, en aras al mantenimiento del vínculo contractual». Díaz Barco, F., *Manual de Derecho de la Construcción*, 4.ª Ed., Aranzadi, Cizur Menor, 2018, págs. 67-70.

105 Carrasco Perera, A., Cordero Lobato, E. y González Carrasco. M.C. consideran que para que proceda la resolución del contrato «es preciso que exista un verdadero y propio incumplimiento de la obligación de pago por el comitente». Carrasco Perera, A., Cordero Lobato, E. y González Carrasco. M.C. *Derecho de la Construcción y de la Vivienda*. 7.ª Ed., Thomson Reuters Aranzadi, Cizur Menor, 2012. En el mismo sentido, GARCÍA CONESA, A., *Derecho de la Construcción*, 1.ª Ed. Bosch, Barcelona, 1996, pág. 590.

106 García Conesa, A., *Derecho de la Construcción*, 1.ª Ed. Bosch, Barcelona, 1996, págs. 589. Este autor considera que, en caso de impago sin causa por el dueño de la obra, al contratista «le asisten las acciones y excepciones que se derivan de los arts. 1.124 (acción resolutoria) y 1.100 (acción de reclamación de su cumplimiento, con los daños generados, pero sin resolución del contrato), ambos del Código Civil».

de cantidad, la excepción de contrato no cumplido *(exceptio non adimpleti contractus)* o la de su cumplimiento parcial o defectuoso *(exceptio non rite adimpleti contractus)*. Se tratarán con detalle más adelante.

El incumplimiento de la obligación de pago del precio generará al comitente, a su vez, la obligación de pago de los intereses de demora como dispone el artículo 1108 CC. En este caso es preciso que la deuda sea líquida, aunque puede tratarse de una iliquidez parcial y que se determine en ejecución de sentencia[107]. Si una parte de la deuda es determinada y líquida, desde el momento de su reclamación debe generar intereses de demora, que se irán incrementando a medida que se determine la cantidad exacta.

Respecto del inicio del cómputo de los intereses de demora, se produce desde que la deuda se encuentra vencida, es decir, desde el momento en que debió procederse al pago. Si se pacta un determinado día de pago, desde que el mismo transcurre sin haberse efectuado el mismo. Si se pacta a una fecha desde la emisión de la certificación, desde el transcurso de esta fecha[108]. En todo caso, el contratista deberá emitir la correspondiente factura a fin de que la cantidad a pagar sea líquida y puede generar la obligación de pago de intereses de demora.

Respecto del tipo de interés, debe distinguirse si el dueño de la obra es un particular, en cuyo caso se pagarán los intereses pactados en contrato para el caso de mora, y en defecto de pacto, el interés legal[109]. Si el dueño de la obra fuera una empresa que contrata a otra la ejecución de la obra, no se aplicará el interés de demora previsto en el artículo 7 de la Ley 3/2004, de 29 de diciembre, por la que se establecen medidas de lucha contra la morosidad en las operaciones comerciales, si contrata como cliente final, al no tratarse de una contraprestación de una operación mercantil relacionada con la empresa comitente. En este caso, el tipo de interés de demora sería el mismo que si contrata con un particular. Distinto sería que una empresa subcontrate a otra una obra, en cuyo caso sí que estaría dentro del ámbito de aplicación

107 Carrasco Perera, A., Cordero Lobato, E. y González Carrasco. M.C. consideran que no se aplicarán intereses de demora en los supuestos de contratos de obra por administración ni cuando se aumenta o disminuye el precio alzado. Considero que, en estos casos, procederá el pago de los intereses de demora en cuanto se determine el importe del precio, incluso cuando lo sea parcialmente al menos en la cantidad líquida ya determinada. Carrasco Perera, A., Cordero Lobato, E. y González Carrasco. M.C. *Derecho de la Construcción y de la Vivienda*. 7.ª Ed., Thomson Reuters Aranzadi, Cizur Menor, 2012, pág. 332.

108 SAP Madrid, Sec. 14.ª, 53/2020, de 21 de febrero, ECLI:ES:APM:2020:2665.

109 Se fija a través de los presupuestos generales del estado aprobados cada año, de conformidad con lo dispuesto en el artículo primero de la Ley 24/1984, de 29 de junio, sobre modificación del tipo de interés legal del dinero.

de la norma anteriormente citada, siendo, en este caso, el interés de demora el pactado entre las partes y en su defecto, el interés legal incrementado en ocho puntos[110].

Si el domicilio de pago convenido entre las partes es una cuenta bancaria, el impago por parte del comitente mediante la devolución del recibo domiciliado, además de influir negativamente en la reputación del contratista, le genera gastos de devolución bancaria. Estos gastos de devolución deberán ser satisfechos por el comitente incumplidor a fin de garantizar la completa indemnidad del contratista, al ser consecuencia directa de su impago. Lo mismo ocurrirá si el pago se ha realizado a través de letras de cambio o pagarés, sin perjuicio de las acciones cambiarias que resulten procedentes.

En relación con la forma de pago del precio del contrato, se puede realizar la siguiente clasificación:

3.2.2.1. Contrato por precio alzado

Este tipo de contrato está regulado en el artículo 1593 CC. En este tipo de contratos las partes pactan la realización de una obra conforme a un plano previamente convenido. Además de plano, lo habitual es elaborar un proyecto técnico que defina la obra a ejecutar y donde se haga constar el precio final de la obra. En caso de aceptación por parte del contratista, este será el precio cierto de la obra, en virtud del principio de inalterabilidad del precio[111]. Este precio final pactado será el que deba pagar el dueño de la obra, salvo que se modifique de mutuo acuerdo entre el comitente y el contratista, dentro del principio de autonomía de la voluntad de las partes contratantes consagrado en el artículo 1255 CC. El riesgo de la variación del coste del precio de la obra correrá a cargo del contratista, como así lo manifiesta en la SAP Madrid de 9 de febrero de 2023[112], con cita de la STS de 19 de diciembre de 2013 que lo fundamenta en la invariabilidad del precio alzado, puesto que lo contrario supondría imponer al dueño de la obra un precio indeterminado y ello contravendría la esencia de lo pactado[113].

Si se pacta un precio alzado en relación con una determinada superficie de obra, y luego, tras la realización de mediciones resulta que la obra se ejecutó sobre una superficie mayor de la inicialmente consignada en contrato, el contratista tendrá derecho a un incremento de precio proporcional

110 SAP Barcelona, Sec. 17.ª, 291/2023, de 25 de mayo, ECLI:ES:APB:2023:5555.

111 RODRÍGUEZ MORATA, F. «Ejercicio de la acción prevista en el art. 1597 del Código Civil (LEG 1889, 27) en caso de aumento de obra (Notas a la Sentencia del TS de 15 de marzo 1990 [RJ 1990, 1698])», en *Revista Doctrinal Aranzadi Civil-Mercantil*, 1993, BIB 1993\113.

112 SAP Madrid, Sec. 20.ª, 52/2023, de 9 de febrero, ECLI:ES:APM:2023:3797.

113 STS 772/2013, de 19 de diciembre, ECLI:ES:TS:2013:6635.

a la superficie aumentada[114]. Igualmente, aunque se haya pactado un precio alzado, si posteriormente se acredita que se han realizado menos partidas de las inicialmente acordadas, deberá producirse una minoración del importe total acordado[115].

Las partes, de mutuo acuerdo, podrán acordar la modificación del proyecto, lo que implicará que se pueda aumentar el precio final del contrato, sin que se precise ninguna formalidad especial para ello. La SAP Zaragoza de 10 de febrero de 2023 admite la posibilidad de que el contratista comunique al comitente el cambio de la obra por vía telefónica, enviando fotos de los cambios propuestos[116]. Generalmente, esta modificación implicará un incremento del proyecto inicial de la obra, lo que a su vez implicará un aumento del precio de esta, como así se contiene en la SAP Barcelona de 24 de abril de 2023[117]. No siempre que hay una variación de la obra necesariamente debe modificarse el precio, pues el artículo 1593 CC contiene la expresión «podrá hacerlo», lo que evidencia el carácter dispositivo de la norma[118]. Cuestión distinta sería la posibilidad de aplicación de la cláusula *rebus sic stantibus* en caso de alteración excepcional de las circunstancias pactadas[119]. Para su aplicación debería tratarse de una alteración totalmente imprevista y sustancial de las condiciones del contrato. Si bien inicialmente esta cláusula resultaba aplicable tan solo de forma muy excepcional, en la actualidad se está normalizando su aplicación[120].

En este tipo de contrato de obra, la doctrina y la jurisprudencia considera que, cuando el dueño de la obra visite la misma con asiduidad y observe las variaciones que se van produciendo en la misma, y guarde silencio, se entiende que está consintiendo tácitamente[121]. Consecuencia de ello, es que

---

114 SAP Baleares, Sec. 4.ª, 633/2022, de 14 de diciembre, ECLI:ES:APIB:2022:3396.

115 SAP Madrid, Sec. 20.ª, 398/2021, de 2 de noviembre, ECLI:ES:APM:2021:13681.

116 SAP Zaragoza, Sec. 5.ª, 74/2023, de 10 de febrero, ECLI:ES:APZ:2023:347.

117 SAP Barcelona, Sec. 4.ª, 251/2023, de 24 de abril, ECLI:ES:APB:2023:4491.

118 En este sentido, MARCO MENCHÓN, S., «Contrato de arrendamiento de obra», en *Manual de Derecho Inmobiliario*, obra colectiva, coordinador: MORENO UBRIC, R., Aranzadi, Cizur Menor, 2021, pág. 174-179.

119 Cfr. MARCO MENCHÓN, S., «Contrato de arrendamiento de obra», en *Manual de Derecho Inmobiliario*, obra colectiva, coordinador: MORENO UBRIC, R., Aranzadi, Cizur Menor, 2021, pág. 177-179.

120 DÍAZ BARCO, F., «La cláusula Rebus Sic Stantibus en los contratos de ejecución de obras», en *La Rebus Sic Stantibus en Tiempos de Pandemia: Análisis General e Impacto por Sectores Económicos*, obra colectiva, coordinadores: Prudencio LÓPEZ MARTÍNEZ-ACACIO y otros, Tirant lo Blanch, Valencia, 2021, TOL8.370.239.

121 SAP A Coruña, Santiago de Compostela, Sec. 6.ª, 381/2016, de 30 de diciembre, ECLI:ES:APC:2016:3258. SAP Málaga, Sec. 6.ª, 179/2011, de 30 de marzo, ECLI:ES:APMA:2011:1111. DÍAZ BARCO, F., *Manual de Derecho de la Construcción*, 4.ª Ed., Aranzadi, Cizur Menor, 2018, págs. 79.

se pueda incrementar el precio de la obra en proporción a las variaciones realizadas. No se puede compartir ese criterio en todos los supuestos, ya que el dueño de la obra puede no ser una persona técnica en la materia y no comprender las modificaciones que se están produciendo, lo que excluiría un consentimiento derivado de un conocimiento cabal de lo que está aceptando, sería en todo caso un consentimiento viciado. La SAP Alicante, Elche, de 7 de febrero de 2022 considera que, en el supuesto de una obra contratada a precio alzado, no puede modificarse éste cuando no haya sido aceptado expresamente por el dueño de la obra, aunque visitara la obra con cierta asiduidad[122]. En definitiva, tan solo podrá aplicarse la doctrina del consentimiento tácito en aquellos supuestos el que el comitente sea técnico en la materia o cuando la modificación sea tan evidente que cualquiera pudiera advertir, sin necesidad de un conocimiento técnico especial, el contenido de la modificación que está realizando el contratista, sin oposición expresa a ella.

El artículo 1597 CC, en relación a este tipo de contratos, reconoce la posibilidad de que los trabajadores del contratista y quienes hayan suministrado materiales, puedan reclamar de forma directa al comitente lo que el contratista les adeuda, hasta el límite de lo que el comitente adeuda al contratista[123]. En este sentido, debe equipararse la posición del subcontratista a la del trabajador[124]. Incluso algún autor identifica a quien pone el trabajo y el material con la figura del subcontratista[125].

Se genera una legitimación activa a favor de los trabajadores y suministradores de material, en el sentido que permite constituir una relación jurídico procesal de éstos frente al dueño de la obra, quienes pasan a ostentar legitimación pasiva. El límite de la reclamación es la cantidad que el comitente adeude al contratista. Esto supone una excepción, toda vez que la regla general sería que los trabajadores y los suministradores de material debieran demandar al contratista por lo que este adeuda a aquellos, en virtud de la relación contractual que los une. El contratista, en virtud de relación con-

---

122 SAP Alicante, Elche, Sec. 9.ª, 47/2022, de 7 de febrero, ECLI:ES:APA:2022:137.

123 Muñoz Paredes considera que «la justificación de esta medida excepcional, en cuanto supone una quiebra del principio general de eficacia relativa de los contratos (art. 1257 CC), es fácilmente entendible y se basa en la equidad, pues, retomando las tantas veces recordadas palabras de García Goyena, ésta «no permite que el empresario se enriquezca a expensas de los que, bajo su garantía, contribuyeron a la ejecución de la obra». Muñoz Paredes, M.L., «La aplicación del artículo 1597 cc. en casos de pago mediante entrega de pagarés», en *Revista de Derecho Bancario y Bursátil*, núm. 134/2014, BIB 2014\2043.

124 Carrasco Perera, A., Cordero Lobato, E. y González Carrasco. M.C. *Derecho de la Construcción y de la Vivienda*. 7.ª Ed., Thomson Reuters Aranzadi, Cizur Menor, 2012. En el mismo sentido, García Conesa, A., *Derecho de la Construcción*, 1.ª Ed. Bosch, Barcelona, 1996, pág. 375-376.

125 De Ángel Yágüez, R., «La acción directa en el concurso (art. 1597 CC)», en *Anuario de Derecho Concursal*, núm. 18, 2009, BIB 2009\732.

tractual derivada del contrato de obra, tendría acción para reclamar contra el comitente por la cantidad pendiente de pago.

La acción directa supone eliminar del proceso al contratista y reclamar directamente al comitente la cantidad que éste adeude al contratista. Esta solución legal es completamente acertada y práctica, no sólo por razones de economía procesal, sino también porque evita que los trabajadores y suministradores de material vean frustradas sus expectativas de cobro por insolvencia del contratista. Se trata de una excepción a la regla general contenida en el artículo 1257 CC, en cuanto que determina subjetivamente la eficacia de los contratos a las partes contratantes y a sus herederos. Este precepto es consecuencia de *la lex privata* derivada del contrato, como así lo dispone el artículo 1091 CC. Aun así, nada impide que el trabajador, suministrador de material o el subcontratista puedan ejercitar acumuladamente la acción contra el dueño de la obra y el contratista, el primero, en virtud de la acción directa y el segundo ejercitando la acción derivada del contrato suscrito con el mismo, ya sea de trabajo (trabajador), compraventa (suministrador de material) o de obra (subcontratista). Lo que no podrán alegar el comitente y contratista, en el supuesto de ser demandado sólo uno de ellos, es la falta de litis consorcio pasivo necesario.

El comitente podrá oponer las excepciones que ostente frente al contratista derivada del contrato de obra, puesto que la posición que ostenta los legitimados activamente para el ejercicio de la acción directa es la misma que tendría el contratista (pago, cumplimiento defectuoso, etc.). En este sentido, la STS de 12 de diciembre de 2007 señala la improcedencia del ejercicio de la acción cuando el comitente ha pagado todas las certificaciones de obra, no quedando nada pendiente de pago cuando se formula la reclamación[126]. Pero no sólo podría el comitente oponer las excepciones señaladas, sino aquellas que el contratista tuviera contra el trabajador o el suministrador de material (mala ejecución por el trabajador o subcontratista, mala calidad de los materiales suministrados, etc.).

La carga de la prueba de que se encuentran cantidades pendientes de pago a favor del contratista incumbe a quien pretende el ejercicio de la acción directa, sin que, como señala la SAP Madrid de 1 de junio de 2022, sea suficiente que haya cantidades retenidas como garantía. Estas cantidades retenidas lo son a los efectos de garantizar la correcta ejecución de la obra, por lo que, si se ejercita la acción directa pretendiendo su cobro, se estaría privando al comitente de una garantía que, por otra parte, no forma parte del precio del contrato de obra[127].

126 STS 1278/2007, de 12 diciembre, ECLI:ES:TS:2007:8270.

127 SAP Madrid, Sec. 13.ª, 229/2022, de 1 de junio, ECLI:ES:APM:2022:7739.

3.2.2.2. Contrato por unidad de piezas o medida

Este tipo de contrato de obra, que es el más habitual en la construcción, determina el precio distribuyendo la obra por unidades, asignando una cantidad a cada una de ellas. Para determinar el precio final de la obra se realiza una medición de las unidades realmente ejecutadas, las cuales se multiplicarán por el precio de cada unidad[128]. Por lo tanto, a diferencia del tipo de contrato anterior, este contrato se caracteriza por carecer de precio cerrado de antemano, determinándose finalmente el mismo por la medición de la obra ejecutada. En este tipo de contratos se exige que expresamente se consigne que el contratista cumplirá por unidades. Sumando los resultados de multiplicar cada unidad por su coste, obtenemos el precio final de la obra[129].

En esta clase de obras, el presupuesto calcula las unidades de obras que se van a realizar y el precio unitario de cada una de ellas. Nada impide que durante la ejecución de la obra pueda haber variación de las unidades de obra realmente ejecutadas. La medición puede realizarse al final de la obra o de forma progresiva mientras avanza la misma, mediante las certificaciones que emita la dirección facultativa.

Se encuentra regulado en el artículo 1592 CC, y conforme al mismo, lo esencial es que el contratista puede exigir al comitente que la reciba por partes, pagando a medida que la va recibiendo mediante las certificaciones parciales suscritas por el director facultativo. Cuando se termine la obra el facultativo otorgará el oportuno certificado final de obra. Con la emisión del certificado final de obra se producirá la liquidación definitiva del contrato, mediante la determinación final del precio y de las cantidades pendientes de pago. Igualmente, desde su emisión empezarán a correr los plazos de prescripción para reclamar las acciones que nacen del contrato de obra.

En este tipo de contrato también se admite la posibilidad de aceptación tácita del dueño de la obra que, teniendo conocimientos en materia de obras, también lo tenga de las partidas ejecutadas al margen del presupuesto, sin haber formulado objeción alguna. Así lo reconoce la SAP Burgos 30 de enero de 2023[130].

En caso de que el dueño de la obra no pague la parte de la obra que se vaya certificando por la dirección facultativa, cuyo pago se haya convenido así y el contratista haya emitido la correspondiente factura, éste quedará facultado para la suspensión de la obra hasta el completo pago de lo adeu-

128 En este sentido, SAP Granada, Sec. 5.ª, 267/2020, de 11 de septiembre, ECLI:ES:APGR:2020:1935.

129 García Conesa, A., *Derecho de la Construcción*, 1.ª Ed. Bosch, Barcelona, 1996, págs. 161-162. Este autor considera que piezas o medidas son términos equivalentes, que se refieren a lo mismo.

130 SAP Burgos, Sec. 3.ª, 27/2023, de 30 de enero, ECLI:ES:APBU:2023:83.

dado[131]. Estamos ante una mera facultad del contratista, puesto que nada impide que el contratista que no haya cobrado la parte del precio vencida continúe con la obra, puesto que puede tener razones comerciales o de otro tipo, que le aconsejen continuar con la misma. Como indica la STS de 19 de febrero de 2007, deben coincidir los conceptos ejecutados con los recogidos en la certificación de obra[132]. Si no hubiera tal coincidencia, buscando una finalidad distinta a la propia del contrato de obra, siendo esa falta de coincidencia buscada de propósito por el facultativo, será este responsable de un delito de falsificación de certificados[133]. Si hubiera acuerdo entre el facultativo y el contratista, este será considerado inductor, ya que según se contiene en la STS de 20 de diciembre de 2016 «el tipo privilegiado de falsificación de certificados se estructura desde la perspectiva de la condición del sujeto activo del mismo»[134].

3.2.2.3. Contrato por administración

Aunque este tipo de contratos carecen de regulación legal, se definen como aquellos en los que el precio se fija posteriormente en relación con los trabajos ejecutados y materiales empleados. Este tipo de contratos se caracteriza porque el contratista aporta únicamente su actividad para la ejecución de la obra contratada y, además, adquiere los materiales por cuenta del comitente. Tanto la adquisición de los materiales como la ejecución de la obra correrán a cuenta del comitente, quien se coloca en una posición de auténtico promotor de la obra. El riesgo de la obra lo asume el comitente, de quien podría decirse que asume la posición reservada al promotor en la LOE, es decir, de garante de la edificación. El comitente ejecuta la obra a través del contratista, quien se convierte en auxiliar o subcontratado para ello.

131 En el derecho argentino se trata de asegurar el cumplimiento del contratista con independencia del pago recibido. García Tejera, M. A. y Torres, C. F., *Manual práctico de legislación de la construcción*, 2.ª. ed., Editorial Nobuko, Buenos Aires, 2005, págs. 156-157.

132 STS 205/2007, de 19 febrero, ECLI:ES:TS:2007:713.

133 Cfr. artículo 397 CP.

134 STS 963/2016 de 20 diciembre, ECLI:ES:TS:2016:5815. Esta sentencia considera que no procede condena de estafa, aunque haya acuerdo entre el facultativo y el contratista para mejorar la tesorería de este porque «la existencia de certificaciones en exceso en todo caso quedará a expensas de la certificación final de obra y su liquidación será una controversia a resolver dentro del ámbito civil».

El contratista percibirá sus honorarios de cualquiera de las siguientes formas: mediante el pago de una cantidad por hora trabajada[135], o bien, mediante un porcentaje del precio final de la obra[136].

Realmente, en este supuesto, quien tiene el control de la obra es el dueño de esta, directamente o a través de la dirección facultativa nombrada por él. El dueño de la obra es quien asume el riesgo de esta. Se podría considerar que la relación entre el comitente y el dueño de la obra es la derivada de un contrato de mandato, si bien, está más cerca de la relación entre promotor y contratista regulada en la LOE. Sin embargo, en este caso, habitualmente el promotor no tiene como finalidad última la venta a terceros de lo ejecutado, sino que busca mantenerlo dentro de la esfera de su patrimonio.

El pago del precio se realizará mediante el control de los albaranes que aporte el contratista, los cuales serán examinados por el dueño de la obra o por la dirección facultativa nombrada por esta. La SAP A Coruña, Santiago de Compostela de 8 de marzo de 2022, considera que este tipo de contrato es «el más adecuado en aquellas obras que por su volumen, cuantía o complejidad es difícil determinar a priori el trabajo a realizar»[137].

3.2.2.4. Contrato de cesión de solar por obra[138]

El comitente paga la obra por mediante la entrega del solar sobre el que se va a construir parte de esta. La jurisprudencia lo califica como contrato atípico *do ut dos* que se regirá por lo pactado entre las partes y en lo que ellas no hayan pactado, se aplicará por analogía las normas de la permuta, en definitiva y por remisión de estas, se regirán por las normas del contrato de compraventa[139].

135 Díaz Barco, F., *Manual de Derecho de la Construcción*, 4.ª Ed., Aranzadi, Cizur Menor, 2018, págs. 90-97. Según este autor, el pago se realizará mediante la entrega por parte del contratista de un albarán comprensivo de las horas trabajadas, que incluirá la elaboración, transporte y colocación del material. Su control corresponderá a la dirección facultativa o al dueño de la obra.

136 Blasco Gascó, F.P., *Derecho Civil. Derecho de Obligaciones y Contratos,* Tirant lo Blanc, Valencia, 2001, TOL 10.654.

137 SAP A Coruña, Santiago de Compostela, Sec. 6.ª, 71/2022, de 8 de marzo, ECLI:ES:APC:2022:759.

138 Díaz Barco, F., *Manual de Derecho de la Construcción*, 4.ª Ed., Aranzadi, Cizur Menor, 2018, págs. 90-97.

139 STS 438/2016, de 29 de junio, ECLI:ES:TS:2016:3141. Esta sentencia lo califica como atípico, siendo un contrato mixto de compraventa, permuta y edificación de obra futura.

3.2.3. Elemento formal

Respecto del contrato de obra rige el principio de libertad de forma. Por lo tanto, conforme a lo dispuesto en el artículo 1278 CC, es válido el contrato con independencia de su forma siempre que concurran los requisitos esenciales para su validez. Estos requisitos vienen relacionados en el artículo 1261 CC, es decir, consentimiento, objeto y causa. Si el consentimiento para la formalización del contrato ha sido prestado libremente por los contratantes, sin vicio alguno, habiendo aceptación sobre lo que es el objeto de la obra y su precio, aunque éste se determine de forma relativa, y la causa para cada uno de ellos sea verdadera y lícita, el contrato es plenamente válido. Así se deduce, además, de lo dispuesto en el artículo 1254 CC al señalar que el contrato se perfecciona con el concurso de la oferta y de la aceptación[140]. Y ello, aunque no haya presupuesto o éste haya sido aceptado verbalmente[141].

El contrato meramente verbal es completamente válido, aunque el problema surgirá a la hora de terminar su contenido. Se trata más de una cuestión de prueba que de validez del contrato mismo. Para concretar el contenido del contrato verbal habrá que acudir a la prueba pericial, como así se señala en las SAP Las Palmas de 10 de enero de 2014[142] y SAP León de 2 de marzo de 2021[143]:

> «En definitiva, aunque no exista un contrato escrito, ni presupuesto con la fijación del precio y detalle de las partidas contratadas, la prueba revela que entre las partes medió una relación contractual de obra con el contenido que se menciona en el informe pericial que se aporta con la demanda, y que como en general cualquier contrato no precisa de formalización documental para su validez, bastando para su perfección y eficacia obligatoria el mero consentimiento (art. 1258 CC)».

Es posible la aceptación tácita del contrato de obra, puesto que cuando se hagan a la vista del dueño de la obra, sin que este formule objeción alguna a su ejecución, ello implicará aceptación tácita de la misma y, por tanto, surge la obligación del comitente de pagar el precio de la obra. En este caso, el precio de la obra deberá concretarse por mutuo acuerdo de los contratantes, aunque sea posterior, o a través de su determinación pericial. A diferencia del supuesto de aceptación tácita del precio de la obra, no se requerirá que el comitente tenga especiales conocimientos de obra, puesto que la evidencia de estar realizándose una obra es mayor que la de su modificación, que puede no ser apreciada por quien carece de conocimientos básicos.

---

140 García Conesa, A., *Derecho de la Construcción*, 1.ª Ed. Bosch, Barcelona, 1996, págs. 105-106.

141 SAP A Coruña, Sec. 5.ª, 448/2014, de 12 de diciembre, ECLI:ES:APC:2014:2893.

142 SAP Las Palmas, Sec. 3.ª, 2/2014, de 10 de enero, ECLI:ES:APGC:2014:873.

143 SAP León, Sec. 1.ª, 187/2021, de 2 de marzo, ECLI:ES:APLE:2021:309.

Aunque el contrato se pueda perfeccionar de forma verbal, lo habitual es que se redacte de forma escrita. No sólo es lo habitual, sino que también es lo más recomendable dada la complejidad que en muchos casos acompaña al contrato de obra. Junto al contrato se suele acompañar el proyecto de la obra a ejecutar, donde el arquitecto proyectista o cualquier otro profesional habilitado para ello, concreta la obra que se va a ejecutar. Con el proyecto también se suele acompañar el presupuesto de la obra, que es donde se determina su precio. Los objetos de este contrato se pueden determinar en el *corpus* de este o en los documentos antes citados. En el proyecto se determina el objeto de la obra, mientras que en el presupuesto se contiene el precio. Sin embargo, como ya se ha señalado, estos documentos no son esenciales para la formalización del contrato, puesto que puede ser verbal. Lo que sí que es esencial, con independencia de la forma en que consten, es la determinación de la obra a ejecutar y el precio a pagar, aunque se determine de forma relativa (por medición, peritos, terceros, etc.).

3.2.4. Plazo

En el contrato es importante determinar el plazo de ejecución, puesto que, en muchos supuestos, el mismo puede ser causa esencial para el dueño de la obra.

De hecho, lo habitual es que en el contrato se pacte una cláusula penal por incumplimiento tardío del contrato, que opera a modo de sanción civil. La misma consistirá habitualmente en una penalización consistente en el pago de una cantidad fija por cada día de retraso en la ejecución de la obra pactada. En este caso, por aplicación de lo dispuesto en el artículo 1152 la cláusula penal pactada sustituirá a la indemnización de daños y perjuicios y al pago de intereses, salvo pacto en contrario. No obstante, el artículo 1154 CC concede al Juez la facultad de moderar la cláusula penal en caso de que la obra se haya ejecutado parcial o irregularmente. Si no se hubiera pactado cláusula penal, se acudirá a las normas generales contenidas en los artículos 1100 y ss. CC.

Ese retraso debe ser injustificado, puesto que, si se debe a fuerza mayor, como las circunstancias climatológicas adversas, no podrá considerarse al deudor responsable del cumplimiento tardío. No obstante, estas circunstancias climatológicas adversas no servirán de excusa para la falta de cumplimiento en el plazo pactado, si se pactó un plazo de inicio de las obras cuya finalidad era evitar la coincidencia de la ejecución en un periodo climatológico, que razonablemente hiciera prever su imposible ejecución o se demoraron tanto que coincidieron en dicho periodo[144]. Tampoco procederá la penali-

144 Si la obra consiste en ejecutar la reforma de un tejado y se pacta que comience en junio a fin de evitar los periodos de lluvias y la obra se inicia en octubre, cuando se prevé que fuera a llover, el contratista no podrá ampararse en esas circunstancias climatológicas

zación por retraso en el supuesto de que el causante de este sea el dueño de la obra. Si la obra se pacta con un determinado objeto y, posteriormente lo va ampliando el comitente, procede en este caso la ampliación del plazo sin que el retraso pueda ser imputado al contratista. Señala la SAP Toledo de 29 de junio de 2022, que en caso de que se amplie el objeto de la obra, no puede pretenderse que la misma se termine en el mismo plazo que para el contrato inicial anterior a la ampliación[145].

El dueño de la obra podrá conceder prórrogas al contratista, lo cual evitará que tenga que asumir la penalización pactada y ello, dentro del principio de libertad de pacto entre las partes[146]. Pero si la concesión de plazo no obedece a una concesión libre del dueño de la obra, sino que lo hace para evitar un mal mayor, debe considerarse que el contratista sí que incumplió el plazo pactado. En este sentido, la SAP Zaragoza de 29 de julio de 2022 considera que cuando la prórroga no se concede al contratista libremente, sino para evitar la pérdida de la financiación de la obra, éste ha incumplido con su obligación de entrega en el plazo pactado[147].

Si no se determinara el plazo, la ejecución podría dilatarse de forma indefinida en el tiempo, por ello, el comitente podrá acudir al remedio que concede el artículo 1128 CC. En este sentido, si en el contrato no se hubiera fijado plazo de ejecución de la obra o del pago del precio, las partes podrán solicitar de la autoridad judicial la fijación de su duración. Si se hubiera fijado el plazo de ejecución o el del pago del precio, en virtud del principio de simultaneidad de prestaciones recíprocas, el plazo no fija se determinará en relación con el que si lo esté. Para la fijación del plazo, en defecto de acuerdo posterior de las partes, existe una reserva a favor de la autoridad judicial al tratarse de su competencia exclusiva. No existe ninguna regla de fijación, quedando al libre arbitrio de los tribunales, sin embargo, tratándose del contrato de obra y por el objeto que contiene, parece que lo más lógico es que el Juez se deje guiar por dictámenes periciales. No obstante, los tribunales de justicia no podrán actuar de oficio, ni concretar el plazo de ejecución de la obra sin que haya sido solicitado a instancia de parte, so pena de incurrir en una incongruencia *extra petita*.

---

adversas. Tampoco lo podrá hacer, si por causas a el imputables, demorase la ejecución hasta los meses en los que se prevé que llueva.

145 SAP Toledo, Sec. 1.ª, 823/2022, de 29 de junio, ECLI:ES:APTO:2022:1283.

146 SAP Madrid, Sec. 9.ª, 355/2022, de 18 de julio, ECLI:ES:APM:2022:11587.

147 SAP Zaragoza, Sec. 4.ª, 234/2022, de 29 de julio, ECLI:ES:APZ:2022:1809.

3.3. Contenido del contrato

3.3.1. Obligaciones del contratista

De conformidad con lo dispuesto en el artículo 1544 CC, la principal obligación del contratista es la entrega de la obra conforme a acordado en el contrato. Se trata de una obligación de resultado y no de actividad, por lo que el contratista no puede ampararse ante un resultado distinto al pactado, con la excusa de que ha dedicado mucho tiempo o esmero a la ejecución de la obra. La obra debe ejecutarse conforme a la *lex artis,* es decir, conforme a los usos propios de la profesión, siendo esto parte integrante del contrato por disponerlo así el artículo 1258 CC[148].

La ejecución conforme a lo pactado en el contrato no hace que este se constituya en una ley privada inflexible, sino que el comitente va a poder modificar el objeto del contrato a medida que se va ejecutando, sobre todo, si así lo decide la dirección facultativa. De hecho, esto es una práctica habitual en este tipo de contratos, dotados de un espíritu dinámico. Se suele pactar que la dirección facultativa, a su juicio, pueda realizar variaciones en el contrato como consecuencia de cuestiones técnicas que vayan surgiendo en su ejecución. Esta variación, que no supondrá una modificación sustancial de lo inicialmente pactado, puesto que, si no se debería suscribir un nuevo contrato de obra, debe tener su inmediato reflejo en el precio pactado, ya sea por incremento de unidades de medida (artículo 1592 CC) o por variación consentida del objeto del contrato a precio alzado (artículo 1593 CC).

La entrega deberá realizarse en el plazo pactado en el contrato o conforme al determinado por el Juez en caso de indeterminación contractual, conforme a lo ya señalado en el epígrafe anterior.

3.3.2. Obligaciones del comitente

3.3.2.1. Pago del precio

El artículo 1544 CC dispone la principal obligación del comitente o dueño de la obra, que es el pago del precio pactado, o resultado de las mediciones o variaciones acontecidas a lo largo de la ejecución de la obra, en la forma antes descrita.

El artículo 1599 CC establece la regla general, señalando que, salvo pacto o costumbre en contrario, el precio deberá pagarse al entregarse la obra. Cuando se trate de una obra por precio alzado el precio deberá pagarse de

148 Carrasco Perera, A., Cordero Lobato, E. y González Carrasco. M.C. Derecho de la Construcción y de la Vivienda. 7.ª Ed., Thomson Reuters Aranzadi, Cizur Menor, 2012, págs. 348-349.

una vez en el momento de la entrega de la obra, salvo que se haya pactado en el contrato realizar pagos parciales, generalmente mediante pagos por certificación emitida por la dirección facultativa a medida que avanza la obra. Si se trata de un contrato de obra por piezas o medidas, el pago podrá ser parcial de lo construido, lo que implicará aprobación y recepción de la obra por parte del comitente, por así disponerlo el artículo 1592 CC.

Con independencia de la modalidad de contrato, si se utiliza el pago por certificación, ésta suele ser a origen, es decir, la primera certificación se emitirá desde el origen de la obra hasta el tiempo pactado, con expresión del precio derivado de la parte de la obra ya ejecutada. La segunda certificación comprenderá desde el origen de la obra hasta lo ejecutado en ese segundo periodo, señalando su precio. Del precio resultante se descontará la cantidad pagada en la primera certificación y esa es la cantidad que deberá pagarse. Y así sucesivamente. Como se ha señalado, en el caso que se ejecute por medidas implicará aceptación y recepción de la obra, pero si es por precio alzado, se puede descontar de las certificaciones aquellas partidas sobre las que hubiera controversia entre el comitente y el contratista, a fin de que esta no impida el cobro de aquellas partidas sobre las que sí hay conformidad. En este caso, las partidas controvertidas se diferirán a la liquidación final, evitando así el impago por desavenencias parciales.

3.3.2.2. Recepción de la obra

La segunda obligación del contratista es la recepción de la obra. Una vez recibida la obra por el comitente ya no podrá alegar los vicios aparentes de la misma. Por ello, el comitente deberá examinar que la obra entregada cumpla con lo pactado en el contrato de obra.

Si se pactó en el contrato de obra que la recepción se hace a satisfacción del comitente, dispone el artículo 1598.I CC que, si no se acepta por falta de conformidad, queda reservada al juicio pericial correspondiente[149]. Este precepto puede dar lugar a entender el carácter dirimente de los peritos, obligando a los contratantes a someterse a un arbitraje en el que el perito o peritos designados sean los árbitros y su decisión, a un laudo arbitral. Esta interpretación no puede ser aceptada a la luz de lo dispuesto en el artículo 117.3 CE, que establece la exclusividad en la función jurisdiccional de los tribunales ordinarios, así como el derecho a la tutela judicial efectiva consagrada en el artículo 24 CE. No se puede obligar a las partes a someterse a la decisión arbitral, sino media pre-

149 ALBÁCAR LÓPEZ, J.L., «Comentarios a los artículos 1445 a 1603», en Código Civil, Doctrina y Jurisprudencia, obra colectiva, coordinador: ALBÁCAR LÓPEZ, J.L., Trivium, Madrid, 1991. Considera este autor que deben concurrir los requisitos siguientes: «1) Que se haya procedido a contratar la ejecución de una obra por ajuste o precio alzado. 2) Que se haya convenido que la obra se ha de hacer a satisfacción del propietario. 3) Que el propietario no muestre conformidad con la obra realizada».

viamente mutuo acuerdo consignado en el correspondiente convenio, incluso aunque así lo disponga una ley, que en este caso merece la suerte de inconstitucionalidad[150]. Ello, sin perjuicio de que en el correspondiente proceso judicial se solicite el dictamen de peritos, pero éste en ningún caso podrá condicionar la libre decisión del juzgador, quien podrá valorar libremente el informe[151]. Habitualmente, además, se aportarán al proceso más de un informe pericial, uno por cada parte y otro por designación judicial, si así se solicitara. Como señala la STS de 22 de julio de 1995, ni siquiera puede concederse carácter dirimente y vinculante al certificado final de obra[152].

Sin embargo, el artículo 1598.II establece la posibilidad de que la aceptación de la recepción de la obra quede a la decisión de un tercero. Esto no impide la facultad jurisdiccional de los tribunales ordinarios, sino que el comitente delega su consentimiento no personalísimo en otra persona de confianza, quien no tendrá facultad dirimente, sino representativa del dueño de la obra. En caso de discrepancia entre el contratista y el representante del comitente, deberá someterse la consideración de árbitros, si así pactan libremente las partes o a la decisión judicial.

Si el contratista tiene la obligación de ejecutar la obra con profesionalidad y conforme a la *lex artis*, el comitente tiene la obligación de obtener las autorizaciones administrativas correspondientes, colaborar con el contratista al buen fin del contrato y a que este no sea perturbado en su ejecución.

3.4. Formas anormales de terminación del contrato

La forma normal de terminación del contrato es la entrega de la obra al comitente por parte del contratista y la consecuente recepción de esta, a la plena satisfacción del dueño de la obra.

3.4.1. El desistimiento

Establece el artículo 1594 CC que el dueño de la obra puede desistir de la misma, con la única obligación de indemnizar al contratista. Se trata de una

150 Cfr. STC, Pleno, 1/2018, de 11 de enero, ECLI:ES:TC:2018:1. No obstante, puede acudirse libremente al arbitraje, en caso de conformidad de ambas partes con el convenio arbitral. También como cumplimiento del requisito de procedibilidad introducido en nuestro sistema procesal a través de la LESPJ.

151 En este sentido, LARROSA AMANTE, M.A., «Comentario Artículo 1598. Real Decreto, de 24 de julio de 1889, que dispone la publicación del Código Civil», en Código Civil. Comentarios y Jurisprudencia. RD 24 julio 1889 (Serie Oro), *en Código Civil. Comentarios y Jurisprudencia. RD 24 julio 1889 (Serie Oro)*, Obra Colectiva, coordinador Antonio SALAS CARCELLER, Sepín, Madrid, 2009. SP/DOCT/12192.

152 STS de 22 de julio de 1995, ECLI:ES:TS:1995:4405.

excepción a la norma general de los contratos, puesto que como señala el artículo 1256 CC el cumplimiento del contrato no puede dejarse al arbitrio de uno de los contratantes. Es importante distinguir el desistimiento por la voluntad del comitente, de la resolución contractual a que se refiere el artículo 1124 CC que deriva del incumplimiento de una de las partes.

El desistimiento se configura como una declaración unilateral del comitente que no precisa ser motivada, por lo que a la hora de fijar la indemnización que corresponde al contratista, está debe acordarse por el tribunal con plena independencia de la causa del desistimiento, si la hubiera[153]. El desistimiento implica una resolución anticipada y unilateral del contrato pactado, sin necesidad de justificación alguna, por parte del comitente.

Una cosa es que el comitente pueda desistir del contrato en la forma anteriormente señalada, otra bien distinta es que su actuación no tenga una consecuencia. Esta consecuencia es la obligación del comitente de indemnizar «al contratista de todos sus gastos, trabajo y utilidad que pudiera obtener de ella». Dentro de estas utilidades debe entenderse incluido el beneficio industrial, que es la lícita ganancia esperada por el contratista consecuencia de la ejecución del contrato de obra[154]. En definitiva, la causa lícita y determinada del contratista para la celebración del contrato.

Conforme a la Sentencia de la Audiencia Provincial de Burgos de 23 de diciembre de 2022, cuando el dueño de la obra alega defectos de pequeña entidad, realmente se está encubriendo un desistimiento unilateral por su parte, debiendo indemnizar al contratista[155]. Igualmente, el impago previo del comitente al contratista impide considerar un previo incumplimiento de este y, equivale a un desistimiento unilateral por parte de aquel y su obligación de indemnizar al contratista[156]. No obstante, si ambas partes incumplen con clara voluntad resolutoria, conforme señala la STS de 2 de noviembre de 1999, se aplicará «la doctrina de la resolución por mutuo disenso por disentimientos unilaterales concurrentes»[157].

---

153 En el mismo sentido, Baeza Pastor, A., «Doctrina y Polémica en torno al Artículo 1594 del Código Civil. Comentario de la sentencia de 17 de junio de 2004, de la Sección Quinta de la Audiencia Provincial de Alicante», en *Actualidad Jurídica Aranzadi*, núm. 675/2005, BIB 2005\1161.

154 Valderrama Lo define como «el margen que se acepta como beneficio legítimo de la empresa constructora, a cambio de la inversión y el riesgo que asume para ejecutar la obra». Valderrama, F., *Mediciones y presupuestos para arquitectos e ingenieros de edificación*, Reverté, Barcelona, 2007.

155 SAP Burgos, Sec. 2.ª, 403/2022, de 23 de diciembre, ECLI:ES:APBU:2022:1077.

156 Cfr. SAP Lugo, Sec. 1.ª, 692/2022, de 15 de diciembre, ECLI:ES:APLU:2022:1105, y SAP Navarra, Sec. 3.ª, 754/2022, de 17 de octubre, ECLI:ES:APNA:2022:1239.

157 STS, 891/1999, de 2 de noviembre, ECLI:ES:TS:1999:6855, citada en Álvarez Lata, N., «Comentario a la Sentencia de 8 de octubre de 2010 (RJ 2010, 7446) Resolución contractual e incumplimiento recíproco», en *Revista Cuadernos Civitas de Jurisprudencia Civil,* núm. 87, 2011.

3.4.2. Muerte del contratista

Se trata del supuesto de que el contratista sea una persona física contratada por razón de sus cualidades personales. Se trata de un contrato de ejecución de obra *intuitu personae*, o lo que es lo mismo, una prestación personalísima. En este supuesto, en virtud de lo dispuesto en el artículo 1595.I CC el contrato se rescindirá *ipso iure*, lo cual es lógico al haberse contratado en virtud de unas cualidades personales del contratista, que no pueden ser sustituidas por otro.

La consecuencia de la rescisión es la liquidación que describe el artículo 1595.II CC, es decir, se pagará a los herederos del contratista la parte proporcional de la obra ejecutada, así como los materiales preparados por el contratista siempre que estos redunden en beneficio de la obra. La cantidad que se deberá pagar a los herederos será la resultante de aplicar al precio fijado en contrato por la ejecución total de la obra, el porcentaje finalmente y los materiales que resulten provechosos para la misma.

3.4.3. Imposibilidad de terminación por parte del contratista

Aparece regulada esta forma anormal de terminación del contrato de obra en el artículo 1595.III CC. En virtud de lo señalado en este precepto, en caso de imposibilidad de terminación mediante el cumplimiento íntegro del contrato de obra convenido, se procederá la liquidación del contrato en la forma descrita en el artículo 1595.II CC[158]. Si bien, en este caso, no se pagará a los herederos, sino al propio contratista.

Este supuesto tiene un componente subjetivo, que consiste en que la imposibilidad se deba a causa independiente de la voluntad del contratista, puesto que, en caso contrario, se estaría ante el abandono de la obra por parte de éste.

3.4.4. Resolución contractual

Si bien es cierto que conforme dispone el articulo 1594 CC el dueño de la obra puede desistir del contrato sin más obligación que indemnizar al contratista, éste no goza de la misma facultad. El contratista podrá abandonar la obra sólo en el supuesto de incumplimiento por parte del comitente, siempre

158 ALBACAR LÓPEZ añade que basta que la causa independiente a la voluntad del contratista impida la normal ejecución del contrato de obra, aunque sea de una forma relativa, por no poder ejecutarla con las suficientes garantías. ALBÁCAR LÓPEZ, J.L., «Comentario al artículo 1595», en *Código Civil, Doctrina y Jurisprudencia,* obra colectiva, coordinador: ALBÁCAR LÓPEZ, J.L., Trivium, Madrid, 1991.

y cuando se cumplan los requisitos para resolver las obligaciones recíprocas a las que se refiere el artículo 1124 CC.

Estos requisitos se relacionan en la SAP Toledo de 13 de febrero de 1996 y STS de 16 de octubre de 2003[159]:

a) Reciprocidad de obligaciones,

b) Inejecución de una o varias de las obligaciones contractuales.

c) Previo cumplimiento del actor.

   a. Existencia en el deudor demandado de una voluntad deliberadamente rebelde al cumplimiento o aparición de un hecho que de modo definitivo o irreformable lo impida.

   b. Forma de ejercicio de la resolución, por acción, por convenio o por declaración del acreedor, pero en este supuesto sometida a la exigencia jurisprudencial de notificación y concesión de plazo para el cumplimiento.

Como señala la STS de 31 de enero de 2013, el incumplimiento no puede ser de obligaciones accesorias o complementarias, sino que resulta esencial que frustre la finalidad del contrato, atendiendo a «los criterios sobre incumplimiento contenidos en la Convención de las Naciones Unidas sobre los contratos de Compraventa Internacional de Mercaderías, de 11 de abril de 1980»[160]. Como señala la SAP Madrid de 21 de junio de 2023, debe tratarse de un «incumplimiento sustancial de las obligaciones establecidas en el contrato de ejecución de obra suscrito»[161].

La consecuencia de la resolución contractual es la extinción del contrato y el surgimiento de la obligación indemnizatoria a favor de quien lo haya resuelto, por disponerlo así los artículos 1101 y 1124 CC que se refieren al «resarcimiento de daños y abono de intereses».

3.5. Riesgo en el contrato de obra

3.5.1. Suministro de material por el contratista

Dispone el artículo 1589 CC que, si la obra se pierde antes de ser entregada, el contratista deberá sufrir la pérdida si se obligó a poner el material, cuando la pérdida se produzca antes de la recepción por parte del comitente.

---

159 STS 933/2003, de 16 de octubre, ECLI:ES:TS:2003:6361.

160 STS 15/2013, de 31 enero, ECLI:ES:TS:2013:1135.

161 SAP Madrid, Sec. 14.ª, 299/2023, de 21 de junio, ECLI:ES:APM:2023:10368.

Como señala la STS de 15 de junio de 1994, el riesgo que se regula en este precepto legal es el referente al caso fortuito[162].

Esta regla general procede, salvo en el caso que el comitente incurra en mora en cuanto a su recepción. Estamos ante un supuesto de mora del acreedor o *mora accipiens*, en la que el dueño de la obra se niega injustificadamente a recibirla y, por lo tanto, debe sufrir las consecuencias de su conducta no pudiendo trasladarla al contratista[163].

3.5.2. Suministro del material por el comitente

En caso de pérdida de la obra por caso fortuito antes de su entrega por parte del contratista y el material ha sido aportado por el dueño de la obra, este deberá sufrir la pérdida en los supuestos siguientes:

a) Que la pérdida se deba a la mora en la recepción de la obra, es decir, en su injustificada negativa a que le sea entregada por el contratista que si estuviera dispuesto a ello.

b) Que la pérdida de la obra se deba a la mala calidad de los materiales suministrados por el comitente. En este supuesto, es requisito esencial que el contratista haya manifestado al dueño de la obra que los materiales no son de una calidad adecuada para la obra que se pretende ejecutar.

Si la pérdida se produce por causas o en circunstancias distintas a las relacionadas en los párrafos anteriores, será el contratista quien sufra el riesgo de la obra.

3.6. Incumplimiento del contratista

Generalmente, el incumplimiento del contratista se fundamenta en alguna de las siguientes causas:

3.6.1. Impago a los trabajadores, subcontratados y suministradores de materiales

El artículo 1597 CC, dispone reconoce la posibilidad de que los trabajadores del contratista y quienes hayan suministrado materiales, puedan reclamar de forma directa al comitente lo que el contratista les adeuda, hasta el límite de lo que el dueño de la obra adeuda al contratista, asimilándose la posición del subcontratista a la del trabajador. Esta acción directa ya ha sido

162 STS 563/1994, de 15 de junio, ECLI:ES:TS:1994:4628

163 CABALLERO LOZANO, J.M., *La mora del acreedor*, J.M. Bosch, Barcelona, 1992.

examinada a la hora de analizar el contrato de obra por precio alzado, realizando expresa remisión a dicho epígrafe.

3.6.2. Responsabilidad por hecho ajeno

Dispone al artículo 1596 CC que el contratista responde «del trabajo ejecutado por las personas que ocupare en la obra». Como ya se ha tratado, a la hora de examinar la intervención de los auxiliares dentro de los elementos subjetivos del contrato, el contratista responderá de la actuación de sus empleados, en el supuesto de cesión del contrato cuando en la designación del cesionario no haya intervenido el comitente y en el supuesto de subcontratación.

3.6.3. Cumplimiento tardío

Este incumplimiento ha sido analizado a la hora de examinar el plazo en el contrato de obra. No obstante, procede hacer un recordatorio a modo de resumen. El cumplimiento fuera de plazo suele conllevar una sanción civil consistente en el pago de la cláusula penal pactada en el contrato. La cláusula penal puede ser moderada judicialmente. Si no se hubiera pactado cláusula por retraso, se aplicarán las reglas del artículo 1100 y ss. CC. No es suficiente cualquier tipo de retraso, sino, que el mismo debe ser calificado como culpable por parte del contratista. El comitente puede conceder prórroga al contratista. En todo caso, si no se fija contractualmente un plazo de terminación, se determinará judicialmente a instancia de cualquiera de los contratantes.

3.6.4. Cumplimiento defectuoso

Como ya se ha señalado previamente, la obligación del contratista no es de medios sino de resultado. Cuando no se obtiene el resultado pactado, el comitente puede ejercitar las acciones de cumplimiento y la de resolución del contrato, toda vez que supone un auténtico incumplimiento contractual[164]. Igualmente, en caso de que el contratista ejercite una acción de reclamación de cantidad contra el dueño de la obra que no ha pagado, debido al cumplimiento defectuoso del contrato, éste podrá alegar por vía de excepción dicho incumplimiento.

164 Carrasco Perera, A., Cordero Lobato, E. y González Carrasco. M.C. *Derecho de la Construcción y de la Vivienda*. 7ª Ed., Thomson Reuters Aranzadi, Cizur Menor, 2012, págs. 407-410.

3.6.4.1. Acción de cumplimiento

La acción de cumplimiento tiene como objeto exigir que el contratista cumpla con la prestación pactada. Esta exigencia se concreta en dos posibilidades:

a) Reparación *in natura*: que consiste en exigir al contratista la correcta ejecución de la obra en las condiciones pactadas en el contrato. Para ello, se exige al contratista que ejecute directa y correctamente la obra, conforme al resultado pactado en contrato. Si se obtuviera una sentencia estimatoria condenando a la reparación *in natura*, el contratista deberá ejecutar personalmente la obra y, si no lo hiciera, se ejecutará por un tercero a su costa. Ello es así, salvo que la ejecución fuera personalísima, en cuyo caso, habría que acudir a medidas de ejecución como multas coercitivas o su sustitución por el cumplimiento por equivalencia.

b) Cumplimiento por equivalencia: consistente en que el constructor pague el comitente lo que a éste le haya costado la ejecución de la obra por un tercero, tendente a conseguir el resultado pactado inicialmente en contrato.

El dueño de la obra perjudicado por la mala ejecución de las obras podrá optar entre la reparación *in natura* y el cumplimiento por equivalencia. Cuestión distinta es que el contratista escoja la reparación en aquellos casos en que se pueda elegir entre una opción u otra, pero si el comitente solicita en su demanda el cumplimiento por equivalencia, el contratista ya no tendrá dicha facultad de elección[165].

3.6.4.2. Acción de resolución contractual

Esta acción se puede ejercitar cuando el incumplimiento del contratista es de tal gravedad, que frustra la finalidad del contrato. Se trata de un incumplimiento de las obligaciones principales del contrato y no de las meramente accesorias. Dentro de estas obligaciones principales puede incluirse el plazo de ejecución de la obra, cuando se haya pactado el mismo con carácter esencial en el contrato[166]. Esta acción es consecuencia de la aplicación de lo dispuesto en el artículo 1124 CC, en cuya virtud, el comitente puede pedir la resolución del contrato con la indemnización de daños y perjuicios que

---

165 SAP Albacete, Sec. 1.ª, 18/2023, de 20 de enero, ECLI:ES:APAB:2023:49; SAP Toledo, Sec. 2.ª, 219/2022, de 9 de noviembre, ECLI:ES:APTO:2022:1822; SAP Alicante, Elche, Sec. 9.ª, 351/2021, de 14 de septiembre, ECLI:ES:APA:2021:2118; SAP Cáceres, Sec. 1.ª, 987/2020, de 11 de diciembre, ECLI:ES:APCC:2020:1246.

166 Carrasco Perera, A., Cordero Lobato, E. y González Carrasco. M.C., *Derecho de la Construcción y de la Vivienda*, 7ª Ed., Thomson Reuters Aranzadi, Cizur Menor, 2012, págs. 407-410.

resulte procedente. El comitente deberá pagar al contratista la parte de la obra ya ejecutada, puesto que lo contrario implicaría un enriquecimiento torticero del dueño de la obra, es decir, un enriquecimiento injusto.

En todo caso, debe distinguirse, como ya se ha hecho a la hora de relacionar las formas anormales de terminación del contrato de obra, entre la resolución del contrato derivada del artículo 1124 del Código Civil y que se articula mediante el ejercicio de la acción de resolución aquí referida y el desistimiento del dueño de la obra al que se refiere el artículo 1594 CC.

3.6.4.3. Excepciones por cumplimiento defectuoso

En los supuestos en que la obra ya esté terminada y recepcionada por el comitente, si el contratista no ha percibido, todo o parte del precio pactado, que resulte determinado pericialmente o por tercero según el contrato suscrito por las partes, podrá ejercitar acción de reclamación de cantidad contra el dueño de la obra.

El dueño de la obra podrá formular escrito de contestación a la demanda, oponiéndose a la misma mediante el ejercicio de dos excepciones:

3.6.4.3.1. *Exceptio non adimpleti contractus*

Se trata de la excepción de contrato no cumplido, en virtud de la cual se excepciona el incumplimiento total por parte del contratista, lo que le impide exigir el cumplimiento de la otra parte, cuando él no ha cumplido con la prestación a la que se ha obligado en virtud del contrato de obra suscrito. Por lo tanto, del incumplimiento total de la prestación a la que se ha obligado el contratista, produce el efecto de no poder exigir al dueño de la obra el cumplimiento de su prestación. Incumbe al contratista demandante, la carga de la prueba del cumplimiento íntegro de la obligación de la ejecución de la obra conforme al resultado pactado[167].

Aunque esta excepción no aparece expresamente determinada en el Código Civil, si existen manifestaciones de la excepción del contrato esencialmente no cumplido a lo largo del mismo, tales como:

a) Artículo 1100.V CC: «En las obligaciones recíprocas ninguno de los obligados incurre en mora si el otro no cumple o no se allana a cumplir debidamente lo que le incumbe».

b) Artículo 1124.I CC: «La facultad de resolver las obligaciones se entiende implícita en las recíprocas, para el caso de que uno de los obligados no cumpliere lo que le incumbe».

---

167 Díaz Barco, F., *Manual de Derecho de la Construcción,* 4.ª Ed., Aranzadi, Cizur Menor, 2018 págs. 218-227.

c) Artículo 1295.I CC: «...sólo podrá llevarse a efecto cuando el que la haya pretendido pueda devolver aquello a que por su parte estuviese obligado».

d) Artículo 1308 CC: «Mientras uno de los contratantes no realice la devolución de aquello a que en virtud de la declaración de nulidad esté obligado, no puede el otro ser compelido a cumplir por su parte lo que le incumba».

e) Artículo 1466 CC: «El vendedor no estará obligado a entregar la cosa vendida si el comprador no le ha pagado el precio o no se ha señalado en el contrato un plazo para el pago».

f) Artículo 1539 CC: «Si uno de los contratantes hubiese recibido la cosa que se le prometió en permuta, y acreditase que no era propia del que la dio, no podrá ser obligado a entregar la que él ofreció en cambio, y cumplirá con devolver la que recibió».

Ante el incumplimiento esencial por parte del contratista del cumplimiento de la prestación principal del contrato, consistente en la ejecución de la obra en la forma y con el resultado pactado en contrato, el dueño de la obra puede adoptar una posición activa consistente en el ejercicio de la acción de resolución contractual. Pero junto a esa posición activa, el comitente puede adoptar otra que se puede denominar pasiva, consistente en que frente a la posible reclamación de cantidad que formule el contratista, oponer la *exceptio non adimpleti contractus*. No obstante, en ambos casos, tanto la acción como la excepción están basadas en la facultad de resolver las obligaciones que contengan prestaciones recíprocas, siempre que sean principales y no accesorias.

3.6.4.3.2. *Exceptio non rite adimpleti contractus*

Junto a la excepción anterior, surge otra denominada excepción de contrato no cumplido adecuadamente, pero que también es consecuencia de lo dispuesto en el artículo 1124 CC. En este caso, debe tenerse en cuenta dos posibilidades:

a) Incumplimiento parcial: el dueño de la obra estará obligado a pagar la parte de obra efectivamente ejecutada, desestimándose el pago del precio de aquella que no lo haya sido.

b) Cumplimiento defectuoso: En este supuesto, se estimará la excepción en el supuesto de que el incumplimiento por parte del contratista resulte relevante en relación con la obra ejecutada, no bastando meros defectos de acabado o ligeras imperfecciones. En caso de que se desestime la excepción con acogimiento de la pretensión deducida en la demanda del contratista, se deberá minorar la cantidad reclamada en proporción a la obra defectuosamente ejecutada y ello, en base a la regulación general de los contratos contenida en el Código Civil.

3.7. Crédito refaccionario

El crédito refaccionario tiene relación con el proceso constructivo de un inmueble, ya sea para su construcción *ex novo,* rehabilitación, mantenimiento o mejora. No es preciso que se trate de un préstamo, sino de cualquier derecho de crédito derivado del contrato de obra que, siendo anotado preventivamente en el Registro de la Propiedad, resulta una preferencia de este crédito sobre otros anteriores y posteriores. Incluso puede tratarse de anticipos de material o trabajo con relación al proceso constructivo.

Se puede considerar el crédito refaccionario como un derecho personal que se encuentra protegido, o al menos, es susceptible de protección registral y que «ha contribuido directamente a la producción del resultado de refaccionar una edificación, que es tanto como recuperarla, ampliarla, derribarla o levantarla, de nuevo»[168]. El crédito refaccionario inmobiliario beneficia a todo aquel que tenga como objeto directo «la construcción, reparación, conservación o mejora de un inmueble»[169]. Ahora bien, este concepto amplio no implica que deba extenderse indiscriminadamente a todo lo tenga su origen en el suministro de bienes o servicios que guarden cualquier tipo de relación con bienes inmuebles[170], como tampoco puede ser lo aportado por un cooperativista al ingresar en una cooperativa de viviendas[171]. Sin embargo, sí que se considera crédito refaccionario la hipoteca legal tácita[172].

El artículo 42.8.° LH dispone que el acreedor refaccionario podrá pedir la anotación preventiva en el Registro de la Propiedad, mientras duren las obras que sean objeto de la refacción. Para que el acreedor pueda solicitar la anotación preventiva, es necesario que la obra se esté ejecutando y no se encuentre terminada, como así lo recoge la RDGSJFP de 20 de noviembre de 2020[173].

Por lo tanto, se puede definir el crédito refaccionario como cualquier préstamo de dinero, adelanto de material o trabajo, que tiene como objeto el proceso constructivo en sentido amplio, el cual puede ser anotado preventivamente en el Registro de la Propiedad, concretamente, en el folio correspondiente a la finca objeto de la obra, a fin de que dicho crédito sea preferente

---

168 García Conesa, A., *Derecho de la Construcción*, 1ª Ed. Bosch, Barcelona, 1996, págs. 384-389.

169 Carrasco Perera, A., Cordero Lobato, E. y González Carrasco. M.C., *Derecho de la Construcción y de la Vivienda*, 7.ª Ed., Thomson Reuters Aranzadi, Cizur Menor, 2012, págs. 386-387.

170 RDGRN/RDGSJFP de 18 de julio de 2011, BOE de 7 de octubre de 2011.

171 RDGRN/RDGSJFP de 17 de mayo de 2010, BOE de 5 de julio de 2010.

172 Cordero Lobato, E., «Comentario a la Sentencia del Tribunal Supremo de 22 de abril del 2014. El privilegio refaccionario en el concurso»., en *Revista Cuadernos Civitas de Jurisprudencia Civil*, núm. 97, 2015, BIB 2015\327.

173 RDGSJFP de 20 de noviembre de 2020, BOE de 7 de diciembre de 2020.

sobre otros de los que sea deudor el propietario de esta, a fin de garantizar dicha preferencia.

La anotación preventiva del crédito refaccionario no sólo tendrá por objeto el pago total anticipado de una sola vez, sino los sucesivos que se vayan produciendo, incluyendo adelantos de trabajo o de suministro de material. El crédito refaccionario se rige por el principio de libertad de forma, salvo que se solicite su anotación preventiva, en cuyo caso se exigirá forma escrita. La cantidad objeto del crédito refaccionario puede estar determinada, o ser determinable conforme a las reglas que contenga el mismo título de su constitución.

La anotación preventiva de un crédito refaccionario tiene los mismos efectos de garantía real que una hipoteca, sin embargo, como dispone el artículo 92 LH, caducará la anotación preventiva a los sesenta días de la conclusión de las obras objeto de la refacción. Una vez caducada la anotación preventiva, si el crédito no estuviera enteramente pagado por no haber vencido el plazo, el acreedor refaccionario podrá pedir la conversión de la anotación preventiva en hipoteca en garantía del crédito. Si hubiera vencido el plazo, podrá optar entre exigir el pago con las mismas garantías que un crédito hipotecario o acordar su prórroga mediante su conversión en hipoteca[174]. De los artículos 94 LH y 197.5.ª RH se deduce que, la conversión del crédito refaccionario en hipoteca deberá constar en escritura pública o en sentencia del juicio ordinario regulado en el artículo 95 LH, e inscribirse posteriormente en el Registro de la Propiedad, lo cual, es lógica consecuencia de tratarse la hipoteca de un derecho real de constitución registral.

La refacción tiene efectos en cuanto a la preferencia crediticia:

a) En relación con el Código Civil:

1. Si el crédito refaccionario entra en colisión con otros que no lo son, el crédito es preferente respecto del inmueble objeto de la refacción, como así dispone el artículo 1923.3.º CC, siempre que se halle anotado preventivamente en el Registro de la Propiedad. Si no lo estuviera, según lo dispuesto en el artículo 1923.5.º CC, será preferente sobre el inmueble el crédito refaccionario sobre todos los créditos, salvo los señalados en el artículo 1923.1.º, 2º, 3.º y 4.º.
2. Si el crédito refaccionario entra en colisión con otros que sí lo son, dependerán de que se encuentren anotados preventivamente en el Registro de la Propiedad. Si están anotados, la preferencia deriva

174 García García, J.M., *Legislación Hipotecaria*, 2.ª ed., Thomson Reuters Aranzadi, Cizur Menor, 2022, págs. 112-114. Considera este autor que cuando se hace referencia a las garantías hipotecarias, se limita a los efectos de prioridad y carácter privilegiado, no a los procedimientos de ejecución hipotecaria. Se comparte este criterio, puesto que el artículo 95 LH señala que lo relacionado con la liquidación del crédito refaccionario de ventilará por los trámites del juicio ordinario.

de la antigüedad de la anotación. Si no lo estuvieran, la preferencia sigue el orden inverso de su antigüedad.

b) En el ámbito del derecho concursal y según dispone el artículo 270.3.º LC, los créditos refaccionarios son créditos con privilegio especial sobre los bienes refaccionados, incluyendo los de los trabajadores sobre los objetos que han elaborado mientras sean propiedad o los posea el concursado.

No obstante, de conformidad con lo dispuesto en el artículo 9.1.e).II LPH, los créditos a favor de la comunidad de propietarios derivados de la obligación de contribuir a los gastos para el adecuado sostenimiento del inmueble, con el límite de la anualidad en curso y los tres años inmediatamente anteriores, sin que sea necesario practicar anotación preventiva de demanda al tratarse de un privilegios especial de carácter legal, siendo superior la publicidad que otorga la ley a la que procede del Registro de la Propiedad[175].

175 De Lara Vences, C. *Régimen Jurídico de la Morosidad en la Propiedad Horizontal*, Colex, A Coruña, 2023, págs. 131-134.

CAPÍTULO III

LEY DE ORDENACIÓN DE LA EDIFICACIÓN

1. Consideraciones generales

La Ley 38/1999, de 5 de noviembre, de Ordenación de la Edificación, surge ante la necesidad de dar respuesta a dos cuestiones que la regulación contenida en el Código Civil se mostraba incapaz de solucionar:

a) La regulación contenida en el Código Civil está referida a obras que no tengan por objeto la construcción o rehabilitación integral de edificios, sino que su objeto son obras de menores dimensiones. Ello, no excluye del ámbito del contrato de obra regulado en el Código Civil obras de envergadura, como reformas de fachadas y tejados comunitarios o la envolvente del edificio, que lejos de ser consideradas obras menores, no se encuentran dentro del ámbito objetivo de la Ley de Ordenación de la Edificación.

b) La Ley de Ordenación de la Edificación surge con la idea de incrementar la seguridad jurídica dentro del ámbito del proceso constructivo. Diversos aspectos de la legislación contenida en el Código Civil relacionada con los contratos de obra y su jurisprudencia aplicable precisaban de una actualización legal, especialmente derivada de la regulación del artículo 1591 CC[176]:

   1. Los vicios constructivos hasta la promulgación de esta norma se reclamaban a través del artículo 1591.1 CC, dentro del concepto

176 González Carrasco considera que la Ley de Ordenación de la edificación surge por la insuficiencia del artículo 1591.1 CC para dar respuesta a las exigencias de calidad que requerían los adquirientes y usuarios de viviendas. González Carrasco, M.C., «Objeto del régimen de ordenación de la edificación», en *Comentarios a la Legislación de Ordenación de la Edificación*, obra colectiva, coordinadores: Carrasco Perera, A., Cordero Lobato, E. y González Carrasco, M.C., Aranzadi, Cizur Menor, 2011, págs. 50-51.

de vicios ruinógenos. Se consideraba ruina cualquier imperfección que tuviera el edificio que resultara irritante para su propietario. Jurisprudencialmente, se amplió el concepto de ruina a cualquier defecto que excediera de la mera imperfección corriente[177]. Era necesario concretar la responsabilidad de los agentes de la edificación en los distintos supuestos de defectos constructivos.

2. Aunque en un principio debía determinarse la responsabilidad individual de cada interviniente en el proceso constructivo, lo cierto, es que jurisprudencialmente terminó declarándose, con carácter general, la responsabilidad solidaria de todos ellos. En los supuestos en que se consideraba probada la existencia de vicios ruinógenos en el edificio, con el criterio amplio citado anteriormente, cuando no era posible individualizar la causa o establecer la proporción de culpa de cada agente interviniente, se declaraba la responsabilidad solidaria de todos ellos, sin perjuicio de la facultad de repetición. La solidaridad era de aplicación casi automática, denominándose solidaridad impropia[178]. Aunque la Ley de Ordenación de la Edificación mantiene estos mismos criterios de imputación de responsabilidad solidaria, otorga mayor seguridad jurídica al aportar criterios más precisos de cara a poder individualizar la responsabilidad individual de cada agente interviniente en el proceso constructivo.

3. Otra cuestión que atentaba contra la seguridad jurídica de los posibles responsables dentro del proceso constructivo era lo dilatado de los plazos de que disponían los propietarios del edificio para poder formular demanda de reclamación por vicios ruinógenos. El artículo 1591.1 CC establecía un plazo de garantía de 10 años por los vicios que surgieran en el edificio dentro de ese plazo. En este sentido, la STS de 15 de enero de 2020 aclara que se trataba de un plazo de garantía y no de prescripción de caducidad[179]. A ello, había que unir el plazo de prescripción de las obligaciones no sujetas a término propio de artículo 1964.2 CC, que era de quince años en la regulación anterior a su reforma a través de la Ley 42/2015, de 5 de octubre, de reforma de la Ley 1/2000, de 7 de enero, de Enjuiciamiento Civil. Por lo tanto, sin tener en cuenta posibles interrupciones de la prescripción, el contratista o arquitecto podían ser

177 STS 456/1997, de 29 de mayo, ECLI:ES:TS:1997:3772. «Tal como expresa la citada sentencia de 30 de enero de 1997, el concepto de ruina (que no es un supuesto de saneamiento por vicios ocultos) no es el restrictivo que significa destrucción de la obra, sino uno mucho más amplio, el de ruina funcional que alcanza o bien a toda la construcción o bien a parte o elementos de la misma, excediendo de imperfecciones corrientes».

178 Estruch Estruch, J., *Las responsabilidades en la Construcción: Regímenes Jurídicos y Jurisprudencia*, 2.ª Ed., Aranzadi, Cizur Menor, 2005, págs.283-285.

179 STS 13/2020, de 15 de enero, ECLI:ES:TS:2020:25.

demandados 25 años después del certificado final de obra. Hay que tener en cuenta que la jurisprudencia equiparaba al promotor con la figura del contratista, por lo que aquel, veinticinco años después de terminada la promoción podría ser demandado por cuantías muy superiores al precio de venta de los inmuebles construidos, teniendo en cuenta la inflación.

2. Ámbito objetivo

El artículo 1 LOE contiene una relación del objeto de regulación de esta norma:

a) Los aspectos esenciales del proceso constructivo.

b) El régimen de obligaciones y responsabilidades de los agentes intervinientes en dicho proceso.

c) Garantías del proceso de edificación, a fin de conseguir los objetivos de la norma:

1. Asegurar la calidad de los edificios mediante el cumplimiento de sus requisitos básicos. Dentro de estos requisitos básicos, el artículo 1.1. CTE destaca la seguridad y habitabilidad del inmueble, siendo el marco normativo de las exigencias básicas de calidad según dispone el artículo 3.2 LOE. El artículo 3.1.a) incluye también la funcionalidad, destacando la accesibilidad descrita en el apartado a.2) del citado precepto. Debe relacionarse dicho precepto con la necesaria implementación de medidas que favorezcan la accesibilidad universal y que eliminen barreras arquitectónicas, a las que se refiere el artículo 10.1.b) LPH y artículo 13 LV.
2. Protección de los intereses de los usuarios.

Pero no se trata de regular cualquier proceso constructivo, sino aquel que viene descrito en el artículo 2 LOE, es decir, que se refiera a la completa construcción de un edificio de carácter permanente, con independencia de su uso[180]. Aunque el artículo 2.1 LOE hace una relación de distintos destinos de la edificación construida, la letra c) incluye: «todas las demás edificaciones cuyos usos no estén expresamente relacionados en los grupos anteriores». Con ello, la norma pretende indicar que se incluyen todos los edificios con independencia de su uso, pero quiere dejar claro que también se incluyen

180 CABEZA PÉREZ-MANGLANO considera que «el carácter de permanente es la pieza angular donde se asienta el concepto de "edificación"». CABEZA PÉREZ-MANGLANO, A., «La edificación: Marco legal», en *Manual de Derecho Inmobiliario*, obra colectiva, coordinador: MORENO UBRIC, R., Aranzadi, Cizur Menor, 2021, págs. 109-165.

dentro de su ámbito de aplicación los relacionados en las letras a) y b) del artículo 2 LOE, con independencia de su naturaleza pública o privada[181].

El artículo 2.2. LOE formula una definición de la edificación regulada en la norma:

a) Obra de nueva construcción. Excluye aquellas edificaciones de «escasa entidad constructiva y sencillez técnica», que no tengan carácter residencial o público y consten de una sola planta. Estas mismas edificaciones se excluyen del ámbito de aplicación del Código Técnico de Edificación, como así lo dispone el artículo 2.2 CTE.

b) Intervenciones en edificios existentes que alteren su configuración arquitectónica. El artículo 2.2.b) LOE define estas intervenciones como aquellas que modifican esencialmente la composición exterior, volumetría, estructura o usos del edificio, ya sea mediante una intervención total o parcial.

c) Intervención total en edificios catalogados con protección ambiental o histórico- artística.

3. Proceso de edificación

3.1. Preparación de la edificación: el proyecto

Aparece regulado en el artículo 4 LOE, como el conjunto documental cuya finalidad es definir y determinar las exigencias técnicas de las obras incluidas dentro del ámbito objetivo de esta ley. Su determinación no puede ser simplemente enunciativa, sino que se exige que se encuentre debidamente justificadas desde una perspectiva técnica, conforme a la normativa que de esta naturaleza resulte de aplicación.

El artículo 6.1 CTE establece que el proyecto deberá realizar una descripción del edificio y de las obras necesarias para su ejecución, de tal manera que resulten suficientes para que puedan ser valoradas e interpretadas durante el proceso de ejecución material del edificio. Deberá realizarse con el detalle suficiente para poder valorar el cumplimiento de las exigencias técnicas contenidas en el Código Técnico de la Edificación y las referidas en los artículos 1 y 4.1 LOE. El proyecto deberá contener, al menos, la información siguiente:

---

181 Los usos a que se refieren las letras a) y b) del artículo 2 LOE son: a) administrativo, sanitario, religioso, residencial en todas sus formas, docente y cultural, b) aeronáutico; agropecuario; de la energía; de la hidráulica; minero; de telecomunicaciones (referido a la ingeniería de las telecomunicaciones); del transporte terrestre, marítimo, fluvial y aéreo; forestal; industrial; naval; de la ingeniería de saneamiento e higiene, y accesorio a las obras de ingeniería y su explotación.

a) Las características técnicas mínimas que deben reunir los productos, equipos y sistemas que se incorporen de forma permanente en el edificio proyectado, así como sus condiciones de suministro, las garantías de calidad y el control de recepción que deba realizarse.

b) Las características técnicas de cada unidad de obra, con indicación de las condiciones para su ejecución y las verificaciones y controles a realizar para comprobar su conformidad con lo indicado en el proyecto. Se precisarán las medidas a adoptar durante la ejecución de las obras y en el uso y mantenimiento del edificio, para asegurar la compatibilidad entre los diferentes productos, elementos y sistemas constructivos.

c) Las verificaciones y las pruebas de servicio que, en su caso, deban realizarse para comprobar las prestaciones finales del edificio; y

d) Las instrucciones de uso y mantenimiento del edificio terminado, de conformidad con lo previsto en el CTE y demás normativa que sea de aplicación.

Aunque el proyecto esté conformado por una variedad de documentos, constituye un todo unitario[182]. Si se elabora o completa mediante proyectos parciales o conjunto de documentos técnicos sobre tecnologías específicas o instalaciones del edificio, deberán ser coordinados a fin de que no se dupliquen los documentos que contengan, ni se paguen honorarios a sus autores por los mismos conceptos. No obstante, el proyecto a los efectos de su tramitación administrativa se podrá dividir en dos fases:

a) Proyecto básico. Incluye una descripción general de la obra y de las prestaciones mediante la adopción y justificación de soluciones concretas. Es un planteamiento esencial de la obra cuya ejecución se pretende y cuya finalidad es solicitar la licencia de obra, concesiones y cualquier otra autorización administrativa que se precise. No se puede iniciar la ejecución de la obra con base exclusiva en el proyecto básico. Su contenido no abarca el cumplimiento de todas las condiciones que exige el Código Técnico de la Edificación, aunque sí las suficientes prestaciones del edificio para garantizar el cumplimiento de las exigencias básicas.

b) Proyecto de ejecución. No se trata de un documento independiente, sino que desarrollará el proyecto básico. De hecho, el proyecto de ejecución no podrá contener menos prestaciones que el básico y no ser alterado en su esencia, puesto que, si ha servido éste como pre-

182 El principio de unidad es la regla general. GONZÁLEZ CARRASCO, M.C., «Proyecto», en *Régimen Jurídico de la Edificación. Ley de Ordenación de la Edificación y Código Técnico de la Edificación*, obra colectiva, coordinadores: CARRASCO PERERA, A., CORDERO LOBATO, E. y GONZÁLEZ CARRASCO, M.C., Aranzadi, Cizur Menor, 2007, págs. 175-176.

supuesto para el otorgamiento de licencias y resto de autorizaciones administrativas, queda vinculado por su contenido.

El contenido mínimo de ambos aparece regulado en el anejo I del Código Técnico de la Edificación:

a) Proyecto básico:

1. Memoria descriptiva y constructiva general del edificio.
2. Justificación de cumplimiento del CTE en fase de básico.
3. Descripción gráfica a mínimo escala 1:100. Incluye planos de planta, alzado y secciones.
4. Resumen del presupuesto por capítulos, según base de precios del colegio de arquitectos.

b) Proyecto de ejecución:

1. Memoria descriptiva y constructiva ampliada.
2. Justificación de las soluciones y cumplimiento del CTE en fase de ejecutivo
3. Planos de estructura, de cimentación, detalles constructivos, instalaciones, carpinterías, etc.
4. Pliego de condiciones generales y técnicas.
5. Mediciones detalladas acorde con los planos.
6. Certificado energético en fase de proyecto.
7. Plan de control de calidad e instrucciones de uso y mantenimiento.

Deberá realizarse un control del proyecto, a fin de examinar si el mismo cumple con la norma contenida en el Código Técnico de la Edificación y resto de normativa que resulte de aplicación, así como comprobar su grado de definición, calidad y todo aquello que pueda definir, finalmente, la calidad del edificio objeto de proyecto. Este control puede tener como objeto cualquiera de las exigencias básicas relacionadas con los requisitos básicos relacionados en el artículo 1 CTE.

La ejecución de la obra deberá realizarse conforme a las determinaciones del proyecto, la legislación vigente, a la buena práctica constructiva y las instrucciones del director de obra y del director de la ejecución de la obra. Se podrán modificar las previsiones del proyecto siempre que hayan sido autorizadas por el director de la obra y esté conforme el promotor con ello.

Los DB (documentos básicos) son las normas técnicas y formales del proyecto, que serán objeto de control específico en los procedimientos para asegurar el cumplimiento de las exigencias básicas. Los DB tienen como objeto trasladar a la realidad práctica las exigencias contenidas en el Código Técnico de la Edificación.

El artículo 13 LDV exige que respecto de todas las nuevas viviendas y aquellas que sean objeto de la rehabilitación descrita en el artículo 2 LOE, su proyecto deberá garantizar la accesibilidad universal mediante el cumplimiento de las normas que la regulan.

El artículo 10.1 LOE establece que el proyecto deberá ser elaborado por el proyectista. Más adelante, a la hora de analizar los agentes intervinientes en el proceso de edificación, se estudiará con más detenimiento.

En materia de seguridad y salud laboral, conforme dispone el artículo 8 del Real Decreto 1627/1997, de 24 de octubre, por el que se establecen disposiciones mínimas de seguridad y de salud en las obras de construcción, a la hora de redactar el proyecto, el proyectista deberá tener en cuenta los principios contenidos en el artículo 15 LPRL:

a) Evitar los riesgos.

b) Evaluar los riesgos que no se puedan evitar.

c) Combatir los riesgos en su origen.

d) Adaptar el trabajo a la persona, en particular en lo que respecta a la concepción de los puestos de trabajo, así como a la elección de los equipos y los métodos de trabajo y de producción, con miras, en particular, a atenuar el trabajo monótono y repetitivo y a reducir los efectos de este en la salud.

e) Tener en cuenta la evolución de la técnica.

f) Sustituir lo peligroso por lo que entrañe poco o ningún peligro.

g) Planificar la prevención, buscando un conjunto coherente que integre en ella la técnica, la organización del trabajo, las condiciones de trabajo, las relaciones sociales y la influencia de los factores ambientales en el trabajo.

h) Adoptar medidas que antepongan la protección colectiva a la individual.

i) Dar las debidas instrucciones a los trabajadores.

En especial, el artículo 8 RDSSLC se refiere a dos momentos concretos del proceso de elaboración del proyecto:

a) Al tomar las decisiones constructivas, técnicas y de organización con el fin de planificar los distintos trabajos o fases de trabajo que se desarrollarán simultánea o sucesivamente.

b) Al estimar la duración requerida para la ejecución de estos distintos trabajos o fases del trabajo.

En relación con el coordinador en materia de seguridad y salud en el trabajo, éste deberá supervisar y coordinar que se cumpla con los principios anteriormente relacionados.

Conforme al artículo 4 RDSSLC, deberá incluirse en el proyecto un estudio de seguridad y salud, cuando concurran las circunstancias siguientes:

a) Que el presupuesto de ejecución de la obra proyectada sea igual o superior a 450.759,1 euros.

b) Que la duración prevista de la obra sea más de treinta días laborables, empleándose en algún momento más de veinte trabajadores simultáneamente.

c) Que el total de los días trabajados por todos los trabajadores de la obra sea superior a 500.

d) En todo caso, cuando se trate de obras de túneles, galerías, conducciones subterráneas y presas

No obstante, en el resto de los proyectos en los que no concurran las circunstancias anteriores, el promotor deberá elaborar un estudio básico de seguridad y salud.

En todos los casos, la obligación de que se realicen estos documentos recae sobre el promotor, por lo que, si no se incorporaran al proyecto, éste sería el responsable de su ausencia. La efectiva redacción del estudio de seguridad y salud corresponde al coordinador en materia de seguridad y salud. El artículo 6.1 RDSSLC atribuye la redacción del estudio básico de seguridad y salud a un técnico competente designado por el promotor, salvo que exista coordinador en materia de seguridad y salud, en cuyo caso, será éste el encargado de redactarlo. En ambos casos, ya sea un estudio de seguridad y salud, ya un estudio básico, deberán ser incorporados al proyecto de obra. Si el proyecto se dividiera en dos fases, proyecto básico y proyecto de ejecución de obra, estos estudios deberán incorporarse a este último.

El contenido mínimo del estudio de seguridad y salud laboral será el siguiente:

a) Memoria descriptiva de los procedimientos, equipos técnicos y medios auxiliares que hayan de utilizarse o cuya utilización pueda preverse; identificación de los riesgos laborales que puedan ser evitados, indicando a tal efecto las medidas técnicas necesarias para ello; relación de los riesgos laborales que no puedan eliminarse conforme a lo señalado anteriormente, especificando las medidas preventivas y protecciones técnicas tendentes a controlar y reducir dichos riesgos y valorando su eficacia, en especial cuando se propongan medidas alternativas.

   Asimismo, se incluirá la descripción de los servicios sanitarios y comunes de que deberá estar dotado el centro de trabajo de la obra, en función del número de trabajadores que vayan a utilizarlos.

b) Pliego de condiciones particulares en el que se tendrán en cuenta las normas legales y reglamentarias aplicables a las especificaciones técnicas propias de la obra de que se trate, así como las prescripciones que se habrán de cumplir en relación con las características, la utilización y la conservación de las máquinas, útiles, herramientas, sistemas y equipos preventivos.

c) Planos en los que se desarrollarán los gráficos y esquemas necesarios para la mejor definición y comprensión de las medidas preventivas definidas en la memoria, con expresión de las especificaciones técnicas necesarias.

d) Mediciones de todas aquellas unidades o elementos de seguridad y salud en el trabajo que hayan sido definidos o proyectados.

e) Presupuesto que cuantifique el conjunto de gastos previstos para la aplicación y ejecución del estudio de seguridad y salud.

El contenido del estudio básico es más sencillo que el del estudio de seguridad y salud, debiendo contener las normas de seguridad y salud aplicables a la obra. Su contenido mínimo es el siguiente:

a) Identificación de los riesgos laborales que puedan ser evitados, indicando las medidas técnicas necesarias para ello.

b) Relación de los riesgos laborales que no puedan eliminarse conforme a lo señalado en el apartado anterior, especificando las medidas preventivas y protecciones técnicas tendentes a controlar y reducir dichos riesgos y valorando su eficacia, en especial cuando se propongan medidas alternativas.

Estos estudios deben ser considerados no sólo como unos documentos de presente sino también de futuro, en el sentido de que deben prever las condiciones de seguridad y salud laboral previstas en la ejecución de la obra.

3.2. Licencias y autorizaciones administrativas

El artículo 5 LOE se limita a señalar que, para la construcción de edificios, obras en ellos y su ocupación, se precisan las licencias y autorizaciones administrativas que exija la legislación vigente en el momento de su realización[183].

Las licencias urbanísticas tienen un carácter reglado al reconocer un derecho preexistente y no configurar un derecho nuevo. Son preceptivas en cuanto a que sin ellas no podrá iniciarse el proyecto constructivo. Deben ser solicitadas con carácter previo a la edificación, sin cuya concesión no puede

183 Señala CARRASCO PERERA que esta norma no tiene contenido propio, ni se remite a otra. Se limita a señalar una obviedad. CARRASCO PERERA, A., «Licencias y autorizaciones administrativas», en *Comentarios a la Legislación de Ordenación de la Edificación*, obra colectiva, coordinadores: CARRASCO PERERA, A., CORDERO LOBATO, E. y GONZÁLEZ CARRASCO, M.C., Aranzadi, Cizur Menor, 2011, pág. 296.

iniciarse, aunque con carácter general bastará el proyecto básico para su solicitud. Con carácter general, la falta de resolución a la solicitud de licencia conlleva a entender que se ha producido su desestimación por silencio negativo[184].

3.3. Ejecución

3.3.1. Acta de comienzo o comprobación del replanteo

El replanteo debe realizarse con carácter previo a la ejecución de la obra. Consiste en trasladar al terreno donde se va a ejecutar la obra, las medidas y consideraciones técnicas contenidas en el proyecto, fundamentalmente en los planos. Es competencia del constructor realizar físicamente el replanteo, que debe ser comprobado por el director de la ejecución de la obra, y verificado por el director de obra. Es importante por ello, que todos los técnicos dispongan del proyecto de ejecución sobre el que se ha otorgado la licencia urbanística.

Una vez realizado el replanteo, es necesario levantar la correspondiente acta de comprobación del replanteo. Conforme a los artículos 11.2.f), 12.2.e y 13.2e) es obligación del constructor, director de obra y director de ejecución de la obra suscribir el acta de comienzo o comprobación de replanteo. Aunque no es obligatorio, sí que resulta conveniente que sean suscrito también por el promotor y el coordinador de seguridad y salud. El constructor consignará en el acta que está en condiciones de iniciar la ejecución de la obra proyectada, autorizando el promotor y la dirección facultativa el comienzo de esta.

3.3.2. Documentación de la ejecución

3.3.2.1. Libro de órdenes y asistencias

El libro de órdenes es el documento donde la dirección facultativa refleja las instrucciones dadas al constructor. Su relevancia práctica en caso de reclamación por defectos de construcción es indudable. Constituye una prueba documental que acredita dentro del proceso la actuación de los distintos agentes de la edificación, sirviendo al juzgador para conformar un criterio

184 Destaca Leiva López las contradicciones dentro de la normativa estatal, ya que mientras la LPACAP establece con carácter general que el silencio será positivo, el TRLSRU considera que será negativo. Incluso, se complica más con las diferentes regulaciones autonómicas. Considera este autor que debería armonizarse los efectos del silencio administrativo. Leiva López, A., «El régimen legal del silencio administrativo en las licencias urbanísticas. Especial referencia a los efectos del silencio positivo», en *Revista General de Derecho Administrativo*, núm. 59, enero 2022.

acerca de la responsabilidad de estos. Si el constructor alega que la dirección facultativa en ningún momento le dio instrucciones de hacer algo, siempre se podrá acreditar que sí lo hizo, aportando el libro de órdenes. Si no se aportara, el constructor no tendrá que aportar la prueba de que no sé le dio ninguna orden, so pena, de incurrir en la exigencia de una *probatio diabólica* al tener que probar un hecho negativo, lo que vulneraría el derecho a la tutela judicial efectiva según la STC de 20 de noviembre de 2006[185].

El libro de órdenes y asistencias se implantó en nuestro ordenamiento a través de la Orden de 9 de junio de 1971, por la que se dictan normas sobre el Libro de Órdenes y Asistencias en las obras de edificación, cuyo artículo 4 dispone: «En toda obra o proyecto, será obligatorio el Libro de Órdenes y Asistencias, en el que los Técnicos superior y medio deben reseñar las incidencias, órdenes y asistencias que se produzcan en el desarrollo de la obra»[186]. En la actualidad, el artículo 12.3.c) LOE establece como obligación del director de la obra consignar en el Libro de Órdenes y Asistencias las instrucciones precisas para la correcta interpretación del proyecto. Del mismo modo, el artículo 13.2.d) LOE dispone como obligación del director de la ejecución de la obra consignar en el Libro de Órdenes y Asistencias las instrucciones precisas.

3.3.2.2. Plan de seguridad y salud en el trabajo

La seguridad y salud laboral en materia de construcción se regula a través del Real Decreto 1627/1997, de 24 de octubre, por el que se establecen disposiciones mínimas de seguridad y de salud en las obras de construcción (RDSSLC). Este Real Decreto es promulgado para la transposición de la Directiva 92/57/CEE, de 24 de junio.

Este plan consiste en el estudio, desarrollo y complemento de las previsiones contenidas en el estudio de seguridad y salud, o en su caso, en el estudio básico, en relación con la propia ejecución de la obra. En este caso, la responsabilidad recae sobre el constructor, quien propondrá medidas alternativas de prevención técnicamente justificadas a las contenidas en el estudio o estudio básico de seguridad y salud. Si son elaborados en relación con el estudio de seguridad y salud, las propuestas alternativas deberán contener una valoración económica.

---

185 Exigir la demostración de un hecho negativo, lo que configura una prueba imposible o diabólica, vulnera el derecho a la tutela efectiva. STC 334/2006, de 20 de noviembre de 2006 (BOE núm. 303, de 19 de diciembre de 2006).

186 Esta norma se encuentra vigente en la actualidad, ya que no hay regulación distinta de este documento, ni en la Ley de Ordenación de la Edificación ni en el Código Técnico de la edificación. En este sentido, CORDERO LOBATO, E., «El director de la obra», en *Régimen Jurídico de la Edificación. Ley de Ordenación de la Edificación y Código Técnico de la Edificación*, obra colectiva, coordinadores: CARRASCO PERERA, A., CORDERO LOBATO, E. y GONZÁLEZ CARRASCO, M.C., Aranzadi, Cizur Menor, 2007, pág. 320.

El plan deberá ser aprobado antes del inicio de la obra por quien vaya a ser su coordinador de seguridad y salud durante su ejecución. Si no es preceptivo y no se designa coordinador, sus funciones las asumirá la dirección facultativa.

Este plan no es un documento cerrado, sino que puede ser modificado por el contratista en función del desarrollo en la ejecución de las obras, pero siempre que sean aprobadas por el coordinador de seguridad y salud o por la dirección facultativa, en su caso. Este plan deberá estar en la obra a disposición de la dirección facultativa. Tanto los responsables en materia de prevención de las empresas intervinientes, como los representantes de los trabajadores, podrán realizar sugerencias en esta materia mediante escritos razonados.

3.3.2.3. Libro de incidencias en materia de seguridad y salud laboral

El artículo 13 del RDSSLC regula el libro de Incidencias, estableciendo la obligatoriedad de su existencia en cada centro de trabajo. Su finalidad es establecer un control y seguimiento del plan de seguridad y salud laboral. Se facilita por el colegio profesional al que pertenece el técnico que ha aprobado el plan de seguridad y salud.

Al igual que el plan, el libro deberá permanecer en la obra durante su ejecución, bajo la custodia del coordinador de seguridad y salud, o en su caso, de la dirección facultativa. A él podrán acceder la dirección facultativa, contratistas, subcontratistas, trabajadores autónomos, responsables de prevención y los representantes de los trabajadores.

Conforme a la reforma del artículo 13.4 RDSSLC, llevada a cabo a través del Real Decreto 1109/2007, de 24 de agosto, por el que se desarrolla la Ley 32/2006, de 18 de octubre, reguladora de la subcontratación en el Sector de la Construcción, cuando se realiza una anotación en el libro de incidencias, el coordinador o la dirección facultativa, en su caso, lo notificarán al contratista y a los representantes de sus trabajadores. Si la anotación es por incumplimiento de advertencias u observaciones incluidas en el libro de incidencias, o cuando el coordinador en materia de seguridad y salud o la dirección facultativa adviertan el incumplimiento de medidas en esta materia, se deberá remitir copia de la anotación a la inspección de trabajo en el plazo de veinticuatro horas. En este último supuesto, se podrá paralizar la obra cuando exista un riesgo grave e inminente para la seguridad y salud de los trabajadores.

3.3.2.4. Modificaciones del proyecto

De conformidad con lo dispuesto en el artículo 12.3.d) LOE, el director de obra podrá realizar modificaciones al proyecto inicialmente elaborado y proyectado, con los siguientes requisitos:

a) Es necesario que cuente con la conformidad del promotor o sea elaborada a su requerimiento.

b) Que se deban a razones sobrevenidas, es decir, exigidas por la marcha de la obra.

c) Que se adapten a las disposiciones normativas contenidas en la redacción inicial del proyecto.

3.3.2.5. Libro de subcontratación

Se entiende por subcontratación, los contratos celebrados por el contratista con terceras empresas a fin de que lleven a cabo alguno de los siguientes trabajos de construcción: Excavación, movimiento de tierras, construcción, montaje y desmontaje de elementos prefabricados, acondicionamientos o instalaciones, transformación, rehabilitación, reparación, desmantelamiento, derribo, mantenimiento, conservación y trabajos de pintura y limpieza y saneamiento. La empresa subcontratada es denominada subcontratista, siendo definida esta figura en el artículo 3.f) LSSC como: «la persona física o jurídica que asume contractualmente ante el contratista u otro subcontratista comitente el compromiso de realizar determinadas partes o unidades de obra, con sujeción al proyecto por el que se rige su ejecución». El artículo 3.h) LSSC define la subcontratación: «la práctica mercantil de organización productiva en virtud de la cual el contratista o subcontratista encarga a otro subcontratista o trabajador autónomo parte de lo que a él se le ha encomendado».

El libro de subcontratación aparece regulado en el artículo 8 LSSC que declara preceptiva su presencia en toda obra de construcción. En este libro se reflejará por orden cronológico y desde el comienzo de la ejecución de la obra, cada una de las subcontrataciones realizadas con empresas subcontratadas o trabajadores autónomos, con las siguientes menciones obligatorias:

a) Nivel de subcontratación.

b) Empresa comitente.

c) El objeto del contrato.

d) Identificación de la persona que ejerce las facultades de organización y dirección de cada subcontratista.

e) Identificación de los representantes legales de los trabajadores de cada subcontratista.

f) Fechas de entrega de la parte del plan de seguridad y salud que afecte a cada empresa subcontratista y trabajador autónomo.

g) Instrucciones elaboradas por el coordinador de seguridad y salud para marcar la dinámica y desarrollo del procedimiento de coordinación establecido.

h) Anotaciones efectuadas por la dirección facultativa sobre su aprobación de cada subcontratación excepcional en casos fortuitos debidamente justificados, por exigencias de especialización de los trabajos, complicaciones técnicas de la producción o circunstancias de fuerza mayor por las que puedan atravesar los agentes que intervienen en la obra

Tienen acceso al libro el promotor, la dirección facultativa, el coordinador de seguridad y salud en fase de ejecución de la obra, las empresas y trabajadores autónomos intervinientes en la obra, los técnicos de prevención, los delegados de prevención, la autoridad laboral y los representantes de los trabajadores de las diferentes empresas que intervengan en la ejecución de la obra.

3.3. Finalización

3.3.1. Recepción de la obra

La recepción de la obra aparece regulada en el artículo 6 LOE. Su importancia radica en que su otorgamiento constituye el *diez a quo* para el cómputo de los plazos de garantía que determina la ley[187]. Así lo dispone el artículo 6.5 LOE[188] y lo reconoce la SAP Madrid de 27 de julio de 2023, si bien, como señalan la SAP Madrid de 13 de junio de 2022 y la SAP Vizcaya de 17 de abril de 2022, la recepción debe ser definitiva y no provisional con reservas[189]. Conforme a dicho precepto, la recepción de la obra consiste en la entrega que de la misma hace el constructor al promotor del edificio.

La obra debe consignarse en un acta con el siguiente contenido mínimo:

1. Las partes que intervienen.
2. La fecha del certificado final de la totalidad de la obra o de la fase completa y terminada de la misma.
3. El coste final de la ejecución material de la obra.
4. La declaración de la recepción de la obra con o sin reservas, especificando, en su caso, éstas de manera objetiva, y el plazo en que deberán quedar subsanados los defectos observados. Una vez subsanados los mismos, se hará constar en un acta aparte, suscrita por los firmantes de la recepción.
5. Las garantías que, en su caso, se exijan al constructor para asegurar sus responsabilidades.

---

187 Díaz Barco, F., *Manual de Derecho de la Construcción,* 4.ª Ed., Aranzadi, Cizur Menor, 2018, págs. 216-218.

188 En este sentido, SAP Madrid, Sec. 8.ª, 368/2023, de 27 de julio, ECLI:ES:APM:2023:12400.

189 SAP Madrid, Sec. 21.ª, 199/2022, de 13 de junio, ECLI:ES:APM:2022:10061 y SAP Vizcaya, Sec. 5.ª, 105/2022, de 27 de abril, ECLI:ES:APBI:2022:931.

El acta deberá ser firmada por el contratista y el promotor. Puede referirse a la totalidad de la obra o parte de esta. En el caso de que sea parcial, deberá contener fases completas y terminadas de la obra, siempre que para ello exista acuerdo entre el constructor y promotor. El documento esencial para adjuntar es el certificado final de obra suscrito por el director de la obra y el director de ejecución de esta.

Una vez que el constructor propone al promotor la recepción de la obra este la podrá rechazar, pero sólo podrá hacerlo por los siguientes motivos que constituyen *numerus clausus*:

1. Que la obra no esté terminada.
2. Que la obra incumpla las condiciones contractuales pactadas[190].

En caso de que el promotor rechace la obra por los motivos anteriores, deberá consignar de forma expresa y escrito en el acta de recepción los motivos del rechazo. Además, deberá fijarse un nuevo plazo para la recepción de la obra, a fin de evitar una dilación indefinida. El plazo podrá ser fijado libremente por las partes, pero en el caso de que no lo hicieran se entenderá que se producirá la recepción a los treinta días de la terminación de la obra, entendiendo por tal la fecha consignada en el certificado final de obra. El cómputo del plazo anterior ya sea el pactado o el descrito legalmente como subsidiario, empezará a contar desde la notificación escrita y fehaciente por el constructor al promotor comunicándole la finalización de la obra. Si en el plazo de treinta días desde esta notificación, el promotor no ha puesto reservas o rechazo escrito a la recepción, se entenderá que la acepta tácitamente.

La SAP Madrid de 13 de marzo de 2023 señala que no puede entenderse producida la recepción definitiva de la obra cuando:

1. No ha habido recepción provisional cuando así se hubiera pactado en contrato. En este caso, la recepción provisional hubiera servido para relacionar las deficiencias y proceder a su reparación, y una vez realizadas estas, proceder a la recepción definitiva.
2. No se adjunta al acta el certificado final de obra, a pesar de ser preceptivo.
3. No habiéndose unido el certificado final de obra, no puede considerarse que se haya producido una aceptación tácita[191].

190 Como señala GONZÁLEZ CARRASCO, cuando los defectos de obra sean menores, las reservas tendrán como finalidad su corrección, únicamente. GONZÁLEZ CARRASCO, M.C., «Recepción de la obra», en *Comentarios a la Legislación de Ordenación de la Edificación*, obra colectiva, coordinadores: CARRASCO PERERA, A., CORDERO LOBATO, E. y GONZÁLEZ CARRASCO, M.C., Aranzadi, Cizur Menor, 2011, Pág. 341.

191 SAP Madrid, Sec. 8.ª, 168/2023, de 13 de marzo, ECLI:ES:APM:2023:4592.

3.3.2. Certificado fin de obra

El certificado final de obra se regula por la Orden de 28 de enero de 1972 y el apartado II.3, anejo II del Real Decreto 314/2006, de 17 de marzo, por el que se aprueba el Código Técnico de la Edificación. Como se ha señalado en el epígrafe anterior, el certificado final de obra es un documento de aportación preceptiva al acta de recepción de la obra.

Su otorgamiento es obligación del director de la obra según el artículo 12.3.e) LOE, y del director de la ejecución de la obra según el artículo 13.2.e) LOE. Ambos agentes de la edificación serán responsables civilmente de la falta de veracidad y exactitud del certificado, según dispone el artículo 17.7 LOE.

Corresponde al director de la ejecución de la obra certificar haber dirigido su ejecución material, controlando la cantidad y calidad de la construcción, así como que la calidad construida se corresponde con la proyectada, la documentación técnica y las normas de la buena construcción. También adjuntará como anexo la relación de controles realizados y sus resultados.

Corresponde al director de la obra certificar que ha dirigido la misma conforme al proyecto objeto de licencia administrativa y documentación adjunta, encontrándose dispuesta para su utilización conforme a las instrucciones de uso y mantenimiento contenidas en el libro del edificio. Adjuntará un anexo en el que describirá las modificaciones que se hubieran introducido en la obra, manifestando su expresa compatibilidad con la licencia, así como la indicación de la conformidad del promotor con las mismas.

Su finalidad principal es acreditar la terminación de la obra desde un punto de vista técnico, sin perjuicio de las reservas que pueda realizar el promotor del edificio en el acta de recepción. Su importancia radica, además de lo ya señalado respecto de la recepción de la obra, en que a partir del momento de su otorgamiento ya no se genera responsabilidad alguna por parte de los técnicos intervinientes en el proceso constructivo, ni su actuación posterior quedará cubierta por los respectivos seguros de responsabilidad civil. Esto no quiere decir que no se les pueda reclamar tras la suscripción del certificado final de obra las acciones que contiene la Ley de Ordenación de la Edificación, sino que quedará limitada a las actuaciones anteriores a la misma, siempre que no haya prescrito el plazo de garantía o la acción consecuente a la misma.

El certificado final de obra puede ser total o parcial, dependiendo de si se refieren al conjunto de la obra realizada o a una fase de la misma.

3.3.3. Libro del edificio

Conforme a lo dispuesto en los artículos 7 LOE y 8 CTE, el libro del edificio debe contener, inicialmente, la documentación siguiente:

1. Proyecto sobre el cual se obtuvo licencia administrativa que contenga las modificaciones aprobadas al mismo, facilitado al promotor por el director de la obra.

2. Acta de recepción de la obra.
3. Relación de los agentes intervinientes en el proceso de edificación.
4. Instrucciones de uso y mantenimiento del edificio y sus instalaciones. Es lo que el anejo III CTE define como mantenimiento previsto del edificio.
5. Los documentos básicos (DB) para el cumplimiento de las exigencias básicas del Código Técnico de la Edificación.
6. Los documentos para controlar que las características técnicas de los productos, equipos y sistemas suministrados cumplen con las exigencias consignadas en el proyecto[192].

El libro del edificio se entregará por el promotor a los usuarios finales del edificio, generalmente en el momento de elevarse a escritura pública el contrato de compraventa de cada elemento privativo, momento en que se tiene por consumado el contrato. El anejo III CTE define al usuario como el agente que goza del derecho de uso del edificio de forma continuada, estando obligado a usarlo conforme a las instrucciones de mantenimiento y uso contenidas en el libro del edificio. Esta norma no relaciona necesariamente al usuario con el copropietario del edificio, sino que señala que puede serlo por cualquier título que le atribuya el derecho de uso: usufructuario, arrendatario, precarista, etc.

Con posterioridad a su entrega, debe documentarse en el libro del edificio todas las intervenciones que se realicen sobre el mismo durante su vida útil, con independencia de que sean de reparación, reforma o rehabilitación.

4. Agentes de la edificación

El artículo 8 LOE define con meridiana precisión el concepto de agentes de la edificación: «Son agentes de la edificación todas las personas, físicas o

192 Contendrán, al menos, los siguientes documentos:
a) Los documentos de origen, hoja de suministro y etiquetado.
b) El certificado de garantía del fabricante, firmado por persona física; y
c) Los documentos de conformidad o autorizaciones administrativas exigidas reglamentariamente, incluida la documentación correspondiente al marcado CE de los productos de construcción, cuando sea pertinente, de acuerdo con las disposiciones que sean transposición de las Directivas Europeas que afecten a los productos suministrados.
d) Los distintivos de calidad que ostenten los productos, equipos o sistemas suministrados, que aseguren las características técnicas de los mismos exigidas en el proyecto y documentará, en su caso, el reconocimiento oficial del distintivo de acuerdo con lo establecido en el artículo 5.2.3.
e) Las evaluaciones técnicas de idoneidad para el uso previsto de productos, equipos y sistemas innovadores, de acuerdo con lo establecido en el artículo 5.2.5, y la constancia del mantenimiento de sus características técnicas.

jurídicas, que intervienen en el proceso de la edificación». Las obligaciones de los mismos vienen delimitadas, principalmente, por la Ley de Ordenación de la Edificación.

4.1. El promotor

El artículo 9.1 LOE define al promotor como aquel agente de la edificación que decide, impulsa, programa y financia las obras de edificación. Esta regulación de la figura del promotor de la obra es la primera que se realiza en norma de rango nacional[193].

El promotor puede ser:

a) Persona física o jurídica.

b) Pública o privada.

El artículo 17.4 LOE extiende la responsabilidad del promotor a los gestores de cooperativas, comunidades de propietarios u otras figuras análogas. Incluso, el artículo 9.1 LOE incluye la figura de la autopromoción[194].

El promotor pruebe promover la obra individualmente o de forma colectiva, ya sea a través de forma societaria o agrupación de interés económico. Su interés en la obra puede ser para incorporarla a su patrimonio y uso, o para proceder a su venta como unidad o constitución de propiedad horizontal y venta de los elementos privativos. También puede ser entregada su posesión a un tercero mediante cualquiera de los títulos admitidos en derecho.

Conforme a los dispuesto en el artículo 9.2 LOE, sus obligaciones son las siguientes:

a) Ostentar sobre el solar la titularidad de un derecho que le faculte para construir en él.

b) Facilitar la documentación e información previa necesaria para la redacción del proyecto, así como autorizar al director de obra las posteriores modificaciones de este.

c) Gestionar y obtener las preceptivas licencias y autorizaciones administrativas, así como suscribir el acta de recepción de la obra.

d) Suscribir los seguros previstos en el artículo 19.

e) Entregar al adquirente, en su caso, la documentación de obra ejecutada, o cualquier otro documento exigible por las Administraciones competentes.

---

193 Cabeza Pérez-Manglano, A. «La edificación: marco legal», en *Manual de Derecho Inmobiliario*, obra colectiva, coordinador: Moreno Ubric, R., Aranzadi, Cizur Menor, 2021, pág. 122.

194 Cordero Lobato, E., «El promotor», en *Comentarios a la Legislación de Ordenación de la Edificación, obra colectiva*, coordinadores: Carrasco Perera, A., Cordero Lobato, E. y González Carrasco, M.C., Aranzadi, Cizur Menor, 2011, págs. 394-395.

En los casos de promoción de edificios destinados a ser constituidos en régimen de propiedad horizontal para la posterior venta de los elementos privativos, el promotor es quien otorga el título constitutivo y fija las cuotas de participación, tal y como establece el artículo 5 LPH.

El promotor se constituye en garante de lo edificado, asumiendo una responsabilidad solidaria impropia con el resto de los agentes de la edificación[195]. El artículo 17.4 LOE extiende la responsabilidad del promotor a los gestores de cooperativas, comunidades de propietarios u otras figuras análogas.

El artículo 17 LOE dispone la posibilidad de que el promotor pueda ser reclamado por responsabilidad contractual, además de la que se pueda exigir por la responsabilidad derivada de la Ley de Ordenación de la Edificación. Dicha responsabilidad contractual puede ser ejercitada acumulada o individualmente. Se fundamenta en virtud de la relación contractual derivada del contrato de compraventa entre el promotor y los distintos compradores de los elementos privativos del edificio.

4.2. El proyectista

El artículo 10.1.I LOE define al proyectista como el agente de la edificación que redacta el proyecto. Lo hace por encargo del promotor y con sujeción a la técnica y urbanística. No obstante, la labor principal que desarrolla el proyectista, otros técnicos podrán elaborar proyectos parciales o partes del proyecto principal que lo complemente, pero siempre de forma coordinada con el proyectista.

El artículo 10.2 LOE relaciona sus obligaciones:

a) Estar en posesión de la titulación académica y profesional habilitante de arquitecto, arquitecto técnico, ingeniero o ingeniero técnico, según corresponda, y cumplir las condiciones exigibles para el ejercicio de la profesión. En caso de personas jurídicas, designar al técnico redactor del proyecto que tenga la titulación profesional habilitante[196].

   Titulación habilitante:

   I. La titulación académica y profesional habilitante será la de arquitecto cuando el proyecto a realizar tenga por objeto la construcción de edificios para uso administrativo, sanitario, religioso, residencial en todas sus formas, docente y cultural.

195 Díaz Barco, F., *Manual de Derecho de la Construcción,* 4.ª Ed., Aranzadi, Cizur Menor, 2018, págs. 318-324.

196 Cordero Lobato, E., «El proyectista», en *Régimen Jurídico de la Edificación. Ley de Ordenación de la Edificación y Código Técnico de la Edificación*, obra colectiva, coordinadores: Carrasco Perera, A., Cordero Lobato, E. y González Carrasco, M.C., Aranzadi, Cizur Menor, 2007, págs. 291-292.

II. Cuando tenga como objeto la construcción de edificios para uso Aeronáutico; agropecuario; de la energía; de la hidráulica; minero; de telecomunicaciones (referido a la ingeniería de las telecomunicaciones); del transporte terrestre, marítimo, fluvial y aéreo; forestal; industrial; naval; de la ingeniería de saneamiento e higiene, y accesorio a las obras de ingeniería y su explotación, la titulación académica y profesional habilitante será, con carácter general, será la de ingeniero, ingeniero técnico o arquitecto y vendrá determinada por las disposiciones legales vigentes para cada profesión, de acuerdo con sus respectivas especialidades y competencias específicas.

III. Cuando el objeto sea las intervenciones sobre los edificios existentes, siempre y cuando alteren su configuración arquitectónica, entendiendo por tales las que tengan carácter de intervención total o las parciales que produzcan una variación esencial de la composición general exterior, la volumetría, o el conjunto del sistema estructural, o tengan por objeto cambiar los usos característicos del edificio, obras que tengan el carácter de intervención total en edificaciones catalogadas o que dispongan de algún tipo de protección de carácter ambiental o histórico-artístico, regulada a través de norma legal o documento urbanístico y aquellas otras de carácter parcial que afecten a los elementos o partes objeto de protección, la construcción de obras que no tengan los usos descritos en los dos apartados anteriores; la titulación habilitante será la de arquitecto, arquitecto técnico, ingeniero o ingeniero técnico y vendrá determinada por las disposiciones legales vigentes para cada profesión, de acuerdo con sus especialidades y competencias específicas.

b) Redactar el proyecto con sujeción a la normativa vigente y a lo que se haya establecido en el contrato y entregarlo, con los visados que en su caso fueran preceptivos[197]. Dispone el artículo 6.2 CTE, que

197 Contenido del proyecto conforme el Anejo 1 6 CTE:
ANEJO I
Contenido del proyecto
1. En este anejo se relacionan los contenidos del proyecto de edificación, sin perjuicio de lo que, en su caso, establezcan las Administraciones competentes.
2. Los marcados con asterisco (*) son los que, al menos, debe contener el Proyecto Básico.
3. Cuando el proyecto se desarrolle o complete mediante proyectos parciales u otros documentos técnicos, en la memoria del proyecto se hará referencia a éstos y a su contenido, y se integrarán en el proyecto por el proyectista, bajo su coordinación, como documentos diferenciados de tal forma que no se produzca duplicidad de los mismos, ni en los honorarios a percibir por los autores de los distintos trabajos.
Contenido del proyecto
I. Memoria.
1. Memoria descriptiva:
Descriptiva y justificativa, que contenga la información siguiente:
1.1 Agentes*.
Promotor, proyectista, otros técnicos.
1.2 Información previa*.
Antecedentes y condicionantes de partida, datos del emplazamiento, entorno físico, normativa urbanística, otras normativas, en su caso.
Datos del edificio en caso de rehabilitación, reforma o ampliación. Informes realizados.

el proyecto definirá las obras proyectadas con el detalle adecuado a sus características, de modo que pueda comprobarse que las soluciones propuestas cumplen las exigencias básicas de este CTE y demás normativa aplicable. Esta definición incluirá, al menos, la siguiente información:

I. Las características técnicas mínimas que deben reunir los productos, equipos y sistemas que se incorporen de forma permanente en el edificio proyectado, así como sus condiciones de suministro, las garantías de calidad y el control de recepción que deba realizarse.

II. Las características técnicas de cada unidad de obra, con indicación de las condiciones para su ejecución y las verificaciones y contro-

---

1.3 Descripción del proyecto*.
Descripción general del edificio, programa de necesidades, uso característico del edificio y otros usos previstos, relación con el entorno.
Cumplimiento del CTE y otras normativas específicas, normas de disciplina urbanística, ordenanzas municipales, edificabilidad, funcionalidad, etc.
Descripción de la geometría del edificio, volumen, superficies útiles y construidas, accesos y evacuación.
Descripción general de los parámetros que determinan las previsiones técnicas a considerar en el proyecto respecto al sistema estructural (cimentación, estructura portante y estructura horizontal), el sistema de compartimentación, el sistema envolvente, el sistema de acabados, el sistema de acondicionamiento ambiental y el de servicios.
1.4 Prestaciones del edificio*
Por requisitos básicos y en relación con las exigencias básicas del CTE. Se indicarán en particular las acordadas entre promotor y proyectista que superen los umbrales establecidos en el CTE.
Se establecerán las limitaciones de uso del edificio en su conjunto y de cada una de sus dependencias e instalaciones.
2. Memoria constructiva:
Descripción de las soluciones adoptadas:
2.1 Sustentación del edificio*.
Justificación de las características del suelo y parámetros a considerar para el cálculo de la parte del sistema estructural correspondiente a la cimentación.
2.2 Sistema estructural (cimentación, estructura portante y estructura horizontal).
Se establecerán los datos y las hipótesis de partida, el programa de necesidades, las bases de cálculo y procedimientos o métodos empleados para todo el sistema estructural, así como las características de los materiales que intervienen.
2.3 Sistema envolvente.
Definición constructiva de los distintos subsistemas de la envolvente del edificio, con descripción de su comportamiento frente a las acciones a las que está sometido (peso propio, viento, sismo, etc.), frente al fuego, seguridad de uso, evacuación de agua y comportamiento frente a la humedad, aislamiento acústico y sus bases de cálculo.
El Aislamiento térmico de dichos subsistemas, la demanda energética máxima prevista del edificio para condiciones de verano e invierno y su eficiencia energética en función del rendimiento energético de las instalaciones proyectado según el apartado 2.6.2.
2.4 Sistema de compartimentación.
Definición de los elementos de compartimentación con especificación de su comportamiento ante el fuego y su aislamiento acústico y otras características que sean exigibles, en su caso.
2.5 Sistemas de acabados.
Se indicarán las características y prescripciones de los acabados de los paramentos a fin de cumplir los requisitos de funcionalidad, seguridad y habitabilidad.
2.6 Sistemas de acondicionamiento e instalaciones.
Se indicarán los datos de partida, los objetivos a cumplir, las prestaciones y las bases de cálculo para cada uno de los subsistemas siguientes:
1. Protección contra incendios, anti-intrusión, pararrayos, electricidad, alumbrado, ascensores, transporte, fontanería, evacuación de residuos líquidos y sólidos, ventilación, telecomunicaciones, etc.
2. Instalaciones térmicas del edificio proyectado y su rendimiento energético, suministro de combustibles, ahorro de energía e incorporación de energía solar térmica o fotovoltaica y otras energías renovables.
2.7 Equipamiento.
Definición de baños, cocinas y lavaderos, equipamiento industrial, etc.

les a realizar para comprobar su conformidad con lo indicado en el proyecto. Se precisarán las medidas a adoptar durante la ejecución de las obras y en el uso y mantenimiento del edificio, para asegurar la compatibilidad entre los diferentes productos, elementos y sistemas constructivos.

III. Las verificaciones y las pruebas de servicio que, en su caso, deban realizarse para comprobar las prestaciones finales del edificio; y

---

3. Cumplimiento del CTE:
Justificación de las prestaciones del edificio por requisitos básicos y en relación con las exigencias básicas del CTE. La justificación se realizará para las soluciones adoptadas conforme a lo indicado en el CTE.
También se justificarán las prestaciones del edificio que mejoren los niveles exigidos en el CTE.
3.1 Seguridad Estructural.
3.2 Seguridad en caso de incendio*.
3.3 Seguridad de utilización y accesibilidad.
3.4 Salubridad.
3.5 Protección contra el ruido.
3.6 Ahorro de energía.
Cumplimiento de otros reglamentos y disposiciones.
Justificación del cumplimiento de otros reglamentos obligatorios no realizada en el punto anterior, y justificación del cumplimiento de los requisitos básicos relativos a la funcionalidad de acuerdo con lo establecido en su normativa específica.
Anejos a la memoria:
El proyecto contendrá tantos anejos como sean necesarios para la definición y justificación de las obras.
Información geotécnica.
Cálculo de la estructura.
Protección contra el incendio.
Instalaciones del edificio.
Eficiencia energética.
Estudio de impacto ambiental.
Plan de control de calidad.
Estudio de Seguridad y Salud o Estudio Básico, en su caso.
II. Planos.
El proyecto contendrá tantos planos como sean necesarios para la definición en detalle de las obras.
En caso de obras de rehabilitación se incluirán planos del edificio antes de la intervención.
Plano de situación *.
Referido al planeamiento vigente, con referencia a puntos localizables y con indicación del norte geográfico.
Plano de emplazamiento*.
Justificación urbanística, alineaciones, retranqueos, etc.
Plano de urbanización*.
Red viaria, acometidas, etc.
Plantas generales*.
Acotadas, con indicación de escala y de usos, reflejando los elementos fijos y los de mobiliario cuando sea preciso para la comprobación de la funcionalidad de los espacios.
Planos de cubiertas*.
Pendientes, puntos de recogida de aguas, etc.
Alzados y secciones*.
Acotados, con indicación de escala y cotas de altura de plantas, gruesos de forjado, alturas totales, para comprobar el cumplimiento de los requisitos urbanísticos y funcionales.
Planos de estructura.
Descripción gráfica y dimensional de todo del sistema estructural (cimentación, estructura portante y estructura horizontal). En los relativos a la cimentación se incluirá, además, su relación con el entorno inmediato y el conjunto de la obra.
Planos de instalaciones.
Descripción gráfica y dimensional de las redes de cada instalación, plantas, secciones y detalles.
Planos de definición constructiva.
Documentación gráfica de detalles constructivos.
Memorias gráficas.
Indicación de soluciones concretas y elementos singulares: carpintería, cerrajería, etc.
Otros.

IV. Las instrucciones de uso y mantenimiento del edificio terminado, de conformidad con lo previsto en el CTE y demás normativa que sea de aplicación.

c) Acordar, en su caso, con el promotor la contratación de colaboraciones parciales.

El proyectista tendrá responsabilidad directa por los daños derivados de los cálculos, dictámenes o informes de otros profesionales a quien contrate, sin perjuicio de la facultad de repetición contra el profesional a quien se considere directamente responsable[198].

4.3. El constructor

Define el artículo 11.1 LOE al constructor como el agente que asume, contractualmente ante el promotor, el compromiso de ejecutar con medios humanos y materiales, propios o ajenos, las obras o parte de estas con sujeción al proyecto y al contrato. En realidad, es quien asume la ejecución directa de la obra con sujeción al proyecto aprobado y al contrato suscrito

III. Pliego de condiciones.
Pliego de cláusulas administrativas.
Disposiciones generales.
Disposiciones facultativas.
Disposiciones económicas.
Pliego de condiciones técnicas particulares.
Prescripciones sobre los materiales.
Características técnicas mínimas que deben reunir los productos, equipos y sistemas que se incorporen a las obras, así como sus condiciones de suministro, recepción y conservación, almacenamiento y manipulación, las garantías de calidad y el control de recepción que deba realizarse incluyendo el muestreo del producto, los ensayos a realizar, los criterios de aceptación y rechazo, y las acciones a adoptar y los criterios de uso, conservación y mantenimiento.
Estas especificaciones se pueden hacer por referencia a pliegos generales que sean de aplicación, Documentos Reconocidos u otros que sean válidas a juicio del proyectista.
Prescripciones en cuanto a la ejecución por unidades de obra.
Características técnicas de cada unidad de obra indicando su proceso de ejecución, normas de aplicación, condiciones previas que han de cumplirse antes de su realización, tolerancias admisibles, condiciones de terminación, conservación y mantenimiento, control de ejecución, ensayos y pruebas, garantías de calidad, criterios de aceptación y rechazo, criterios de medición y valoración de unidades, etc.
Se precisarán las medidas para asegurar la compatibilidad entre los diferentes productos, elementos y sistemas constructivos.
Prescripciones sobre verificaciones en el edificio terminado.
Se indicarán las verificaciones y pruebas de servicio que deban realizarse para comprobar las prestaciones finales del edificio.
IV. Mediciones.
Desarrollo por partidas, agrupadas en capítulos, conteniendo todas las descripciones técnicas necesarias para su especificación y valoración.
V. Presupuesto.
Presupuesto aproximado*.
Valoración aproximada de la ejecución material de la obra proyectada por capítulos.
Presupuesto detallado.
Cuadro de precios agrupado por capítulos.
Resumen por capítulos, con expresión del valor final de ejecución y contrata.
Incluirá el presupuesto del control de calidad.
Presupuesto del Estudio de Seguridad y Salud.

198 SAP Tarragona, Sec. 3.ª, 106/2021, de 4 de marzo, ECLI:ES:APT:2021:301.

con el promotor. Le une a este una relación contractual, que además de con la diligencia profesional propia, debe ejecutar la obra no sólo conforme a lo pactada en el contrato, sino, también, con sujeción a las normas contenidas en el Código Técnico de la Edificación.

El artículo 11.2 LOE relaciona las obligaciones del constructor:

a) Ejecutar la obra con sujeción al proyecto, a la legislación aplicable y a las instrucciones del director de obra y del director de la ejecución de la obra, a fin de alcanzar la calidad exigida en el proyecto. Debe tenerse en cuenta que el contrato de obra está sujeto a la obligación de resultado.

b) Tener la titulación o capacitación profesional que habilita para el cumplimiento de las condiciones exigibles para actuar como constructor.

c) Designar al jefe de obra que asumirá la representación técnica del constructor en la obra y que por su titulación o experiencia deberá tener la capacitación adecuada de acuerdo con las características y la complejidad de la obra.

d) Asignar a la obra los medios humanos y materiales que su importancia requiera.

e) Formalizar las subcontrataciones de determinadas partes o instalaciones de la obra dentro de los límites establecidos en el contrato.

f) Firmar el acta de replanteo o de comienzo y el acta de recepción de la obra.

g) Facilitar al director de obra los datos necesarios para la elaboración de la documentación de la obra ejecutada.

h) Suscribir las garantías previstas en el artículo 19.

El contratista, no obstante, no podrá alegar como excepción ante la petición de responsabilidad por vicios de construcción, haberse limitado a cumplir las instrucciones recibidas en la ejecución de obra o las pautas marcadas por la dirección técnica reflejadas en el proyecto. En este sentido, se desplaza al contratista la carga de la prueba de haber actuado con la debida diligencia[199]. El contratista debe asumir la responsabilidad por «la adecuación, corrección y acomodación técnica de los materiales que contiene su presupuesto y se contemplan en el contrato de obra, no pudiendo, en ningún caso, trasladar a la propiedad la decisión al respecto más allá de la mera elección de colores o calidades dentro de los que sabida y necesariamente resultan

199 SAP A Coruña, Sec. 5.ª, 413/2023, de 14 de noviembre, ECLI:ES:APC:2023:2748, con cita de las SSTS de 7 febrero 1982, 22 septiembre 1986, 22 septiembre 1988, 8 febrero 1994, 15 mayo 1995, 26 diciembre 1995, 16 abril 1996, 25 junio 1999, 5 noviembre 2001, 22 julio 2004, 25 octubre 2006, 3 julio 2008 y 3 diciembre 2008.

apropiados, convenientes y adecuados para la correcta y eficaz ejecución de la obra a la que se comprometió»[200].

El constructor responderá de los daños causados en la obra por la actuación del jefe de obra y demás personal contratado por aquel. También responderá de los vicios sujetos a garantía anual por el defecto de acabado de la obra y de aquellos derivados del incumplimiento de la *lex artis*[201].

4.4. El director de obra

El artículo 12.1 LOE define al director de obra. Lo considera el agente que dirige el desarrollo de la obra en los aspectos técnicos, estéticos, urbanísticos y medioambientales, de conformidad con el proyecto que la define, la licencia de edificación y demás autorizaciones preceptivas y las condiciones del contrato, con el objeto de asegurar su adecuación al fin propuesto. La norma lo incluye dentro de la dirección facultativa de la obra.

Aunque no es preceptivo, puede coincidir en un mismo profesional la condición de director de obra y proyectista. Aunque debe dirigir la obra en su integridad, puede delegar en otros técnicos la dirección de proyectos parciales, pero siempre bajo su coordinación.

Sus obligaciones son las siguientes:

a) Estar en posesión de la titulación académica y profesional habilitante de arquitecto, arquitecto técnico, ingeniero o ingeniero técnico, según corresponda y cumplir las condiciones exigibles para el ejercicio de la profesión. En caso de personas jurídicas, designar al técnico director de obra que tenga la titulación profesional habilitante.

   Las titulaciones académicas exigidas serán las siguientes:

   I. En el caso de la construcción de edificios para los usos administrativo, sanitario, religioso, residencial en todas sus formas, docente y cultural, la titulación académica y profesional habilitante será la de arquitecto.

---

200 SAP Pontevedra, Sec. 3.ª, 208/2023, de 13 de abril, ECLI:ES:APPO:2023:614. Señala DÍAZ BARCO que «son vicios imputables al constructor, el empleo de materiales defectuosos, la mala calidad o calidad distinta a la prevista en el proyecto, o no autorizados por los técnicos directores de la obra, el inicio de las obras sin comunicación previa a los técnicos, o realizar las obras sin asistencia de los técnicos directores prevista en el proyecto, la realización de la obra sin ajustarse al proyecto o a las reglas de la construcción, el empleo de mano de obra no cualificada o la inobservancia de las órdenes e instrucciones de los técnicos». DÍAZ BARCO, F., *Manual de Derecho de la Construcción,* 4.ª Ed., Aranzadi, Cizur Menor, 2018, pág. 433.

201 CABEZA PÉREZ-MANGLANO, A. «La edificación: marco legal», en *Manual de Derecho Inmobiliario*, obra colectiva, coordinador: MORENO UBRIC, R., Aranzadi, Cizur Menor, 2021, pág. 130-134.

II. Cuando las obras a realizar tengan por objeto la construcción de las edificaciones aeronáutico; agropecuario; de la energía; de la hidráulica; minero; de telecomunicaciones (referido a la ingeniería de las telecomunicaciones); del transporte terrestre, marítimo, fluvial y aéreo; forestal; industrial; naval; de la ingeniería de saneamiento e higiene, y accesorio a las obras de ingeniería y su explotación, la titulación habilitante, con carácter general, será la de ingeniero, ingeniero técnico o arquitecto y vendrá determinada por las disposiciones legales vigentes para cada profesión, de acuerdo con sus especialidades y competencias específicas.

III. Cuando las obras a realizar tengan por objeto la construcción de las edificaciones cuyos usos no estén expresamente relacionados en los grupos anteriores; las intervenciones sobre los edificios existentes, siempre y cuando alteren su configuración arquitectónica, entendiendo por tales las que tengan carácter de intervención total o las parciales que produzcan una variación esencial de la composición general exterior, la volumetría, o el conjunto del sistema estructural, o tengan por objeto cambiar los usos característicos del edificio; las obras que tengan el carácter de intervención total en edificaciones catalogadas o que dispongan de algún tipo de protección de carácter ambiental o histórico-artístico, regulada a través de norma legal o documento urbanístico y aquellas otras de carácter parcial que afecten a los elementos o partes objeto de protección; la titulación habilitante será la de arquitecto, arquitecto técnico, ingeniero o ingeniero técnico y vendrá determinada por las disposiciones legales vigentes para cada profesión, de acuerdo con sus especialidades y competencias específicas.

b) Verificar el replanteo y la adecuación de la cimentación y de la estructura proyectadas a las características geotécnicas del terreno.

c) Resolver las contingencias que se produzcan en la obra y consignar en el Libro de Órdenes y Asistencias las instrucciones precisas para la correcta interpretación del proyecto.

d) Elaborar, a requerimiento del promotor o con su conformidad, eventuales modificaciones del proyecto, que vengan exigidas por la marcha de la obra siempre que las mismas se adapten a las disposiciones normativas contempladas y observadas en la redacción del proyecto.

e) Suscribir el acta de replanteo o de comienzo de obra y el certificado final de obra, así como conformar las certificaciones parciales y la liquidación final de las unidades de obra ejecutadas, con los visados que en su caso fueran preceptivos.

f) Elaborar y suscribir la documentación de la obra ejecutada para entregarla al promotor, con los visados que en su caso fueran preceptivos.

g) En aquellos casos en los que el director de la obra y el director de la ejecución de la obra sea el mismo profesional, si fuera ésta la opción elegida, se añadirán las del director de la ejecución de la obra a las que se refiere el artículo 13 LOE.

Ni el proyectista, ni el director de la obra, responderán de los daños que no sean considerados estructurales a tenor de las funciones descritas en el artículo 12 LOE, salvo que el director de la obra sea también director de la ejecución de la obra[202]. Corresponde al director de la obra comprobar que la ejecución material de esta sea correcta y acorde con el proyecto, debiendo adecuarse sus instrucciones a las reglas de la *lex artis*[203]. Como señala la SAP Asturias, Oviedo de 24 de septiembre de 2019, «la responsabilidad de los arquitectos se centra en la especialidad de sus conocimientos y la garantía técnica y profesional que implica su intervención en la obra y, en la fase de ejecución» así como que corresponde al director de la obra «lo que ha venido en denominarse superior vigilancia en el conjunto de la edificación y especialmente en las fases de replanteo cimentación y estructura hoy recogidas en el art. 12 3b de la LOE, debiendo así inspeccionar y controlar si la ejecución de las mismas se ajustan o no al proyecto por él confeccionado y, en caso contrario, dar las órdenes correctoras de la labor constructiva», correspondiéndole la diligencia «obligada por la especialidad de su conocimiento y la garantía técnica y profesional»[204].

4.5. El director de la ejecución de la obra

Según dispone el artículo 13 LOE, el director de la ejecución de la obra es el agente de la edificación que asume la función técnica de dirigir la ejecución material de la obra y de controlar cualitativa y cuantitativamente la construcción y la calidad de lo edificado. Forma parte integrante de la dirección facultativa de la obra.

Sus obligaciones son:

a) Estar en posesión de la titulación académica y profesional habilitante y cumplir las condiciones exigibles para el ejercicio de la profesión. En caso de personas jurídicas, designar al técnico director de la ejecución de la obra que tenga la titulación profesional habilitante.

   I. Cuando las obras a realizar tengan por objeto la construcción de edificios para los usos administrativo, sanitario, religioso, residen-

202 SAP Santa Cruz de Tenerife, Sec. 3.ª, 320/2018, de 4 de septiembre, ECLI:ES:APTF:2018:1545.

203 SAP Ourense, Sec. 1.ª, 301/2018, de 2 de octubre, ECLI:ES:APOU:2018:535.

204 SAP Asturias, Oviedo, Sec. 6.ª, 303/2019, de 24 de septiembre, ECLI:ES:APO:2019:2557, con cita de la SSTS de 4 de diciembre de 2007, 14 de mayo de 2008, 14 de diciembre de 2011, y 10 de abril de 2015.

cial en todas sus formas, docente y cultural, la titulación académica y profesional habilitante será la de arquitecto técnico.

II. Será ésta, asimismo, la titulación habilitante para las obras que tengan por objeto un uso aeronáutico; agropecuario; de la energía; de la hidráulica; minero; de telecomunicaciones (referido a la ingeniería de las telecomunicaciones); del transporte terrestre, marítimo, fluvial y aéreo; forestal; industrial; naval; de la ingeniería de saneamiento e higiene, y accesorio a las obras de ingeniería y su explotación, que fueran dirigidas por arquitectos.

III. En los demás casos la dirección de la ejecución de la obra puede ser desempeñada, indistintamente, por profesionales con la titulación de arquitecto, arquitecto técnico, ingeniero o ingeniero técnico.

b) Verificar la recepción en obra de los productos de construcción, ordenando la realización de ensayos y pruebas precisas.

c) Dirigir la ejecución material de la obra comprobando los replanteos, los materiales, la correcta ejecución y disposición de los elementos constructivos y de las instalaciones, de acuerdo con el proyecto y con las instrucciones del director de obra.

d) Consignar en el Libro de Órdenes y Asistencias las instrucciones precisas.

e) Suscribir el acta de replanteo o de comienzo de obra y el certificado final de obra, así como elaborar y suscribir las certificaciones parciales y la liquidación final de las unidades de obra ejecutadas.

f) Colaborar con los restantes agentes en la elaboración de la documentación de la obra ejecutada, aportando los resultados del control realizado.

El director de la ejecución de la obra será responsable de los daños calificados como referidos a la habitabilidad del edificio, ya que el artículo 13 LOE señala que asume la función técnica de dirigir la ejecución material de la obra y controlar cualitativa y cuantitativamente la construcción y calidad de lo edificado.

El hecho de que se determine la responsabilidad del arquitecto proyectista no excluye la del director de la ejecución de la obra cuando no ha seguido sus órdenes en cuanto a la ejecución material del proyecto[205]. El director de la ejecución de la obra responderá por el incumplimiento de su obligación de vigilar que la realidad constructiva se ajuste a su *lex artis*[206].

205 SAP Zaragoza, Sec. 5.ª, 121/2023, de 9 de marzo, ECLI:ES:APZ:2023:43.

206 SAP Granada, Sec. 3.ª, 526/2022, de 4 de julio, ECLI:ES:APGR:2022:1122.

Dispone el artículo 7.3 CTE que durante la construcción, el director de la ejecución de la obra controlará la ejecución de cada unidad de obra verificando su replanteo, los materiales que se utilicen, la correcta ejecución y disposición de los elementos constructivos y de las instalaciones, así como las verificaciones y demás controles a realizar para comprobar su conformidad con lo indicado en el proyecto, la legislación aplicable, las normas de buena práctica constructiva y las instrucciones de la dirección facultativa. En la recepción de la obra ejecutada pueden tenerse en cuenta las certificaciones de gestión de calidad que ostenten los agentes que intervienen, así como las verificaciones que, en su caso, realicen las entidades de control de calidad de la edificación

4.6. Las entidades y los laboratorios de control de calidad de la edificación

El artículo 14 LOE distingue entre entidades de control de calidad de la edificación y laboratorios de ensayos para el control de calidad de la edificación. Sin embargo, el artículo 14.3 dispone obligaciones comunes para ambos:

a) Prestar asistencia técnica y entregar los resultados de su actividad al agente autor del encargo y, en todo caso, al responsable técnico de la recepción y aceptación de los resultados de la asistencia, ya sea el director de la ejecución de las obras, o el agente que corresponda en las fases de proyecto, la ejecución de las obras y la vida útil del edificio.

b) Justificar que tienen implantado un sistema de gestión de la calidad que define los procedimientos y métodos de ensayo o inspección que utiliza en su actividad y que cuentan con capacidad, personal, medios y equipos adecuados.

El artículo 14.1 LOE define a las entidades de control de calidad de la edificación, como aquéllas capacitadas para prestar asistencia técnica en la verificación de la calidad del proyecto, de los materiales y de la ejecución de la obra y sus instalaciones de acuerdo con el proyecto y la normativa aplicable. Para su ejercicio sólo se requiere una declaración responsable en la que se indique que cumple con todos los requisitos técnicos exigidos reglamentariamente.

El artículo 14.2 LOE define los laboratorios de ensayos para el control de calidad de la edificación, como aquellos capacitados para prestar asistencia técnica, mediante la realización de ensayos o pruebas de servicio de los materiales, sistemas o instalaciones de una obra de edificación. Igual que en el supuesto de las entidades, es suficiente la declaración responsable en la que se indique que se cumplen con todos los requisitos técnicos reglamentariamente exigidos.

Estas entidades y laboratorios no son de intervención preceptiva, sino meramente voluntaria.

Existe unas terceras entidades denominadas órganos de control técnico que, al no ser reguladas por la Ley de Ordenación de la Edificación no son considerados agentes del proceso constructivo[207].

4.7. Los suministradores de productos

El artículo 15.1 LOE considera suministradores de productos a los fabricantes, almacenistas, importadores o vendedores de productos de construcción[208]. En este sentido, el artículo 15.2 LOE define el producto de construcción: «aquel que se fabrica para su incorporación permanente en una obra incluyendo materiales, elementos semielaborados, componentes y obras o parte de las mismas, tanto terminadas como en proceso de ejecución». Señala el artículo 5.2 CTE las condiciones que deben cumplir los productos de construcción[209].

4.8. Los propietarios y los usuarios

Aunque los propietarios y usuarios no son verdaderos agentes de la edificación, salvo cuando ocupan la posición de promotores en los supuestos de cooperativa de viviendas, el artículo 16 se refiere a ellos dentro del capítulo III de la Ley de Ordenación de la Edificación, que lleva por título agentes de la edificación.

No obstante, sí que ostentan responsabilidad en cuanto al mantenimiento del edificio, pudiendo ostentar una responsabilidad exclusiva o concurrente

---

207 En este sentido, Díaz Barco considera que por este motivo será difícil traerles a pleito, máxime cuando no han intervenido en el proceso de la obra. Se regulan por los contratos suscritos con los distintos agentes de la edificación. Díaz Barco, F., *Manual de Derecho de la Construcción,* 4.ª Ed., Aranzadi, Cizur Menor, 2018, págs. 447-448. Cabeza Pérez-Manglano, A. «La edificación: marco legal», en *Manual de Derecho Inmobiliario*, obra colectiva, coordinador: Moreno Ubric, R., Aranzadi, Cizur Menor, 2021, pág. 141.

208 Cabeza Pérez-Manglano considera que son suministradores de productos todos los que participan en la cadena. Cabeza Pérez-Manglano, A. «La edificación: marco legal», en *Manual de Derecho Inmobiliario*, obra colectiva, coordinador: Moreno Ubric, R., Aranzadi, Cizur Menor, 2021, pág. 142.

209 Cordero Lobato, E., «Los suministradores de productos», en *Comentarios a la Legislación de Ordenación de la Edificación*, obra colectiva, coordinadores: Carrasco Perera, A., Cordero Lobato, E. y González Carrasco, M.C., Aranzadi, Cizur Menor, 2011, pág. 471. Cordero Lobato, E., «Los suministradores de productos», en *Régimen Jurídico de la Edificación. Ley de Ordenación de la Edificación y Código Técnico de la Edificación*, obra colectiva, coordinadores: Carrasco Perera, A., Cordero Lobato, E. y González Carrasco, M.C., Aranzadi, Cizur Menor, 2007, pág. 343.

con los agentes de la edificación en cuanto al daño que pudiera sufrir el edificio. De su uso deriva su obligación de mantenimiento de la cosa usada, como así se dispone, además, en los artículos 457 y 500 CC.

Esta obligación aparece descrita en los artículos 16 LOE y 8.2 CTE[210]. El artículo 16.1 LOE se refiere a los propietarios de los edificios el señalar su obligación de conservar en buen estado la edificación mediante un adecuado uso y mantenimiento, así como recibir, conservar y transmitir la documentación de la obra ejecutada y los seguros y garantías con que ésta cuente. En este supuesto resulta transcendental el libro del edificio.

Respecto de los usuarios el artículo 16.2 LOE considera que es su obligación la utilización adecuada del edificio conforme a las instrucciones y documentación que obran en el libro del edificio.

5. Responsabilidad civil de los agentes de la edificación

5.1. Responsabilidad de cada agente de la edificación

El artículo 17.2 LOE señala que la responsabilidad civil derivada del artículo 17 LOE es individual de cada agente de la edificación que ha intervenido en el proceso constructivo. Sin perjuicio de ello, cuando la responsabilidad no pueda individualizarse o exista concurrencia de culpas en la que no pueda determinarse con exactitud el grado de responsabilidad de cada agente constructivo, se podrá exigir solidariamente responsabilidad entre todos ellos, como así lo dispone el artículo 18.3. I LOE. Esta posibilidad es una garantía para los adquirientes de los elementos privativos del edificio, y que además invierte la carga de la prueba del grado de responsabilidad o ausencia de ella de cada agente de la edificación. Se trata de una responsabilidad solidaria impropia, en la que la reclamación a uno de los agentes intervinientes no interrumpe el plazo de prescripción respecto del resto.

---

210 Artículo 8.2 CTE. Uso y conservación del edificio.
1. El edificio y sus instalaciones se utilizarán adecuadamente de conformidad con las instrucciones de uso, absteniéndose de hacer un uso incompatible con el previsto. Los propietarios y los usuarios pondrán en conocimiento de los responsables del mantenimiento cualquier anomalía que se observe en el funcionamiento normal del edificio.
2. El edificio debe conservarse en buen estado mediante un adecuado mantenimiento. Esto supondrá la realización de las siguientes acciones:
a) Llevar a cabo el plan de mantenimiento del edificio, encargando a técnico competente las operaciones programadas para el mantenimiento del mismo y de sus instalaciones.
b) Realizar las inspecciones reglamentariamente establecidas y conservar su correspondiente documentación; y
c) Documentar a lo largo de la vida útil del edificio todas las intervenciones, ya sean de reparación, reforma o rehabilitación realizadas sobre el mismo, consignándolas en el Libro del Edificio.

En este sentido, la STS de 30 julio de 2008 señala que:

> «la responsabilidad de los partícipes en el hecho constructivo por causa de los vicios ruinógenos de que adolezca la obra edificada es, en principio y como regla general, individualizada, personal y privativa, en armonía con la culpa propia de cada uno de ellos en el cumplimiento de la respectiva función específica que desarrollan en el proceso edificativo»[211].

El artículo 17.3 II LOE dispone la responsabilidad solidaria del promotor con los demás agentes intervinientes ante los posibles adquirentes de los daños materiales en el edificio ocasionados por vicios o defectos de construcción.

El artículo 17.8 LOE excluye expresamente la responsabilidad de los agentes de la edificación en los supuestos que los daños o vicios constructivos se deban a un supuesto de caso fortuito o fuerza mayor. De la dicción literal del precepto se desprende que para la exención de responsabilidad deberán acreditarlo, lo que implica que la carga de la prueba del caso fortuito y de la fuerza mayor recae sobre los agentes constructivos intervinientes. Igualmente, quedarán exentos de responsabilidad si acreditan culpa del usuario o un tercero.

Establece el artículo 17.1 LOE que, además de la acción derivada de dicho precepto, se podrá exigir frente a quien resulte responsable su responsabilidad contractual. Estas acciones son compatibles entre sí, lo que permite que puedan ser ejercitadas de forma acumulada.

5.1.1. Promotor

El promotor es el garante de la edificación[212]. Es quien garantiza frente al comprador la obligación de resultado en el proceso constructivo, lo cual es consecuencia directa de ser quien obtiene el lucro con la venta directa de su resultado. En este sentido, asume una posición solidaria respecto a los demás agentes de la edificación, como dispone el artículo 17.3. II LOE. No obstante, dado que existe una solidaridad impropia y que la reclamación judicial o extrajudicial frente a uno de ellos no interrumpe la prescripción del resto, es siempre aconsejable formular reclamación extrajudicial previa frente a todos los agentes de la edificación. El hecho de que el promotor sea el garante de lo edificado, no quiere decir que el promotor goce de una solvencia infinita. Por ello, si se optara por reclamarle solo a él, ya que eso eximiría al reclamante de la carga de la prueba de la responsabilidad indi-

211 STS, 779/2008, de 3 de julio de 2018. ECLI: ES:TS:2008:4344.

212 Arnau Moya lo define como responsabilidad por hecho ajeno. Arnau Moya, F., *Los vicios de la Construcción (Su régimen en el Código Civil y en la Ley de Ordenación de la Edificación)*, Tirant Lo Blanch, Valencia 2004, págs. 264.

vidualizada de cada agente de la construcción, podría ocurrir que este se encontrara en una situación de insolvencia. Si no se hubiera efectuado la reclamación extrajudicial al resto de agentes de la construcción, podría verse frustrada la legítima expectativa de reparación del adquiriente de una inmueble, al encontrase al promotor en situación de insolvencia y con la acción prescrita respecto del resto de agentes.

El promotor será responsable de todos los vicios que sufra el inmueble dentro de los plazos de garantía. Pero su responsabilidad no se limita a la responsabilidad civil por vicios constructivos a los que se refiere el artículo 17 LOE, sino que también ostenta una responsabilidad contractual derivada de su condición de vendedor de los elementos privativos del edificio. El artículo 17.9 LOE hace referencia a la responsabilidad derivada del contrato de compraventa que se podrá ejercitar contra el vendedor, siendo el primero de ellos el promotor.

Cuando el artículo 17 LOE hace referencia a la responsabilidad de los agentes de la edificación, comienza señalando: «Sin perjuicio de sus responsabilidades contractuales, ...». Esta responsabilidad contractual es la que ostenta el promotor del edificio como consecuencia de la relación contractual que mantiene con los compradores, con independencia de la responsabilidad derivada del artículo 17 LOE. De hecho, ambas acciones son compatibles entre sí y pueden ejercitarse conjuntamente. LA SAP Ávila de 19 de abril de 2023, con cita de las STS de 22 de octubre de 2012, 2 de octubre de 2003, 21 de octubre de 2011 y 18 de diciembre de 2018 declara que:

> «La jurisprudencia del Tribunal Supremo es constante a la hora de admitir en este ámbito la acción nacida de responsabilidad contractual de los artículos 1101 y siguientes del Código Civil, así como a la hora de declarar su compatibilidad con la responsabilidad decenal del artículo 1591 del Código Civil y con las acciones previstas en la Ley de Ordenación de la Edificación para exigir responsabilidad civil a las personas físicas y jurídicas intervinientes en el proceso constructivo»[213].

Además de la posibilidad de ejercicio conjunto de la acción, también puede ser ejercitada exclusivamente la acción de responsabilidad contractual[214].

Frente a la promotora puede haber tres tipos de pronunciamientos condenatorios:

a) Reparación in natura, que consiste en la reparación de los vicios constructivos.

---

213 SAP Ávila de Sec. 1.ª, 129/2023, de 19 de abril, ECLI:ES:APAV:2023:159 y STS 710/2018, de 18 de diciembre, ECLI:ES:TS:2018:4248.

214 Díaz Barco, F., *Manual de Derecho de la Construcción,* 4.ª Ed., Aranzadi, Cizur Menor, 2018, págs. 328-319. Considera este autor que son tres las acciones que pueden ejercitarse: acción de saneamiento por vicios ocultos (artículo 1484 y ss. CC, acción de responsabilidad contractual (artículo 1101 CC y acción derivada de la Ley de Ordenación de la Edificación).

b) Reparación por equivalencia, en cuyo caso se valoran dichos daños y se paga su importe a fin de que se compense por lo ya pagado de la reparación ya realizada, o con ello se pague a reparación futura.

c) Resarcimiento de los gastos realizados previamente por los propietarios del edificio. para la reparación de los daños existentes, sobre todo en los supuestos de vicios que afectan a la habitabilidad del inmueble.

Se suele optar por la reparación por equivalencia en los supuestos de inactividad por parte de la promotora o cuando esta no tiene voluntad real de reparación[215].

La STS de 13 de abril de 2012 admite la posibilidad de reclamar daños morales por el impacto o sufrimiento psíquico o espiritual que en algunas personas puede causar el incumplimiento contractual, siempre que resulten probados. Esta resolución considera que con la reparación de los vicios o su indemnización se resarcen los actuales daños que padecen, pero no de la privación anterior del uso de los elementos privativos y comunes del edificio[216].

Se reconoce jurisprudencialmente la legitimación activa y representación comunitaria del presidente de una comunidad de propietarios para reclamar por vicios de construcción que afecten a elementos comunes y privativos del edificio, siempre que previamente se le haya facultado en acuerdo adoptado en junta de propietarios. Sin embargo, no podrá ostentar esa representación, ni la legitimación activa, cuando lo que se pretenda reclamar sea la nulidad de una cláusula contenida en un contrato de compraventa, en aplicación de la legislación de consumidores y usuarios[217].

Según dispone el artículo 17.4 LOE, la figura de promotor debe extenderse también la de gestor de cooperativas o de comunidades de propietarios u otras figuras análogas, cuando su intervención esté relacionada con la promoción de inmuebles.

5.1.2. Constructor

La responsabilidad del constructor surge del incumplimiento de la *lex artis*. El constructor es quien ejecuta de forma directa la obra sin perjuicio de la subcontratación de algunas partidas o aspectos puntuales de la misma. En este sentido, será responsable de todos los vicios o defectos que traigan

215 SAP Córdoba, Sec. 1.ª, 806/2023, de 18 de septiembre. ECLI:ES:APCO:2023:886 y SAP Alicante, Elche, Sec. 9.ª, 514/2021, de 26 de noviembre. ECLI:ES:APA:2021:2595.

216 STS, 217/2012, de 13 de abril de 2012. ECLI:ES:TS:2012:3065.

217 De Lara Vences, C., «Representación en juicio del presidente de la comunidad de propietarios», *Propiedad horizontal: cuaderno jurídico*, núm. 361, 2024, págs. 14-19.

como causa la incorrecta ejecución material de la obra, incluyendo el incumplimiento de sus obligaciones legales y contractuales[218].

El constructor no podrá oponer como excepción a su responsabilidad que se ha limitado a ejecutar lo ordenado. La responsabilidad del constructor no se excluye por la intervención de otros agentes de la edificación técnicos, cuando se producen vicios ruinógenos. La ejecución de un proyecto y la actuación profesional del arquitecto y del arquitecto técnico no eximen al constructor de la responsabilidad por la mala realización efectiva de la obra. No puede el constructor escudarse en la intervención de técnicos para amparar su actuación que, ha causado vicios de la construcción[219]. En este sentido, el constructor debe detectar los vicios procedentes de defectos en el proyecto o dirección de obra[220].

El artículo 17.6 LOE extiende la responsabilidad del constructor por la actuación de[221]:

a) El jefe de obra y demás personas físicas o jurídicas que dependan del constructor, respecto de los vicios causados por su impericia, falta de capacidad profesional o técnica, negligencia o incumplimiento de sus obligaciones.

b) Por los vicios consecuencia de la ejecución por parte de los subcontratistas, sin perjuicio de que la ley le conceda acción de repetición contra este.

c) El constructor también es responsable de los daños materiales que se causen al edificio como consecuencia de los productos de construcción que él haya adquirido, sin perjuicio de la posibilidad de repetir contra quien considere responsable, ya sea director de la ejecución de la obra o el suministrador del producto.

Si el constructor fuera a la vez el promotor del edificio, responderá por ambas intervenciones acumuladamente.

---

218 Cordero Lobato, E., «Responsabilidad civil de los agentes que intervienen el proceso de la edificación», en *Comentarios a la Legislación de Ordenación de la Edificación*, obra colectiva, coordinadores: Carrasco Perera, A., Cordero Lobato, E. y González Carrasco, M.C., Aranzadi, Cizur Menor, 2011, pág. 526.

219 Señala la STS, 1093/2008, de 3 de diciembre de 2008, ECLI:ES:TS:2008:6779, que «sin que quepa acoger el argumento de que por contrato sólo estaba obligada a lo proyectado, pues su responsabilidad se residencia en la infracción de sus obligaciones y que, más allá de lo proyectado respecto de cada específico elemento constructivo, su obligación era la de actuar conforme a la *lex artis* para entregar un bien idóneo para el fin previsto».

220 Monserrat Velasco, A., *Responsabilidad por vicios de la construcción,* Difusión Jurídica, Madrid, 2008, pág. 182.

221 Arnau Moya lo define como responsabilidad por hecho ajeno. Arnau Moya, F., *Los vicios de la Construcción (Su régimen en el Código Civil y en la Ley de Ordenación de la Edificación)*, Tirant Lo Blanch, Valencia 2004, págs. 251-252.

5.1.3. Proyectista

La responsabilidad del arquitecto proyectista se extiende a los vicios o daños que sean consecuencia directa del proyecto por él redactado, que deberá serlo conforme a la normativa vigente y a lo establecido en el contrato. Por lo tanto, existe la posibilidad de exigir responsabilidad por los vicios constructivos del edificio y por el incumplimiento de lo pactado en el encargo profesional.

Sin perjuicio de ello y de conformidad con lo dispuesto en el artículo 17.5 LOE, también responderá por hecho ajeno, en los supuestos siguientes:

a) Si el proyecto ha sido contratado juntamente con más de un proyectista, todos ellos responderán de forma solidaria[222].

b) Si el proyectista subcontratara parte de su proyecto a otros profesionales, ya sea para realizar cálculos, estudios, dictámenes o informes, etc., responderán directamente de los daños causados por insuficiencia incorrección o inexactitud. Ello, sin perjuicio de que los proyectistas puedan repetir contra los profesionales causantes, pero de cara a quien sufre los daños o vicios constructivos, responderán directamente.

De conformidad con lo dispuesto en el artículo 17.7. II LPH, el proyectista responderá por vía de repetición frente al director de obra por las responsabilidades derivadas de las omisiones, deficiencias o imperfecciones del proyecto.

---

222 CORDERO LOBATO señala una serie de reglas que considera de aplicación en caso de concurrir un proyectista principal con proyectistas parciales:

En caso de el proyectista principal y los parciales sean asalariados de una persona jurídica, responderá esta y los arquitectos proyectistas, éstos en los términos contenidos en la LOE.

En caso de existir defecto de coordinación entre el proyecto principal y los parciales, será responsabilidad del proyectista principal, por ser a quien se atribuye la coordinación de todos los proyectos.

Si los proyectistas parciales no son dependientes del principal, éste sólo responderá por defecto de coordinación entre los proyectos.

El proyectista principal responderá de las deficiencias del proyecto parcial, si el proyectista parcial ha sido elegido por el principal, aunque lo aceptara el promotor.

Si el proyectista parcial lo ha elegido el promotor, no responderá el proyectista principal, aunque aceptara su participación parcial en el proyecto.

El proyectista principal no responderá, aunque haya aconsejado al parcial.

Si el proyectista principal resultara responsable por lo realizado por el proyectista parcial, puede ser objeto de reclamación por el adquiriente y resto de corresponsables.

Aunque responda el proyectista principal, esto no excluye la responsabilidad del proyectista parcial en caso de reclamación por el adquiriente, por acción de regreso del artículo 18 LOE o por el proyectista principal.

CORDERO LOBATO, E., «Responsabilidad civil de los agentes que intervienen el proceso de la edificación», en *Régimen Jurídico de la Edificación. Ley de Ordenación de la Edificación y Código Técnico de la Edificación*, obra colectiva, coordinadores: CARRASCO PERERA, A., CORDERO LOBATO, E., y GONZÁLEZ CARRASCO, M.C., Aranzadi, Cizur Menor, 2007, págs. 391-392.

5.1.4. Director de obra

De conformidad con lo dispuesto en el artículo 12 LOE, su responsabilidad se extiende a los vicios o defectos constructivos derivados de las circunstancias siguientes:

a) Una defectuosa verificación del replanteo de la obra.

b) Inadecuación de la cimentación y de la estructura proyectadas a las características geotécnicas del terreno.

c) Inadecuada resolución de las contingencias que se produzcan en la obra.

d) Por las modificaciones realizadas en el proyecto y que sean causantes de los daños.

e) Falta de entrega de la documentación visada al promotor.

Igualmente, responderá de la falta de veracidad y exactitud del certificado final de obra. Esta responsabilidad podrá ser exigida tanto por los adquirentes del inmueble, como por el promotor.

El director de obra responderá de los vicios constructivos que sean consecuencia de las omisiones, deficiencias o imperfecciones de un proyecto de obra cuya dirección acepte, aunque este proyecto no haya sido elaborado por él. El director de obra es un arquitecto cualificado que, a la hora de aceptar una dirección de obra ha podido estudiar el proyecto elaborado por un proyectista tercero y ser consciente de los vicios constructivos que del mismo pudieran derivarse. Asume el riego de su dirección y de ello deriva su responsabilidad. El arquitecto director de obra goza de acción de repetición contra el arquitecto proyectista autor del proyecto.

La dirección de obra puede ser ejercida de forma colegiada por varios arquitectos quienes responderán solidariamente de los daños causados por su actuación como directores de obra, sin perjuicio de su relación interna de cara a la distribución de la responsabilidad individual de cada uno.

5.1.5. Director de la ejecución de la obra

La responsabilidad del director de ejecución de la obra surge por el incumplimiento de sus obligaciones profesionales contenidas en el artículo 13.2 LOE:

a) Por la mala calidad de los materiales empleados en la obra.

b) Por la falta de suscripción o colaboración en la suscripción de la documentación de la obra.

c) Por los vicios constructivos derivados de un deficiente replante, ejecución y disposición de los elementos constructivos y de las instalaciones.

d) Por incumplimiento de las instrucciones del director de obra.

Conforme señala la STS de 15 de abril de 2021, la Ley de Ordenación de la Edificación no contempla el supuesto de contratación de dos o más directores de la ejecución de la obra, ni su contratación sucesiva. Por lo que, en este caso, no puede considerarse la existencia de un vínculo solidario, sino que cada uno ostentará una responsabilidad individual en la causación de cada daño concreto. En caso de efectuarse una reclamación por un vicio constructivo, deberá individualizarse la responsabilidad individual de cada director de ejecución de la obra, sin perjuicio de la responsabilidad solidaria de los distintos agentes constructivos en el supuesto de imposibilidad de concretarla[223].

5.1.6. Las entidades y los laboratorios de control de calidad de la edificación

La Ley de Ordenación de la Edificación no establece una intervención obligatoria de estos agentes de la edificación, que sólo participaran en el proceso cuando haya sido solicitado por un agente de la edificación[224]. En este sentido, su responsabilidad se limita a los supuestos en que efectivamente hayan intervenido.

Siendo responsabilidad de las entidades de control la verificación de la calidad del proyecto, de los materiales y de la ejecución de la obra y sus instalaciones de acuerdo con el proyecto y la normativa aplicable, serán responsables de los vicios constructivos provenientes de la fase del proceso constructivo en que hubiera intervenido, siempre que se sean consecuencia de su asesoramiento a uno o varios agentes de la construcción que así se lo hayan solicitado.

Corresponde a los laboratorios de control de calidad prestar asistencia técnica a los agentes de la edificación que así lo hayan solicitado, mediante la realización de ensayos o pruebas de servicio de los materiales, sistemas o instalaciones de una obra de edificación. Cuando el vicio provenga de materiales, sistemas o instalaciones en los que los laboratorios hayan prestado asistencia técnica, se les podrá imputar responsabilidad que, como en todos los casos, será individual salvo que no se pueda individualizar.

5.1.7. Los suministradores de productos

Dispone el artículo 17.6 III LOE que el constructor responde directamente por los daños causados en el edificio como consecuencia de la utilización de productos de construcción deficientes que haya aceptado o adquirido. Esto

223 STS, 205/2021, de 15 de abril de 2021. ECLI:ES:TS:2021:1453.

224 Cordero Lobato, E., «Responsabilidad civil de los agentes que intervienen el proceso de la edificación», en *Comentarios a la Legislación de Ordenación de la Edificación*, obra colectiva, coordinadores: Carrasco Perera, A., Cordero Lobato, E. y González Carrasco, M.C., Aranzadi, Cizur Menor, 2011, pág. 535.

no quiere decir que los suministradores de productos no sean igualmente responsables por los daños causados por productos defectuosos. Lo que implica es que el constructor también responderá directamente de ellos, pudiendo ser reclamado directa o conjuntamente con los suministradores del producto. Lo que se deriva de la redacción del artículo 17.6 III LOE es la ausencia de litisconsorcio pasivo necesario entre el suministrador y el constructor. De hecho, en caso de reclamación directa contra el constructor, éste podrá repetir contra el suministrador del producto en virtud del contrato de compraventa que les une, como expresamente determina el precepto anteriormente citado.

En todo caso, no existe responsabilidad objetiva por parte de los vendedores de productos destinados a la construcción por la existencia de un daño, sino que debe acreditarse que el mismo se debe a un defecto del mismo, puesto que, si la causa deriva exclusivamente de un mal uso o ejecución por parte de los agentes de la edificación, el suministrador del producto quedará exento de responsabilidad[225]. La responsabilidad del suministrador no exige la producción de un daño en el edificio, sino que la misma puede derivar de la entrega de materiales de forma contraria a lo dispuesto en el artículo 15.3 LOE[226]:

a) Incumplimiento de las especificaciones del pedido, especialmente su origen, identidad y calidad.

b) Incumplimiento de las exigencias establecidas en la normativa técnica que resulte de aplicación.

5.1.8. Propietarios y usuarios

Su responsabilidad deriva del incumplimiento de las obligaciones contenidas en el artículo 16 LOE:

a) Conservar en buen estado la edificación mediante un adecuado uso y mantenimiento.

b) Recibir, conservar y transmitir la documentación de la obra ejecutada y los seguros y garantías con que ésta cuente.

c) La utilización adecuada de los edificios o de parte de los mismos de conformidad con las instrucciones de uso y mantenimiento, contenidas en la documentación de la obra ejecutada.

---

225 CORDERO LOBATO, E., «Responsabilidad civil de los agentes que intervienen el proceso de la edificación», en *Comentarios a la Legislación de Ordenación de la Edificación*, obra colectiva, coordinadores: Carrasco Perera, A., Cordero Lobato, E. y González Carrasco, M.C., Aranzadi, Cizur Menor, 2011, pág. 534.

226 ARNAU MOYA lo define como responsabilidad por hecho ajeno. ARNAU MOYA, F., *Los vicios de la Construcción (Su régimen en el Código Civil y en la Ley de Ordenación de la Edificación)*, Tirant Lo Blanch, Valencia 2004, págs. 264-265.

Las dos primeras obligaciones se reservan exclusivamente para los propietarios, mientras que la tercera se extiende también a los usuarios.

Cuando se produce la venta de un elemento privativo del edificio, el vendedor hace entrega al comprador del libro del edificio, donde constan todas las actuaciones necesarias para la adecuada conservación del inmueble. Si los propietarios no las llevan a cabo y por eso se producen daños en el inmueble, los usuarios serán responsables de los daños que sean consecuencia de su inacción, conforme a lo dispuesto en los artículos 16 LOE y 1907 CC, quedando eximidos de responsabilidad los agentes de la edificación.

Establece el artículo 17.8 LOE que los agentes de la edificación no responderán cuando los daños hayan sido causados por el propio perjudicado. Debe concretarse el concepto de perjudicado, no limitándolo exclusivamente al titular dominical del elemento privativo que sufra el daño, ni a los condueños integrantes de la comunidad de propietarios respecto de los elementos comunes del edificio, sino que debe extenderse a los usuarios del inmueble con independencia del título que permita su utilización: contrato de arrendamiento, derecho real de usufructo, etc. Estos usuarios deben entenderse incluidos en el concepto de perjudicados, puesto que cualquier daño o vicio constructivo que padezca el edificio va a perjudicar en mayor menor medida el uso normal del inmueble. En este sentido, el término tercero quedaría reservado a aquellos causantes del daño que no sean ocupantes del inmueble.

Debe relacionarse lo dispuesto en el artículo 17.8 LOE con determinados preceptos del Código Civil. En este sentido, también deberá extenderse el concepto de perjudicado como persona causante de los daños que exonera de responsabilidad a los agentes de la edificación, a los miembros de la unidad familiar, como así lo dispone el artículo 1903 CC. En el ámbito de la propiedad horizontal, la STS de 23 de enero de 2024 señala que

> «el art. 9.1.b) LPH, aparte de la obligación genérica contenida en los arts.1907 y 1910 CC, establece la de cada propietario de mantener en buen estado de conservación su propio piso o local e instalaciones privativas, en términos que no perjudiquen a la comunidad o a los otros propietarios; y el art.10.1 a) LPH impone, a su vez, a la comunidad la obligación de realizar las obras necesarias para el adecuado sostenimiento y conservación del inmueble y de sus servicios, de modo que reúna las debidas condiciones estructurales, de estanqueidad, habitabilidad, accesibilidad y seguridad»[227].

Para la exención de responsabilidad la carga de la prueba recae sobre los agentes de la edificación, ya que el precepto señala que para ello deberán acreditar la culpa del usuario.

227 STS, 80/2024, de 23 de enero. ECLI: ES:TS:2024:171.

5.2. Plazos de garantía y prescripción

5.2.1. Plazos de garantía

La introducción de distintos plazos de garantía supone una innovación legislativa respecto de la anterior regulación a través del artículo 1591 CC, que no distinguía el tipo de daño que se trataba, estableciendo un plazo común a todos ellos.

Este tipo de plazos deben distinguirse de los de prescripción extintiva del ejercicio de acciones. Se refieren a la extensión temporal de garantía de los distintos elementos del inmueble y están regulados en el artículo 17.1 LOE. Empiezan a contar desde la recepción definitiva del inmueble por parte del comprador. Los daños del edificio que sean consecuencia del proceso constructivo deben manifestarse desde su recepción sin reservas o desde su subsanación respecto de las reservas realizadas, hasta el término del plazo indicado por la ley como garantía de aquellos[228]. No obstante, el artículo 6.5 LOE dispone que también se iniciará el cómputo del plazo de garantía en el momento de entenderse producido la recepción tácita de la obra descrita en el artículo 6.4 LOE, es decir, treinta días después de la notificación de la terminación de la obra al promotor, sin que haya manifestado reservas o haya rechazado la obra en escrito motivado. Señala la STS de 25 de julio de 2023 que

> «si el daño surge dentro de este plazo los agentes responderán en función de su intervención en la obra. El término no es de prescripción, ni de caducidad, sino de garantía, como señala reiterada jurisprudencia en el sentido de que para que nazca la acción de responsabilidad ex lege es requisito imprescindible que los vicios o defectos se exterioricen o produzcan dentro de su vigencia a contar 'desde la fecha de recepción de la obra, sin reservas o desde la subsanación de éstas' (Arts. 6.5 y 17.1)»[229].

Desde un punto de vista práctico, cada vez que vayan evidenciándose los daños resulta aconsejable su notificación al promotor y al resto de los agentes de la edificación. Como consecuencia de la solidaridad impropia es conveniente la notificación a todos ellos, a fin de que en el ámbito del procedimiento no se pueda excepcionar desconocimiento y consecuente prescripción por parte de los agentes de la edificación reclamados. Aunque el promotor sea el garante de la edificación conviene no dejar prescribir la

---

228 En este sentido, Cordero Lobato, E., «Responsabilidad civil de los agentes que intervienen el proceso de la edificación», en *Comentarios a la Legislación de Ordenación de la Edificación*, obra colectiva, coordinadores: Carrasco Perera, A., Cordero Lobato, E. y González Carrasco, M.C., Aranzadi, Cizur Menor, 2011, pág. 559-561. Cfr. STS, 454/1996, de 8 de junio. EDJ 1996/417. En el mismo sentido, STS, 13/2020, de 15 de enero. ECLI: ES:TS:2020:25.

229 STS, 1211/2023, de 25 de julio. ECLI: ES:TS:2023:3503.

acción respecto del resto de intervinientes en el proceso constructivo, y la mejor forma de hacerlo es notificar la existencia de los vicios constructivos a medida que se van detectando.

Por lo tanto, no se trata de que la reclamación deba efectuarse en los plazos de garantía, sino que sólo se van a poder reclamar los daños que se manifiesten en ese plazo.

En todo caso, la aplicación de estos plazos de garantía se circunscribe exclusivamente a las acciones derivadas del artículo 17 LOE, no así respecto de las responsabilidades contractuales del promotor. En este caso, no existe diferencia entre la clase de daño reclamado y, por tanto, tampoco plazo de garantía. No obstante, se aplica el plazo de prescripción de cinco años, aplicable de las obligaciones no sujetas a término propio regulado en el artículo 1964.2 CC.

5.2.1.1. Daños estructurales

El artículo 17.1. a) LOE dispone que el plazo de garantía para daños estructurales del edificio es de diez años. Considera este precepto que son daños estructurales aquellos causados en el edificio que afecten a:

a) La cimentación.

b) Los soportes.

c) Las vigas.

d) Los forjados.

e) Los muros de carga.

f) Otros elementos estructurales.

Siempre que estos daños comprometan directamente la resistencia mecánica y la estabilidad del edificio.

En este sentido, debe tenerse en cuenta la definición de daño estructural que realiza la SAP Alicante de 2 de octubre de 2015, en cuanto que no limita dicho concepto al riesgo inmediato de colapso del edificio, sino que, además de aquellos casos en que la resistencia y estabilidad del edificio se compromete de un modo actual, se incluyen también los supuestos en que existe una amenaza de derrumbe grave inminente[230]. La primera se denomina ruina funcional, mientras que la segunda es la ruina potencial. Esta sentencia considera que existe ruina potencial cuando «existen daños susceptibles de comprometer directamente la estabilidad del edificio o resistencia mecánica del edificio, aunque la pérdida efectiva no tenga lugar en el plazo de garantía». En el caso de ruina funcional se precisa que se acredite dentro del plazo de garantía que, los vicios existentes en la actualidad pueden seriamente

230 SAP Alicante, sec. 9.ª, 349/2015, de 2 de octubre. ECLI: ES:APA:2015:3164.

comprometer en el futuro la estabilidad o resistencia del edificio. En este sentido, señala la STS de 5 de mayo de 2014 que, en los supuestos de ruina funcional, debe considerarse que se trata de un daño material y no futuro por comprometer la resistencia y estabilidad, aunque lo sea potencialmente[231]. Esta sentencia del pleno de la sala primera, siguiendo la definición del término comprometer de la Real Academia Española, considera que se trata de un riesgo actual, aunque se materialice en el futuro. Además, la sentencia considera que la subsanación o reparación de los defectos, actualmente tiene un coste cierto y evaluado económicamente.

5.2.1.2. Daños de habitabilidad

El artículo 17.1. b) LOE establece un plazo de garantía de tres años para aquellos daños materiales procedentes de elementos constructivos o de las instalaciones que deriven en el incumplimiento de los requisitos de habitabilidad contenidos en el artículo 3.1. c) LOE, que son los siguientes:

a) Higiene, salud y protección del medio ambiente, de tal forma que se alcancen condiciones aceptables de salubridad y estanqueidad en el ambiente interior del edificio y que éste no deteriore el medio ambiente en su entorno inmediato, garantizando una adecuada gestión de toda clase de residuos.

b) Protección contra el ruido, de tal forma que el ruido percibido no ponga en peligro la salud de las personas y les permita realizar satisfactoriamente sus actividades.

c) Ahorro de energía y aislamiento térmico, de tal forma que se consiga un uso racional de la energía necesaria para la adecuada utilización del edificio.

d) Otros aspectos funcionales de los elementos constructivos o de las instalaciones que permitan un uso satisfactorio del edificio.

La relación anterior no constituye un *numerus clausus*, ya que deja abierta la puerta a reclamar en concepto de daños materiales que afectan a la habitabilidad del edificio a cualquier vicio constructivo que se considere que afecta al uso satisfactorio del edificio. Se trata de un concepto indeterminado que deberá ser interpretado caso por caso.

5.2.1.3. Defectos de acabado

Se trata de daños estéticos en el edificio. En este sentido, resulta importante delimitarlos desde un punto de vista negativo, es decir, aquellos daños procedentes de vicios constructivos que no comprometen la estructura y

231 STS, 221/2014, de 5 de mayo. ECLI: ES:TS:2014:2612.

habitabilidad del inmueble. Suponen un incumplimiento de la obligación de resultado propia del contrato de obra. No sólo tienen por objeto los defectos que impliquen un deficiente acabado de la obra, sino también aquellos provenientes por una falta de acabado cuando no sean supuestos incluidos en los daños descritos en el artículo 17.1.a) y b) LOE.

El plazo de garantía en relación con los daños materiales por vicios o defectos de ejecución que afecten a elementos de terminación o acabado de las obras será de un año, como así lo dispone el artículo 17.1. IV LOE.

5.2.2. Plazos de prescripción

Junto a los plazos de garantía en los que deben manifestarse los daños provenientes de vicios de construcción, debe tenerse en cuenta en plazo para el ejercicio de las acciones. En todo caso, deberá distinguirse la clase de acción que se va a ejercitar en cada supuesto.

5.2.2.1. Acción de responsabilidad de los agentes constructivos

Dispone el artículo 18.1 LOE que las acciones de responsabilidad de los agentes de la edificación contenidas en el artículo 17 LOE prescribirán a los dos años.

No obstante, debe delimitarse el *dies a quo*, o inicio del cómputo del plazo. En este caso, la fecha en que se inicia el cómputo del plazo prescriptivo viene expresamente determinada en el artículo 18.1 LOE que señala literalmente: «a contar desde que se produzcan dichos daños». Tiene una indudable transcendencia práctica, ya que sin esa clara precisión legal podría surgir la duda de si el plazo empezaría a contar desde la terminación del plazo de garantía, posibilidad está expresamente desmentida legalmente. Es decir, que, si un daño proviene de vicios de carácter estructural, actual o potencial, que se manifiesta el segundo año desde la recepción de la obra o la subsanación de sus reservas, la acción prescribirá a los dos años de manifestarse el daño, sin que deba ni se pueda esperar al transcurso del plazo de garantía.

Si dentro del plazo de garantía, con posterioridad, se manifestaran nuevos daños provenientes de vicios de carácter estructural se podrán reclamar esos nuevos daños en un nuevo procedimiento. No obstante, en este último supuesto debería tenerse en cuenta lo dispuesto en el artículo 400 LEC respecto a la posibilidad de preclusión alegatoria de hechos, litispendencia y cosa juzgada. Por ello, al interponer la demanda sin que haya transcurrido el plazo de garantía deben reclamarse todos los daños conocidos en ese momento, ya sean estructurales, de habitabilidad o de mero acabado, sin que puedan reservarse para un momento posterior. Se podrán reclamar en un procedimiento posterior, incluso acumularlo al anterior en caso de que fuera posible, tan sólo aquellos daños que no se conocieran en el momento de interponerse la primera demanda. Debe distinguirse con claridad las instituciones de la prescripción y de la preclusión. En este sentido, la STS de 15 de enero de 2020 señala que: «la necesaria coordinación de ambos preceptos exige que el daño material se produzca en el plazo de garantía y que, una vez se manifieste en tal periodo de tiempo, la correspondiente acción se ejercite dentro del plazo de dos años»[232].

En los supuestos de daños continuados, el *dies a quo* se determina por el momento del cese de producción de los daños o su estabilización, el primero de estos hechos que se produzca.

Como se deduce de la dicción literal del artículo 18.1 LOE el plazo es de prescripción, lo que implica que para su estimación precisa expresa alegación de parte y que es susceptible de interrupción, ya sea judicial, extrajudicial o por reconocimiento expreso de responsabilidad.

Se trata de un supuesto de solidaridad impropia, puesto que no deriva de acuerdo entre las partes y no viene determinada legalmente[233]. Como señala la STS de 3 de julio de 2018 la reclamación que se haya dirigido a un agente de la edificación no interrumpe el plazo de prescripción respecto a los demás intervinientes, salvo que se pruebe que estos tuvieron un conocimiento previo de la reclamación[234]. Por lo tanto, debe considerarse que no resulta de aplicación la extensión de la interrupción de la prescripción de los sujetos solidariamente obligados a la que se refiere el artículo 1974 CC[235]. En caso de que se interponga demanda sólo contra el promotor y no frente al resto de los agentes de la edificación intervinientes en el proceso constructivo, es aconsejable reclamar también extrajudicialmente frente a todos ellos.

5.2.2.2. Acción de repetición

En el supuesto de que uno de los agentes de la edificación intervinientes hubiera sido condenado al pago de una indemnización, o él o su seguro de responsabilidad civil la hubiera pagado por acuerdo extrajudicial, podrá ejer-

232 STS, 23/2020, de 15 de enero. ECLI: ES:TS:2020:25.

233 Considera que el artículo 17.3 LOE acredita junto a otras normas jurídicas, la vigencia del *favor debitoris* en relación con la responsabilidad civil, tratando de favorecer el resarcimiento de quien ha sufrido daños. ALGABA ROS, S., «Solidaridad impropia y responsabilidad civil contractual», en *Función de las Condiciones en el Tráfico Inmobiliario, obra colectiva*, coordinadores: Ana CAÑIZARES LASO, Rocío DIÉGUEZ OLIVA, Tirant Lo Blanch, Valencia, 2020, TOL8.217.503.

234 STS, 418/2018, de 3 de julio. ECLI: ES:TS:2018:2565.

235 DOMÍNGUEZ LUELMO, A., «Doctrina jurisprudencial sobre la interpretación de la prescripción en los supuestos de responsabilidad solidaria subsidiaria de los agentes que intervienen en el proceso de edificación. Comentarios a la STS de 27 de junio de 2017 (RJ2017, 3197)», *Cuadernos Civitas de jurisprudencia civil*, núm. 105, 2017, págs. 609-628.

citar acción de repetición contra los que considere individualmente responsable del daño, y esa acción prescribe a los dos años.

El *dies a quo* se determina por:

a) En los supuestos de reclamación judicial que termina con resolución de condena al pago de una indemnización, desde la fecha en que esta alcanza firmeza.

b) En los supuestos de indemnización alcanzada extrajudicialmente, desde su pago.

5.2.2.3. Acción por responsabilidad contractual

La acción por responsabilidad contractual por los contratos suscritos por los agentes de la edificación para la ejecución del proceso constructivo, especialmente la derivada de la compraventa de los inmuebles por parte del promotor, al tratarse de una acción no sujeta a término propio prescribirá a los cinco años de conformidad con lo dispuesto en el artículo 1964.2 CC. Esta responsabilidad complementa el régimen de la LOE para el supuesto de incumplimiento del resultado pactado en el contrato, ya sea por falta de ejecución de la obra, su deficiente ejecución, parcialmente ejecutada o ejecución tardía.

5.2.2.4. Acción por vicios ocultos

De conformidad con lo dispuesto en el artículo 1490 CC, las acciones para reclamar el saneamiento por vicios ocultos se extinguen a los seis meses. Se trata de un plazo de caducidad, lo que implica que se apreciará de oficio y que no es susceptible de interrupción.

6. Garantías

6.1. Seguro

Dispone la disposición adicional segunda LOE que es obligatoria la garantía por daños estructurales del edificio, cuando su destino primordial sea el de vivienda. Para considerar que un edificio tiene como destino principal el de vivienda, más del 50 % del mismo debe dedicarse a esta finalidad[236]. No obstante, deja la posibilidad de que se establezca su obligatoriedad mediante Real Decreto, respecto a las garantías por daños de habitabilidad o acabado.

236 Este criterio es el que se desprende de distintas normas jurídicas como, por ejemplo, el Real Decreto 853/2021, de 5 de octubre, por el que se regulan los programas de ayuda en materia de rehabilitación residencial y vivienda social del Plan de Recuperación, Transformación y Resiliencia.

Se excluye de su exigibilidad los supuestos de autopromoción, salvo que se produzca transmisión inter vivos a terceros dentro del plazo de diez años de responsabilidad en relación con los daños estructurales del inmueble, en cuyo supuesto deben otorgarse las garantías hasta completar dicho periodo. Esta garantía es requisito esencial para la inscripción de la transmisión de la titularidad dominical, salvo que el adquiriente exonere al auto promotor que acredite haber utilizado el inmueble como vivienda.

Las garantías a las que se refiere el artículo 19.1 LOE son de tres tipos: seguro de daños, seguro de caución y garantía financiera. Estos tres tipos de garantía son alternativas, es decir, se podrá escoger una u otra.

Tienen una serie de características comunes en función de la clase de daños que se pretenden garantizar:

a) Seguro de daños materiales, seguro de caución o garantía financiera, para garantizar, durante un año, el resarcimiento de los daños materiales por vicios o defectos de ejecución que afecten a elementos de terminación o acabado de las obras, que podrá ser sustituido por la retención por el promotor de un 5 por 100 del importe de la ejecución material de la obra. Tendrá la consideración de tomador del seguro el constructor. No serán admisibles cláusulas por las cuales se introduzcan franquicias o limitación alguna en la responsabilidad del asegurador frente al asegurado.

b) Seguro de daños materiales, seguro de caución o garantía financiera, para garantizar, durante tres años, el resarcimiento de los daños causados por vicios o defectos de los elementos constructivos o de las instalaciones que ocasionen el incumplimiento de los requisitos de habitabilidad. Tendrá la consideración de tomador del seguro el promotor. Si se estableciera una franquicia, no podrá exceder del 1 por 100 del capital asegurado de cada unidad registral.

c) Seguro de daños materiales, seguro de caución o garantía financiera, para garantizar, durante diez años, el resarcimiento de los daños materiales causados en el edificio por vicios o defectos que tengan su origen o afecten a la cimentación, los soportes, las vigas, los forjados, los muros de carga u otros elementos estructurales, y que comprometan directamente la resistencia mecánica y estabilidad del edificio. Al igual que ocurre con los daños de carácter estructural, tendrá la consideración de tomador del seguro el promotor del edificio e, igualmente, si se estableciera una franquicia ésta no podrá exceder del 1 por 100 del capital asegurado de cada unidad registral.

6.1.1. Seguro de daños

Los seguros de daños materiales deberán reunir las condiciones siguientes:

Serán asegurados el propio promotor y los sucesivos adquirentes del edificio o de parte de este. El promotor podrá pactar expresamente con el constructor que éste sea tomador del seguro, pero siempre que lo haga por cuenta de aquél.

La prima deberá estar pagada en el momento de la recepción de la obra. Si se hubiera pactado el fraccionamiento en períodos siguientes a la fecha de recepción, la falta de pago de las siguientes fracciones de prima no dará derecho al asegurador a resolver el contrato, ni éste quedará extinguido, ni la cobertura del asegurador suspendida, ni éste liberado de su obligación, caso de que el asegurado deba hacer efectiva la garantía. Esta condición legal es conocida por el asegurador antes de aceptar el pago fraccionado de la prima, por lo que asume el riesgo de impago voluntariamente. Siempre le queda la opción de no celebrar el contrato de seguro.

6.1.2. Seguro de caución

Respecto del seguro de caución concurrirá las mismas características que el seguro de daños, aunque con las siguientes especialidades:

a) Serán siempre asegurados los sucesivos adquirentes del edificio o de parte del mismo en caso de seguro de caución.

b) El asegurador asume el compromiso de indemnizar al asegurado al primer requerimiento.

c) El asegurador no podrá oponer al asegurado las excepciones que puedan corresponderle contra el tomador del seguro.

6.1.3. Características comunes

6.1.3.1. Mantenimiento del contrato

En cuanto se perfecciona el contrato de seguro no podrá rescindirse ni resolverse de mutuo acuerdo antes del transcurso del plazo de duración de este en función del daño asegurado: uno, tres o diez años.

6.1.3.2. Importe mínimo del capital asegurado

El importe mínimo del capital asegurado será el siguiente:

a) El 5 por 100 del coste final de la ejecución material de la obra, incluidos los honorarios profesionales, para las garantías por daños de acabado.

b) El 30 por 100 del coste final de la ejecución material de la obra, incluidos los honorarios profesionales, para las garantías por daños de habitabilidad.

c) El 100 por 100 del coste final de la ejecución material de la obra, incluidos los honorarios profesionales, para las garantías por daños estructurales.

6.1.3.3. Opciones de pago por el asegurador

El asegurador podrá optar por:

a) La reparación in natura, es decir, por reparar los daños del edificio.

b) Reparación por equivalencia, mediante el pago de la cantidad a que asciende la reparación.

6.1.3.4. Exclusiones

Dispone el artículo 19.9 LOE que, salvo pacto en contrario, las garantías a que se refiere dicha ley no cubrirán:

a) Los daños corporales u otros perjuicios económicos distintos de los daños materiales que garantiza la Ley.

b) Los daños ocasionados a inmuebles contiguos o adyacentes al edificio.

c) Los daños causados a bienes muebles situados en el edificio.

d) Los daños ocasionados por modificaciones u obras realizadas en el edificio después de la recepción, salvo las de subsanación de los defectos observados en la misma.

e) Los daños ocasionados por mal uso o falta de mantenimiento adecuado del edificio.

f) Los gastos necesarios para el mantenimiento del edificio del que ya se ha hecho la recepción.

g) Los daños que tengan su origen en un incendio o explosión, salvo por vicios o defectos de las instalaciones propias del edificio.

h) Los daños que fueran ocasionados por caso fortuito, fuerza mayor, acto de tercero o por el propio perjudicado por el daño.

i) Los siniestros que tengan su origen en partes de la obra sobre las que haya reservas recogidas en el acta de recepción, mientras que tales reservas no hayan sido subsanadas y las subsanaciones queden reflejadas en una nueva acta suscrita por los firmantes del acta de recepción.

6.2. Responsabilidad personal

Señala el artículo 19.7 LOE que el incumplimiento de las normas sobre garantías de suscripción obligatoria implicará, en todo caso, la obligación del obligado a suscribir las garantías, de responder personalmente. Pero siendo el obligado el promotor que, además, es garante de lo edificado, carece de sentido imputarle una responsabilidad personal que ya tiene, con independencia de que suscriba o no las garantías contenidas en el artículo 19 LOE.

6.3. Garantías registrales

6.3.1. Obra nueva

De la misma manera que no se autoriza ni se inscriben escrituras públicas de transmisión *inter vivos* de la titularidad dominical en los supuestos de autopromoción, tampoco se autorizarán ni se inscribirán en el Registro de la Propiedad escrituras públicas de declaración de obra nueva de edificaciones a las que sea de aplicación la Ley de Ordenación de la Edificación, sin que se acredite y testimonie la constitución de las garantías a que se refiere el artículo 19 LOE. Con ello se impide que la actitud pasiva del promotor derive en la falta de constitución de las garantías por daños derivados del proceso constructivo.

6.3.2. Registro Mercantil

Hasta que no hayan transcurrido los plazos de prescripción de las acciones previstas en el artículo 18 LOE, no se cerrará en el Registro Mercantil la hoja abierta al promotor individual ni se inscribirá la liquidación de las sociedades promotoras sin que se acredite previamente al Registrador la constitución de las garantías establecidas por esta Ley, en relación con todas y cada una de las edificaciones que hubieran promovido. Con ello se garantiza que el promotor no liquide su sociedad dejando a los sucesivos propietarios del inmueble sin la posibilidad de reclamar contra el garante de lo edificado.

SECCIÓN TERCERA

Propiedad horizontal

CAPÍTULO IV

INTRODUCCIÓN A LA PROPIEDAD HORIZONTAL

1. Antecedentes históricos de la propiedad horizontal

En relación con la propiedad horizontal, se puede afirmar que no estamos ante una moderna concepción jurídica, sino que se remonta hasta la antigüedad, en muchos casos derivados de la propia necesidad de las ciudades en relación con el espacio habitable.

Respecto del remoto origen de la institución de la propiedad horizontal, diversos autores que señalan que la propiedad horizontal ya era conocida entre los pueblos antiguos y ello desde 3000 años antes de Jesucristo. Existen distintos testimonios de ello, debiéndose destacar el acta del año 2000 a.C., por la que se vende una planta baja, que, reservándose el vendedor el piso superior, acta de la época del Rey Immerum de Sippar (Caldea), lo que de por sí evidencia la existencia de dos propiedades separadas pertenecientes a distintos propietarios, que evidentemente tendrían que compartir elementos comunes, aunque solo fuera el hecho de que el techo de uno de ellos es el suelo del piso inmediatamente superior. Por lo tanto, aquí ya se dan los elementos esenciales para considerar que nos encontramos ante un edificio sujeto al régimen de propiedad horizontal, por cuanto que participa de la naturaleza esencial de la misma, es decir, junto a la existencia de elementos privativos: piso superior e inferior, existe un elemento común de ambos: el techo del piso inferior que es a la vez suelo del piso superior[237].

---

237 FUENTES LOJO, J.V. *Novísima Suma de la Propiedad Horizontal*. Tomo I. Bosch, Barcelona, 1998, pág. 7. Con cita a Cuq: «*Etudes sur les contrats de l´epoque de la première dynastie babylonienne, en Nouvelle Revue Historique de Droit Française el* étrangère*, 1910*».
Estos testimonios son los facilitados por Heródoto y Homero en relación con Grecia y Egipto; el acta ya citada de Sippar, el Libro Sirio - Romano 98 (en el mismo sentido Ven-

En el ámbito del Derecho Romano y más concretamente en relación con el Digesto, se cita como antecedentes lo contenido en diversos textos de Papiniano: dos pisos con el mismo techo y dos propietarios, curiosamente las mismas circunstancias fácticas a las que se refería el acta de la época del Rey Immerum de Sippar a la que antes hemos hecho referencia; y Ulpiano, que refiere la división de un edificio por un muro, con establecimiento de servidumbre y entrega de diversos pisos de un mismo edificio a distintas personas, con uso común de la entrada a zona pública (en este caso ya se hace referencia a un elemento común habitual en la actualidad, como es el portal del edificio)[238].

Se amplían las fuentes históricas, añadiendo a Pomponio y Marciano. En relación con estos textos, señala el autor citado que la doctrina se encuentra dividida acerca de considerar que la institución de la propiedad horizontal estaba reconocida o no, en el Derecho romano[239]. A favor, se encuentran Niebhuhr, quien hace referencia a la *Lex Icilia de Aventino Monte*, de la que más adelante trataremos, PUCHTA y RICHTER. No obstante, otros autores se posicionan en contra al considerar que la Propiedad Horizontal no estuvo en el Derecho romano, aunque sí lo estuvo en la realidad fáctica[240]. Se fundamenta en el principio de accesión y de la concepción romana de la propiedad en virtud de la cual, todo lo edificado se incorpora a la propiedad del suelo, es decir: *superficies solo cedit*.

Si bien en Roma no existieron instituciones propias de la propiedad horizontal, es muy probable que existieran por la vía de los hechos. Partiendo de considerar que las cosas son lo que su naturaleza muestra y no cómo se las denomine, en la realidad romana sí que existió la propiedad horizontal; cuestión distinta es cómo se la denomine en el derecho positivo. Existe propiedad horizontal cuando hay elementos privativos de los que cada condueño es titular, junto a elementos comunes copropiedad de todos ellos, copropiedad íntimamente ligada al hecho de ser propietarios de dichos elementos privativos[241].

---

tura Traveset, pág. 8) e incluso las palabras de San Mateo (XII,25) «*omnis civitas vel domus divisa contra se non stabit*». VENTURA-TRAVESET Y GONZÁLEZ, A. *Derecho de propiedad horizontal*. Bosch, Barcelona, 2000. pág. 7.

238 VENTURA-TRAVESET Y GONZÁLEZ, A. *Derecho de propiedad horizontal*. Bosch, Barcelona, 2000. pág. 7.

239 FUENTES LOJO, J.V. *Novísima Suma de la Propiedad Horizontal*. Tomo I. Bosch, Barcelona, 1998, págs. 7-8.

240 CARANDE DE LARDONE, E.M., «Régimen de Propiedad Horizontal», en *Revista Notarial. Colegio de Escribanos de la provincia de Córdoba*, núm. 47, 1984, págs. 3-5. En el mismo sentido, VISCO, RIZZI, CUQ, RICCOBONO Y SAVIGNY.

241 CARANDE DE LARDONE, E.M., «Régimen de Propiedad Horizontal», en *Revista Notarial. Colegio de Escribanos de la provincia de Córdoba*, núm. 47, 1984, págs. 3-5.

Un tipo de edificación propio de la Roma clásica era lo que se conocía como Ínsula, que realmente es el antecedente de los modernos edificios, cuya construcción resultó necesaria como consecuencia de la superpoblación de la ciudad. Tenían una altura habitualmente de siete plantas, aunque posteriormente el emperador Trajano ordenó limitarlas a seis alturas, ya que previamente Julio Cesar había autorizado que fueran hasta ocho plantas. Estos edificios, con carácter general, eran de un solo propietario que posteriormente los arrendaba a sus inquilinos[242]. Pero no en todos los casos la posesión de estas viviendas era objeto del contrato de *locatio conductio rerum*, aunque fuera lo habitual, sino que cuando los edificios pertenecían a más de un propietario, aunque el derecho romano lo definiera así, estaríamos ante evidentes supuestos de propiedad horizontal. Aquí ya se atisba que el origen de la propiedad horizontal está ligado a la falta de suelo.

Haciendo referencia a la *Lex Icilia de Aventino monte*, parece la constatación de un régimen de propiedad horizontal sobre dicho monte, habiendo sida propuesta por el Tribuno de la Plebe Lucio Icilio (de quien toma su nombre) en el año 456 a.C.[243]. Algunos autores ven en ello una manifestación de propiedad horizontal[244]. Sin embargo, otros consideran que la acreditación histórica es débil[245]. Se debería considerar una manifestación de la propiedad

---

242 IMPERIUM.ORG. https://www.imperivm.org/las-insulas-los-edificios-romanos-de-varios-pisos-de-altura/
En el ámbito literario, POSTEGUILLO GÓMEZ describe cómo los ciudadanos de clase media-alta vivían en las plantas más bajas de las *insulae*, siendo viviendas que contaban con una calidad digna, mientras que las personas más pobres vivían en las plantas altas del edificio, siendo la razón de ello que en caso de incendio tenían menos posibilidad de salvarse. Destaca que el propio Julio Cesar vivió en una de estas *insulae* en su juventud, de ahí que tuviera interés en su regulación. Estos edificios en gran parte de los casos eran propiedad de las clases más altas, que los arrendaban, incluso los arrendatarios lo subarrendaban. POSTEGUILLO GÓMEZ, S. *Los asesinos del emperador*, Planeta, Madrid, 2021, pág. 964.

243 PUENTE Y FRANCO, A. y DÍAZ, J.F. *Historia de las Leyes, Plebiscitos y Senadoconsultos más notables desde la fundación de Roma hasta Justiniano*. Editorial Vicente de Lalama. Madrid, 1840, pág. 66. «ICILIA DEL MONTE AVENTINO (Ley), Lex *Icilia de Aventino monte. La rogó el Tribuno Plebeyo Lucio Icilio el año 297 F.R., siendo Cónsules Marco Valerio Máximo y Espurio Virginio Triscoto. Permitió al pueblo edificar en el monte Aventino, dividiendo gratis entre los del mismo pueblo la parte no edificada ya con justo título y mandando destruir lo que clandestinamente o por fuerza se hubiera construido. Los Decenviros al formar el código de las Doce Tablas, no podían según una de sus cláusulas expresas de su encargo, derogar esta ni las demás leyes llamadas sagradas*».

244 FUENTES LOJO, J.V. *Novísima Suma de la Propiedad Horizontal*. Tomo I. Bosch, Barcelona, 1998, pág. 7. «*Cítense en apoyo de la existencia de la institución, entre otros, una referencia de Dionisio de Halicarnaso a propósito de la Lex Icilia del Aventino Publicando*».

245 BENDERSKY, M. *Introducción al estudio de la propiedad horizontal*, Universidad de Buenos Aires, Buenos Aires, 1964, pág.17. Señala este autor que considerar a la «Lex Icilia de Aventino monte como una manifestación de la propiedad horizontal *"... no tiene más que un débil apoyo en un texto de Dionisio (X, 32), del que no podemos sacar conclusiones a este respecto"*».

horizontal, por cuanto que, si consideramos que su característica principal es la coexistencia de elementos privativos de cada condueño, con otros comunes que pertenecen a todos, es evidente que en la descripción de PAPINIANO y ULPIANO se dan dichas características plenamente. Quizás no sea propiedad horizontal tal y como la conocemos ahora, pero sí tiene rasgos que permiten señalar una forma de propiedad que supera la copropiedad ordinaria. Ya DIONISIO DE HALICARNASO[246] se refería a que, una vez que se aprobó la Ley Licia del Monte Aventino, varias personas construían en común una casa, para repartírsela posteriormente en pisos en diferentes alturas.

De hecho, BENDERSKY[247], citando a ABEY en relación con las provincias orientales del Bajo Imperio Romano, reconoce que la división horizontal de las casas también se extiende por estas provincias. Reconoce que se deduce la existencia de la propiedad horizontal en Palestina por la lectura de los edictos de los prefectos de la ciudad de Cesárea, y a través de allí se traslada a Egipto y posteriormente al oriente mediterráneo. También considera que el derecho musulmán conoció y reguló la propiedad horizontal.

En relación con la Edad Media, parece que la propiedad horizontal tuvo cabida como consecuencia de la dificultad de encontrar vivienda dentro del recinto amurallada, que se ve agravada por el hecho de las constantes guerras existentes en la época, lo que derivaba en la necesidad de la población de buscar refugio en las ciudades, siendo difícil hallar «habitaciones completamente independientes dentro de los recintos amurallados», habiendo escasez de suelo[248].

Desde el siglo XII se reconoce «en las ciudades alemanas el derecho de albergue y la propiedad por pisos con variada nomenclatura»[249].

Tras la situación bélica, se produce la paz entre los antiguos combatientes, lo que sin duda promueve el comercio y la estabilidad en las ciudades, se promoverán las ordenanzas medievales *«que tratan de esta propiedad»,* lo que sin duda a nuestro juicio parece la consolidación, siquiera remota, de la institución de la propiedad horizontal en Europa[250]:

---

246 DIONISIO DE HALICARNASO. *Historia antigua de Roma*. Libros X, XI y fragmentos de los libros XII-XX. Libro X, 32, 5, Gredos, Barcelona, 1988.

247 BENDERSKY, M. *Introducción al estudio de la propiedad horizontal*, Universidad de Buenos Aires, Buenos Aires, 1964, págs.17-18.

248 . VENTURA-TRAVESET Y GONZÁLEZ, A. *Derecho de propiedad horizontal*. Bosch, Barcelona, 2000. pág. 7. FUENTES LOJO, J.V. *Novísima Suma de la Propiedad Horizontal*. Tomo I. Bosch, Barcelona, 1998, pág. 9.

249 FUENTES LOJO, J.V. *Novísima Suma de la Propiedad Horizontal*. Tomo I. Bosch, Barcelona, 1998, pág. 9. *«Hebergsrecht, storckwerks, gesch, oss, gelass, etageneigentum»*.

250 En este sentido, VENTURA-TRAVESET Y GONZÁLEZ, A. *Derecho de propiedad horizontal*. Bosch, Barcelona, 2000, pág. 8; FUENTES LOJO, J.V. *Novísima Suma de la Propiedad Horizontal*. Tomo I. Bosch, Barcelona, 1998, pág. 9; CARANDE DE LARDONE, E.M., «Régimen de Propiedad Horizontal», en Revista Notarial. Colegio de Escribanos de la provincia de Córdoba, núm. 47, 1984, págs. 3-5.

A.- Francia[251]:

- Costumbre de Orleans: artículo 215 (posteriormente art. 257)[252].
- Costumbre de Auxerre: artículo 116.
- Costumbre de Berry.
- Costumbre de Bretaña: artículo 714.
- Costumbre de Clermont Ferrand: arts. 4 y 5.
- Costumbre de Montargis.
- Costumbre de Nivernais.
- Costumbre de Paris: artículo 205.

B.- Italia:

- Statuti de Milano o Estatuto de la ciudad de Milán.

El crecimiento en altura de Milán es consecuencia de estar rodeada de mar y montañas[253]. En Milán ya existían «verdaderas divisiones horizontales de edificios»[254]. A nuestro juicio esto ya evidencia la necesidad de establecimiento de normas que regulen las relaciones entre los distintos propietarios de un edificio.

C.- Bélgica:

- Estatuto de la ciudad de Bruselas.
- Costumbres antiquísimas de la ciudad de Bruselas.

Se produce aquí una evolución cada vez más compleja de la copropiedad, que se va acercando cada vez más a lo que hoy se conoce como propiedad horizontal, que no deja de ser una forma más compleja y organizada que la simple copropiedad.[255]

---

251 Julliot hace un estudio completo sobre cada precepto relativo a PH contenido en las ordenanzas medievales francesas cuitadas, en su obra «*La división des maisons*».

252 DELALANDE. *Coutume D´Orleans commentée par Monsieur Delalande. Imprimeur ordinaire du Roi à la Couronne d´or. Orleans*. 1704. págs. 525-527. «Una casa está dividida de tal manera que una tiene la parte inferior y la otra, la inferior que tiene la parte inferior, puede mantener y mantener los edificios, estando detrás del primer piso juntos el primer piso y que quien tiene la ventaja debe sostener y mantener el techo y otros edificios que están debajo de él hasta dicho primer piso juntos, los carlis de este piso si no hay acuerdo en contrario y se harán y mantendrán a expensas comunes, el pavimento se encuentra frente a dichas casas».

253 ORTEGA MARQUEZ, T.E. *Análisis jurídico de la constitución de la propiedad horizontal,* Universidad de Cuenca, 2018, pág. 18.

254 BENDERSKY, M. *Introducción al estudio de la propiedad horizontal*, Universidad de Buenos Aires, Buenos Aires, 1964, pág.19.

255 En idéntico sentido, BERDENSKY manifiesta la posibilidad de que un edificio pertenezca a distintos propietarios, sin que ello suponga una comunidad simple. BENDERSKY, M. *Intro-*

Es en el derecho medieval italiano donde se encuentran los antecedentes del proceso monitorio que se introdujo en España a través de la reforma de la LPH de 1.999, mediante la introducción del llamado juicio especial de reclamación a morosos en el artículo 21 LPH, y que posteriormente, tras la reforma de le LEC de 2.000, se incorporó a nuestro derecho como procedimiento monitorio.

Como señalan LUNA SALAS y NISIMBLAT MURILLO, Se buscaba un procedimiento ágil que facilitara la reclamación en el tráfico mercantil por lo que, en el siglo XIII surge el *Preceptum o mandatum de solvento cum clausula instificativa*[256]. Respecto de su regulación, en los contratos que contenían esta cláusula, si el deudor una vez llamado a juicio no comparecía o no se oponía a la reclamación formulada por el acreedor, los contratos con la cláusula citada se convertían en auténticos títulos ejecutivos. Si, por el contrario, comparecían y se oponían, el procedimiento se convertía en un auténtico juicio ordinario[257]. El paralelismo con el actual proceso monitorio es completo.

Se puede hacer referencia a la primera sentencia dictada en relación con la propiedad horizontal, concretamente la sentencia dictada en París en 1672, con el siguiente tenor: «Cuando un edificio es poseído por dos propietarios distintos, de los cuales uno es de la parte baja y el otro de la de arriba, cada uno puede hacer lo que le plazca en la porción suya, siempre que con su actitud no se ocasionen perjuicios e inconvenientes, bien en la comodidad, bien en la solidez del edificio». Vemos aquí rasgos de la moderna configuración de la institución de la propiedad horizontal, concretamente nos recuerda al artículo 7.1 LPH. Es un pronunciamiento judicial relativo a relaciones propias de condueños en el ámbito de la propiedad horizontal[258].

Ya en la edad moderna, el fenómeno de la propiedad horizontal fue extendiéndose en las diversas legislaciones, teniendo especial relevancia, el artículo 664 del Código Napoleónico[259], que sirve de inspiración para otros

ducción al estudio de la propiedad horizontal, Universidad de Buenos Aires, Buenos Aires, 1964, pág.19.

256 LUNA SALAS, F., & NISIMBLAT MURILLO, N., (2017). «El Proceso Monitorio. Una innovación judicial para el ejercicio de derechos crediticios», en *Revista Jurídica Mario Alario D'Filippo*, IX, núm. 17, 2017, págs.154-168.

257 SALGADO MEJÍA, R.A. y VELASQUEZ MONCADA, C.A., «Procedimiento monitorio hondureño desde el derecho procesal comparado europeo. Garantía constitucional del derecho a la defensa», en *Revista Portal de la Ciencia*, núm. 15, 2013, págs. 67-70.

258 DUTTI, A. https://www.monografias.com/trabajos93/derecho-propiedad-horizontal/derecho-propiedad-horizontal.shtml#iniciodela.

259 Artículo 664 del Código Napoleónico: Cuando los diferentes pisos de una casa pertenezcan a diferentes propietarios, si los títulos de propiedad no regulan la modalidad de reparaciones y reconstrucciones, se deberán realizar de la siguiente manera: Los grandes muros y el techo son responsabilidad de todos los propietarios, cada uno en proporción al valor del piso que le pertenece. El dueño de cada piso hace el piso sobre el que camina. El

preceptos como el artículo 515 del Código de Neuchatel, artículo 451 del de Vaud, artículo 487 del de Friburgo, artículo 2235 del portugués de 1868, artículos. 562 a 564 del italiano de 1865, artículo 396 del CC del español de 1889, artículos. 799 y 800 del chino de 1929, artículo 1117 del griego, y artículo 208 del japonés de 1898. El citado artículo 664 del Código Napoleónico se encuentra inspirado en el artículo 257 de la Costumbre de Orleans, a la que se ha hecho referencia anteriormente.

Se pueden clasificar las legislaciones de la época en virtud de su posición ante la propiedad horizontal[260]:

A.- *Legislaciones que la rechazan*: en ellas incluye a Austria, Alemania y Suiza (aunque señala que hay Cantones y Estados en los que se admite)[261].

La propiedad horizontal fue expresamente prohibida en estos países: «CC alemán (art. 1014), en el suizo de 1907 por influencia del BGB alemán de 1900 (art. 675) o en el argentino (art. 2617)».

B.- Legislaciones que la admitieron: además de los países a los que ya se ha hecho referencia anteriormente como inspirados por el Código Napoleónico, entre los que se incluye España y obviamente Francia, hay que añadir Italia, Ecuador, Honduras, México, Panamá o la región canadiense de Quebec. También la admiten la legislación inglesa y norteamericana.

C.- Legislaciones que no hacen referencia a la propiedad horizontal.

Tras la primera guerra mundial, las condiciones de crisis de habitabilidad consecuencia de la guerra, derivada de una gran destrucción de hogares, así como el incremento de los precios en el sector de la construcción consecuencia directa de la carencia de viviendas y altos costes de materiales, hizo que se optara por la solución de la propiedad por pisos[262]. Esto, obviamente, tuvo su lógica y generalizada plasmación legislativa.

No sólo en Alemania surgieron opiniones a favor de la regulación de la propiedad horizontal, sino que, «se extendió a los territorios austriacos anexio-

---

dueño del primer piso hace la escalera que conduce a él, el dueño del segundo piso hace, desde el primero, la escalera que conduce a su casa y así sucesivamente».

260 VENTURA-TRAVESET Y GONZÁLEZ, A. *Derecho de propiedad horizontal*. Bosch, Barcelona, 2000. pág. 10.

261 FUENTES LOJO considera que estos países justifican el rechazo por distintos motivos como:
1.- «Evitar romper la unidad hipotecaria que el edificio entero constituye».
2.- Porque consideraban que la propiedad horizontal paraliza «la circulación de la propiedad».
3.- Desapareció la necesidad que en otras épocas se había tenido de la propiedad horizontal.
FUENTES LOJO, J.V. *Novísima Suma de la Propiedad Horizontal*. Tomo I. Bosch, Barcelona, 1998, pág. 10.

262 FUENTES LOJO, J.V. *Novísima Suma de la Propiedad Horizontal*. Tomo I. Bosch, Barcelona, 1998, pág. 10.

nados a Italia» las citadas opiniones a favor de su regulación[263]. Debe tenerse en cuenta las leyes especiales que al respecto se aprobaron, tales como en Bélgica mediante Ley de 8 de junio de 1924 y Rumanía en 1927. Igualmente, en Italia mediante Decreto Real de 15 de enero de 1934, Bulgaria mediante la Ley de 15 de febrero de 1933, Francia mediante Ley de 28 de junio de 1938, Brasil mediante Decreto de 25 de junio de 1928 y Chile mediante Ley de 11 de agosto de 1937[264]. De hecho, en Alemania, tras la segunda guerra mundial se aprobó en 1951 una Ley de Propiedad Horizontal[265].

Previamente, en Uruguay se había aprobado la Ley especial el 25 de junio de 1946 y en Perú se dictó la Ley de 1 de diciembre de 1946. El fenómeno de la regulación de la propiedad horizontal se extiende claramente por todos los países, llegando a aprobarse leyes especiales en Argentina con la Ley 13.512 de 13 de octubre de 1.948, en Venezuela el 15 de septiembre de 1958 y en Colombia la Ley 182 de 1985.

Ahora mismo casi todos los países cuentan ya con una regulación de la propiedad horizontal, ya sea a través de leyes especiales, ya sea a través de reformas introducidas en sus Códigos Civiles. A nuestro juicio, la institución de la propiedad horizontal es una realidad asentada y con una evidente perspectiva de futuro.

Existen dos formas históricas de regulación de la propiedad horizontal, bien a través de su inclusión en el Código civil, bien a través de una ley especial. En España, sin embargo, la solución finalmente adoptada es mixta, por cuanto que por un lado se regula la propiedad horizontal en el Código civil, especialmente a través del artículo 396 CC; por otro lado, a través de una ley específica como es la Ley 49/1960, de 21 de julio, de Propiedad Horizontal. Todo ello, salvo en Cataluña donde sí se regula dentro de su propio Código civil.

---

263 Fuentes Lojo, J.V. *Novísima Suma de la Propiedad Horizontal*. Tomo I. Bosch, Barcelona, 1998, pág. 10. «Hasta en Alemania, típicamente prohibicionista, se alzaron en pro, voces tan autorizadas como las de Krüchman, Mayer y Hugenberg».
Ventura-Traveset y González, A. *Derecho de propiedad horizontal*. Bosch, Barcelona, 2000, pág. 8.

264 Carande de Lardone, E.M., «Régimen de Propiedad Horizontal», en *Revista Notarial. Colegio de Escribanos de la provincia de Córdoba*, núm. 47, 1984, págs. 3-5. Según Carande, con el Decreto de 25 de junio de 1928 de Brasil, se da inicio a la regulación legal de la propiedad horizontal en América.

265 Wacke tacha de tardía a esta Ley en comparación con otros países. Wacke, A. Revista chilena de derecho. Versión On-line ISSN 0718-3437. Rev. chile. derecho vol.40 no.2 Santiago ago. 2013. http://dx.doi.org/10.4067/S0718-34372013000200015.

2. Evolución histórico-legislativa de la propiedad horizontal en España

2.1. Edad media

En la Edad Media ya existía en España destellos de la Propiedad Horizontal, concretamente, en el Fuero Juzgo y en los Fueros Viejos. En las Siete Partidos del Rey Alfonso X el Sabio, ya se señalaba la posibilidad de copropiedad de un edificio por diversos dueños, estableciéndose unas reglas de conservación de este, más allá de la simple copropiedad. (Partida III, Título XXXII, Ley 26).

2.2. Proyecto de Código Civil de 1851

El primer intento de regulación legal de la propiedad horizontal en España se produce a través del artículo 521 del proyecto de Código Civil de 1851, conocido como el proyecto García-Goyena. En el mismo se regulaba un sistema de contribución a los gastos para el adecuado sostenimiento del edificio por parte de los copropietarios de este.

Este proyecto ya proponía la existencia de elementos comunes del edificio distinto de los privativos «las paredes maestras, el tejado y las demás cosas de uso común estarán a cargo de todos los propietarios, en proporción al valor de su piso». Respecto de los llamados gastos de escalera serán pagados desde el piso primero a prorrata de todos los propietarios con excepción del bajo, desde el piso segundo por todos los propietarios a prorrata con excepción del primero y bajo, y así sucesivamente hasta llegar al último piso. Su fundamento es que el propietario del último piso utilizará más la escalera que el del primero, y por supuesto, el del bajo no usará la escalera. La regulación se realiza en un contexto histórico en el que no hay garajes bajo superficie, ni ascensores.

De este proyecto se desprende la regulación de la propiedad horizontal que propone Escriche[266]. El artículo 521 del Proyecto del Código Civil de 1851 es casi una copia exacta del artículo 664 del Código Civil Napoleónico de 1804.

2.3. Ley Hipotecaria de 1861

En el ámbito del derecho registral se considera que el proyecto de Código Civil de 1851 es el auténtico punto de partida de la Ley Hipotecaria de 8 de

266 Escriche, J., *Diccionario razonado de legislación y jurisprudencia*, Librería de Rosa, Bouret y Cia., París, 1854.

febrero de 1861[267]. Esta norma, no obstante, en principio no manifiesta una especial relevancia en cuanto a la relación entre la propiedad horizontal y el Registro de la Propiedad. El artículo 8 de la Ley Hipotecaria de 1861 tan solo hace referencia a la inscripción de fincas, y no se refiere a ellas como edificios susceptibles de división Horizontal, con elementos comunes y privativos. Del mismo modo, el artículo 106.1 de la Ley Hipotecaria de 1861 tampoco hace referencia a los edificios en régimen de propiedad horizontal al describir los bienes objeto de hipoteca, haciendo una referencia genérica a «los bienes inmuebles». A mi juicio, esto es así porque el Artículo 521 del proyecto de Código Civil de 1851 no llegó a ser aprobado.

No obstante, la reforma de la Ley Hipotecaria de 1869 añadió la posibilidad de inscribir bajo un solo número todo edificio, aunque pertenezca en por pisos a varios dueños.

2.4. Código Civil

En nuestro derecho positivo, la primera regulación que se realiza de la propiedad horizontal es mediante el artículo 396 CC, si bien el mismo, en su redacción original a través del Real Decreto de 24 de Julio de 1889 es copia literal del artículo 521 del proyecto de Código Civil de 1851., conocido como proyecto García Goyena. Contenía esta regulación tan sólo un sistema de contribución a los gastos de los elementos comunes del edificio, pero ya significaba un auténtico reconocimiento legal de la propiedad horizontal. En este momento, el legislador optó por regular la propiedad horizontal a través del Código Civil y no mediante una Ley especial.

2.5. Reforma de la Ley Hipotecaria mediante Real Decreto de 18 de diciembre de 1909

La promulgación del Código Civil genera una serie de consecuencias en el derecho positivo, debiendo destacarse en cuanto a materia registral se refiere, la aprobación de la Ley Hipotecaria mediante Real Decreto de 18 de diciembre de 1909. Esta Ley no fue realmente una nueva Ley Hipotecaria, sino que más bien se trataba de una reforma sustancial de la de 1861. Esta reforma resultó ser fundamental en cuanto a la relación entre el derecho registral inmobiliario y la propiedad horizontal. Concretamente, se reforma el n.º3 del artículo 8 que permite la inscripción de los edificios, aunque sus pisos pertenezcan a distintos propietarios con dominio pleno o menos pleno.

267 Saborido Sánchez, P., «La transmisión de la propiedad de los inmuebles y su publicidad. El Registro de la Propiedad», en *Lecciones de Derecho Inmobiliario Registral*, obra colectiva, coordinadoras: Rocío Diéguez Oliva y Paloma Saborido Sánchez, Tirant lo Blanch, Valencia, 2021, págs.

2.6. Reglamento Hipotecario de 1915

Esta posibilidad se reitera en el artículo 57.2 del Reglamento Hipotecario aprobado mediante Real Decreto de 6 de agosto de 1915. Se insiste en dicho precepto en la posibilidad de inscribir como una sola finca, sea propiedad de un solo dueño o de varios en comunidad, las fincas urbanas «aunque se hallen determinados los pisos».

2.7. Ley de 26 de octubre de 1939

Posteriormente, se promulga la Ley de 26 de octubre de 1939 sobre construcción, gravamen y régimen de viviendas de pisos o parte determinadas en la que en su preámbulo ya adelanta la nota definitoria de la propiedad horizontal: «..., caso típico de propiedad privada singular, unida al condominio indivisible sobre los elementos comunes necesarios al debido aprovechamiento de cada una de sus partes».

Esta Ley regula por primera vez la propiedad horizontal, que va más allá de la mera distribución en la contribución al gasto común, aunque mantiene elementos que son extraños a la misma: el derecho de adquisición preferente de los condominios. En materia registral se produce la modificación del artículo 8 tercero de la Ley Hipotecaria de 1909, en el sentido de que no sólo se permite la inscripción del edificio, aunque pertenezca a varios propietarios, sino que se permite la inscripción, como fincas independientes, de los elementos privativos del edificio. Se permite la inscripción de los edificios ya terminados y también de aquellos cuya construcción haya comenzado o esté proyectada. Pero no sólo de los edificios sino también de sus elementos privativos que sean ya propiedad de distintos condueños, o esté previsto que en el futuro se vayan a trasmitir a más propietarios. En cuanto al derecho de propiedad se utiliza la misma expresión que en la Ley Hipotecaria de 1909: «dominio pleno o menos pleno». En la inscripción de los elementos privativos del edificio se debe hacer constar la característica propia de la propiedad horizontal antes referida: el hecho de ser propietario de un elemento privativo convierte a aquel en copropietario de los elementos comunes del edificio. Esta copropiedad es consecuencia inseparable de ser propietario de un elemento privativo, constituyendo una vinculación *ob rem* entre ambos, tal y como describe el último inciso del apartado tercero del artículo 8 de la Ley Hipotecaria de 1909. Esta vinculación se crea a partir de la referida Ley de 26 de octubre de 1939 sobre construcción, gravamen y régimen de viviendas de pisos o partes determinadas y se ha mantenido hasta la actualidad.

La reforma de la Ley Hipotecaria a través del artículo 3 de la Ley de 26 de octubre de 1939, se extiende también a los bienes susceptibles de ser hipotecados, añadiendo a los ya existentes, los elementos privativos del edificio terminado, comenzado o meramente proyectado. La hipoteca alcanzará a la parte alícuota de los elementos comunes del edificio mediante la introducción del n.º11 al artículo 107 de la Ley de Hipotecaria de 1909, con referencia expresa al artículo 396.I CC, en cuanto que este precepto describe dichos elementos con la enumeración ejemplificativa que realiza de los mismos.

Con la Ley de 26 de octubre de 1939 se introduce definitivamente la posibilidad de inscribir en el Registro de la Propiedad los elementos privativos del edificio como fincas independientes, así como constituir hipotecas que tengan como objeto los mismos. En ambos casos, teniendo en cuenta la vinculación *ob rem* respecto de los elementos privativos, de la parte alícuota de los elementos comunes. Se crea una vinculación directa entre el Derecho Inmobiliario Registral y la propiedad horizontal.

2.8. Reforma de la Ley Hipotecaria de 1944

Mediante la Ley de diciembre de 1944 se introducen «considerables reformas en el derecho hipotecario», pero lo realmente relevante en este epígrafe es que se autoriza a la publicación de una nueva Ley Hipotecaria, tal y como se refleja en la exposición de motivos del Decreto de 8 de febrero de 1946 por el que se aprueba la nueva redacción oficial de la Ley Hipotecaria.

2.9. Ley Hipotecaria de 1946

La Ley Hipotecaria de 1946 es la que se encuentra en vigor, si bien ha sido objeto de diversas modificaciones hasta la fecha.

En cuanto a su redacción original y en lo que respecta a la propiedad horizontal, resulta necesario acudir de nuevo a la regla tercera del artículo 8 LH. Su primer párrafo se mantiene igual que la regulación anterior, manteniendo la misma redacción que ya constaba en la Ley de 1939. Sin embargo, la del segundo párrafo varía, aunque no mucho, de la regulación anterior, aparte de unos cambios de naturaleza semántica. La nueva regulación se refiere en exclusiva a pisos cuya construcción se halle terminada o comenzada. Respecto a los proyectados, su regulación la difiere a un nuevo párrafo cuarto. Este párrafo señala que en la inscripción del solar o edificio, se hará constar los pisos proyectados.

Introduce la exigencia de reflejar en la inscripción de cada elemento privativo del edificio su valor, a fin de que sirva de referencia en relación con el valor total del inmueble. Este será el índice de referencia en relación con las obligaciones y beneficios por parte de los condueños. Es la primera aproximación a las cuotas de participación y su publicidad registral.

Por último, se establece como elemento esencial en la inscripción de cada elemento privativo del edificio, los pactos que «modifiquen el ejercicio o contenido de los derechos reales a que se refiere el artículo 396 CC». Consiste en que, en este sentido, este precepto establece que la propiedad de los elementos comunes se presume igual para todos los propietarios de elementos privativos, salvo pacto en contrario. También considera que deberá tomarse como referencia el valor de cada elemento privativo para la contribución a los gastos para el adecuado sostenimiento del inmueble, así como para determinar la mayoría necesaria para la adopción de acuerdos. En estos casos será así, salvo pacto en contrario. Estamos ante el precedente de los estatutos comunitarios, que al igual que éstos, para su eficacia frente a terceros exigen su inscripción en el Registro de la Propiedad.

Igualmente, será objeto de reforma el artículo 107.11 LH. En la redacción dada por la Ley Hipotecaria de 1946 desaparece la referencia al edificio como objeto susceptible de hipoteca y, considero que la referencia al mismo realizada en la Ley de 26 de octubre de 1939 se refiere a los edificios terminados, comenzados o meramente proyectados. Sin embargo, esta mención a los edificios desaparece en el texto original de la Ley Hipotecaria porque la posibilidad de inscribir el edificio entero se haya comprendido en la regla general del artículo 106.1 LH. Esta postura viene avalada por lo dispuesto en el artículo 218 RH, que permite «la constitución de una sola hipoteca sobre la totalidad de la finca». No obstante, este precepto será objeto de estudio más detallado en el capítulo 8. La nueva regulación del artículo 107.11 LH se centra en los elementos privativos del edificio, insistiendo en que la hipoteca se extienda a su parte alícuota de los elementos comunes.

El texto refundido de Ley Hipotecaria de 8 de febrero de 1946 pretendió armonizar las leyes de 1909 y 1944, así como establecer una nueva organización territorial y funcional la estructura registral en España.

2.10. Reglamento hipotecario de 1947

Esta nueva regulación colisionaba con la establecida en el Reglamento Hipotecario de 1915, por lo que fue necesario promulgar un nuevo Reglamento Hipotecario, el cual fue aprobado mediante Decreto de 14 de febrero de 1947, tal y como se describe en el preámbulo de esta norma.

Como se ha señalado anteriormente, el artículo 218 RH introduce la posibilidad de constituir una hipoteca sobre la totalidad del edificio, sin necesidad de distribuirla entre sus pisos.

2.11. Reforma del Reglamento Hipotecario de 1959

Mediante Decreto 393/1959, de 17 de marzo, por el que se modifican determinados artículos del Reglamento para la ejecución de la Ley Hipotecaria, se produce la reforma del artículo 16 RH, introduciendo la posibilidad de inscribir en el Registro de la Propiedad los derechos de vuelo y subedificación que se reserve el propietario original del edificio, en caso de que se produzca la transmisión total o parcial de su titularidad dominical. En la inscripción deberá hacerse constar las cuotas de participación que deberán asignarse a los nuevos elementos privativos, ya sea de forma expresa o mediante reglas para su concreta determinación. Igualmente deberá inscribirse las normas que regulan la comunidad resultante, en el caso de que se construyan nuevas plantas elevadas o bajo rasante.

2.12. Ley de Propiedad Horizontal de 1960

En lo que respecta a la relación entre el Registro de la Propiedad y la propiedad horizontal, además de la ya mencionada reforma de 1939, la regulación más importante es la que deriva de la Ley 49/1960, de 21 de julio, sobre propiedad horizontal. A partir de ella nuestro ordenamiento jurídico abandona la regulación de la propiedad horizontal a través de un solo precepto del Código Civil, el artículo 396 CC, para ser regulada de una forma más detallada a través de una Ley especial. Esta norma viene a reformar la regulación anterior e incluso introducir cuestiones tan esenciales como el título constitutivo y los estatutos.

La redacción original del artículo 2 LPH modificó el artículo 8 LH, dando una nueva redacción al apartado tercero y añadiendo los apartados cuarto y quinto al texto legal. De hecho, ésta va a ser la regulación definitiva de este precepto legal que se mantiene hasta la actualidad. Distingue la posibilidad de inscribir como una sola finca los edificios, ya sean de uno o varios propietarios. Además, podrán inscribirse los edificios en régimen de propiedad horizontal, concluidos o cuya construcción se halle comenzada.

Por último, también podrán inscribirse como una sola finca, los elementos privativos del edificio siempre que coste inscrito, con carácter previo, la constitución del régimen de propiedad horizontal.

A través del artículo 2.11 de la redacción original de la Ley de Propiedad Horizontal de 21 de julio de 1960 se modifica el artículo 107.11 LH, en el sentido de simplificar el mismo, haciendo referencia a la posibilidad de hipotecar los elementos privativos de la comunidad de propietarios, siempre que se hayan inscrito de conformidad con lo dispuesto en el artículo 8 LH. El contenido de los artículos 8 y 107.11 LH anteriormente analizados, corresponde con su actual redacción.

Mediante la redacción original del artículo 1 LPH se modifica el artículo 396 CC. Se elimina el derecho de adquisición preferente de los condueños, con lo que se establece uno de los caracteres esenciales de la propiedad horizontal que lo separa de la comunidad ordinaria. Mantiene la imposibilidad de enajenación, constitución de gravamen o embargo de la parte alícuota de los elementos comunes del edificio, si se pretendiera realizar de forma independiente de los elementos privativos de la comunidad, reforzándose así su vinculación *ob rem*.

2.13. Reformas más relevantes de la Ley de Propiedad Horizontal

2.13.1. Ley de 6 de abril de 1999, de Reforma de la Ley de Propiedad Horizontal

El artículo 1 LPH será igualmente objeto de reforma mediante la Disposición Adicional única de la Ley 8/1999, de 6 de abril, de Reforma de la Ley 49/1960, de 21 de julio, sobre Propiedad Horizontal.

Esta reforma mantiene la interdicción de los derechos de tanteo y de retracto, así como la prohibición de enajenación, gravamen y embargo de elementos comunitarios de forma independiente de los privativos a los que pertenecen. El número 2 de la disposición adicional única ratifica expresamente las reformas analizadas de los artículos 8 y 107.11 LH, así como del artículo 396 CC a través de la Ley 49/1960, de 21 de julio, sobre propiedad horizontal.

Esta última norma supone el punto de partida de una regulación más precisa de la propiedad horizontal. Los objetivos loables de esta norma son dos: restringir la tiranía de la unanimidad en determinados acuerdos y la lucha contra la morosidad, tal y como se refleja en su exposición de motivos.

2.13.2. Ley 8/2013, de 26 de junio, de rehabilitación, regeneración y renovación urbanas

Se reforma la Ley de Propiedad Horizontal a través de su Disposición final primera. Se amplía su ámbito subjetivo, añadiéndose:

a) Subcomunidades: ya venían siendo aceptadas jurisprudencialmente, sin embargo, ahora se las reconoce legalmente.
b) Entidades urbanísticas de conservación: en aquellos supuestos en que los estatutos comunitarios acuerden su sumisión al derecho privado.

Se introducen los objetivos de eficiencia energética y accesibilidad universal.

2.13.3. Ley 10/2022, de 14 de junio, de medidas urgentes para impulsar la actividad de rehabilitación edificatoria en el contexto del Plan de Recuperación, Transformación y Resiliencia

Esta norma relajo los requisitos para la válida adopción de acuerdos que mejoren la eficiencia energética de los edificios, introdujo la posibilidad de que las comunidades de propietarios aprobaran medidas disuasorias de carácter convencional frene a la morosidad y modificó la tramitación del procedimiento monitorio para la reclamación de deudas comunitarias. Posteriormente,

2.13.4. Real Decreto-ley 6/2023, de 19 de diciembre, por el que se aprueban medidas urgentes para la ejecución del Plan de Recuperación, Transformación y Resiliencia en materia de servicio público de justicia, función pública, régimen local y mecenazgo

Se regula el procedimiento a seguir en acciones relativas a la propiedad horizontal que versen solo sobre reclamación de cantidad, que ya no tramitará en función de su cuantía, sino que siempre se hará por los trámites del juicio verbal.

2.13.5. Real Decreto-ley 8/2023, de 27 de diciembre, por el que se adoptan medidas para afrontar las consecuencias económicas y sociales derivadas de los conflictos en Ucrania y Oriente Próximo, así como para paliar los efectos de la sequía

Se relajan más los requisitos para la aprobación de acuerdos relativos a la eficiencia energética de los edificios.

2.13.6. Ley Orgánica 1/2025, de 2 de enero, de medidas en materia de eficiencia del Servicio Público de Justicia

Se modifica la regulación de la relación entre pisos turísticos y propiedad horizontal. Ya no sólo se pueden prohibir, sino que precisan autorización expresa de la comunidad de propietarios por acuerdo adoptado por la doble mayoría de tres quintas partes. Se añade el artículo 7.3 LPH que amplía el objeto de la acción de cesación a aquellos supuestos en que el propietario u ocupante ejerce el arrendamiento turístico sin la autorización de la junta de propietarios.

2.14. Examen evolutivo de aspectos concretos de la propiedad horizontal relacionados con el Registro de la Propiedad

2.14.1. Regulación de elementos comunes y privativos.

En primer lugar, el artículo 3 LPH contiene la esencia misma de lo que significa la propiedad horizontal: por el hecho de ser propietario de un elemento privativo del edificio, se es copropietario de la parte alícuota de los elementos comunes. Esa parte proporcional de los elementos comunes, que sirve de «módulo para determinar la participación en las cargas y beneficios» comunitarios debe constar en el título constitutivo del edificio y será objeto de inscripción en el Registro de la Propiedad. La redacción original se ha visto ligeramente modificada por la Ley 8/2013, de 26 de junio, de rehabilitación, regeneración y renovación urbanas, que elimina la referencia al dueño del elemento privativo, señalando que el régimen de propiedad horizontal corresponde a cada piso o local. Introduce la posibilidad de variación de cuotas de forma distinta a la unanimidad, haciendo referencia al artículo 10 LPH (obras obligatorias) y al artículo 17 LPH (obras voluntarias).

2.14.2. Elementos procomunales

Esta Ley, a través de su artículo 4, que mantiene su regulación original, establece que un elemento común pueda pertenecer a todos los copropietarios, es decir, lo que se denomina elemento procomunal. No es una tercera clase de los elementos integrantes de la propiedad horizontal, distintos a los comunes o privativos, sino que hace referencia a los elementos comunes por destino. Se introdujo en nuestro derecho positivo a través de la Ley 49/1960, de 21 de julio, sobre propiedad horizontal.

2.14.3. Título constitutivo y estatutos

Se puede realizar la misma consideración que en el apartado anterior, respecto del artículo 5 LPH, el cual es un precepto de gran importancia en cuanto que regula dos aspectos fundamentales:

a) El título constitutivo de la propiedad horizontal, el cual será objeto de inscripción registral.

b) Los Estatutos comunitarios que sólo perjudicarán a terceros si se inscriben en el Registro de la Propiedad.

No obstante, debe tenerse en cuenta que tras la reforma del artículo 2.b) LPH a través de la Ley 8/1999, de 6 de abril, de Reforma de la Ley 49/1960, de 21 de julio, sobre Propiedad Horizontal, es posible la existencia de comunidades de propietarios que no hayan otorgado el título constitutivo siempre que «reúnan los requisitos establecidos en el artículo 396 CC».

2.14.4. Extinción del régimen de la propiedad horizontal

Se debe hacer referencia a la inclusión de la regulación relativa a la extinción del régimen de propiedad horizontal, que llevará a la cancelación total o parcial de la inscripción.

Se introduce mediante el original artículo 21 LPH en su regulación de 1960, posteriormente regulado en el artículo 23 LPH, tras la reforma realizada a través del artículo 19 de la Ley 8/1999, de 6 de abril de Reforma de la Ley 49/1960, de 21 de julio, sobre Propiedad Horizontal, si bien la redacción permanece inalterada.

2.14.5. Derecho de vuelo y subedificación

El derecho de vuelo y subedificación, como ya se ha señalado, se regula en el artículo 16 RH, siendo su redacción original introducida mediante el Decreto 393/1959, de 17 de marzo, por el que se modifican determinados artículos del Reglamento para la ejecución de la Ley Hipotecaria. La misma es objeto de reforma a través del Real Decreto 1867/1998, de 4 de septiembre, por el que se modifica determinados artículos del Reglamento Hipotecario. La redacción original del precepto señalaba como contenido obligatorio de la inscripción: las nuevas cuotas que se asignarán a las plantas que se construyan y las normas del régimen de comunidad. Con la reforma se aumenta su contenido preceptivo, añadiéndose la obligación de determinar el «número máximo de plantas a construir» y el plazo máximo por el ejercicio del derecho. En todo caso, éste no podía exceder de diez años.

La STS núm. 1407/2000, de 26 de febrero (ECLI:ES:TS:2000:1407) anula el artículo 16.2.c) RH, que limita «el plazo máximo para el ejercicio del derecho de vuelo» y establece la necesidad de inscribir el mismo. Considera el tribunal que vulnera lo dispuesto en el artículo 1 LH, ya que este precepto «no establece limitación alguna». Del mismo modo, la STS núm. 571/2001, de 31 de enero (ECLI:ES:TS:2001:571) declara nulo de pleno derecho el artículo 16.2.b) RH, en la redacción de este dada por el artículo 1 del Real Decreto 1867/1998, de 4 de septiembre, mediante el que se modifican determinados artículos del Reglamento Hipotecario. Por lo tanto, se declara nula de pleno derecho la obligación de inscribir obligatoriamente en el Registros de la Propiedad «la determinación concreta del número máximo de plantas a construir». Esta sentencia considera que si bien es cierto que la regulación contenida en el artículo 16.2.c) RH vulnera la falta de limitación contenida en el artículo 1LH, además, este precepto y el artículo 16.2.b) y c), contienen requisitos de inscripción que sólo pueden ser establecidos por el ordenamiento jurídico urbanístico.

2.14.6. Diligenciado del libro de actas

Al estar ante un relato de antecedentes históricos baste señalar en este momento que esta obligación se regula en el artículo 415 RH, el cual fue introducido en nuestra legislación a través del artículo 1.9 del Real Decreto 368/1992, de 13 de noviembre, por el que se modifican determinados artículos del Reglamento Hipotecario y del Reglamento Notarial bajo el epígrafe «Diligencia de los libros de actas de la junta de propietarios». Su regulación se mantiene inalterada hasta la actualidad y será objeto de análisis en su epígrafe correspondiente.

3. Aspectos generales de la propiedad horizontal en España

3.1. Regulación básica de la propiedad horizontal

En términos generales, la propiedad horizontal está regulada por el artículo 396 CC y de la Ley de Propiedad Horizontal. Su regulación mediante esta norma específica data del año 1960, ya que, como ya se ha señalado, con anterioridad estaba regulada sólo por el Código civil, concretamente de forma general a través de los artículos que regulan la comunidad de bienes, pero muy especialmente a través del artículo 396 CC. En realidad, la Ley de Propiedad Horizontal no ha derogado dicho artículo, sino que ha sido objeto de sucesivas reformas, al principio directamente mediante el artículo 396 CC y posteriormente a través de la Ley de Propiedad Horizontal y sus reformas, hasta llegar a su redacción actual.

La Ley de Propiedad Horizontal es una norma que está compuesta de un articulado escaso, por lo que su regulación ha gozado siempre de bastante generalidad y, por tanto, adolece de poca concreción casuística.

La redacción originaria de la Ley constaba de veintiún artículos.

Esta Ley actualmente sigue en vigor, y si bien la misma ha sido retocada en diversas ocasiones, sufrió una total transformación mediante la Ley 8/1999 de 6 de abril. Actualmente, y tras las sucesivas reformas de la LPH, la misma cuenta con veintiún artículos igualmente, puesto que, aunque se han añadido tres más, del 22 al 24, también la Ley 8/2013 ha derogado otros tres: los artículos 8, 11, y 12; por lo que siguen siendo veintiuno los artículos en vigor de la ley.

Todo lo anterior tiene una indudable trascendencia práctica, puesto que nos aboca sin remedio a una regulación genérica desde un punto de vista legal, cuya casuística debe ser resuelta sin duda, en sede judicial, a través de la jurisprudencia, entendida en un sentido amplio. Entendiendo como tal, no sólo la que describe el Código Civil como fuente del derecho, al referirse el artículo 1.6 CC a la doctrina constante y reiterada el Tribunal Supremo, siendo este tribunal quien en muchas ocasiones ha fijado doctrina en el ámbito de la Propiedad Horizontal. Dentro de este concepto amplio de jurisprudencia, debemos tener en cuenta también a la doctrina que se conforma a través del análisis de la denominada jurisprudencia menor, conformada por las sentencias de las Audiencias provinciales, las cuales, incluso, en muchas ocasiones, fruto de la independencia judicial consagrada constitucionalmente, ofrecen pronunciamientos contradictorios. Por ello, cuando se cumplan los requisitos que establece la Ley de Enjuiciamiento Civil, dará lugar al acceso a la casación ante el Tribunal Supremo, pues es un terreno propicio para la interposición de recurso con *interés casacional*, tal y como se desprende de muchas de las sentencias del Tribunal Supremo[268].

268 En este sentido, STS, Sala 1.ª de lo Civil, 242/2020, de 3 de junio. ECLI:ES:TS:2020:1564. Esta sentencia fija doctrina sobre el plazo de prescripción de las acciones para exigir el cumplimiento de la obligación de pago a la que se refiere el art. 9.1.e) LPH.

Por lo tanto, una característica fundamental a destacar del derecho de propiedad horizontal es que, si bien es cierto que está amparado por una norma legal como es la Ley de Propiedad Horizontal, algo de lo que no puede prescindirse al tratarse de una regulación propia de un Estado de Derecho, sometido al imperio de la ley, no es menos cierto que su construcción práctica y casuística, deriva de las sentencias que en el día a día de práctica judicial son dictadas por los Juzgados y Tribunales de toda España, le confiere, sin duda, otro carácter fundamental de este sector del derecho, que es el dinamismo. Por supuesto, sin olvidar la importante aportación que realiza la doctrina científica, ya que en muchos casos es vanguardia de lo que posteriormente resulta plasmado a nivel legal, incluso impregna el sentido también de las interpretaciones que se realizan en sede judicial.

Y todo ello resulta trascendente en la práctica diaria, puesto que la propiedad horizontal, por la distribución geográfica y la tipología de nuestras ciudades, afecta a la mayoría de la población española.

A tales efectos, procede analizar datos estadísticos relevantes provenientes de una fuente pública y oficial, como es el INE.

3.2. Datos de la propiedad horizontal en España

Conforme a los datos del censo de población a 1 de enero de 2020, España contaba con 47.431.256 habitantes, lo que supone un incremento de 615.340 habitantes respecto del censo de 2011, en el que se contaba con 46.815.916 habitantes[269]. Igualmente, y conforme a la misma fuente, en España a fecha 2011, se contaba con 9.814.785 edificios[270].

De los 9.814.785 edificios, debe tenerse en cuenta que la gran mayoría de ellos, concretamente 7.806.281 son edificios de una o dos plantas (2.809.125 [una planta] + 4.997.156 [dos plantas]).

Continuando con los datos proporcionados por el INE, principalmente el Censo de población y viviendas de 2011, en comparación con el 2001[271], podemos ver cómo el número de hogares en España en el censo de 2011 era de 18.063.692, un 20,3 % más que en el año 2001.

269 Datos obtenidos de la página web del INE, referentes al Censo de población de 2020. Últimos datos de los que se dispone en la actualidad. https://www.ine.es/dyngs/INEbase/es/operacion.htm?c=Estadistica_C&cid=1254736177012&menu=ultiDatos&idp=1254734710990

270 Datos obtenidos de la página web del INE, referentes al Censo de población de 2011. https://www.ine.es/dynt3/inebase/index.htm?type=pcaxis&path=/t20/e244/edificios/p02/&file=pcaxis&L=0

271 INE. Censos de población y viviendas 2011. Datos detallados. Notas de prensa de 12 de diciembre de 2013. https://www.ine.es/dyngs/INEbase/es/operacion.htm?c=Estadistica_C&cid=1254736176992&menu=ultiDatos&idp=1254735572981

En cuanto al régimen de tenencia de sus moradores, el 38,9 % (7.026.578) lo eran en propiedad por compra, siendo esta íntegramente pagada; sin embargo, el 32,9 % (5.940.928) de los tenedores de viviendas lo eran en condición también de propietarios, pero con pagos pendientes, fundamentalmente préstamos garantizados con derecho real de hipoteca. Es evidente que la vivienda es un tema social en nuestra realidad actual[272]. Es de destacar que en comparación con el año 2001, se ha producido una disminución del 2,4 % de propietarios de viviendas totalmente pagadas y un incremento del 83,5 % de viviendas con pagos pendientes derivados de su compraventa, fundamentalmente en relación con créditos con garantía hipotecaria.

De estos datos se desprende cómo la mayoría de los edificios existentes en España son viviendas unifamiliares, pero eso no implica que no les afecten las normas propias de la Ley de Propiedad Horizontal, más bien al contrario, son de aplicación directa a este tipo de viviendas que de forma habitual se conforman en urbanizaciones privadas.

Por todo ello, conforman en su mayoría comunidades de propietarios, puesto que la realidad es que la mayoría de ellos, sobre todo en municipios de tamaño medio y grande, se constituyen en urbanizaciones de viviendas unifamiliares que, junto a los elementos privativos, también tienen elementos comunes, como suelen ser piscinas, jardines, columpios, sistemas de calefacción, etc.; viniendo a constituir lo que la doctrina y la jurisprudencia han venido a denominar propiedad tumbada.

En el ámbito doctrinal, esta denominación es recogida por la doctrina, quien manifiesta que, con anterioridad a la reforma de la Ley de Propiedad Horizontal de 1999, el «término más usado era el de urbanización» pero «no faltaban otras denominaciones, como propiedad horizontal tumbada»[273].

Con anterioridad a la reforma operada mediante la Ley 8/1999, de 6 de abril, en muchas ocasiones en los estatutos comunitarios y respecto a este

272 Perea González, A. «Diálogos para el futuro judicial XXXVII. Vivienda y perspectiva legislativa. Plan de choque de la Justicia». *Diario La Ley*, n.º 9993, 2022. «La cuestión jurídico social de la vivienda en España es un problema de primer orden y constante en las últimas décadas, tal y cómo han evidenciado las derivadas judiciales producidas tras la crisis de 2.008».

273 Aranda Rodríguez, R. «El régimen jurídico de los complejos inmobiliarios privados en la ley de propiedad horizontal», en *Revista de Derecho Patrimonial,* núm. 24/2010, parte doctrina, 2010, BIB 2010\135. «Así, se ha hablado de conjuntos inmobiliarios, como en el Anteproyecto de Ley; también de «propiedad horizontal tumbada» defendida por Sapena Tomás *y recogida en el RDGRN de 2.4.1980 (RJ 1980, 1604); otras veces se ha denominado urbanización privada».* Sánchez Hernández, A., «Comentario a la Sentencia de 5 de julio de 2010 (RJ 2010, 5701)», en *Revista Cuadernos Civitas de Jurisprudencia Civil,* núm. 86/2011, 2011, BIB 2011\860. *«Como el propio Tribunal Supremo señala, estamos ante una Comunidad de propietarios que no se ajusta al modelo ordinario de propiedad horizontal de los edificios y tampoco responde al modelo tradicional de la llamada propiedad tumbada que se da en las urbanizaciones de chalets, sin bloques de pisos, donde lo común es que corresponda a cada chalet el suelo y vuelo que ocupa junto con la participación en los elementos comunes (zonas de recreo, viales, etc.)».*

tipo de urbanizaciones se hacía constar que se regían por el texto refundido de la Ley sobre el Régimen del Suelo y Ordenación Urbana y por la Ley de Propiedad Horizontal de 21 de julio de 1960, en lo que esta resultara aplicable. Pero la realidad es que los Tribunales aplicaban directamente la Ley de Propiedad Horizontal.[274]

Ya la STS de 26 de enero de 1999[275] hacía referencia a lo que denominaba urbanizaciones tumbadas, destacando su analogía con el régimen jurídico de la propiedad horizontal. En este sentido, las SSTS de 15 de abril de 2004, 19 de julio de 2006 y 5 de julio de 2010[276]. Igualmente, en el mismo sentido,

274 Ejemplo de modelo tipo de los estatutos de la época: «Se establecen como Normas de Comunidad, que habrán de regir las relaciones entre propietarios de los distintos predios susceptibles de aprovechamiento independiente, surgidos de la división en régimen de propiedad horizontal, siendo no obstante, e aplicación la Ley 21 de Julio de 1960, con carácter supletorio, en cuanto no sea derecho necesario: ARTÍCULO 1.º- El conjunto de viviendas descrito, constituye una unidad urbanística, que se regirá por las disposiciones del vigente texto refundido de la Ley del Suelo, de 26 de Junio de 1992, Reglamento que los desarrollan, Ley de Propiedad Horizontal de 21 de Julio de 1.960, en cuanto sea aplicable al régimen de comunidad, y por los presentes estatutos». Este ejemplo en concreto ha sido extraído de estatutos comunitarios inscritos en el Registro de la Propiedad núm. 4 de Burgos.

275 STS, Sala Primera, de lo Civil, de 26 de enero de 1999, ECLI:ES:TS:1999:372.

276 STS, Sala Primera, de lo Civil, 311/2004, de 15 de abril, ECLI:ES:TS:2004:2488: «Se dice lo anterior porque la antedicha laguna legal lógicamente debe ser llenada teniendo en cuenta, entre otros datos, el devenir histórico legislativo, y por ello será preciso afirmar que la regulación en aquellos tiempos de dichas urbanizaciones-complejos inmobiliarios privados, hoy denominados en la doctrina científica de una manera coloquial de propiedad horizontal tumbada o plana – estuvieron ya regidos por las normas de la propiedad horizontal».

STS, Sala Primera, de lo Civil, de 19 de julio de 2006, ECLI:ES:TS:2006:4429: «Esta situación de hecho fue debidamente apreciada por la Audiencia, y correcta es la aplicación a la misma de los preceptos de la Ley de Propiedad Horizontal en la medida en que cabe reconocer en ella lo que en la doctrina -y en la jurisprudencia, recogiendo la expresión doctrinalmente acuñada- se ha denominado "propiedad horizontal tumbada, acostada o plana", expresión que se refiere a los complejos inmobiliarios que conforman las urbanizaciones privadas, que, si bien al tiempo en que tuvieron lugar los hechos se hallaban huérfanas de una específica regulación legal —lo que desde la reforma operada en la Ley de Propiedad Horizontal por la Ley 8/1999, de 6 de abril, ya no sucede, encontrándose regidas por el artículo 24 de la ley especial—, dicha orfandad normativa no pasaba de ser meramente nominal, pues, como se pone de manifiesto en la Sentencia de esta Sala de 7 de abril de 2003, ya desde la de fecha 28 de mayo de 1985 hasta las más recientes, como la de 15 de abril de 2004, se ha proclamado la aplicabilidad de la Ley de Propiedad Horizontal a estos conjuntos inmobiliarios y de suyo se han venido aplicando sus normas, primero mediante el recurso a la analogía (vid, entre otras, Sentencia de 20 de febrero de 1990), y después de forma directa (cfr. Sentencia de 30 de septiembre de 1997, citada por los recurrentes); siempre bajo la consideración de que es posible la existencia "de facto" de un régimen de propiedad horizontal, sin que el título constitutivo sea elemento sustancial para la existencia y funcionamiento de la comunidad, como tampoco su inscripción registral, carente de efectos constitutivos...».

STS, Sala Primera, de lo Civil, 446/2010, de 5 de julio, ECLI:ES:TS:2010:3537.«Tampoco responde al modelo tradicional de la llamada propiedad tumbada que se da en las urbanizadebe tenerse en cuenta las RRDGRN/DGSJFP de 3 de febrero de 2010, de 7 de abril de 2017 y 11 de julio de 2017[277].

Mayores dudas plantean las llamadas comunidades de cesionarios, formadas por titulares de concesión administrativa de plazas de aparcamiento, siendo la concedente una administración pública; y ello, por un periodo de tiempo determinado, transcurrido el cual, el uso revierte a dicha administración pública, quien en todo momento conserva su propiedad.

En todo caso serán usuarios por concesión de las plazas de aparcamiento, nunca propietarios, estando sometidos principalmente al régimen que resulte del pliego de condiciones que determine la administración[278].

En la práctica suelen funcionar como una auténtica comunidad de propietarios, aunque sin serlo, con lo que denominan estatutos que realmente no lo son, que no pasan de ser meros Reglamentos de régimen interior para regular el día a día de la concesión y sus gastos, puesto que la generalidad de los pliegos de condiciones establece la obligación de que los cesionarios paguen los gastos de mantenimiento del inmueble[279].

---

ciones de chalés, sin bloques de pisos, donde lo común es que corresponda a cada chalet el suelo y vuelo que ocupa junto con la participación en los elementos comunes (zonas de recreo, viales, etc.)».

277 RDGRN/DGSJFP, de 3 de febrero de 2010. (BOE de 5 de abril de 2010). «Tanto la doctrina científica como la de esta Dirección General (cfr. Resoluciones de 24 y 25 de junio de 1991 y 17 de julio de 1998) han admitido la situación denominada "prehorizontalidad", en la que, sin necesidad de hallarse terminados todos los elementos privativos, puede tener acceso al registro un régimen de propiedad horizontal. También la doctrina anteriormente citada ha admitido la situación de propiedad horizontal y de conjuntos urbanísticos en la que los distintos elementos privativos se construyen por fases».
RDGRN/DGSJFP, de 7 de abril de 2017. «Aunque la propia Ley utilice la expresión «pisos o locales», no hay duda de que el régimen de propiedad horizontal con frecuencia se establece también entre otro tipo de edificaciones que constituyen una unidad, aunque no sean propiamente edificaciones por pisos, como ocurre, por ejemplo, en las denominadas divisiones horizontales tumbadas. Además, las disposiciones de la Ley sobre propiedad horizontal son aplicables a situaciones ya existentes con anterioridad a su entrada en vigor (cfr. disposición transitoria primera de la Ley sobre propiedad horizontal)».
RDGRN/DGSJFP de11 de julio de 2017, BOE de 27 de julio de 2017.

278 Como manifiesta Concheiro del Río, en estos supuestos «el elemento privativo no tiene un carácter físico, sino jurídico, integrado por una cuota o porción ideal del propio derecho concesional resultante de la concesión misma». Concheiro del Río, J., «Propiedades horizontales atípicas (I)». *Artículo Monográfico Sepín*. 2004. SP/DOCT/1952.

279 En este sentido, Sabaté i Vidal, J.M. y Fuentes i Gasó, J.R. «Derecho público y derecho privado en las concesiones administrativas de dominio de los puertos y dársenas deportivas». *Actualidad Administrativa* n.° 5, mayo 2015. Editorial Wolters Kluwer. «Teniendo en cuenta que, como ya se ha expuesto anteriormente, las concesiones administrativas pueden tener acceso al Registro de la Propiedad, es habitual des de hace años que se aplique a la obra pública explotada en concesión o la construida al amparo de una concesión de dominio, y especialmente en el caso de los puertos deportivos, el régimen de propiedad horizontal de forma analógica. Así resulta entre otras de la Resolución de la Dirección

Aun así, en cuanto a sus relaciones internas están sometidos a la jurisdicción civil y no a la contencioso-administrativa, que estaría reservada exclusivamente a las disputas que pudieran surgir con la administración pública concedente[280].

En relación con la morosidad en la propiedad horizontal debe tenerse en cuenta el Estudio Global sobre la Morosidad en Comunidades de Propietarios 2017, elaborado por el Consejo General de los Colegios de Administradores de Fincas de España. que aporta una serie de datos de indudable trascendencia[281]:

> «A.- Estudio realizado tomando como base la estimación de 1.500.000 de Comunidades de propietarios.
>
> B.- El 38,43 % de las comunidades de propietarios contaban con al menos un propietario deudor.
>
> C.- El importe medio de deuda en cada comunidad alcanzaba 1.065€.
>
> D.- El 7 % de las Comunidades de Propietarios tenían pagos pendientes por parte de las entidades financieras, siendo estas deudoras de aquellas.
>
> E.- El año 2017 hubo una disminución de un 3,88 % de la morosidad dentro de las comunidades de propietarios.
>
> F.- En el mismo año hubo una disminución de la morosidad bancaria en las Comunidades de propietarios de un 4,13 %.
>
> G.- Del año 2013/2014 hubo un aumento de morosidad de 12 %, del 2014/2015 un aumento de 1 %, del 2015/2016 hubo una disminución del 8 % y del año 2016/2017 la disminución fue de 3,88 %».

De aquí que las principales modificaciones legislativas hayan tenido como objetivo la lucha contra la morosidad, como así expresamente se manifestaba en el preámbulo de la Ley 8/1999, de 6 de abril, de Reforma de la Ley 49/1960, de 21 de julio, sobre Propiedad Horizontal, estando también presente este objetivo en la Ley 8/2013, de 26 de junio, de rehabilitación, regeneración y renovación urbanas y la Ley 10/2022, de 14 de junio, de medidas urgentes para impulsar la actividad de rehabilitación edificatoria en el contexto del Plan de Recuperación, Transformación y Resiliencia.

General de los Registros y del Notariado de 9 de abril de 1992, régimen que buena parte de la doctrina considera plenamente aplicable a partir de la modificación de la Ley de propiedad horizontal operada por la Ley de 6 de abril de 1999».

280 En este sentido, SAP Burgos, Sec. 2.ª, 184/2007, de 2 de mayo. ECLI:ES:APBU:2007:753. «Es decir, lo que se regula es el uso de las plazas de garaje en las condiciones de la concesión. En consecuencia, no se atribuye una gestión independiente y autónoma a los cesionarios, sino unas normas internas de uso de los garajes; por lo que esos estatutos están más próximos a una normativa de régimen interno constitutivo de un estatuto privativo que no perjudicará a terceros si no ha sido inscrito en el Registro de la Propiedad, del art 5-3 LPH, que a una nueva comunidad dentro de una comunidad principal o supracomunidad».

281 CONSEJO GENERAL DE LOS COLEGIOS DE ADMINISTRADORES DE FINCAS DE ESPAÑA. Estudio Global sobre la Morosidad de las Comunidades de Propietarios de 2017., y publicado en Nota de Prensa en su página web el 6 de junio de 2018. https://www.cgcafe.org/wp-content/uploads/2018/06/comunicado-de-prensa-informe-morosidad-2017.pdf

CAPÍTULO V

CONSTITUCIÓN DE LA PROPIEDAD HORIZONTAL

1. Concepto de propiedad horizontal

La Propiedad horizontal es una propiedad especial, tal y como dispone el artículo 1.I LPH. Este mismo precepto remite su definición al artículo 396 CC. Esta redacción es fruto de la reforma de la Ley de Propiedad Horizontal realizada a través de la Ley 8/1999, de 6 de abril, de Reforma de la Ley 49/1960, de 21 de julio, sobre Propiedad Horizontal. Con anterioridad a esta reforma, el artículo 1 LPH se limitaba a transcribir los entonces vigentes artículos 396 y 400 CC.

La definición que se desprende del artículo 396 CC es que la propiedad horizontal es un tipo de propiedad especial, en la que el propietario de un elemento privativo es, por ello, además, copropietario de una parte alícuota de los elementos comunes del edificio. Se trata, por tanto, de una titularidad *ob rem*.

Esta Propiedad especial tiene una serie de características que le son propias y que la distinguen de la propiedad general u otro tipo de propiedades especiales:

a) Falta de personalidad jurídica de las comunidades de propietarios.

Siendo consciente de que una parte de la doctrina es partidaria de personalizar las comunidades de propietarios, la realidad es que no aportaría soluciones en cuanto a su regulación. Esta personificación desnaturalizaría la esencia propia de la propiedad horizontal, ya que debilitaría el contenido esencial de la propiedad sustrayendo a los condueños la posibilidad de conformar la voluntad comunitaria. De hecho, los ordenamientos que sí consideran personas jurídicas a las comunidades de propietarios, como el francés o el colombiano, configuran esta forma especial de propiedad de una manera muy distinta a la que lo hace el ordenamiento jurídico español. Nuestro ordenamiento jurídico no contempla, en términos generales, la posibilidad de existencia de un patrimonio comunitario distinto del de los copropietarios. Ello, sin perjuicio de que el artículo 22 LPH señala la obligación de la comunidad de responder con todos los fondos y créditos a su favor. Aunque esta tenga fondos para cumplir con su obligación de mantenimiento y conservación del edificio, en caso de que estos no sean suficientes para responder de las deudas comunitarias, responderán los copropietarios de forma subsidiaria. En ningún caso, por la comunidad de propietarios se podrá solicitar su declaración concursal, como sí ocurre en la regulación que de la propiedad horizontal hace el ordenamiento jurídico francés, fundamentalmente a través de la Ley n.º65-557, modificada por la Ordenanza 2019-1101, de 30 de octubre. La conclusión debe ser que, sólo se debe proceder a la modificación de la naturaleza jurídica de una institución jurídica si, con ello, se resuelven problemas jurídicos que resultan irresolubles de otra forma.

No obstante, la RDGRN/RDGSJFP de 12 de febrero de 2016 admite la posibilidad de «acceso registral de bienes a favor de la comunidad de propietarios en régimen de propiedad horizontal en los supuestos de ejecuciones judiciales, como una consecuencia normal de la ejecución de un embargo por deudas de uno de los propietarios, pues admitido el embargo a su favor, debe admitirse la posibilidad de que la ejecución culmine con su adjudicación. Ahora bien, esta inscripción a favor de la comunidad de propietarios debe reputarse como una situación excepcional y transitoria»[282]. No obstante, dicha resolución se hace eco de una reiterada doctrina administrativa que reconoce la falta de personalidad jurídica de las comunidades de propietarios.

b) Al ser propietario de un elemento privativo, se es correlativamente copropietario de los elementos comunes del edificio en la parte alícuota que le corresponda, en proporción a la cuota de participación asignada al elemento privativo.

c) La propiedad de los elementos comunes del edificio es inseparable de la propiedad de los elementos privativos. Esto implica la imposibilidad de transmisión de la titularidad de la parte proporcional de los elementos comunes del edificio, de forma separada de la transmisión de la propiedad del elemento privativo. El artículo 396. II. LPH no se limita exclusivamente a la transmisión de la propiedad, sino que se amplía a la posibilidad de constitución de cualquier tipo de gravamen o de embargo. Por ello, esta imposibilidad de separación de la parte alícuota de elementos comunes y el elemento privativo afectaría también a terceros que, no podrían embargar la parte proporcional de los elementos comunes de forma independiente del embargo del elemento privativo.

---

282 RDGRN/RDGSJFP de 12 de febrero de 2016, BOE de 10 de marzo de 2016.

d) Según dispone el artículo 396.III LPH no existe derecho de tanteo ni de retracto en el supuesto de transmisión de la titularidad dominical de un elemento privativo. La posibilidad de ejercer los derechos anteriores se mantuvo en el artículo 396 CC hasta la promulgación de la Ley de Propiedad Horizontal de 21 de julio de 1960. Si bien es cierto que existe una copropiedad de los elementos comunes del edificio, también lo es que no existe tal copropiedad respecto de los privativos, salvo que estos sean propiedad de una comunidad de bienes.

2. Ámbito subjetivo de la ley de propiedad horizontal

El artículo 2 LPH relaciona los sujetos a quienes se les aplica la Ley de Propiedad Horizontal. Hasta la promulgación de la Ley 8/1999, de 6 de abril, de Reforma de la Ley 49/1960, de 21 de julio, sobre Propiedad Horizontal, se incluía dentro de su ámbito subjetivo, tan sólo a las comunidades con título constitutivo. Sin embargo, la norma anterior incluye también las comunidades de propietarios sin título constitutivo en determinadas circunstancias y los complejos inmobiliarios. La regulación actual deriva de la redacción del artículo 2 LPH dada por la Ley 8/2013, de 26 de junio, de rehabilitación, regeneración y renovación urbanas, que introduce dentro del ámbito subjetivo de la Ley de Propiedad Horizontal las subcomunidades y las entidades urbanísticas de compensación.

2.1. Comunidades con título constitutivo

Según dispone el artículo 2 a) LPH, se consideran comunidades con título constitutivo aquellas que se constituyen conforme a lo dispuesto en el artículo 5 LPH. Este precepto legal regula el título constitutivo de la propiedad horizontal.

Estas comunidades son las habituales en el régimen de propiedad horizontal. Una regla esencial de la copropiedad es que haya más de un propietario. En el ámbito de la propiedad horizontal y al tratarse de bienes inmuebles, se exige para la transmisión de titularidad dominical del elemento privativo la *traditio* instrumental, es decir, el otorgamiento del contrato de compraventa a través de escritura pública. Por ello, aunque el edificio esté en construcción e inscrito el título constitutivo, si no se ha producido ninguna transmisión de un elemento privativo del edificio no se puede considerar que exista una comunidad de propietarios. La posibilidad de inscripción del título constitutivo de un edificio en construcción se encuentra permitida en el artículo 8 LPH. Se trata del supuesto denominado prehorizontalidad. Esta situación se mantiene aún en el supuesto de que se haya suscrito contratos privados de compraventa. En este caso, el contrato de compraventa se entiende perfeccionado, aunque no consumado. Esto es así, en virtud de la teoría del título y el modo, que exige para la consumación del contrato la entrega de la cosa vendida

2.2. Comunidades sin título constitutivo

En este supuesto no puede incluirse cualquier tipo de comunidad sin título constitutivo, solo aquellas que reúnan los requisitos contemplados en el artículo 396 CC.

Estos requisitos son los siguientes:

a) Que cuenten con elementos privativos susceptibles de aprovechamiento independiente por tener salida a elementos comunes o a la vía pública.

b) Que existan elementos comunes en el edificio, que sean los necesarios para un ordenado uso y disfrute.

c) Que cuando se sea propietario de un elemento privativo, correlativamente se sea propietario de la parte proporcional de los elementos comunes que le corresponda.

La aplicación de la Ley de Propiedad Horizontal a las Comunidades de Propietarios sin título constitutivo se encuentra limitada a las materias siguientes:

a) Régimen jurídico de la propiedad.

b) Elementos comunes y privativos del edificio.

c) Derechos y obligaciones recíprocas de los comuneros.

Al no existir título constitutivo que determine la cuota de participación asignada a cada elemento privativo, la distribución de las participaciones en la copropiedad será la libremente pactada entre los copropietarios, sin perjuicio de que en defecto de pacto o imposibilidad de acreditar el mismo se aplicará presunción de igualdad a la que se refiere el artículo 393.2 CC.

2.3. Complejos inmobiliarios privados

2.3.1 Régimen jurídico

Dispone el artículo 2.c) LPH que la aplicación de la Ley de Propiedad Horizontal a los complejos inmobiliarios privados se realizará en los términos establecidos en la misma, fundamentalmente el artículo 24 LPH.

Este precepto comienza señalando que se aplicará a los complejos inmobiliarios privados el artículo 396 CC, siempre que reúnan unos requisitos mínimos:

a) Estar integrados por edificios, o parcelas independientes entre sí.

b) Es destino primordial de los edificios, o el destino proyectado de las parcelas sea viviendas o locales.

c) Que los edificios divididos en régimen de propiedad horizontal, o las parcelas que tengan como finalidad edificios con viviendas y/o locales divididos en régimen de propiedad horizontal, además de los elementos comunes resultantes de la división anterior, tenga elementos comunes entre sí. Cada uno de los edificios tendrá elementos comunes propiedad de los condueños de este, pero, además, los edificios serán copropietarios de otros elementos comunes que justifiquen la constitución del complejo inmobiliario privado, tales como: viales, instalaciones o servicios. En estos casos, como señala el artículo 24 LPH, será de aplicación el artículo 396 CC. Sin perjuicio de que el propio artículo 2 c) LPH considera de aplicación la Ley de Propiedad Horizontal, el artículo 396.IV LPH se remite a las disposiciones legales especiales y en esta materia, dicha disposición es la Ley de Propiedad Horizontal.

2.3.2. Formas de constitución

Según dispone el artículo 24.2 LPH, los complejos inmobiliarios privados podrán constituirse como una sola comunidad de propietarios, o como una agrupación de comunidades:

a) Puede constituirse como una sola comunidad de propietarios. Señala el artículo 24.2 a) LPH que lo hará a través del procedimiento establecido en el artículo 5.II LPH. En este caso, a cada elemento privativo se le asignará una cuota de participación en función de los criterios establecidos en dicho precepto, que serán analizados al tratar el título constitutivo. El funcionamiento del complejo inmobiliario privado será el mismo que el de cualquier comunidad de propietarios con título constitutivo. Cada elemento privativo tendrá asignada una cuota de participación del total del complejo inmobiliario. Se celebrará una sola junta de propietarios para el total del edificio y no por edificaciones, siendo diligenciado tan solo un libro de actas. En definitiva, se trata de una sola comunidad de propietarios en la que, además de los elementos comunes del edificio, tiene otros, que también lo son por ser comunes a todos los edificios.

b) El artículo 24.2.b) LPH posibilita otra forma de constitución del complejo inmobiliario privado. No se trata de constituir una sola comunidad de propietarios, sino que cada edificación o parcela sea una comunidad de propietarios, con sus propios órganos de gobierno, con cuotas de participación que en cada comunidad sumen cien y con libros de actas distintos. Sin perjuicio de la independencia de cada comunidad de propietarios existen otros elementos comunes a todas las edificaciones del complejo, por lo que para su gestión y toma de decisiones las distintas comunidades de propietarios deben agruparse en un complejo inmobiliario privado. Para ello, los complejos inmobiliarios privados se constituyen mediante la agrupación de las distintas comunidades de propietarios. Estas distintas comunidades agrupadas no perderán su independencia para la gestión de sus propios elementos comunes, por lo que la agrupación en complejos inmobiliarios privados tendrá como objeto sólo los elementos que son comunes a todas las comunidades agrupadas.

Para la constitución de estos complejos inmobiliarios se requiere el otorgamiento de un título constitutivo que, describirá el complejo inmobiliario en su conjunto y cada uno de los elementos comunes a todas las comunidades de propietarios agrupados. En este sentido, se diferencia de los artículos 5.I LPH y 8.4.° LH en que no es necesaria la descripción de cada comunidad, ya que estas se encuentran descritas en sus títulos constitutivos.

En relación con los complejos inmobiliarios, el título constitutivo será otorgado por:

a) El propietario único, antes de proceder a la venta en escritura pública de algún elemento privativo.

b) Por los presidentes de las distintas comunidades de propietarios que integran el complejo inmobiliario, en virtud de representación orgánica, en virtud de acuerdos adoptados en sus juntas de propietarios respectivas, que autoricen su otorgamiento. Este acuerdo requerirá de doble mayoría, es decir, mayoría de propietarios que representen a su vez la mayoría de las cuotas de participación.

Al igual de lo que dispone el artículo 3. IV LPH, se fijará una cuota de participación a cada una de las comunidades agrupadas, aunque en este caso, el criterio de fijación debería ser el último de los descritos en el artículo 5.II LPH: el uso que se presuma racionalmente que va a efectuarse de los servicios o elementos comunes. Estas cuotas de participación servirán de módulo para la contribución a los gastos para el adecuado sostenimiento de los elementos comunes del complejo inmobiliario privado.

A diferencia del primer tipo de complejos inmobiliarios constituidos como una sola comunidad, en la que la obligación de pago de los gastos para el adecuado sostenimiento de los elementos comunes recae sobre cada propietario en función de su cuota de participación, en este caso dicha responsabilidad recae sobre cada comunidad en su conjunto, sin que sea relevante que cada condueño se encuentre o no al corriente de su obligación de pago en el ámbito interno de cada comunidad, sin perjuicios de lo dispuesto en el artículo 22 LPH.

De conformidad con lo dispuesto en el artículo 24.2 c) LPH y 8. 4.ª LH, el título y los estatutos serán inscribibles en el Registro de la Propiedad.

Como dispone el artículo 24.3 LPH, esta agrupación de comunidades de propietarios funcionará como si fuera una sola comunidad, lo que la diferencia es la forma de adopción de los acuerdos.

> En este sentido, la junta de propietarios no se compondrá de los propietarios de los elementos privativos del edificio, sino de los presidentes de cada una de las comunidades, que ostentará su representación y la de todos los propietarios que la integran. Sin perjuicio de esta representación orgánica y precisamente por ello, la actuación del presidente no está sujeta a discrecionalidad, sino que precisará que el acuerdo que se vaya a adoptar haya obtenido la necesaria mayoría en previa junta de propietarios de cada comunidad agrupada. El régimen de mayorías para la adopción de acuerdos en la junta de presidente del complejo inmobiliario privado será el mismo por el que deberá adoptarse los acuerdos en las distintas juntas de propietario agrupadas. Por lo tanto, si el acuerdo de presidente requiere unanimidad, todas las comunidades agrupadas deberán aprobar el acuerdo por unanimidad. Lo mismo ocurrirá si requiere tres quintas partes la comunidad agrupada deberá adoptar el acuerdo por esa mayoría modificada.

Dispone el artículo 10.2. a) LPH que las agrupaciones de comunidades integradas en complejos inmobiliarios están obligadas a ejecutar las actuaciones y obras obligatorias a las que se refiere el artículo 10.1 LPH y que se describirán en su capítulo correspondiente. Sin embargo, de conformidad con lo dispuesto en el artículo 24.3. c) LPH no están obligadas a constituir el fondo de reserva a que se refiere el artículo 9.1.c) LPH. A pesar de no ser obligatoria su constitución pueda acordarse mediante acuerdo en junta del complejo, que a su vez haya sido previamente acordado en las distintas juntas de propietarios de las comunidades agregadas.

No obstante todo lo anterior, el artículo 24.4 LPH admite una forma subsidiaria de constitución de un complejo inmobiliario por la vía de los hechos. Al igual que existen comunidades de propietarios de hecho, sin título constitutivo, pero en la que existen elementos comunes, también existen complejos inmobiliarios de hecho, por tener elementos, viales, instalaciones y servicios comunes. Estos complejos inmobiliarios se regirán por los pactos que acuerden sus copropietarios y, supletoriamente, por lo dispuesto en la Ley de propiedad Horizontal, principalmente, por el contenido del artículo 24 LPH.

2.4. Subcomunidades

Las subcomunidades de propietarios se incluyeron dentro del ámbito de aplicación de la Ley de Propiedad Horizontal a través de la Disposición final primera de la Ley 8/2013, de 26 de junio, de rehabilitación, regeneración urbana. No obstante, la jurisprudencia ya reconocía la existencia de subcomunidades en la SSTS de 17 de septiembre de 1993 y 18 de diciembre de 1995[283].

283 STS, 856/1993, de 17 de septiembre, EDJ 1993/7692; STS, 1107/1995, de 18 de diciembre, EDJ 1995/7599.

2.4.1. Concepto

Como señala la SAP Burgos de 2 de mayo de 2007, para que pueda considerarse que exista una subcomunidad deben concurrir los dos requisitos contenidos en el artículo 3 LPH[284]:

a) Derecho singular y exclusivo sobre los elementos privativos del edificio.

b) Copropiedad sobre los elementos comunes. En este caso, debe tratarse de elementos comunes con carácter exclusivo de los copropietarios miembros de la subcomunidad.

2.4.2. Características

Para la válida constitución de una subcomunidad es preciso concurra una de estas circunstancias:

a) Que su existencia esté prevista en los estatutos comunitarios, aunque sea por el propietario único. En este sentido, STS de 7 de enero de 2022[285].

b) Que su constitución sea el resultado de un acuerdo adoptado por unanimidad en junta de propietarios, pero no sólo de los propietarios que le van a integrar, sino de todos los condueños de la comunidad matriz. En este sentido, SAP Madrid de 31 de marzo de 2015[286].

c) Conforme a lo dispuesto en el artículo 2.d) LPH, se exige para la constitución de una subcomunidad que la propiedad de los elementos comunes que van a ser su objeto sea de más de un condueño, puesto que si no fuera así se trataría de la nueva propiedad de un elemento privativo.

d) Al ser varios los propietarios se genera una comunidad entre todos ellos, que conforme señala la STS de 29 de abril de 2015 se regirá en virtud de los pactos expresos acordados por los condueños y, en su defecto, por las normas que rigen la propiedad horizontal[287].

e) Los elementos o servicios comunes objeto de la subcomunidad de propietarios deben estar «dotados de unidad e independencia funcional o económica». Debe constituir una unidad o conjunto de ellas que sean independientes del resto de los elementos comunes del edificio o prestar un servicio común y diferenciado a los condueños que la integran. Ejemplos de subcomunidades son las formadas por locales de semisótano, de garajes o térmicas.

---

284 SAP Burgos, 184/2007, de 2 de mayo, ECLI:ES:APBU:2007:753.

285 STS, 7/2022, de 7 de enero ECLI:ES:TS:2022:25.

286 SAP Madrid, 144/2015, de 31 de marzo. ECLI:APM:2015/6388.

287 STS, 215/2015, de 29 de abril. ECLI:ES:TS:2015:1731

f) La finalidad de estos elementos o servicios: el «uso o disfrute exclusivo» por parte de los miembros de la subcomunidad, siendo, por tanto, excluyentes del resto de los condueños que integran la comunidad de propietarios.

La subcomunidad de propietarios tiene legitimación activa y pasiva para ser parte en los procedimientos judiciales que tenga como objeto cualquier pretensión relacionada con los elementos y servicios comunes que la integra, así con relación a la impugnación de los acuerdos que adoptan; siendo esta facultad expresamente reconocida por la STS de 30 de enero de 2024[288].

2.5. Entidades urbanísticas de conservación

Son entidades de derecho público, con personalidad jurídica propia, de naturaleza administrativa sujetas al derecho administrativo y cuyos actos están sujetos a revisión, primero, en vía administrativa, y contencioso administrativa después. Es un cauce de participación de los propietarios de la urbanización en el proceso urbanístico, cuya pertenencia a la misma resulta obligatoria[289].

No obstante lo anterior, los estatutos de las entidades urbanística de conservación podrán contener previsiones de sumisión a la Ley de Propiedad Horizontal y al orden jurisdiccional civil, sin perjuicio de que en todo lo relacionado con las administraciones públicas esté sometido al derecho administrativo y a la jurisdicción contencioso-administrativa[290].

La fuente primaria de regulación de estas entidades serán sus estatutos, y en lo no previsto en ellos y cuando se haya incluido en los mismos su sumisión a la Ley de Propiedad Horizontal, resultará esta de aplicación en ciertos asuntos de orden privado se refiera[291].

3. Clasificación de los elementos de la propiedad horizontal

3.1. Elementos privativos

El elemento privativo del edificio es el espacio delimitado y susceptible de aprovechamiento independiente, por tener salida propia a un elemento

---

288 STS 105/2024, de 30 de enero, ECLI:ES:TS:2024:331.

289 En este sentido, ATS de 30 de mayo de 2012. ECLI:ES:TS:2012:8017.

290 BERCOVITZ RODRÍGUEZ-CANO, R. «Comentario al artículo 2 de la Ley de Propiedad Horizontal», en *Comentarios a la Ley de Propiedad Horizontal*, obra colectiva, coordinador: Rodrigo BERCOVITZ RODRIGUEZ-CANO, Aranzadi, Cizur Menor, 2020, págs. 181-183.

291 LOSCERTALES FUERTE, D., *Propiedad Horizontal. legislación y comentarios*, Dykinson, Madrid, 2020, págs. 7-8.

común del edificio o a la vía pública, y susceptible de ser objeto de propiedad separada. Así resulta de la interpretación conjunta del artículo 396. I CC y artículos 1.II y 3.a) LPH. Dentro del concepto de elemento privativo se incluye también todos los elementos arquitectónicos e instalaciones que estén dentro de dicho espacio y que sirvan al mismo de forma exclusiva.

Con carácter habitual suelen ser elementos privativos del edificio:

a) Viviendas.

b) Locales.

c) Plazas de aparcamiento.

d) Trasteros.

A la hora de relacionar los elementos privativos, puede hacerse cada uno de ellos de forma individualiza y constituyendo una finca registral independiente, o pueden agruparse en una sola finca registral un elemento privativo junto a anejos inseparables. Estos anejos inseparables formaran junto al espacio delimitado una sola finca registral y un sólo elemento privativo. Si se adquiere la propiedad de una vivienda, plaza de garaje y trastero, estos dos últimos pueden ser elementos privativos independientes, o bien, formar un solo elemento privativo conformado por la vivienda y sus anejos inseparables (garaje y trastero).

El hecho de considerar que los anejos sean inseparables conlleva como consecuencia que no puedan ser gravados o transmitidos de forma independiente. Así se desprende del artículo 3. V LPH que establece la imposibilidad de separar los elementos que integran el elemento privativo. Se refiere tanto a los anejos inseparables como a los elementos que integra el espacio propio de la vivienda o local.

Tras la aprobación del Real Decreto 8/2023, de 27 de diciembre, los anejos inseparables podrán dejar de serlo y pasar a ser elementos privativos independientes cuando así lo solicite el interesado, obtenga autorización administrativa y así se apruebe en junta de propietarios. Según dispone el artículo 17.4. III LPH, se precisará doble mayoría de tres quintas partes, es decir, el voto de al menos las tres quintas partes de propietarios que a su vez representan las tres quintas partes de las cuotas de participación. Señala el artículo 10.3.b). II LPH que se requiere la previa solicitud del interesado, en el sentido de que la Comunidad no podrá actuar por iniciativa propia. En este sentido, la RDGRN/RDGSJFP de 5 de julio de 2016 señala que la desvinculación de los anejos respecto de los elementos independientes a que están vinculados *ob rem*, supone en realidad un cambio de régimen jurídico, más que una simple modificación física de configuración de la finca.

Los propietarios de los elementos privativos podrán disfrutar de la misma sin más limitaciones que las propias derivadas del derecho de propiedad, además de las obligaciones y limitaciones contenidas en los artículos 7 y 9 LPH.

También podrán transmitirlos o gravarlos libremente. Se trata de una auténtica propiedad separada. En este sentido, el artículo 3.V LPH determina que cada propietario puede disponer libremente de sus elementos privativos. El mismo precepto señala que, aunque el propietario del elemento propietario transmita el disfrute o posesión de este, ello no implica que no deba cumplir con las obligaciones comunitarias, al ser estas obligaciones *propter rem*, es decir, vinculadas a la propiedad. Así también lo determina el artículo 9.I LPH.

A cada elemento privativo se le asignará una cuota de participación, que será un índice calculado en centésimas y que determina el porcentaje de propiedad en los elementos comunes del edificio que se asigna a cada elemento privativo. Esta cuota de participación es el módulo en virtud del cual, se calcula la participación en las cargas y beneficios comunitarios. Pero no solo esto, sino que también sirven de módulo para fijar el porcentaje de cada condueño en la conformación de la voluntad comunitaria.

El régimen de acuerdos en la propiedad horizontal se rige por el sistema de doble mayoría: de propietarios y de cuotas de participación. Estos dos requisitos son concurrentes para la adopción de acuerdos. Para individualizar la mayoría concreta que se precisa hay que remitirse al régimen de adopción de acuerdos comunitarios, ya sean obligatorios (artículo 10 LPH), o voluntario (artículo 17 LPH).

3.2. Elementos comunes

El artículo 3.b) LPH establece la copropiedad de los condueños de los elementos privativos del edificio, de la parte alícuota de los elementos comunes. Esta parte proporcional se determina tomando como módulo la cuota de participación asignada a cada elemento privativo.

Hay que tener en cuenta un elemento esencial de la propiedad horizontal: se es copropietario de los elementos comunes mientras se sea propietario de, al menos, un elemento privativo de la comunidad. En este sentido, dispone el artículo 4 LPH que no existe acción de división respecto de los elementos comunes en la propiedad horizontal. La Ley concede esta acción en relación con la propiedad horizontal, pero limitándola a la división de las comunidades de bienes propietarias de elementos privativos. De aquí, que se pueda proclamar el carácter indivisible de los elementos comunes del edificio.

En caso de transmisión de la titularidad dominical de un elemento privativo, también se producirá la correlativa transmisión de la parte alícuota de los elementos comunes. Del mismo modo, en el caso de transmisión del uso de un elemento privativo implica que también se produzca la correlativa transmisión del disfrute de los elementos comunes del edificio. Si una comunidad de propietarios goza de elementos comunes como una piscina y, el propietario transmite el uso de su vivienda por cualquier título, ya sea mediante relación locativa, usufructo, precario, etc., también transmite el uso de la piscina. En este supuesto, el derecho de uso de la piscina se traslada al ocupante del elemento privativo, perdiéndolo el propietario.

El artículo 396 CC define los elementos comunes del edificio como aquellos que son necesarios para su adecuado uso y disfrute. Hace una enumeración no exhaustiva de elementos comunes, terminando con una referencia, indeterminada a cualesquiera otros elementos materiales o jurídicos que por su naturaleza o destino resulten indivisibles.

Comienza la relación de elementos comunes contenidos en el artículo 396 CC con la expresión: *tales como*, lo que evidencia que constituye *numerus apertus*, además de por la descripción indeterminada contenida en el párrafo 1.º *in fine*. Cuando el artículo 396. I *in fine* se refiere a otros elementos materiales o jurídicos, hace una clasificación de elementos comunes de gran transcendencia:

a) Elementos comunes por naturaleza, estos son los que el artículo 396.I CC califica como necesarios para el adecuado uso y disfrute del edificio[292]. La SAP Barcelona de 29 de noviembre de 2020 los califica de imprescindibles. Como consecuencia de resultar imprescindibles para el adecuado uso del inmueble, no pueden ser objeto de desafección y, por tanto, no podrán dejar de ser elementos comunes del edificio.

b) Elementos comunes por destino: Son elementos comunes por destino aquellos que, sirviendo a una finalidad comunitaria de todos los condueños de la comunidad de propietarios, en relación con su aprovechamiento y utilización, tienen un «carácter contingente y mudable de su destino». (RDGRN/RDGSJFP de 1 de septiembre de 1981).

   Por lo tanto, estos elementos comunes pueden dejar de serlo convirtiéndose en elementos privativos, lo que se denomina desafección. Para la desafección de un elemento común por destino será preciso un acuerdo comunitario adoptado en junta de propietarios y acordado por unanimidad de los condueños, puesto que implica modificación del título constitutivo.

   La STS de 21 de junio de 2011 concluye que la relación de elementos comunes contenidos en el artículo 396 CC es meramente enunciativa, y no se trata de una norma de *ius cogens*, sino de *ius dispositivum*[293]. Como consecuencia de ello, se pueden desafectar los elementos comunes por destino en el título constitutivo o por acuerdo unánime posterior.

   Una vez que se produce la desafección del elemento común que inicialmente no tenía asignada una cuota de participación, porque con-

---

292 SAP Barcelona, Sec. 14.ª, 343/2020 de 24 de noviembre, ECLI:APB:2020:11868.

293 STS, 433/2011, de 21 de junio, ECLI:ES:TS:2011:6075.

forme a lo dispuesto en el artículo 3.IV LPH sólo se asignan a los elementos privativos del edificio, es preciso asignar una al antiguo elemento común desafectado y ahora privativo. Esto implica una redistribución del total de cuotas de participación del edificio por lo que se precisa un acuerdo unánime adoptado en junta de propietarios.

Los elementos comunes por destino pueden ser objeto de prescripción adquisitiva por parte de algún copropietario que lo posea a título de dueño, pública, pacífica e ininterrumpidamente más de treinta años. Si a los requisitos anteriores se une la buena fe y el justo título, los plazos anteriores se reducen a diez años entre presentes y veinte entre ausentes.

En el régimen de propiedad horizontal existe una presunción de comunidad que implica que, serán elementos comunes del edificio todos aquellos que no hayan sido considerados privativos en el título constitutivo. Así se deduce de la interpretación conjunta de las letras a) y b) del artículo 3LPH, puesto que se consideran elementos privativos aquellos que expresamente consten en el título constitutivo de la propiedad horizontal y serán, por tanto, elementos comunes todos los demás.

Los elementos comunes pueden ser objeto de uso privativo por parte de uno de los copropietarios del edificio, siempre que sea susceptible de aprovechamiento independiente y conste esta posibilidad en los estatutos comunitarios o se haya aprobado así en Junta de Propietarios.

De conformidad con lo dispuesto en artículo 4 LPH, los elementos comunes del edificio son indivisibles. Así lo recoge el ATS de 13 de abril de 2016[294]. El artículo 4 LPH limita la posibilidad del ejercicio de la acción de división para los supuestos de que un elemento privativo sea propiedad de una comunidad de bienes y, al único efecto de disolver la comunidad propietaria del mismo.

El último inciso del artículo 4 LPH dispone que «...siempre que la proindivisión no haya sido establecida de intento para el servicio o utilidad común de todos los propietarios». Se trata del supuesto de los elementos procomunales. Respecto a su naturaleza jurídica existe discrepancias en la doctrina:

a) Un sector considera que se trata de elementos privativos especiales que, al estar afectos a un servicio o utilidad común se excluye la posibilidad de ejercitar la acción de división. Esta posibilidad recuerda a los elementos comunes especiales regulados en el artículo 6.2 de la Ley n.º65-557 que las define como aquellos cuyo uso o utilización corresponde a varios propietarios, pero no a todos, y conforman una comunidad indivisa entre todos ellos. La diferencia entre la legislación francesa y la tesis propuesta por este sector de la doctrina es que la primera se refiere a ellos como elementos comunes, mientras que la doctrina española los considera privativos.

294 ATS 3029/2016, de 13 de abril. ECLI:ES:TS:2016:3029.

b) Otro sector de la doctrina considera que a lo que se refiere el artículo 4 LPH es a los elementos comunes por destino, es decir, aquellos que no son privativos porque su finalidad es prestar un servicio o utilidad común. En este sentido, el artículo 396 CC al definir los elementos comunes señala expresamente: «... y cualesquiera otros elementos materiales o jurídicos que por su naturaleza o destino resultan indivisibles». El carácter de indivisibilidad se contiene tanto en el artículo 4 LPH como en el artículo 396. I CC[295].

Debe entenderse como más acertada la segunda postura, puesto que se trata de elementos comunes sujetos a proindivisión sobre los que no se puede ejercitar acción de indivisión, resultando, por ello, indivisibles. Por lo tanto, parece que se compadece más con la regulación legal el hecho de entender que se refiere a elementos comunes por destino que puedan desafectarse de tal condición y, por tanto, convertirse en elementos privativos. No obstante, mientras los elementos comunes no sean desafectados y continúen sirviendo a un servicio o utilidad común, no pueden ser objeto de acción de división.

4. Título constitutivo

4.1. Concepto

Ya se ha señalado anteriormente que no todas las comunidades de propietarios tienen un título constitutivo, aunque es lo habitual. Este se regula, fundamentalmente, a través del artículo 5 LPH. No existe unanimidad en la doctrina acerca de la naturaleza jurídica del título constitutivo[296].

295 BERCOVITZ ALVAREZ, G. «Comentario al artículo 4 de la Ley de Propiedad Horizontal», en *Comentarios a la Ley de Propiedad Horizontal,* obra colectiva, coordinador: Rodrigo BERCOVITZ RODRÍGUEZ-CANO, Aranzadi, Cizur Menor, 2020, pags.270-285.

296 En este sentido, DIAZ MARTÍNEZ considera que la constitución de la propiedad horizontal es «un negocio de disposición de efectos configurativos, pues excede por sus efectos de los límites de los negocios de administración y no alcanza la plenitud de las enajenaciones, porque carece de efectos traslativos, pero modifica el régimen de dominio y vincula el desenvolvimiento jurídico de su objeto». DÍAZ MARTÍNEZ, A., *Propiedad Horizontal. El título constitutivo y su impugnación judicial*, Aranzadi, Pamplona, 1996, pág.47.
Sin embargo, HERNÁNDEZ ANTOLÍN considera que es un acto de riguroso dominio. HERNÁNDEZ ANTOLÍN, J.M., «la constitución del régimen de propiedad horizontal», en *Estudios sobre la propiedad horizontal*, obra colectiva, coordinadora: Susana San Cristóbal, Reales, La Ley, Madrid, 2009, págs. 163-165.
No obstante, ambos coinciden en que la Ley Hipotecaria lo califica como un acto de administración, fundamentalmente en los artículos 93.4 y 94.2 RH.

El título constitutivo es la escritura de división de la propiedad horizontal. Conforme a lo dispuesto en la STS de 26 de mayo de 1998, la declaración de obra nueva no es el título constitutivo[297]. En el título constitutivo se describe el edificio en su conjunto y, además, cada uno de los elementos privativos que lo integran. Esta descripción de todos y cada uno de los elementos privativos resulta transcendental en virtud del principio de presunción de comunidad que, determina que todo aquel elemento que no haya sido expresamente descrito como privativo, será común.

Rige en el derecho inmobiliario registral español, en cuanto a la propiedad horizontal se refiere, el sistema de doble folio, uno para el edificio en su conjunto y otro para cada uno de los elementos privativos del edificio[298].

En este sentido, el artículo 8. 4.ª LH establece la inscripción en un folio real del edificio, siempre que su construcción esté concluida o, al menos, empezada. En la inscripción y, por lo tanto, también en la escritura pública mediante la que se otorga el título constitutivo debe describirse el edificio, con expresión de los servicios e instalaciones con que cuente. Conforme a lo dispuesto en el artículo 9 LH y 51 RH, también será precisa la descripción física del edificio, su naturaleza, linderos, superficie y expresión del archivo registral del libro del edificio, siempre que fuera exigible. Además, constará su referencia catastral y la circunstancia de estar o no coordinado gráficamente con el catastro. También se hará constar la representación gráfica georreferenciada de la finca, que sirve de complemento a su descripción literal y, en su caso, coordenadas georreferenciadas de sus vértices.

La inscripción contendrá la persona a cuyo favor se haya practicado, pudiendo realizarse a favor del propietario único del edificio antes de la venta de algún elemento privativo, o de todos los propietarios de elementos privativos una vez que se haya consumado alguna compraventa. En la inscripción se hará constar el título en cuya virtud se practica, su fecha y notario autorizante, además de la fecha de práctica del asiento de presentación en el libro diario y fecha de inscripción, tras la calificación positiva realizada por el registrador de la propiedad.

El título constitutivo debe contener la relación, mediante número correlativo escrito en letra de todos los elementos privativos que componen el edificio, su extensión, linderos, planta en la que encuentran, anejos inseparables y cuotas de participación que se las asigna.

297 STS 491/98, de 26 de mayo. ECLI:ES:TS:1998:3452.

298 Díaz Martínez, A., *Propiedad horizontal y Registro de la Propiedad: título constitutivo y responsabilidad patrimonial*, Mc Graw-Hill, Madrid, 1996, pág. 3-4.

4.2. Cuotas de Participación

4.2.1. Concepto

En los supuestos de edificios que hayan iniciado su construcción, se estará ante una propiedad horizontal ordinaria, puesto que a diferencia de lo que sucede con la prehorizontalidad en la que todavía no se ha otorgado el Título constitutivo, aquí sí que se ha hecho. En estos casos, se harán constar los elementos privativos proyectados.

El artículo 5.II LPH señala que el título constitutivo deberá contener la cuota de participación que se asigna a cada elemento privativo. Esta representa la parte alícuota que corresponde al propietario de los elementos privativos del total de los elementos comunes del inmueble.

Se calculará en referencia a centésimas y, la suma de todas las cuotas de participación del edificio debe resultar cien. Si no fuera así, debería ser corregido de la misma forma que para su aprobación. Como señala el artículo 3.IV LPH, la cuota de participación es el módulo que determina la participación en las cargas y beneficios comunitarios, pero también sirve para el cómputo de las mayorías necesarias para la aprobación de los acuerdos comunitarios. En la propiedad horizontal los acuerdos se aprueban por el sistema de doble mayoría, de propietarios y de cuotas de participación. La cuota de participación no se modificará, aunque, con posterioridad a su determinación sean modificados los elementos privativos, ya sea mediante mejoras, o por su deterioro.

4.2.2. Determinación

En función de la forma de determinación de las cuotas de participación, puede distinguirse entre:

a) Aprobación por el propietario único del edificio. En este caso, no puede haber existido una compraventa de algún elemento privativo, puesto que ya no podría hablarse de propietario único, sino de una auténtica comunidad. No obstante, si la compraventa se hizo en contrato privado y no mediante escritura pública no existirá comunidad, ya que, aunque el contrato se ha perfeccionado, realmente no ha llegado a consumarse al faltar la entrega instrumental del inmueble, y ello, en virtud de la teoría del título y el modo que rige en nuestro derecho. En este sentido, STS de 23 de marzo de 2004[299]. El propietario único no puede fijar las cuotas de participación de forma arbitraria, sino que tendrá que respetar los criterios descritos en el artículo 5. II LPH[300].

---

299 STS/218/2004, de 23 de marzo. ECLI:ES: TS:2004:1968.

300 Muñoz García, C., «Posición de los copropietarios. Adhesión al régimen de propiedad horizontal», en *Estudios sobre la propiedad horizontal*, obra colectiva, coordinadora: Susana San Cristóbal Reales, La Ley, Madrid, 2009, pág.257.

b) Acuerdo de todos los propietarios existentes. Como se deduce de la expresión *todos*, el acuerdo de determinación de las cuotas de participación de los elementos privativos del edificio requiere ser adoptado por unanimidad, en junta de propietarios convocada al efecto. No obstante, el artículo 3. IV LPH establece que podrán variarse las cuotas de participación conforme a lo dispuesto en el artículo 10 y 17 LPH. La regla general viene contenida en el artículo 17.6 LPH, que como ya se ha señalado, exige la regla de la unanimidad de los condueños del edificio. El artículo 10.3 LPH establece que «la división material de los pisos o locales y sus anejos, para formar otros más reducidos e independientes, el aumento de su superficie por agregación de otros colindantes del mismo edificio o su disminución por segregación de alguna parte, la construcción de nuevas plantas y cualquier otra alteración de la constructora o fábrica del edificio, incluyendo el cerramiento de las terrazas y la modificación de la envolvente para mejorar la eficiencia energética, o de las cosas comunes» puede implicar la modificación de las cuotas de participación del edificio. En este caso, según lo dispuesto en el artículo 10.3. III LPH será precisa la doble mayoría de tres quintas partes.

c) Laudo arbitral. Los copropietarios pueden suscribir un convenio arbitral, pero es requisito esencial que el mismo sea suscrito por todos los condueños del edificio. El laudo arbitral que se dicte y por el que se determinen o modifiquen las cuotas de participación, será de obligado cumplimiento para todos los copropietarios. En los supuestos del artículo 10.3 LPH también se determina la posibilidad de que las nuevas cuotas se fijen mediante arbitraje o dictamen técnico[301]. Esta distinción parece superflua, puesto que cualquier arbitraje en este sentido va a implicar necesariamente la realización de un dictamen técnico que tenga en cuenta los criterios de fijación de cuotas a los que se refiere el artículo 5. II LPH y de los que se tratará más adelante. Y cualquier dictamen técnico implica la aceptación previa de su resultado por parte de los condueños, lo que en definitiva es un convenio arbitral.

d) Resolución judicial. En caso de desacuerdo entre los copropietarios para fijar o modificar las cuotas de participación o para suscribir un convenio arbitral, cualquier condueño podrá solicitar la fijación o modificación de cuotas. El copropietario o copropietarios que ejerciten la acción para que se determinen judicialmente las cuotas de participación, deberá dirigir su demanda frente a la comunidad de propietarios y el resto de los copropietarios no demandantes, cons-

301 En este sentido, Illesca Rus, A.V., «El arbitraje común en la propiedad horizontal», en *Estudios sobre la propiedad horizontal*, obra colectiva, coordinadora: Susana San Cristóbal Reales, La Ley, Madrid, 2009, pág.1216.

tituyendo una relación de litisconsorcio pasivo necesario. Ello es así, en virtud de la doctrina del Tribunal Constitucional que señala que una resolución judicial no puede afectar a quien no ha sido parte en el procedimiento. En este sentido, STC de 17 de junio de 1987[302].

La fijación de las cuotas de participación no puede ser caprichosa, sino que deben adecuarse a unos criterios expresamente determinados en el artículo 5.II LPH:

a) Superficie útil del piso. Se tomará como criterio la superficie útil del piso en contraposición a la construida que resulta de la suma de la superficie útil y la parte proporcional de los elementos comunes del edificio.

b) Emplazamiento interior y exterior. No se le puede asignar la misma cuota de participación a una vivienda que sus ventanas asomen a una avenida principal de la ciudad, que a la vivienda de al lado o aquellas cuyas ventanas dan al patio comunitario.

c) Situación. Por situación debe entenderse la altura de una vivienda, puesto que podría aplicarse un porcentaje distinto al ático que a la vivienda sita en planta baja.

d) Uso que se presuma racionalmente que va a efectuarse de los servicios o elementos comunes. Un edificio con calefacción central y ascensor pude estar compuesto de viviendas de una superficie muy inferior al local comercial. Respecto del propietario y ocupantes del local se puede presumir racionalmente que no van a hacer uso del ascensor y si, además, no cuentan con el servicio central de calefacción puesto que disponen de radiadores eléctricos, el uso de los elementos y servicios comunes será menor. A lo que habrá que añadir la falta de uso del portal y escaleras.

Debe tenerse en cuenta respecto a todos estos criterios que ninguno debe imponerse por encima de otro, sino que deben ser aplicados de forma conjunta y equilibrada. Por ello, para la correcta determinación de las cuotas de participación es siempre aconsejable contar con un dictamen técnico que aplique los criterios fijados legalmente.

4.3. Estatutos Comunitarios

El título podrá contener los estatutos comunitarios. Esto quiere decir que su existencia no es preceptiva, sino voluntaria. A través de los estatutos comunitarios se pueden regular aquellas cuestiones contenidas en normas dispositivas de la Ley de Propiedad Horizontal. Los estatutos comunitarios tienen como objeto las reglas de constitución y ejercicio de los derechos

302 STC 102/1987, de 17 de junio. ECLI: ES: TC: 2020: 95.

contenidos en las normas no imperativas de la Ley de Propiedad Horizontal y el artículo 396 CC, con relación al uso y destino de:

a) Edificio.

b) Elementos privativos.

c) Instalaciones y servicios comunes.

d) Contribución a los gastos para el adecuado sostenimiento del inmueble.

e) Actuación de los órganos de gobierno comunitario.

f) Seguros comunitarios.

g) Otros y actuaciones necesarias o voluntarias.

El artículo 5. III LPH señala que constituirán un estatuto privativo, es decir, una *lex privata* entre los condueños del edificio. Los Estatutos comunitarios son expresión del principio de autonomía de la voluntad de los copropietarios, ya que mediante su aprobación regulan las normas más esenciales en cuanto al uso y destino del edificio y de los elementos comunes de los que está dotado[303].

El título constitutivo supone la constatación en documento público y posterior inscripción registral de una realidad física. La autonomía de la voluntad se limita a las cuotas de participación y a los estatutos. No hay ninguna duda de la aplicación del principio de autonomía de la voluntad a las normas de régimen interior, pero, obviamente, se refieren a asuntos de mucha menor transcendencia, como se deduce de la conveniencia casi esencial de la inscripción de los estatutos comunitarios y del diferente régimen de mayorías requerido para su aprobación. Resulta muy conveniente la inscripción de los estatutos comunitarios en el Registro de la Propiedad. Si se modifica el contenido de los estatutos comunitarios y no se inscriben en el Registro de la Propiedad, no podrá perjudicar a terceros adquirientes posteriores a la modificación en virtud del principio de buena fe registral. En este sentido, STS de 31 de mayo de 2021[304]. En este caso, no se podrá inscribir la modificación estatutaria, ya que han cambiado los propietarios iniciales. La única posibilidad es que los nuevos propietarios suscriban en escritura pública su expresa aceptación de la mutación estatutaria. En este sentido, RRDGRN/ RRDGSJFP de 18 de julio y 11 de mayo de 2018 y de 8 de junio de 2021[305]. Respecto a la imposibilidad o falta de afectación los estatutos aprobados o modificados

---

303 HERNÁNDEZ ANTOLÍN extiende el principio de autonomía de los condueños a la aprobación del Título constitutivo y a las normas de régimen interior. HERNÁNDEZ ANTOLÍN, J.M., «Las normas rectoras de la comunidad», en *Estudios sobre la propiedad horizontal*, obra colectiva, coordinadora: Susana San Cristóbal Reales, La Ley, Madrid, 2009, pág. 217.

304 STS 370/2021, de 31 de mayo ECL: ES: TJ: 2021: 2195.

305 RDGRN/RDGSSFP de 11 de mayo de 2018 BOE 29 de mayo de 2018; RDGRN/RDGSJFP de 18 de julio de 2018. BOE de 7 de agosto de 2018; RDGRN / RDGSJFP de 8 de junio de 2021. BOE de 29 de junio de 2021.

que no han sido inscritos en el Registro de la Propiedad, hay autores que exigen la buena fe del tercer adquirente de la titularidad dominical del elemento privativo[306]. Tanto se siga la concepción psicológica de la buena fe, en el sentido de considerar que concurre en caso de desconocimiento de la existencia de los estatutos comunitarios, o la ética en el sentido que hizo lo posible para conocer la realidad estatutaria, lo cierto es que el tercero adquirió la titularidad dominical con fundamento en el principio de buena fe procesal, estando por ley vinculado exclusivamente por el contenido de lo inscrito en el Registro de la Propiedad. Además, el contenido de los estatutos comunitarios no suele limitarse a un dato concreto, sino a un conjunto de reglas que impiden acreditar un cabal y exacto conocimiento de estas, que constarán inscritas en el Registro de la Propiedad.

Para modificar los estatutos en relación con el objeto de los artículos 10.3 LPH y 7.3. II y 17.12 LPH, en relación con la autorización, limitación y prohibición de la actividad relacionada con los pisos turísticos, se requiere en todos los casos la doble mayoría de tres quintas partes.

5. Normas de régimen interior

Los condueños integrantes de una comunidad de propietarios podrán proveerse de unas normas que establezcan las reglas de convivencia y uso de los servicios y elementos comunes como, por ejemplo, el horario de piscina o de recogida de basuras por el portero o conserje. Se denominan normas de régimen interior y se regulan en el artículo 6 LPH.

Las normas de régimen interior tienen como límite las normas imperativas de la Ley de Propiedad Horizontal, los estatutos comunitarios, y lo dispuesto en el artículo 396 CC. Estas normas serán de obligado cumplimiento por todos los propietarios y para su aprobación se requiere la doble mayoría de los propietarios a la que se refiere el artículo 17.7 LPH.

El legislador ha reservado la regulación de las cuestiones básicas de la comunidad a los estatutos comunitarios, mientras que las cuestiones más banales serán el contenido de las normas de régimen interior, De ahí la diferencia en cuanto al régimen de mayoría respecto de cada uno. También se desprende la diferencia en cuanto a la conveniencia de inscripción de los estatutos comunitarios y las consecuencias jurídicas de la falta de inscripción[307].

---

306 En este sentido, ECHEVARRIA SUMMERS, F.M., «Comentario al artículo 5 de la Ley de Propiedad Horizontal», en *Comentarios a la Ley de Propiedad Horizontal*, obra colectiva, coordinador: Rodrigo BERCOVITZ RODRÍGUEZ, Aranzadi, Cizur Menor, 2020, pág.325-328.

307 *Cfr.* ECHEVERRÍA SUMMERS, F.M., «Comentario al artículo 6 de la Ley de Propiedad Horizontal», en *Comentarios a la Ley de Propiedad Horizontal*, obra colectiva. Coordinador: Rodrigo BERCOVITZ RODRIGUEZ-CANO, Aranzadi, Cizur Menor, 2020, págs. 331-346.

6. Extinción de la propiedad horizontal

El régimen de la propiedad horizontal se extingue por los motivos siguientes:

6.1. Destrucción del edificio

Si el edificio se destruyera completamente desaparecerían sus elementos privativos y comunes, produciéndose lo que se puede denominar la destrucción material del edificio.

La destrucción material del edificio puede deberse a la deliberada voluntad de sus copropietarios, bien porque su estado así lo aconseja, bien porque persigan un beneficio económico con la venta del edificio y su posible reconstrucción.

La destrucción del edificio puede deberse a la actuación dolosa o culposa de un tercero quien, además de la posible responsabilidad penal derivada de su actuación, deberá indemnizar a los condueños del edifico destruido[308].

También puede producirse la destrucción del edificio por causas naturales, tales como terremoto, huracanes, etc.

En todo caso, el efecto es la extinción del régimen de la propiedad horizontal y su sustitución por una copropiedad ordinaria.

Junto a la destrucción material o física del edificio se encuentra la destrucción por ruina económica que se produce cuando la reconstrucción del edificio tiene un coste superior al cincuenta por ciento del valor del edificio, con exclusión del suelo Así se contempla en el artículo 23 LPH. En este sentido, la STS de 24 de abril de 2019 señala que, el mayor valor del coste reposición del edificio no justifica que se imponga a los propietarios la obligación de contribuir al coste de reconstrucción, estando legitimado cualquier copropietario para negarse a ella y solicitar el cese del régimen de la propiedad horizontal[309]. El resultado será el mismo que en el supuesto de destrucción total del edificio, en el sentido de que cualquier propietario podrá solicitar la extinción del régimen de propiedad horizontal, pasando a convertirse en copropiedad ordinaria. En este caso, si el coste de reconstrucción está dentro del objeto de cobertura de un contrato de seguro, no se estará ante una ruina económica. En el ámbito del derecho comparado, la Ley 675/2001, de 3 de agosto reguladora de la propiedad horizontal en Colombia señala que las indemnizaciones de los seguros tendrán como finalidad principal la reconstrucción del edificio[310].

308 Diaz Martínez, A., «Comentario al artículo 23 de la Ley de Propiedad Horizontal», en *Comentarios a la Ley de Propiedad Horizontal*, obra colectiva coordinador: Rodrigo Bercovitz Rodríguez-Cano, Aranzadi, Cizur Menor, 2020, pág. 1100-1103.

309 STS 239/2019, de 24 de abril. ECLI:ES:TS:2019:1341.

310 De Lara Vences, C., «Conservación de los edificios urbanos privados como complemento del urbanismo; perspectiva comparada entre España y Colombia», en *Revista Americana de Urbanismo y Medio Ambiente*, núm.10, 2023, págs. 119-17.

Dentro del principio de autonomía de la voluntad de las partes; los copropietarios del edificio podrán pactar que, en caso de destrucción física o económica del edificio, no se procederá la extinción del régimen de propiedad horizontal. El pacto podrá constar en el título constitutivo o a adoptarse en Junta de copropietarios por la unanimidad de los condueños. Este pacto debe inscribirse en el Registro de la Propiedad, si se pretende que afecte a sucesivos adquirientes de la titularidad dominical de algún elemento privativo. Como señala la STS de 22 de julio de 2008 el pacto debe consistir no sólo en la no extinción del régimen de propiedad horizontal, sino también en la reconstrucción del edificio[311].

En caso de extinción del inmueble y de conformidad con lo dispuesto en el artículo 79. I LH, se cancelará en el Registro de la Propiedad su inscripción.

6.2. Consolidación

Se conoce como consolidación de la propiedad privada cuando, por cualquier título, se transmite y adquiera una sola persona, física o jurídica, la titularidad dominical de todos los elementos privativos. Si la definición de propiedad horizontal es que el dueño de un elemento privativo es a la vez copropietario de una parte alícuota de los elementos propios comunes del edificio, si pasara a ser propietario de la totalidad de los elementos privativos, también lo será de todos los elementos comunes del edificio. Se convierte, por tanto, en una propiedad única.

Esta consolidación no opera *ipso iure*, sino que el propietario único deberá adoptar un acuerdo de conversión del régimen de propiedad horizontal en propiedad única. Debe hacerse así, puesto que, en caso contrario, se mantendría el régimen de propiedad horizontal, aunque todos los elementos privativos fueran de titularidad de un solo propietario. En este caso, nada impediría que en el futuro el propietario único transmitiera a terceros la titularidad dominical de dichos elementos privativos.

6.3. Conversión en copropiedad ordinaria

Dispone el artículo 23. 2.º LPH, que el régimen de propiedad horizontal se extingue por conversión de una copropiedad ordinaria.

Al igual que se ha señalado respecto de la consolidación, la conversión en copropiedad requiera de un acuerdo unánime de los condueños adoptado en Junta de Propietarios.

Señala el artículo 13.8 LPH que, cuando el régimen de copropietarios del edificio no exceda de cuatro propietarios podrá acogerse al régimen de admi-

311 STS 715/2008, de 22 de julio. ECLI:ES:TS:2008:4826.

nistración propio de la copropiedad si expresamente lo autorizan los estatutos comunitarios. Esto no quiere decir que se conviertan en una copropiedad ordinaria, ni implica la extinción del régimen de la propiedad horizontal.

Esta precisión sólo afecta a la forma de gobierno de la comunidad de propietarios de escasas dimensiones, como se deduce por venir regulado en el artículo 13 LPH, relativo a los órganos de gobierno comunitarios. En este caso, seguirán existiendo elementos privativos y comunitarios.

Sin embargo, en el supuesto de adopción del acuerdo unánime de conversión del régimen de propiedad horizontal en copropiedad ordinaria, conllevará la diferenciación entre elementos comunes y privativos, pasando todos a ser comunes de todos los propietarios en función de su porcentaje de titularidad en la copropiedad. Pero no sólo es necesario el acuerdo unánime de los condueños del edificio, sino que, además, es preciso que en la escritura de extinción del régimen de la propiedad horizontal conste el consentimiento individual de todos los copropietarios, puesto que afecta al contenido esencial del derecho de propiedad. En este sentido, la RDGRN/RDGSJFP de 26 de febrero de 2015[312].

312 RDGRN/RDGSJFP de 26 de febrero de 2015. BOE de 19 de marzo de 2015.

CAPÍTULO VI

ÓRGANOS DE GOBIERNO

1. Consideraciones generales

El artículo 13 LPH contiene una relación de los órganos de gobierno de las comunidades de propietarios. Esta relación se refiere a los órganos que habitualmente tienen atribuida las funciones de gestión comunitaria. Pero en caso alguno, ello significa que se trate de una relación exhaustiva, ni que constituya *numerus clausus*.

No es una relación exhaustiva por cuanto que en una misma persona puede recaer el nombramiento de diversos cargos comunitarios, como ocurre en el supuesto en que el presidente ejerza también como secretario y administrador de la comunidad.

Constituye *numerus apertus*, ya que los estatutos comunitarios podrán crear otros órganos de gobierno. Esta posibilidad *ab initio* de creación de órganos de gobierno, supone una capacidad de creación estática de órganos de gestión con vocación de permanencia en el tiempo. Junto a ella, existe otra capacidad de creación más dinámica, que puede ser objeto de aprobación en junta de propietarios a lo largo de la vida comunitaria. Para crear órganos comunitarios mediante acuerdos de juntas de condueños, se precisa que estos sean adoptados por doble mayoría, es decir, mayoría de propietarios que a su vez representen la mayoría de las cuotas de participación. Sin embargo, si se quiere ampliar los órganos de gobierno mediante la modificación de los estatutos comunitarios se precisará la unanimidad de los copropietarios, aunque estos órganos tendrán mayor posibilidad de permanencia en el tiempo, ya que su eliminación requerirá nueva unanimidad para la aprobación del acuerdo. No obstante, la posibilidad de creación de nuevos órganos está limitada en cuanto que, estos no podrán alterar las funciones y responsabilidades frente a terceros, que la ley atribuye a los órganos comunitarios nominados en el artículo 13.1 LPH.

Por lo tanto, de lo anterior puede efectuarse una calificación de los órganos comunitarios en relación con su origen:

a) Órganos comunitarios de origen legal. Son aquellos relacionados en el artículo 13.1 LPH: junta de propietarios, presidente, vicepresidente, secretario y administrador. Aunque no sea necesaria la existencia de todos los órganos de origen legal, sí que es preciso que su función y responsabilidad sea asumida por otro órgano de origen legal. Esto es así, porque la Ley de Propiedad Horizontal atribuye funciones y responsabilidades a todos ellos.

b) Órganos comunitarios de origen convencional. Son aquellos que, fruto del principio de autonomía de la voluntad comunitaria, son creados en los estatutos a través de acuerdo adoptado por doble mayoría en junta de propietarios. Constituyen *numerus apertus* y pueden crearse tantos como la comunidad de propietarios considere oportunos, para su mejor gestión.

Ejemplos de órganos comunitarios de origen convencional:

a) Comisión de obras

No son pocas las comunidades que en la práctica diaria acuerdan la creación de este tipo de órganos. En muchas ocasiones, cuando una comunidad de propietarios decide la ejecución de una obra, especialmente si esta conlleva un gasto elevado, nombra una comisión de obras que tramite una propuesta final de elección de presupuesto y contratista, evitando con ello la convocatoria de innumerables juntas de propietarios que ralentizaría la ejecución de la obra. Esta misma comisión sería la encargada del seguimiento de la ejecución de la obra y sus incidencias, evitando que, esa carga recayera exclusivamente sobre el presidente, quien en muchas ocasiones no tiene conocimientos técnicos para hacer una gestión solvente de la misma. Con carácter habitual, las comisiones de obras están compuestas por aquellos copropietarios que tienen conocimientos técnicos sobre la materia. En este caso, se ha tomado como ejemplo la comisión de obras, pero podía haberse elegido una comisión con cualquier otra finalidad relacionada con la comunidad de propietarios.

b) Censor de cuentas

Uno de los órganos de gobierno comunitarios de origen legal es el administrador. Con carácter general, este cargo recae sobre un profesional independiente y debidamente colegiado.

Una de sus funciones principales está relacionada con la gestión de los aspectos económicos de la comunidad de propietarios. Su gestión está sujeta a la aprobación de las cuentas en junta de propietarios, como así lo establece el artículo 14.c) LPH. A fin de que las cuentas resulten auditadas con carácter previo o simultáneo a la rendición de cuentas en junta de condueños, las comunidades pueden nombrar un censor de cuentas que las revise y emita un dictamen sobre las mismas. Este dictamen puede aportarse por escrito junto a la convocatoria de la junta de propietarios, incluso, puede ser emitido de forma oral en la propia junta. A la hora de aprobarse la rendición de cuentas, la comunidad conoce el dictamen elaborado por el censor de cuentas que podrá informar sobre las mismas a los copropietarios, a fin de que estos puedan decidir con pleno conocimiento de causa. Lejos de verse como una desconfianza hacia el profesional externo contratado, aporta un claro aval a su gestión económica y transparencia en el ejercicio de sus funciones.

2. Duración

Dispone el artículo 13.7 LPH que, con carácter general los órganos de gobierno tendrán una duración de un año. Se señala que esta duración es de carácter general porque no siempre es así.

El artículo 13.7 LPH señala que los estatutos podrán determinar una duración distinta en el ejercicio de la función propia del órgano comunitario. En todo caso, los estatutos comunitarios no podrán determinar que el nombramiento de un órgano comunitario lo sea con carácter indefinido, ya que contravendría lo dispuesto en el artículo 13.7.II LPH, que determina la posibilidad de que la junta de propietarios renueve los órganos comunitarios. Es decir, que, con independencia de la duración en el cargo establecida en los estatutos comunitarios, prevalecerá lo aprobado por doble mayoría en junta de propietarios, en el caso de que el acuerdo determine la remoción del órgano comunitario. La previsión contenida en los estatutos respecto de la duración del nombramiento será la regla general, sin perjuicio de que la comunidad de propietarios acuerde la remoción anticipada. Pudiera parecer que existe una posibilidad de modificación estatutaria por doble mayoría en lugar de por unanimidad, pero esto no es realmente así. No se produce mutación estatutaria, se mantiene la misma duración contenida en los estatutos, otra cosa distinta es la posibilidad de remoción anticipada en junta de propietarios. El nuevo nombramiento se hará, sin perjuicio del derecho de remoción comunitario, por el plazo determinado estatutariamente.

Por lo tanto, los órganos de gobierno de origen legal y los establecidos en los estatutos comunitarios tendrán una duración de un año, salvo distinta previsión estatutaria.

Admitiendo el artículo 13.1.III LPH la posibilidad de que se puedan establecer órganos comunitarios por acuerdo mayoritario en junta de propietarios, cabe preguntarse si estos acuerdos pueden determinar una duración superior a un año. La respuesta debe ser afirmativa, puesto que ambas formas de creación de órganos comunitarios de origen convencional tienen su origen en el principio de autonomía de la voluntad de las partes. De hecho, el precepto se refiere a ambas, sin distinción jerárquica de ningún tipo. El hecho de que el artículo 13.7 I LPH no haga referencia a que salvo que los acuerdos mayoritarios de junta de propietarios de creación del órgano de origen convencional no dispongan lo contrario, es más consecuencia de un olvido o descoordinación del legislador que de una voluntad deliberada de distinguir a los órganos comunitarios de origen estatutario, de aquellos aprobados en junta de propietarios. La previsión general de duración de un año de los órganos comunitarios no puede aplicarse a todos ellos. Por su propia naturaleza, la junta de propietarios no puede limitar temporalmente el ejercicio de sus funciones. La junta de propietarios está compuesta por todos los condueños del edificio y, con independencia de que pueda modificarse la composición personal derivada de la transmisión dominical de elementos privativos del edificio, este órgano tiene un carácter permanente desde la transmisión de la propiedad de cualquier elemento privativo hasta que se produzca la extinción del régimen de la propiedad horizontal a la que se refiere el artículo 23 LPH. Incluso podría considerarse la existencia de la junta de propietarios con anterioridad a la primera transmisión dominical de un elemento privativo, conformada por el propietario único del edificio.

Dispone el artículo 13.7.II LPH que los órganos de gobierno podrán ser removidos antes de la expiración de su mandato. Esta previsión está reservada a todos los órganos de gobierno, ya sean de origen legal o convencional, salvo las juntas de propietarios, puesto que como ya se ha señalado tienen una clara vocación de permanencia a lo largo de la existencia del régimen de propiedad horizontal.

Si por su propia naturaleza no puede tener una duración inferior a la existencia de dicho régimen, la lógica consecuencia jurídica es que no haya posibilidad de remoción.

3. Junta de propietarios

3.1. Consideraciones Generales

La propiedad horizontal se fundamenta en que, al ser propietario de un elemento privativo del edificio se es también copropietario de una parte alícuota de sus elementos comunes. La consecuencia directa de ello es que la junta de propietarios estará compuesta por todos los condueños de elementos privativos, ya que todos ellos serán también copropietarios de elementos comunes en función de su cuota de participación. Esto implica que sólo podrán ser miembros de la junta de condueños quienes sean propietarios en el momento de su celebración, no siendo los titulares de cualesquiera otros derechos reales.

La duración de este órgano de gobierno, como ya se ha señalado, se extenderá desde el nacimiento de la propiedad horizontal hasta su extinción, con independencia de que sea uno o varios los propietarios del edificio.

La junta de propietarios es el órgano de gobierno más importante de la comunidad de propietarios, puesto que es el supremo órgano decisor de todos los asuntos comunitarios, máxime cuando lo que se decida afecte al derecho de propiedad.

3.2. Competencias

3.2.1. Nombramiento y remoción de órganos comunitarios

Es competencia de la junta de propietarios el nombramiento de los órganos comunitarios, salvo los miembros de la junta, ya que lo son por ser propietarios de uno o más elementos privativos del inmueble. Aunque el artículo 14.a) LPH señala que le corresponde el nombramiento de las personas que ejerzan los cargos mencionados en el artículo 13 LPH, deben entenderse comprendidos, no sólo los de origen legal, sino también los de origen convencional.

Si bien es cierto que para la creación de un órgano comunitario de origen legal se requiere unanimidad, para la elección de la persona que deba ejercer dicho cargo es suficiente un acuerdo de la junta de propietarios, por la doble mayoría. De hecho, basta la mayoría de los propietarios que, a su vez, representen la mayoría de las cuotas de participación, para el nombramiento de la persona titular del órgano comunitario.

También es competencia de la junta de propietarios la remoción de las personas titulares de los órganos comunitarios y su sustitución por otras. Para ello, bastará la doble mayoría de los propietarios.

El artículo 14.a) LPH también reconoce a la junta de propietarios la competencia para conocer de aquellas reclamaciones, que los propietarios de los elementos privativos formulen contra la actuación de los órganos comunitarios. No obstante, su actuación no puede contener un pronunciamiento sancionador ya que, existiendo reserva legal respecto a esta materia, le es vedado a la junta de propietarios la posibilidad de imponer sanción alguna a los titulares de los órganos comunitarios. Su actuación, derivada de ser el supremo órgano decisor comunitario, se deberá limitar a modificar o corregir la decisión de la persona titular del cargo que corresponda. La decisión que adopte en este sentido la junta de propietarios deberá estar sujeta al régimen impugnatorio contenido en el artículo 18 LPH.

El copropietario que pretenda formular una reclamación contra una actuación de un órgano comunitario deberá solicitar su inclusión en el orden del día de la junta, salvo que el presidente lo haya incluido *motu propio*.

No obstante, sea cual sea la decisión que adopte la junta de propietarios, ello no impide el ejercicio de acciones judiciales contra el titular del órgano comunitario, en el supuesto de que su actuación haya causado daño a la comunidad o a alguno de los condueños del edificio.

3.2.2. Gastos e ingresos ordinarios

Es competencia de la junta de propietarios la aprobación de gastos e ingresos previsibles y las cuentas correspondientes. Así lo dispone el artículo 14.1

LPH. Este apartado se está refiriendo a, los gastos ordinarios del edificio, entendiéndose como tales aquello que tienen el carácter de previsibles[313]. La distinción entre gastos ordinarios y extraordinarios no es una mera cuestión doctrinal, sino que tiene una clara relevancia práctica. Por ejemplo, para calcular el límite de disidencia en la aprobación de acuerdos comunitarios, se toma como índice de referencia las mensualidades ordinarias de gastos comunes.

Las competencias de la junta general, en este sentido, se refieren al control previo y posterior de los gastos ordinarios y previsibles de la comunidad de propietarios.

Cuando el precepto se refiere al plan de gastos e ingresos previsibles, se refiere al presupuesto comunitario para el próximo ejercicio económico. Se detallarán los gastos ordinarios que va a tener el edificio y los ingresos con los que se va a pagar los mismos. Realmente es una competencia transcendental, porque:

a) Se marca la agenda económica y de actuación de la comunidad de propietarios para el próximo ejercicio.

b) Se establece la cuantía y el tiempo de cumplimiento de la obligación de pago a la que se refiere el artículo 9.1I.e) LPH, desde una perspectiva de los gastos extraordinarios. Su importancia radica en el momento en que surge la obligación de pago y, por lo tanto, cuando una vez transcurrido este sin que se haya cumplido con la obligación, puede esta considerarse vencida, incluso en mora, es decir, se convierte en moroso. Por lo mismo, desde ese momento surge la obligación de pago de intereses, tal y como dispone el artículo 21.1 LPH. Por lo tanto, a través de este control previo de la vida económica de la comunidad de propietarios, la junta determina la forma de contribución y los gastos previsibles a atender en el ejercicio económico que se inicia. Con ello, se determinan las actuaciones ordinarias que se van a llevar a cabo. Junto a esta competencia previa existe otra posterior o de comprobación. El artículo 14.a) LPH dispone que es competencia de la junta de propietarios la aprobación de las cuentas del ejercicio económico. Con ello se comprueba la gestión económica realizada por los restantes órganos comunitarios, con competencia respecto del gasto, tomando como referencia fundamental el plan de gastos e ingresos previsibles aprobados en el ejercicio económico anterior. No existe una vinculación estricta entre lo aprobado en el presupuesto y lo gastado finalmente, puesto que, aunque se refiera a

313 Vid. De Lara Vences, C., *Régimen Jurídico de la Morosidad en la Propiedad Horizontal*, Colex, A Coruña, 2023, págs. 41-45; Ventura-Traveset y González, A. *Derecho de Propiedad Horizontal*, Bosch, Barcelona, 2000, págs. 346-357. En el ámbito jurisprudencial, SAP Las Palmas, S. 84/2020, de 13 de febrero. ECLI:ES:APGC:2020419; SAP Madrid, 428/2021, de 18 de noviembre, ECLI:ES:APH;2021:15594J.

gastos previsibles, existen variables como inflación u otras, que pueden trastocar el plan de gastos que está dotado de cierta flexibilidad a aplicar por el resto de los órganos comunitarios pero sujetos, en todo caso, a la aprobación de las cuentas en la junta de propietarios. Al ser la junta un órgano soberano, puede convalidar cualquier modificación presupuestaria en la rendición de cuentas. La competencia a la que se refiere el artículo 14 b) LPH es de carácter obligatorio y con una periodicidad anual. Así lo dispone el artículo 16.1 LPH al definir lo que es una junta ordinaria, considerando como tal a aquella que tiene una periodicidad anual y como finalidad la aprobación de presupuestos y gastos que son, precisamente, los referidos en el artículo 14.b) LPH. La aprobación de la clasificación de gastos, en modo alguno excluye la posibilidad de exigir responsabilidad al titular del órgano comunitario que haya causado un daño económico a la comunidad de propietarios con intervención de dolo o negligencia. La exigencia de esta responsabilidad debe fundamentarse en causas no conocidas por los condueños en el momento de la aprobación de la rendición de cuentas. Si se conocían con anterioridad y aun así aprobaron la rendición de cuentas, se entiende que no podrán formular reclamación posterior, aunque solo sea en virtud del principio que establece que nadie puede ir contra sus propios actos. De conformidad con lo dispuesto en el artículo 20 b) LPH propone el plan de gastos e ingresos previsibles.

3.2.3. Presupuesto y ejecución de obras

Dispone el artículo 14 c) LPH que corresponde a la junta de propietarios aprobar los presupuestos y la ejecución de las obras. El precepto distingue entre obras ordinarias y extraordinarias, aunque no establece un criterio para distinguir entre unas y otras. Desde un punto de vista teórico, podrían considerarse ordinarias aquellas que son previsibles y, extraordinarias aquellas que no lo son.

Existe otra distinción con una eminente transcendencia práctica: obras voluntarias, que dan lugar a gastos de origen voluntario y obras obligatorias, que dan lugar a gastos de origen obligatorio.

Las obras voluntarias son aquellas que son fruto de la autonomía de la voluntad de las partes y están reguladas en el artículo 17 LPH. Sin embargo, son obligatorias las obras a las que se refiere el artículo 10.1 LPH. Cuando el artículo 14 c) LPH se refiere de forma independiente a la aprobación de los presupuestos de forma diferenciada a la ejecución de las obras, realmente se está refiriendo a la previsión contenida en el artículo 10.2.a) LPH. Este precepto señala que en caso de tener que ejecutarse una obra de carácter obligatorio, la actuación de la junta de propietarios deberá limitarse a la distribución de la derrama y la determinación de los términos de su abono. En este caso, el legislador denomina derrama lo que realmente es una cuota extraordinaria. La limitación de la intervención de la junta de propietarios contenida en el artículo 17.2.a) LPH es excesiva y poco realista, porque el legislador debería haber tenido en cuenta que es facultad de la junta de propietarios la elección del presupuesto de la obra y, por tanto, del contratista. Existe una aparente contradicción entre el artículo 10.2.a) LPH y el artículo 14 c) LPH, que debe resolverse en favor del principio de soberanía comunitario; ya que, en todo caso, se trata del ejercicio de facultades dominicales basadas en el principio de autonomía de la voluntad. Por ello, en el caso de obras obligatorias, es competencia de la junta de propietarios la elección del presupuesto, la cuantía de la cuota extraordinaria, su distribución entre los copropietarios y los plazos y forma de su pago.

3.2.4. Medidas urgentes adoptadas por el administrador

Sin perjuicio de que el artículo 14 c) establece que corresponde a la junta de propietarios la aprobación de las obras de reparación de la finca, el artículo 20.c) LPH dispone que el administrador podrá aprobar la realización de las reparaciones y medidas que resulten urgente. No obstante, debe cumplir con el deber de informar al presidente o, en su caso, a los propietarios. A pesar de la confusa redacción del precepto, se debe entender que, si aprobar estas reparaciones es competencia de la junta de propietarios, a quien se debe informar es a este órgano administrativo colegiado. Dar cuentas al presidente de forma inmediata, es consecuencia directa de ser el representante de la comunidad de propietarios, además, de que al ser el órgano convocante habitual de la junta de propietarios será el encargado de introducirlo en el orden del día. Cuando se señala que dará cuenta a los propietarios, lo hará en la junta de condueños en la que explicará la reparación realizada y las razones de su urgencia. Por lo tanto, es competencia de la junta de propietarios recibir dicha información razonada por parte del administrador.

Sin embargo, el artículo 14c) LPH señala que el administrador deberá informar de las medidas urgentes adoptadas, entendiéndose que dentro de dicha información habrá que detallar la concreta actuación realizada, su cuantía y, sobre todo, la urgencia que ha motivado la misma y que ha impedido esperar a la celebración de la junta de propietarios.

Al tratarse de un mero acto de información, no es preciso que la comunidad de propietarios convalide la actuación llevada a cabo por el administrador, pero sí que podrá manifestar su discrepancia con el carácter urgente de la obra a realizar, exigiéndole responsabilidad por ello.

3.2.5. Estatutos y normas de régimen interior

Corresponde a la junta de propietarios la aprobación o reforma de los estatutos comunitarios y las normas de régimen interior. El artículo 17.6 LPH dispone que la modificación de los estatutos deberá ser aprobada por la unanimidad de los propietarios que representen a su vez la totalidad de las cuotas de participación. Esta afirmación desde un punto de vista lógico y matemático resulta redundante, por cuanto que la unanimidad de cuotas de participación implica necesariamente la totalidad de los propietarios. No se trata de una doble mayoría, sino de unanimidad que implica la totalidad de cuotas de participación y propietarios.

El artículo 17.6 LPH se refiere a la reforma de los estatutos, pero cuando el artículo 14 d) LPH dispone que corresponde a la Junta de propietarios la aprobación de los estatutos, se está refiriendo al supuesto de que haya más de un propietario de elementos privativos del edificio. Esto viene a colación de lo dispuesto en el artículo 8.4.ª LH que, permite la inscripción en el Registro de la Propiedad del título constitutivo de la propiedad horizontal de un edificio en construcción. Este edificio pertenecerá en su conjunto a un propietario, generalmente su promotor, que podrá incluir en él los estatutos comunitarios, como señala el artículo 8.4.º.III LPH. El artículo 8.4.ª IV LPH permite que la inscripción se practique a favor del dueño del inmueble o de los distintos propietarios de los distintos elementos privativos del edificio. Ello dependerá que el propietario único haya transmitido o no, previamente y mediante escritura pública la titularidad dominical del elemento privativo. La transmisión deberá constar en escritura pública, puesto que, si no se hubiera hecho así, no habría transmisión dominical al faltar la entrega instrumental y, por lo tanto, no cumplir con la teoría del título y el modo. Se trataría de un supuesto de perfeccionamiento del contrato y no de su consumación. Si no hubiera ningún contrato de traslación de la titularidad dominical de un elemento privativo, la competencia para la aprobación de los estatutos correspondería a la inexistente junta de propietarios.

Cuestión distinta es la aprobación de las normas de régimen interior reguladas en el artículo 6 LPH. La aprobación y modificación de estas normas requerirán la aprobación de un acuerdo por doble mayoría, tanto de propietarios como de cuotas de participación. El artículo 6 LPH determina que se modificarán conforme a la forma de adoptar los acuerdos de administración. Por acuerdos de administración deben entenderse a los que se regulan en el artículo 17.7 LPH. Aunque el artículo 6 LPH se refiere tan sólo a la modificación de las normas de régimen interior, lo cierto es que la misma doble mayoría se exige para su aprobación, ya que lo contrario carece de la más elemental lógica jurídica.

3.2.6. Interés general y servicio común

Mediante lo dispuesto en el artículo 14 e) LPH se evidencia que la relación de competencias de la junta general contenida en el artículo 14 LPH, constituye *números apertus*. A través de este precepto se deja abierta la relación de competencias de la junta de propietarios, siempre que se trate de la adopción de medidas que favorezcan un servicio común. Parece una decisión acertada, ya que una relación cerrada de competencias daría lugar a innumerables e innecesarias impugnaciones de acuerdos comunitarios.

Muchas de estas competencias aparecen reguladas en distintos preceptos de la Ley de Propiedad Horizontal, especialmente la adopción de los acuerdos voluntarios contenidos en el artículo 17 LPH.

3.2.7. Otras competencias

Existen otras competencias contenidas en diversos preceptos de la Ley de Propiedad Horizontal:

a) Artículo 5.II LPH: Modificación de las cuotas de participación por acuerdo unánime de los propietarios.

b) Artículo 5.IV LPH: Modificación del título constitutivo de la propiedad horizontal. Si se tratara de la modificación estatutaria ya viene expresamente reconocida en el artículo 14 d) LPH.

c) Artículo 7.2.y 3 III LPH: Aprobación del ejercicio de la acción judicial de cesación. Mediante la doble mayoría del artículo 17.7 se puede aprobar el ejercicio de cualquier acción judicial por parte de la comunidad de propietarios.

d) Artículo 9.1.c) LPH: Aprobación de servidumbres a favor de la comunidad para la realización de obras y actuaciones o la creación de servicios comunes.

e) Artículo 9.1.e) LPH: Aprobación de presupuestos, tanto para gastos ordinarios y extraordinarios, incluyendo su periodicidad y cuantía.

f) Artículo 9.1f) LPH: Aprobación la dotación del fondo de reserva.

g) Artículo 10.3.b) LPH: Aprobación de la división material de los pisos o locales y sus anejos, para formar otros más reducidos e independientes, el aumento de su superficie por agregación de otros colindantes del mismo edificio o su disminución por segregación de alguna parte, la construcción de nuevas plantas y cualquier otra alteración de la estructura o fábrica del edificio, incluyendo el cerramiento de las terrazas y la modificación de la envolvente para mejorar la eficiencia energética, o de las cosas comunes. En relación con los acuerdos anteriores, la determinación de la indemnización de daños y perjuicios, fijación de nuevas cuotas de participación y determinación de la naturaleza de las obras que se vayan a realizar.

h) Artículo 21.1 LPH: Aprobación de las medidas convencionales disuasorias frente al impago en la propiedad horizontal.

i) Artículo 21.3 LPH: Aprobación del acuerdo de liquidación de deuda. También, acuerdo de reclamación judicial de la deuda.

j) Artículo 24.2.b) LPH: Aprobación de la constitución de una agrupación de comunidades de propietarios.

k) Artículo 24.3c) LPH: Aprobación de la constitución del fondo de reserva en una agrupación de comunidades.

3.3. Convocatoria

3.3.1. Cuestiones generales

Las junta de propietarios es el supremo órgano de decisión de la comunidad de propietarios, el cual está dotado de una serie de normas que regulan su funcionamiento. Entre estas normas destacan aquellas relativas a su convocatoria.

Es preceptiva la celebración mínima de una junta de propietarios dentro de un periodo anual. También podrán convocarse otras, con carácter extraordinario cuando fuera preciso para el buen fin comunitario. Se hará un análisis más detallado en el apartado clasificatorio de las juntas de propietarios.

Es el presidente de la comunidad de propietarios quien tiene la capacidad formal de su convocatoria. En la práctica diaria quien propone la convocatoria a junta, su fecha y orden del día suele ser el administrador que es quien, con carácter general, se encarga de la gestión diaria de los asuntos comunitarios.

Junto al presidente, también tienen capacidad de convocar juntas de propietarios la cuarta parte de los condueños o un número de copropietarios que representen al menos el veinticinco por ciento de las cuotas de participación. Señala el artículo 16.2 LPH que la convocatoria la hará el presidente o el promotor.

Dentro del término hacer se entiende incluido la elección del lugar, fecha y hora de celebración de la junta de propietarios. También se entiende incluido el orden del día a tratar. Sin embargo, la elaboración formal del documento en aquellas comunidades que tengan contratado administrador de fincas externo será a cargo de este profesional, sin perjuicio de que el documento sea suscrito por el presidente. Cuando la junta sea convocada por al menos el veinticinco por ciento de las cuotas de participación o por la cuarta parte de los propietarios, serán estos quienes elaboren formalmente y suscriban con sus firmas el documento.

Señala el artículo 16.2 LPH que la convocatoria será notificada a los copropietarios en la forma establecida en el artículo 9 LPH. Aunque no se detalla, evidentemente está haciendo mención del artículo 9.1.h) LPH. Conforme a lo dispuesto en este artículo, la notificación deberá realizarse en el domicilio en España señalado por el copropietario al secretario de la comunidad. Si no hubiera señalado domicilio alguno, se hará en el elemento privativo del que sea propietario en el edificio. Aunque este se encuentre ocupado por un tercero, la comunicación realizada al mismo surtirá plenos efectos jurídicos. Si no pudiera efectuarse la convocatoria a junta de esta manera, deberá hacerse mediante notificación presunta, es decir, mediante la colocación de la convocatoria en el tablón de anuncios comunitario o el lugar visible de la comunidad durante al menos tres días. Se acreditará su colocación durante ese periodo, mediante certificación expedida por el secretario de la comunidad, con el visto bueno del presidente. Esta forma de notificación presunta produce los mismos efectos que la notificación fehaciente al propietario. Dentro del concepto de domicilio a efectos de notificaciones, debe incluirse la posibilidad de notificación mediante correo electrónico.

Aunque la facultad de elaborar el orden del día es del convocante, ya sea el presidente, un número de copropietarios que representen el veinticinco por ciento de las cuotas de participación o la cuarta parte de los condueños, cualquier copropietario podrá solicitar la deliberación y votación sobre cualquier asunto relacionado con la comunidad de propietarios. Esta solicitud deberá ser atendida por el presidente, quien deberá incluirla preceptivamente en la siguiente junta de propietarios que se convoque. El único requisito formal es que el condueño lo solicite mediante escrito dirigida al presidente de la comunidad.

La convocatoria deberá contener la relación de copropietarios que no se encuentren al corriente de las deudas vencidas con la comunidad, conteniendo la advertencia de que quienes no paguen antes de la celebración de la junta de propietarios, podrán participar en las deliberaciones, pero no conformar con su voto la voluntad comunitaria. Hasta aquí la regulación actual, no obstante, la enmienda 430 al Proyecto de Ley del Decreto Ley ómnibus modifica el artículo 16.1 en el sentido de exigir que los promotores de la junta de propietarios se encuentren al corriente de todas las obligaciones vencidas con la comunidad de propietarios. Los promotores deberán solicitar la convocatoria al presidente, y si este no lo hace en el plazo de un mes desde la solicitud, podrán hacerlo los promotores a través del secretario.

3.3.2. Clasificación

3.3.2.1. Ordinaria

Se considera junta ordinaria aquella que tiene como objeto la aprobación de los presupuesto y gastos comunitarios, en el ejercicio de la competencia que tiene atribuida mediante el artículo 14 b) LPH. Su periodicidad debe ser anual y su celebración es imperativa. Si el presidente no convocara por su propia iniciativa la junta ordinaria, podrán hacerlo los propietarios que representen al menos el veinticinco por ciento de las cuotas de participación o por una cuarta parte de los condueños. El artículo 16.1 LPH exige que la junta ordinaria se celebre una vez al año con tal carácter, lo que implica que debe celebrarse una cada ejercicio económico, sin que sea necesario que coincida con el año natural.

Sin perjuicio de que dentro del orden del día deba figurar necesariamente la apropiación del presupuesto del siguiente ejercicio económico o los gastos del anterior, en esta junta se podrá tratar cualquier otra cuestión dentro de sus competencias. Dentro de estas, como así lo dispone el artículo 14.e) LPH, puede incluirse, además, cualquier asunto de interés general para la comunidad o para la mejora de un servicio comunitario.

La convocatoria deberá ser notificada a los copropietarios, incluso a aquellos privados de derecho de voto, en la forma prevista en el artículo 9.1. h) LPH, ya detallada anteriormente. La citación para la junta de propietarios deberá efectuarse, al menos, con una antelación de seis días. Se aplicará el cómputo civil de los plazos, es decir, que conforme a lo dispuesto en el artículo 5.2 CC no se excluyen los días inhábiles. Por lo tanto, se trata de días naturales.

3.3.2.2. Extraordinaria

Será aquella junta de propietarios que, distinta a la ordinaria de periodicidad anual, puede ser convocada por el presidente o por los propietarios que representen el veinticinco por ciento de cuotas de participación o la cuarta parte de condueños, cuyo objeto sea distinto a la aprobación del presupuesto y gastos comunitarios.

En el orden del día de estas juntas se podrán incluir cualquier asunto relacionado con la comunidad de propietarios, con la lógica exclusión de presupuestos y cuentas, ya que existe una reserva competencial a favor de las juntas ordinarias.

En la práctica habitual, la convocatoria de este tipo de juntas de propietarios suele coincidir con la aprobación de obras extraordinarias. La aprobación de su realización, estudio de presupuestos y su aprobación, aprobación de acuerdos de constitución de servidumbres, financiación de la obra, etc., requerirán varias juntas, máxime si se modificara la obra inicialmente proyectada.

La convocatoria a junta general extraordinaria deberá notificarse en la forma prevista en el artículo 9.1h) LPH. El artículo 16.3 LPH no fija un plazo de antelación para la citación a la junta, sino que lo deja abierto. En este sentido, el precepto indica que la antelación será la suficiente para que pueda llegar a conocimiento de todos los interesados.

Por interesados deberá entenderse los propietarios de elementos privativos, ya que el resto de posibles intervinientes, como puede ser el contratista, etc., no precisan convocatoria formal a junta. El tiempo preciso dependerá del tipo de citación que se realice, es decir, no es lo mismo tener que esperar tres días para una notificación presunta, que un correo electrónico. Por lo tanto, depende de la idiosincrasia de cada comunidad de propietarios.

3.3.2.3. Universal

El artículo 16.3 LPH permite la celebración de juntas universales. Se entiende como tal, aquella en la que estén presentes la totalidad de los propietarios de todos los elementos privativos del edificio.

No basta la mera coincidencia en el espacio y en el tiempo de todos los copropietarios, sino que para que tengan el carácter de junta universal estos han de decidirlo así. Al ser una excepción del sistema legal de convocatoria de las juntas de propietarios debe ser interpretado de forma restrictiva, en el sentido de que todos los condueños deben acordar de forma expresa el conferir a la mera reunión de todos los copropietarios, el carácter de junta universal. No es preceptiva convocatoria alguna, si bien, lo habitual es que no ocurra de forma casual salvo en pequeñas comunidades de propietarios.

Pueden tratar cualquier asunto de interés general, incluso, los presupuestos y cuentas anuales, ya que nada impida que una junta universal pueda ser también una junta ordinaria.

Mientras que las distinciones entre juntas ordinaria y extraordinaria son la periodicidad y el objeto, la diferencia entre una junta universal y cualquier otra es la existencia o ausencia de convocatoria formal previa.

3.4. Celebración

Dispone el artículo 15.I LPH que la asistencia a la junta de propietarios será personal o por representación legal o voluntaria. A raíz de la pandemia del COVID-19, se promulgó el Real Decreto 926/2020, de 25 de octubre. Por el que se declara el estado de alarma para contener la propagación de infecciones causada por el SARSCOV-2. En dicha norma se contempló la posibilidad de celebración de juntas telemáticas. Conforme la legislación actual esto no es posible, si bien se ha introducido la enmienda 430 en la Tramitación parlamentaria del proyecto de ley del Real Decreto-Ley ómnibus que introduce a Disposición Final Séptima que modifica seis artículos de la Ley de Propiedad Horizontal[314].

Esta reforma, incluye los siguientes aspectos que afectan a las juntas de propietarios.

a) Reforma del artículo 9.1.h) LPH: En este sentido, se introduce la posibilidad de citación electrónica a través de una cuenta de correo

314 *Vid.* MAGRO SERVET, V., «¿Cuáles son las modificaciones relevantes en la LPH en la tramitación del Proyecto de Ley del Decreto-Ley ómnibus y el de eficiencia procesal?», en *El derecho Inmobiliario, Tribuna*, 27 de noviembre de 2024.

electrónico que sustituya la citación postal. Es loable la reforma, sin embargo, debería ir más allá, en el sentido de responsabilizar a las administraciones públicas para que faciliten a las comunidades de propietarios, especialmente a través de sus administradores o quien ejerza la función de secretario, los instrumentos tecnológicos que permitan acreditar la notificación por este medio. Esta posibilidad debe extenderse, igualmente a la notificación al copropietario deudor, de la misma forma que sucede con las notificaciones de la agencia tributaria u otros organismos públicos. Si el deudor no lo descarga será bajo su exclusiva responsabilidad, dándosele por debidamente notificado. En todo caso, debe primar la notificación electrónica sobre la postal. No obstante, debe mantenerse la posibilidad de notificación y citación de forma distinta a la electrónica, toda vez que requerirá un tiempo de adaptación ya que, en la actualidad hay convivencia entre personas nativos digitales y otras que no lo son. Es necesaria una transición tecnológica, toda vez que no toda la población tiene la misma accesibilidad y dominio de las nuevas tecnologías.

b) Se modifican los artículos 15.1 y 16.4 LPH, en el sentido de que se admite la celebración de juntas telemáticas y mixtas: parte de los asistentes acuden de forma presencial y otra telemática. Esta reforma viene a aclarar la situación anterior, puesto que, aunque parezca que la legislación actual solo admite la forma presencial, lo cierto es que cuando el artículo 15.1 LPH señala que la asistencia será personal, lo hace como contrapuesto a comparecer sustituido por representante[315]. No obstante, aunque es cierto que para un gran sector de la población no supondrá un esfuerzo la celebración de juntas telemáticas, para otros, ya sea por su edad o situación económica, le será mucho más difícil; incluso en supuesto de falta de capacidad económica puede resultar imposible el acceso a medios telemáticos. Esto, además de una clara desigualdad de los ciudadanos, implicará que quien no tenga acceso a medios telemáticos o no sepa manejarlos quizás por motivo de edad, acabe impugnando los acuerdos adoptados al verse privados de la posibilidad de intervenir. Pero el supuesto más grave es el de aquellas personas con escasa capacidad económica que no pueden acceder a estos medios por no poder pagar una conexión, que seguramente sean los mismos que no pueden pagar los gastos generales del edificio y, por tanto, no podrán participar en las juntas de condueños a fin de exponer su situación y poder proponer medios alternativos a la reclamación judicial, ya que no podrán intervenir cuando se debata y apruebe la liquidación y reclamación judicial de su deuda.

315 Cerdeira Bravo de Mansilla, G., «Presente y futuro (Post-Covid) de las juntas de vecinos en régimen de propiedad horizontal:¿Presenciales o virtuales?», en *Diario La Ley*, núm.9940, 20 octubre de 2021.

Se podrá señalar que esta discriminación por razón de edad y circunstancias económicas se solventa con la posibilidad de asistencia presencial a la junta de propietarios, pero lo cierto es que siendo la causa la avanzada edad de quien no maneja esta tecnología, generalmente mayor de setenta años, a quien el artículo 10.1.b) LPH equipara a efectos de esta ley con una persona con discapacidad, probablemente le sea más gravoso o imposible acudir presencialmente. Esto se solucionaría considerando definitivamente la conexión a internet como un derecho fundamental prestado o financiado por las administraciones públicas. En este sentido, la Asamblea General de Naciones Unidas declaró en 2011 que el acceso a internet es un derecho humano, entre otros motivos, porque permite el derecho a la libertad de opinión y expresión garantizada en el artículo 19 de la Declaración Universal de Derecho Humanos y el Pacto Internacional de Derechos Civiles y Políticos[316]. La reforma del artículo 16.4 LPH propone que el secretario debe comprobar la identidad de los propietarios asistentes a la junta y consignarlo en el acta. Esta carga de comprobación, además, tendrá la consecuencia procesal de hacer recaer sobre la comunidad de propietarios la carga de la prueba en caso de impugnación. Esta reforma está claramente inspirada en el Real Decreto 8/2021 de 4 de mayo, por el que se adoptan medidas urgentes en el orden sanitario, social y jurisdiccional, a aplicar tras la finalización de la vigencia del estado de alarma declarado por el Real Decreto 926/2020, de 25 de octubre, por el que se declara el estado de alarma para contener la propagación de infecciones causadas por el SARS-COV-2.

c) El vigente artículo 16.2.III y IV LPH a la fecha de redacción de esta obra, dispone que las juntas de propietarios requieren dos convocatorias. En la primera convocatoria se precisa la asistencia de la mayoría, tanto de propietarios como de cuota de participación. En la segunda convocatoria no se precisa un *quórum* mínimo de asistencia. Entre la primera y segunda convocatoria deberán transcurrir media hora al menos. Se celebrará en el lugar, fecha y hora que figura en la convocatoria. Si en la convocatoria inicial no se hubiera incluido en fecha y hora de segunda convocatoria, se realizará una nueva dentro de los ocho días naturales siguientes a la junta en la que no hubo *quórum*. Deberá ser convocada con una antelación mínima de tres días. La enmienda 430 del proyecto de Ley del Real-Decreto Ley ómnibus suprime la necesidad de dos convocatorias, algo que debe ser alabado ya que no tenía sentido práctico alguno, de hecho, la mayoría de los administradores de fincas incluyen entre paréntesis tras la ora de la segunda convocatoria, que esa será la fecha de inicio de la junta de propietarios.

316 Miranda Bonilla, H., «El acceso a internet como derecho fundamental», en *Revista Jurídica IUS Doctrina*, num.15, 2016, págs. 1-23.

d) Introducción del artículo 16.5 LPH. Mediante el añadido de este nuevo apartado al artículo 16 LPH, se pretende agilizar la vida comunitaria mediante la posibilidad de votar sin debate, de forma postal o a través de correo electrónico. Su ámbito se reduce a las juntas extraordinarias[317]. Esta nueva regulación merece una crítica, ya que debería delimitar con detalle los asuntos que pueden ser objeto de voto sin debate. Su aplicación, en todo caso, debería ser restrictiva por cuanto que implica una excepcionalidad en el ejercicio del derecho de la propiedad por parte de los condueños. Parece que el legislador opta por acuerdos de adhesión, privando en estos casos a los condueños de posibilidad de modificación o negociación. Es un claro ejemplo de *take it or leave it*. De su redacción, parece que se delega en el presidente de la comunidad la posibilidad de decidir qué acuerdos serán adoptados en junta de propietarios plenarios y, cuáles serán adoptados por adhesión. En definitiva, es una regulación incompleta, susceptible de rápida modificación y que va a provocar una elevada litigiosidad.

En caso de que el propietario no acuda personalmente a la junta y confiera su representación a un tercero, propietario o no de la comunidad, bastará la firma en un escrito privado en el que se limite a conferir su representación. Debe entenderse que también será válida la representación general otorgada para cualquier junta de propietarios, que seguirá vigente mientras no sea revocada expresamente. Si compareciera el propietario personalmente, esa representación carecería de validez mientras estuviera presente el propietario. También será válida la representación legal como en el caso de las personas jurídicas, donde el administrador deberá acreditar esta circunstancia.

El artículo 15 señala las reglas de asistencia a juntas de propietarios en determinadas situaciones:

a) Copropiedad: En caso de que un elemento privativo pertenezca a varios propietarios en régimen de comunidad, deberán elegir un representante que asita a las juntas de propietarios y votar en ellas. Si el representante no es uno de los copropietarios deberá acreditar su representación mediante escrito firmado por cualquiera de ellos.

b) Usufructo: En el caso de que el elemento privativo sea disfrutado por un usufructuario, la asistencia a junta corresponderá al nudo propietario. Aunque la propiedad se encuentre desnuda, el propietario conserva sus derechos políticos en relación con el régimen comunitario del edificio. No obstante, si compareciera el usufructuario a la junta

---

317 Magro Servet señala que el voto por correo será admisible para juntas extraordinarias cuando se trate de probar cosas puntuales, evitando así la concentración de puntos del orden del día en la junta ordinaria. Magro Servet, V., «¿Se puede realizar el voto telemático en las juntas extraordinarias?», en *El Derecho Inmobiliario, Tribuna*, 16 de marzo de 2023.

de propietarios y no haya acudido el nudo propietario, se presumirá que el usufructuario estará legitimado para representar al propietario sin necesidad de acreditar documentalmente el mandato. No obstante, esta presunción de representación no concurre cuando se trata de aprobar acuerdos relativos a:

1. Infraestructuras comunes en los edificios para los accesos a los servicios de telecomunicaciones o la adaptación de los existentes, así como la instalación de sistemas comunes o privativos, de aprovechamiento de energías renovables, o bien de las infraestructuras necesarias para acceder a nuevos suministros energéticos colectivos.
2. Obras extraordinarias, es decir, imprevistas.
3. Obras de mejora, es decir, no necesarias para la conservación y mantenimiento del edificio.

3.5. Acuerdos

3.5.1. Mayorías

Respecto del régimen de mayorías para adoptar los distintos acuerdos comunitarios, se hace una revisión expresa el capítulo relativo a la conservación y mejora del edificio.

3.5.2. Voto presunto

El vigente artículo 17.8 LPH, establece que se computarán como favorables los votos de los ausentes en la junta de propietarios, siempre que habiendo sido notificadas conforme a lo establecido en el artículo 9.1.h) LPH, no hayan manifestado de forma fehaciente quien haga las funciones de secretario comunitario, su discrepancia con el acuerdo adoptado. El discrepante tendrá un plazo de treinta días naturales para manifestar su oposición al acuerdo. Existen dos excepciones: los acuerdos respecto de los que no se pueda repercutir el coste de los servicios a aquellos propietarios que no hayan votado expresamente a favor del acuerdo y aquellos que tengan como objeto una modificación o reforma para aprovechamiento privativo[318].

---

318 Señala Polo Portilla que en los supuestos en los que se exige una mayoría cualificada, como puede ser el supuesto en que se exija tres quintas partes, si en junta el acuerdo se aprobara por la doble mayoría simple, la ausencia fehaciente de discrepancia por parte de los ausentes genera el efecto de consolidar la mayoría existente. Polo Portilla, M.J., «Los propietarios ausentes en los acuerdos de mejora. STS, Sala primera, de lo Civil, -11-11-2020 (SP/SENT/1072/47)», en *Jurisprudencia Comentada Sepín*, enero 2021, SP/DOCT/109048.

3.5.3. Abstención

El proyecto de Ley del Decreto-Ley ómnibus introduce la aclaración de que la abstención hay que entenderla como un voto a favor del resultado consecuencia del voto efectivamente emitido. Se señala que se introduce una aclaración o ratificación legal de un criterio que en la práctica ya venía utilizándose.

No obstante, esta reforma merece una crítica, puesto que el derecho de voto se limita a ser un mero derecho. Como tal, tiene una perspectiva positiva y otra negativa. La positiva consiste en que por ser propietario de un elemento privativo se podrá ejercitar rápidamente el ejercicio del derecho de voto y con ello, conformar la voluntad comunitaria. Sin embargo, también tiene una perspectiva negativa, en el sentido de que ningún copropietario puede ser obligado a votar, y si su deseo es abstenerse de emitir su voto efectivo por cualquier motivo, no puede ser obligado a conformar la voluntad comunitaria en un sentido en que no se ha manifestado expresamente. Y si con ello no se consigue una mayoría o minoría suficiente, esa es su voluntad expresada de forma negativa y que debe ser respetada.

3.5.4. Ejecutividad

El vigente artículo 17.9 LPH señala que los acuerdos válidamente adoptados en junta de condueños obligan a todos los propietarios. Sin embargo, el artículo 19.3 LPH vincula la ejecutividad de los acuerdos al cierre del acta con la firma del presidente y de quien ejerza las funciones de secretario en la comunidad. Realmente, existe una clara contradicción entre ambos preceptos, puesto que la ejecutividad de los acuerdos deriva directamente de su obligatoriedad, por haber sido adoptado conforme a las exigencias de la Ley de Propiedad Horizontal.

El artículo 19.3 LPH exige el cierre del acta dentro de los diez días naturales siguientes a la celebración de la junta de propietarios. De una lectura literal del precepto parece deducirse que los acuerdos solo serán ejecutivos desde el cierre del acta y, en todo caso, después de los diez días desde la celebración de la junta ya que en ese periodo debió cerrarse el acta. En realidad, esto no es así, porque como ya se ha señalado los acuerdos son obligatorios desde su adopción y, por lo tanto, ejecutivos.

No obstante, esta discusión desaparecerá con la reforma contenida en el Proyecto de Ley del Decreto-Ley ómnibus que, ratificando el criterio señalado anteriormente, añade al artículo 17.9 LPH la previsión de que los acuerdos válidamente adoptados no sólo obligan a todos los propietarios, sino que serán ejecutivos desde su obligación. En todo caso, prevé la posibilidad de que una norma establezca lo contrario, probablemente haciendo referencia a la posibilidad de la adopción judicial de medida cautelar de suspensión de la ejecutividad del acuerdo comunitario. Además, el artículo 19.4. LPH en la redacción del proyecto, aclara que, aunque el acta no haya sido suscrita por el presidente y el secretario, esto no impedirá en ningún momento su ejecutividad. Es una redacción acertada, ya que, aunque de la actual redacción del artículo 17.9 LPH se puede deducir que esto es así, pudieran suscitarse dudas acerca de la posibilidad de que el presidente o quien ejerza las funciones del secretario, puedan bloquear la ejecutividad del acuerdo válidamente adoptado en junta de propietarios.

3.6. Actas

3.6.1. Libro de actas

Dispone el artículo 19.1 LPH que los acuerdos que se aprueben en junta de propietarios deberán constar en el libro de actas comunitario.

Este libro deberá ser diligenciado por el Registrador de la Propiedad en la forma que reglamentariamente se disponga. Esta forma se dispone en el artículo 415 RH. Se refiere a los libros de actas de las comunidades de propietarios, subcomunidades y complejos inmobiliarios a los que se refiere el artículo 24 LPH. Señala que se refiere a los libros de actas contemplados en el artículo 17 LPH, si bien, tras la reforma operada a través de la Ley 8/1999, de 6 de abril, de Reforma de la Ley 49/1960, de 21 de julio, sobre Propiedad Horizontal, en la actualidad su regulación se establece a través del artículo 19.1 LPH. El artículo 415 RH establece en actas, las siguientes reglas:

a) Debe ser diligenciado con carácter previo a su utilización. No podrá diligenciarse uno nuevo hasta completar el libro actual. Sólo en caso de pérdida del libro de actas puede diligenciarse un libro nuevo, siempre que el presidente o secretario comunitario declare ante notario o el registrador competente, bajo la responsabilidad del declarante, que se ha comunicado a los copropietarios la pérdida o destrucción del actual libro de actas o se ha denunciado su desaparición.

b) Será competente para su diligenciado el Registro de la Propiedad donde radique el inmueble sujeto al régimen de propiedad horizontal.

c) En virtud del principio de rogación propio del derecho registral inmobiliario, el diligenciado del libro de actas deberá venir precedido de la correspondiente solicitud. Esta debe contener los extremos siguientes:

   1. Datos del solicitante y, manifestación de este de que actúa por encargo del presidente comunitario.

   2. Datos identificativos de la comunidad de propietarios y, en caso de que así consten, sus datos registrales. De aquí se desprende que el libro de actas puede ser de una comunidad con título constitutivo o una comunidad de hecho.

3. Fecha de apertura y cierre del último libro de actas, salvo que el solicitante manifieste, bajo su responsabilidad, que no se ha diligenciado libro de actas anterior. Las hojas del libro deben ser numeradas con caracteres indelebles. Pueden ser de hojas fijas y móviles. En la actualidad, las hojas habitualmente son móviles al objeto de poder ser imprimidas.

d) Una vez presentada en el Registro de la Propiedad la solicitud y el libro de actas que va a ser diligenciado, se practicará el correspondiente asiento de presentación en el libro diario. En él se consignará la fecha de presentación, junto con los datos identificativos del solicitante y de la comunidad de propietarios.

e) La diligencia se extenderá en la primera hoja con expresión de la fecha en que se realice, identificación de la comunidad incluyendo en su caso, los datos registrales, número cronológico de libro de actas entre los diligenciados a la misma comunidad, número de hojas e indicación de que todas ellas tienen estampado el sello del Registro de la Propiedad y su sistema de sellado. La diligencia será firmada por el registrador. Si se diligencia nuevo libro por pérdida, destrucción o sustracción del anterior, debe hacerse constar esta nueva circunstancia en el nuevo libro, que cerrará definitivamente el anterior. Este cierre implica que si apareciera el libro antiguo ya no puede transcribirse a él nuevas actas. El sistema de sellado podrá ser por impresión, estampillado, perforación mecánica u otro procedimiento que permita garantizar la autenticidad de la diligencia.

f) El Registrador dispone de cinco días para diligenciar el libro de actas desde la solicitud debidamente realizada, o de quince días si concurre justa causa. En caso de denegación podrá interponerse recurso gubernativo ante la Dirección General de Seguridad Jurídica y Fe Pública en el plazo de 15 días hábiles.

g) Una vez diligenciado el libro de actas se pondrá en el folio correspondiente al titular de este, ya sea comunidad de propietarios, subcomunidad o complejo inmobiliario, nota marginal expresiva del ordinal correspondiente a libro diligenciado, número de hojas que lo componen, y en su caso, si se diligencia por desaparición o sustracción del libro anterior. Si se tratara de una comunidad de propietarios no inscrita en el Registro de la Propiedad, los datos que deberían constar en la nota marginal si estuviera inscrita, se hará constar en un libro fichero, que podrá llevarse por medios informáticos. Tanto si se practica, como si se deniega, se hará constar nota de despacho en el pie de la solicitud y al margen del asiento de presentación. Si se dejara transcurrir seis meses desde la presentación del libro de actas en el Registro de la Propiedad sin ser retirado, se procederá a su destrucción, haciéndolo constar en el folio de la comunidad de propietarios, subcomunidad o complejo inmobiliario. Si no estuvieran inscritos en el Registro de la Propiedad se hará constar en el libro-fichero. En ambos casos, también se hará constar al pie de la instancia en la que se solicita el diligenciado y del asiento de presentación.

La enmienda 430 del Proyecto de Ley por la que se aprueban medidas urgentes para la ejecución del plan de Recuperación, Transformación y Resiliencia en materia de servicio público de justicia, función pública, régimen local y mecenazgo (procedente del Real Decreto-Ley 6/2023, de 19 de diciembre), proyecto de ley 121/000002, introduce la posibilidad de libro de actas electrónico. En este sentido, se añadiría al artículo 19.1 LPH la posibilidad de que el libro de actas pudiera llevarse en formato y soporte electrónico, según el modelo que fuera aprobado por la Dirección General de Seguridad Jurídica y Fe Pública. El actual artículo 19.4 LPH.

3.6.2. Contenido

El artículo 19.2 LPH señala el contenido mínimo de las circunstancias que debe expresar un acta comunitaria.

a) La fecha y lugar de la celebración.

b) Autor de la convocatoria y, en su caso, de los propietarios que la hubieran promovido conforme a lo dispuesto en el artículo 16.2 LPH la convocatoria la realizará el presidente y, en su defecto, los promotores de la junta de propietarios.

c) Su carácter ordinaria o extraordinaria. Es decir, si se trata de la junta anual obligatoria para la aprobación, al menos, de presupuestos y cuentas o no, tal y como establece el artículo 16.1 LPH.

d) Relación de copropietarios asistentes, ya lo hagan personalmente o representados. En todo caso, en caso de asistencia por representación deberá hacerse constar la identificación de representante y representado. También se hará constar si alguno de los asistentes ostenta la titularidad de alguno de los órganos de gobierno comunitario. En la relación de copropietarios asistentes, ya sea personalmente o por representación, se hará constar la cuota de participación de cada uno de los elementos privativos de los que es copropietario. Esta última circunstancia es esencial, ya que para la obligación de las mayorías se tiene en cuenta la de propietarios y las cuotas de participación, lo que puede denominarse el régimen de la doble mayoría.

e) El orden del día de la junta de propietarios.

f) Acuerdos adoptados.

El artículo 19.2.f) LPH exige que se indique, cuando sea relevante, el nombre de los copropietarios que hubieran votado a favor o en contra del acuerdo. La realidad es que lo que se suele hacer constar, es el elemento privativo del que son propietarios junto a la expresión de la cuota de participación que tienen asignada del total del inmueble. Esta práctica se compadece mejor con la legislación de protección de datos. Una vez más, debe realzarse el carácter esencial de la expresión de la cuota de participación para determinar la doble mayoría. En el supuesto de que un propietario tuviera más de una propiedad, es cuando debe aplicarse la previsión legal respecto a la necesidad de indicar los nombres de los propietarios que hayan intervenido en la votación, a efectos de determinar si también concurre el número suficiente de propietarios para la aprobación del acuerdo comunitario.

Una vez más, debe hacerse referencia al Proyecto Ley del Decreto-Ley ómnibus 121/000002, puesto que al admitir la posibilidad de que se adopten acuerdos a través de voto por correo, determina que, este caso, el acta debería expresar el siguiente contenido mínimo:

a) Carácter del acuerdo adoptado.

b) Promotor o promotores del acuerdo.

c) Fecha inicial y final para la emisión del acta.

d) Relación de propietarios que hayan votado, con expresión de los nombres y cuotas de participación. Se hace referencia a los representados, aunque no se entiende muy bien cuando se trate de la emisión de un voto por correo, ya sea electrónico o postal. Podría entenderse que se refiere a los supuestos a los que se refiere el artículo 15.1.II y III LPH, es decir, los supuestos de indivisión y usufructo.

e) Acuerdo adoptado, con indicación de nombre, y cuotas de participación de quienes hubieran votado a favor y en contra.

El vigente artículo 19.3 LPH dispone que el acta deberá contar con la firma del secretario y el presidente.

3.6.3. Subsanación

Conforme a lo dispuesto en el artículo 19.3.III LPH, se podrán subsanar los defectos o errores que contenga el acta. Para ello, este deberá tener un contenido mínimo:

a) Fecha y lugar de celebración de la junta.

b) Relación de propietarios asistentes, presentes o representados.

c) Acuerdos adoptados con indicación de los votos a favor y en contra, con la indicación de las cuotas de participación correspondientes a unos y otros.

d) Firma de presidente y secretario.

Se efectuará mediante la anotación en el libro de actas de la correspondiente diligencia de subsanación.

En cuanto al tiempo, debe realizarse antes de la celebración de la siguiente junta de propietarios, puesto que en ella deberá votarse el acuerdo de ratificación de la subsanación, el cual se entenderá aprobado por la doble mayoría a la que se refiere el artículo 17.7 LPH.

3.6.4. Notificación

El artículo 19.3.II LPH dispone que las actas comunitarias deben ser notificadas a todos los propietarios conforme al procedimiento establecido en el artículo 9 LPH. En realidad, se está refiriendo al artículo 9.1.h) LPH que ya ha sido analizado anteriormente. La única previsión temporal es la que consta en el artículo 19.3.I LPH que dispone que el acta debe cerrarse en el plazo de diez días y que, desde ese momento los acuerdos son ejecutivos. Cabe plantearse si esto implica que el plazo de notificación del acta es de diez días naturales. La respuesta debe ser negativa, ya que es sólo un plazo de cierre que determina la ejecutividad de los acuerdos. Debe concluirse que en la actualidad no hay plazo legal de notificación, sin perjuicio de la responsabilidad que derive de la falta de notificación de un acuerdo que es ejecutivo y genere obligaciones para un copropietario que por falta de notificación desconoce.

Por ello, una vez más y como previsión de futuro, debe acudirse al Proyecto de Ley del Decreto-Ley ómnibus en el que se fijan dos plazos para la notificación del acta:

a.- Junta presencial: veinte días hábiles a contar desde el día siguiente de la celebración de la junta de propietarios.

b.- Acuerdo sin junta: veinte días hábiles a contar desde el día siguiente a la fecha de adopción del acuerdo. Se amplía la posibilidad de notificar por correo electrónico.

Sin perjuicio de la reforma propuesta, lo cierto es que en la actualidad la mayoría de las notificaciones, tanto de actas como de convocatorias, se realizan ya por correo electrónico.

3.6.5. Eficacia

Las actas de las juntas de propietarios no tienen valor *ad solemnitatem* en el sentido de que los acuerdos adoptados existen y son válidos al margen de que, aparezcan reflejados en el libro de actas. En este sentido, la STS de 19 de julio de 1993 señala que el acta de la junta no tiene carácter constitutivo[319]. Igualmente, la SAP Barcelona de 6 de marzo de 2000 señala que la no inclusión de un acuerdo en el acta de la junta sea una forma *ad substantiam* de este, lo que se puede concluir que su omisión no es causa de nulidad del acuerdo[320]. La SAP Madrid de 23 de diciembre de 2016 aclara que el acta de la Junta de propietarios no es más que un mero documento

319 STS 749/1993, de 19 de julio. ECLI:ES:TS:1993:4300.

320 SAP Barcelona de 6 de marzo de 2000, ECLI:ES:APB:2000:2789.

privado, al cual, la jurisprudencia le ha negado el carácter de constitutivo[321]. Pero como señala esta última sentencia, ni siquiera se le reconoce eficacia *ad probationem*; puesto que no se le reconoce así en la Ley de Propiedad Horizontal. La STS de 2 de marzo de 1992 señala que el acta puede servir como prueba preconstituida, pero no es la única admisible[322]. En el mismo sentido SAP Zaragoza de 6 de febrero de 2015 y SAP Barcelona de 13 de octubre de 2020[323] . Por lo tanto, el contenido del acta goza de presunción de veracidad respecto de los hechos que refleja, siendo una presunción *iuris tantum*, es decir, admite prueba en contrario. En este sentido, se pronuncia la SAP Asturias de 19 de mayo de 2020[324] .

3.7. Impugnación de acuerdos

3.7.1. Consideraciones generales

Los acuerdos adoptados en junta de propietarios pueden ser impugnados por los propietarios que consideren que dichos acuerdos se encuentren incursos en alguna de las causas de impugnación relacionadas en el artículo 18.1 LPH. Señala este precepto que la impugnación debe hacerse ante el tribunal competente, que será el del lugar donde radique la finca. Se ventilará a través de los trámites del procedimiento ordinario, ya que tiene como objeto una cuestión relativa a la propiedad horizontal y no versa exclusivamente sobre reclamación de cantidad.

3.7.2. Motivos

El artículo 18.1 LPH relaciona los motivos de impugnación de los acuerdos comunitarios:

a) Acuerdos que sean contrarios a la ley o a los estatutos.

b) Acuerdos gravemente lesivos para los intereses comunitarios en beneficio de uno o varios propietarios. De la lectura de este motivo, parece que la ley reserva esta posibilidad impugnatoria a aquellos supuestos en que concurran ambas circunstancias, es decir, que haya un perjuicio para la comunidad y que produzca correlativamente un beneficio para uno o varios propietarios. Debe entenderse que si un

321 SAP Madrid 424/2016, de 23 de diciembre. ECLI:ES:APM:2016:17750.

322 STS 180/1992, de 2 de marzo de 1992. ECLI:ES:TS:1992:12705.

323 SAP Zaragoza 59/2015.ECLI:ES:APZ:2015:165 y SAP Barcelona 414/2020, de 13 de octubre. ECLI:APB:2020:9740).

324 SAP Asturias 146/2020, de 19 de mayo. ECLI:APO:2020:2027

acuerdo es gravemente lesivo para la comunidad puede ser impugnado, aunque no haya un correlativo beneficio para algún copropietario. Parece ser que la *ratio legis* del precepto es evitar que algún copropietario pueda beneficiarse a costa del interés comunitario. No obstante, si por cualquier motivo la comunidad adoptara un acuerdo gravante lesivo para ella que no beneficiara a algún propietario, el propietario que no estuviera de acuerdo con ello podría impugnarlo. Nada impide la adopción de un acuerdo lesivo que pueda ser beneficioso o no para un tercero, con relación o no con algún copropietario. Se podría adoptar dicho acuerdo dentro del principio de autonomía de la voluntad, sin perjuicio del resultado posterior de una posible impugnación del acuerdo.

En todo caso, la lesividad debe ser grave, lo que excluye los supuestos de lesividad liviana. Un pequeño perjuicio no puede justificar una medida tan transcendente como la anulación de un acuerdo.

c) Acuerdos que supongan un grave perjuicio para algún propietario que no tenga la obligación jurídica de soportar. Este motivo implica que un propietario de un elemento privativo no tiene por qué soportar un grave perjuicio, cuando el mismo no proviene de una obligación jurídica que debe soportar. Si la comunidad de propietarios adopta un acuerdo por el que se priva a los propietarios morosos del uso de la piscina comunitaria y, posteriormente, se aprueba un acuerdo de reconocimiento y liquidación de deuda de los propietarios morosos, estos tienen la obligación jurídica de soportar el acuerdo.

En este supuesto, la lesividad debe ser calificada como grave, lo que sin duda se trata de un concepto jurídico indeterminado cuya casuística corresponde determinar a los tribunales.

d) Cuando se hayan adoptado con abuso de derecho. Por su propia definición, todo acuerdo adoptado con abuso de derecho indica correlativamente un perjuicio para otro propietario, o para la propia comunidad. El abuso del derecho implica causar un perjuicio a alguien amparándose en una norma sin obtener un correlativo beneficio jurídico. Un actuar que tan solo persigue perjudicar a quien lo sufre. Cuando el acuerdo tiene tan solo una motivación dañina, es susceptible de ser impugnado por los propietarios.

3.7.3. Plazo

Se trata de un plazo de caducidad, ya que así lo dispone expresamente el artículo 18.3 LPH. Por lo tanto, es apreciable de oficio y no es susceptible de interrupción por ningún medio. El inicio del plazo se computa desde la celebración de la junta de propietarios para los presentes. Para el ausente comienza el plazo desde la notificación del acta de la junta de propietarios, siempre que la misma se haya producido en la forma prevista en el artículo 9.1.h) LPH. Los plazos serán distintos en virtud del motivo de impugnación:

a) Acuerdos nulos de pleno derecho: La STS de 6 de marzo de 2024 hace referencia a lo dispuesto en el artículo 6.3 CC, que señala que los actos contrarios a la ley son nulos de pleno derecho salvo que en ellos se establezca un efecto distinto para el caso de que se contravengan[325]. Por lo tanto, cualquier acuerdo que infrinja una norma imperativa o prohibitiva que no establezca un efecto distinto en el caso de contravención es nulo de pleno derecho. Se distinguen los acuerdos nulos de los anulables. Los acuerdos nulos de pleno derecho no son susceptibles de sanación y no están sujetos a plazo de impugnación alguno.

b) Acuerdos contrarios a la Ley de Propiedad Horizontal o a los estatutos comunitarios: en este caso la Ley sí que establece un efecto distinto en el caso de contravención. Concretamente, el artículo 18.1.a) señala la posibilidad de impugnar estos acuerdos lo que implica que, si no se hiciera y se dejara transcurrir el plazo de subsanación, los mismos serían sanados por el transcurso del plazo de caducidad.

   El efecto de la contravención es la posibilidad impugnatoria, pero en ningún caso, la nulidad de pleno derecho.

   En este supuesto, el plazo sería de un año desde su adopción para los presentes en la junta de propietarios mientras que, para los ausentes, se computaría desde su debida notificación.

3.7.4. Legitimación

Dispone el artículo 18.2 LPH que estarán legitimados: los propietarios que hubieran salvado el voto, los ausentes y los indebidamente privados de derecho de voto.

3.7.4.1. Salvar el voto

Esta expresión es una de las que mayores controversias ha generado en los últimos tiempos en relación con la propiedad horizontal. Desde la STS de 10 de mayo de 2013 se interpreta que la obligación de salvar el voto no se aplica a quien vota en contra del acuerdo, únicamente es preciso hacerlo por parte de quien se abstiene si luego quisiera impugnar el acuerdo[326].

325 STS 332/2024 de 6 de marzo ECLI:ES:TS:2024:1385.

326 STS 242/2013, de 10 de mayo. ECLI:ES:TS:2013:3127. En el mismo sentido, STS 332/2013, de 24 de mayo. ECLI:ES:TS:2013:3548.

En este sentido, la SAP Madrid de 22 de diciembre de 2023 señala que la necesidad de salvar el voto está reservada a quienes se abstienen, dando por hecho que lo hacen porque carecen de conocimiento sobre el contenido y alcance de los acuerdos objeto de votación[327]. Por lo tanto, el propietario que ha votado en contra del acuerdo estará plenamente legitimado para su impugnación sin necesidad de salvar el voto.

La enmienda 430 del proyecto de Ley el que se aprueba el Real Decreto-Ley ómnibus limita la necesidad de salvación del voto a los supuestos de abstención a la hora de aprobarse el acuerdo comunitario.

3.7.4.2. Voto en contra

Aunque el artículo 18.2 LPH no lo señala de forma expresa, estarán también legitimados para la impugnación de los acuerdos comunitarios quienes hubieran votado en su contra. Así lo dispone la STS de 28 de febrero de 2024[328].

Se puede entender que cuando el artículo 18.2 LPH se refiere a salvar el voto, incluye el supuesto del que se abstiene de votar y debe expresamente manifestar que se reserva el voto, así como el de quien vota en contra que, sólo por ese hecho, está legitimado para impugnar el acuerdo. De hecho, la enmienda 430 del Proyecto de Ley del Real Decreto-Ley ómnibus incluye de forma expresa la legitimación de quienes hayan votado en contra.

3.7.4.3. Ausentes

Cuando el artículo 18.2 LPH hace referencia a los ausentes lo está haciendo en un sentido amplio, es decir, con independencia de la causa que ha generado la ausencia. En este sentido, la ausencia puede ser voluntario por decisión del propietario de no acudir a la junta de propietarios. Este derecho de asistencia tiene una doble perspectiva. Por un lado, desde una óptica positiva el derecho de asistencia implica que cualquier condueño pueda acudir a la celebración de la junta de propietarios. Desde un punto de vista negativo, implica que el propietario que no quiera acudir voluntariamente a una junta puede hacerlo. Esta ausencia voluntaria no puede implicar merma de sus derechos políticos en la comunidad. Por ello, si el propietario considera que el acuerdo adoptado está dentro de los supuestos relacionados en el artículo 18.1 LPH, estará plenamente legitimado para su impugnación. También puede darse el supuesto en que el propietario sea ausente por causas ajenas a su voluntad. Con independencia de la causa que haya motivado su ausencia involuntaria,

327 SAP Madrid 536/2023, de 22 de diciembre. ECLI:ES:APM:2023:20127.

328 STS 287/2024, de 28 de febrero. ECLI:ES:TS:2024:1125. En el mismo sentido, STS 154/2022, de 28 de febrero. ECLI:ES:TS:2022:719.

el propietario gozará de legitimación para impugnar el acuerdo comunitario. El supuesto típico será la falta de notificación, o que esta se haya realizado de forma tan defectuosa que haya impedido al propietario conocer debidamente la convocatoria de la junta de propietarios y los asuntos a tratar. Los propietarios tienen derecho a conocer los asuntos que van a ser tratados en la junta de condueños, puesto que en caso de no saberlo implicará que el mismo no pueda adoptar libremente la decisión de acudir o no a la junta. Además, se le priva del derecho de información del que goza por el mero hecho de ser propietario. No hace falta que en la convocatoria se haga mención exacta de todos los detalles relativos al acuerdo a adoptar, pero sí una mención circunstanciada que permita al condueño decidir si acudirá o no a la junta, o aportar la posibilidad de adopción de algún acuerdo alternativo.

3.7.4.4. Indebidamente privados de derecho de voto

La indebida privación del derecho de voto contenida en el artículo 18.2 LPH se relaciona directamente con lo dispuesto en el artículo 15.2 LPH. Según este precepto estarán legítimamente privados del derecho de voto aquellos propietarios que al iniciarse la junta no estén al corriente en el pago de la totalidad de las deudas vencidas con la comunidad. Se exceptúan aquellos que paguen o consignen, notarial o jurisprudencialmente, la totalidad de la deuda y, además, así lo acrediten antes del comienzo de la sesión. También se exceptúan aquellas deudas que tengan su origen en un acuerdo impugnado por el deudor.

Por lo tanto, si un propietario que está al corriente en el pago de todas las deudas vencidas con la comunidad es privado del derecho de voto, estará indebidamente privado del mismo y, por tanto, estará plenamente legitimado para la impugnación del acuerdo comunitario que no pudo votar. Del mismo modo, quedarán indebidamente privados del derecho de voto aquellos copropietarios que hubieran consignado judicial o notarialmente la cantidad pendiente de pago, cuando lo hayan hecho con carácter previo al inicio de la junta de propietarios.

Ocurrirá lo mismo cuando se haya impugnado el acuerdo que dio origen a la deuda y, aun así, se prive al copropietario de su derecho al voto. En todos estos casos resulta esencial que el propietario que haya pagado, consignado o impugnado lo acredite documentalmente a quien ejerza las funciones de secretario de la comunidad. Si no fuera así, se podría dar la circunstancia de que el copropietario sea excluido por esa falta de acreditación, induciéndose maliciosamente a los órganos comunitarios a pensar que el copropietario está privado de derecho de voto.

3.7.5. Requisito de procedibilidad

El requisito previo de procedibilidad consiste en que el demandante en un procedimiento de impugnación comunitaria debe estar al corriente en el pago de todas las deudas vencidas con la comunidad.

Deben distinguirse los conceptos de legitimación y cumplimiento del registro previo de procedibilidad. La legitimación consiste en la cualidad del demandante que le permite constituir correctamente la relación jurídico-procesal en relación con el objeto del procedimiento. Están legitimados activamente para impugnar quienes se encuentren en la situación descrita en el epígrafe anterior: los que tras abstenerse en la votación hayan salvado su voto, quienes hayan votado en contra del acuerdo, los ausentes y aquellos propietarios privados indebidamente del derecho de voto. Se trata de una cuestión de fondo del asunto.

Por otro lado, el requisito previo de procedibilidad se refiere al cumplimiento obligatorio de una condición previa a la interposición de la demanda, sin cuya concurrencia no puede admitirse la demanda a trámite. Ello, sin perjuicio de que al ser la comunidad demandada la única que puede conocer la circunstancia de impago por parte del demandante, la falta de cumplimiento tan sólo podrá apreciarse tras el trámite de contestación a la demanda.

La STS de 22 de octubre de 2014 señala que se trata de un requisito de procedibilidad y no de una falta de legitimación activa, lo que impide entrar en el fondo del asunto[329]. En el mismo sentido, STS de 28 de febrero de 2022[330].

El artículo 18.2 LPH establece que será posible la impugnación del acuerdo si el propietario deudor, con carácter previo a la interposición de la demanda consigna judicialmente el importe total de la deuda, admitiéndose exclusivamente su consignación judicial.

Puede ser objeto de subsanación la falta de acreditación del pago o consignación siempre que, en el momento de interposición no exista deuda pendiente de pago o se haya consignado judicialmente la totalidad de la cantidad vencida pendiente. Por ello, lo que no puede subsanarse es el pago o consignación con posterioridad a la demanda, aunque si la acreditación documental del pago o consignación previa.

Este requisito de procedibilidad tiene una excepción: la impugnación de acuerdos de establecimiento o alteración de cuotas. No debe interpretarse como los acuerdos que modifican las cuotas de participación, sino aquellos que modifican el sistema de reparto de los gastos comunitarios entre los propietarios. El artículo 18.2 LPH hace referencia «al establecimiento o alteración de las cuotas de participación a que se refiere el artículo 9 entre los propietarios». Cuando el precepto se refiere de forma general al artículo 9 LPH, en realidad se está refiriendo al artículo 9.1.e) LPH que dispone que la contribución a los gastos para el adecuado sostenimiento del inmueble se hará conforme a las cuotas de participación o a lo especialmente esta-

329 STS 604/2014, de 22 de octubre. ECLI:ES:TS:2014:4455.

330 STS 154/2022, de 28 de febrero. ECLI:ES:TS:2022:719.

blecido. Por lo tanto, esta excepción debe entenderse como la posibilidad de impugnar los acuerdos que alteren el sistema de reparto por cuotas de participación o establecido en los estatutos comunitarios, y ello, aunque el propietario impugnante sea deudor de la comunidad. En este sentido, STS de 22 de octubre de 2013[331].

Esta excepción no sólo se aplica a aquellos acuerdos que de forma expresa modifican el sistema de distribución, sino también cuando el cambio en el sistema de distribución es consecuencia de un acuerdo por el que se exonera a un copropietario, de forma general o puntual, del pago de un determinado gasto común. Cuando se exonera a un copropietario del pago, el resto de los copropietarios deberán pagar la parte proporcional que el exonerado no pagará. Por ello, se trata de un acuerdo de alteración del sistema de contribución y por tanto, debe entenderse que concurre la excepción al requisito previo de procedibilidad. En este sentido, STS de 28 de febrero de 2024[332].

3.7.6. Ejecutividad

La exposición de motivos de la Ley 8/1999, de 6 de abril de Reforma de la Ley 49/1960, de 21 de julio, sobre Propiedad Horizontal, establece como motivo fundamental de su promulgación la aprobación de medidas a favor de la lucha contra la morosidad. Entre estas medidas se encuentran la ejecutividad de los acuerdos impugnados, en el sentido de que por el mero hecho de impugnar un acuerdo este no se suspende. Con ello, se evita que con la impugnación del acuerdo se suspenda su ejecución y, por tanto, el deudor no pueda ser reclamado. Si el deudor impugna un acuerdo por el que se determina el contenido y fecha de cumplimiento de la obligación de pago, con ello no se impedirá el vencimiento de la obligación y consecuente incursión en mora del deudor.

Como señala el artículo 18.4 LPH, tan solo se producirá la suspensión de la ejecución del acuerdo cuando así lo acuerde el tribunal competente, previa solicitud del demandante y sea oída la comunidad. Para pedir la suspensión de la ejecución del acuerdo, debe solicitarse conforme a las reglas previstas para las medidas cautelares previstas en los artículos 721 y ss. LEC.

Esta medida cautelar es de las relacionadas en el artículo 727.11.ª LEC que se refiere a las expresamente previstas en las leyes, en este caso el artículo 18.4 LPH. Por ello, es preciso que concurran los requisitos del artículo 728 LEC: peligro de mora procesal, apariencia de buen derecho y oferta de caución.

331 STS 613/2013, de 22 de octubre, ECLI:ES:TS:2013:5359.

332 STS 287/2024, de28 de febrero, ECLI:ES:TS:2024:1125.

Dispone el artículo 18.4 LPH que la suspensión se acordará a solicitud del demandante, lo que viene a coincidir plenamente con lo dispuesto en el artículo 721 LEC, en el sentido de que las medidas cautelares no pueden ser acordadas de oficio sino a instancia del parte.

El procedimiento para la adopción de las medidas cautelares viene regulado en los artículos 730 a 742 LEC. El artículo 18.4 LPH señala que la suspensión de la ejecución del acuerdo requiere previa audiencia a la comunidad. A la hora de adoptar medidas cautelares puede hacerse de dos formas. Por un lado, *in audita parte*, que implica la adopción de la medida sin audiencia del demandado derivado de la urgente necesidad de la adopción del acuerdo, aunque posteriormente se convoque a las partes a una vista. Si no concurre una extraordinaria urgencia, el acuerdo se adoptará tras una vista en la que deberá comparecer el solicitante y puede hacerlo la comunidad si está en desacuerdo con la suspensión del acuerdo. En ambos casos la comunidad de propietarios es oída, por lo que se podría solicitar la suspensión de ambas maneras, dependiendo de la urgencia de la suspensión fundamentada en la irreparabilidad del daño que se puede causar al demandante, si así no se hiciera.

4. Presidente

El presidente es un órgano esencial de origen legal de la comunidad de propietarios. Es esencial, en cuanto que resulta imprescindible su existencia. Es de origen legal por estar incluido en la relación de órganos de gobierno comunitario, en el artículo 13.1.b) LPH.

4.1 Nombramiento

4.1.1. Presidente propietario

El artículo 13.2 LPH establece que el nombramiento del presidente de la comunidad se hará entre los propietarios, lo que implica que para serlo se deberá ser propietario, al menos de un elemento privativo del edificio.

Como señala, entre otras, la SAP Málaga de 20 de mayo de 2024, el acuerdo por el que se nombra un presidente que no sea copropietario de la comunidad es nulo de pleno derecho, no siendo susceptible de convalidación o subsanación, ni sujeto a plazo de caducidad alguno[333].

Pero la nulidad radical del acuerdo por el que se nombra presidente a quien no es condueño de la comunidad, no implica necesariamente la nulidad de los acuerdos adoptados por las juntas convocadas por el presidente

333 SAP Málaga 354/2024, de 20 de mayo, ECLI:ES:APMA:2024:1913.

no propietario. Tampoco implica la nulidad de los contratos firmados por el presidente que no es condueño que deriven de acuerdos comunitarios válidamente adoptados. Estos acuerdos y contratos serán nulos cuando proceda de causas intrínsecas a los mismos, no por haber sido adoptados por juntas convocadas o firmadas por un presidente que no ostenta la condición de propietario. Así lo establece la STS de 27 de enero de 2017[334].

La STS de 3 de octubre de 2018, consideran que, aunque no es convalidable el acuerdo nulo, nada impide que se puedan convalidar por la junta de propietarios lo actuado por el presidente, toda vez que quien puede lo más, puede lo menos[335]. Consideran estas sentencias que los acuerdos adoptados por la junta de propietarios no quedan afectados por la nulidad del nombramiento del presidente ya que, en caso contrario, implicaría el absurdo lógico y jurídico de anular todos los actos de gestión que tuviera realizado en nombre de la comunidad el presidente cuyo nombramiento es nulo, puesto que ha sido ratificado expresa, tácitamente por los condueños integrantes de la comunidad de propietarios.

Esta ratificación puede ser expresa a través de un acuerdo adoptado en junta de propietarios, o bien tácita mediante su mero consentimiento por falta de impugnación de los acuerdos, tales como señala la SAP Cantabria de 25 de enero de 2023[336].

4.1.2. Sistema de elección

El principal sistema de elección del presidente de la comunidad es el de elección entre los propietarios y por los propietarios. El presidente será elegido por doble mayoría simple, es decir, de propietarios y de cuotas de participación. Con ello, se apuntala el funcionamiento democrático de las comunidades de propietarios. No existe límite de mandatos ni condiciones especiales para la elección, más allá de la referida condición esencial de ser propietario de al menos un elemento privativo. Los propietarios pueden depositar su confianza en aquel que consideren oportuno para ejercer el cargo, pudiendo renovar su nombramiento con la periodicidad anual a la que se refiere el artículo 13.7 LPH, sin perjuicio de cualquier otro plazo que establezcan los estatutos comunitarios, posibilidad también contemplada en el citado precepto.

Como se ha señalado, este es el método principal de elección, pero en cada junta podrá aceptarse que sea por turno rotatorio o sorteo. Esto implica que, si la comunidad establece como método de elección del presidente el turno rotatorio o sorteo, su resultado vinculará al presidente designado. Esto será

334 (STS 52/2017, de 27 de enero, ECLI:ES:TS:2017:173).

335 STS 543/2018, de 3 de octubre, ECLI:ES:TS:2018:3342.

336 SAP Cantabria 40/2023, de 25 de enero, ECU:ES:APS:2023:62. En el mismo sentido, ATS de 2 de marzo de 2022, ECLI:ES:TS:2022:3163A.

así, salvo que en cada junta la comunidad acuerde elegir a algún copropietario como presidente de la comunidad. En este caso, el elegido será nombrado presidente, reservándose el turno rotatorio o sorteo para aquellos supuestos en los que los comuneros no acuerden la elección de un presidente. Debe entenderse que los supuestos de elección son consecuencia de un acto voluntario de postulación al cargo por el que vaya a ser elegido, junto con otros posibles candidatos o no. En aquello casos en que ningún propietario se postule, es cuando habrá que optar por el método del turno rotatorio o sorteo. Dispone el artículo 13.2.II LPH la posibilidad de designación judicial del presidente. Esto ocurre en aquellos casos en que no se puede adoptar el acuerdo mayoritario para elegirlos o los modelos subsidiarios de turno rotatorio o elección. Es un supuesto de imposibilidad de adopción de acuerdo por doble mayoría al que se refiere el artículo 17.7 LPH. Se resolverá en equidad oyendo a los interesados.

4.1.3. Obligatoriedad del cargo

Cuando un copropietario sea designado presidente, ya lo sea por elección, turno rotatorio o sorteo, deberá ejercer el cargo de forma obligatoria, no siendo válida cualquier excusa que pudiera dar para evitar su nombramiento.

No obstante, si el designado considera que concurre alguna causa que le impida ejercer debidamente el cargo, podrá solicitar judicialmente que sea relevado de esa designación. En este caso, el designado presidente solicitará su relevo ante el tribunal competente, debiendo manifestar las sólidas razones que le impedirán desempeñar diligentemente el cargo de presidente. No son aceptable excusas de mera conveniencia u oportunidad. Dispone el artículo 13.2 LPH que el procedimiento a seguir es el del artículo 17.7.II LPH, es decir, el denominado juicio de equidad. El plazo para solicitarlo es de un mes desde su designación, contado de fecha a fecha. Se escuchará a quienes defiendan el nombramiento e idoneidad en el cargo del presidente, resolviendo lo que proceda conforme a reglas de equidad. Si el tribunal considera que el propietario designado no es el adecuado para ejercer las funciones de presidente lo decidirá así, designando a la vez a quien considere la persona adecuada para ejercer el cargo hasta que se proceda a una nueva designación. El designado no deberá ejercer el cargo durante un año más, sino que su nombramiento es provisional hasta la designación definitiva del nuevo presidente. En la resolución en la que se acuerde que deba designarse un nuevo presidente, debe establecerse un plazo máximo de tiempo para que se produzca el nombramiento definitivo.

4.2. Funciones

La función del presidente es la representación orgánica de la comunidad de propietarios. Esta representación será en juicio y fuera de él. Aunque el artículo 13.3 LPH dispone que «el presidente ostentará legalmente la representación de la comunidad», esto no quiere decir que su representación sea legal como la del órgano de administración de una sociedad de capital. La diferencia fundamental estriba en que mientras esta goza de personalidad jurídica, esta circunstancia no concurre en las comunidades de propietarios. Cuando el precepto se refiere a ostentar legalmente la representación, en realidad hace referencia al origen de esta. La facultad de representar a la comunidad tiene un origen legal: el artículo 13.3 LPH.

La representación del presidente es orgánica, lo que quiere decir que el presidente no puede actuar al margen de lo acordado en la junta de propietarios, ni excederse de lo mandatado por ella. El presidente es el órgano encargado de estampar la firma o expresar su consentimiento a un contrato o actuación comunitaria, pero siempre dentro de los límites acordados en la junta de condueños. Si se excediera de esos límites, deberá responder ante la comunidad de propietarios por las consecuencias jurídicas o económicas de su actuación extralimitada. Como señala la STS de 27 de junio de 2024, el presidente no puede tomar unilateralmente una decisión con fundamento en la representación genérica que le otorga el artículo 13.3 LPH[337]. Dispone la STS de 5 de noviembre de 2015, que el presidente no está legitimado para realizar cualquier actuación que vincule a la comunidad de propietarios por el mero hecho de serlo, puesto que no puede sustituir la voluntad soberana comunitaria expresada en la junta de propietarios[338]. Esta Sentencia también destaca la diferencia entre representación y legitimación del presidente en juicio. Como consecuencia de lo dispuesto en el artículo 18.2 LPH, el presidente ostentará siempre la representación en juicio de la comunidad de propietarios.

Pero con la representación de la comunidad no es suficiente, sino que se precisa constituir una adecuada relación jurídico procesal, es decir, conferir legitimación al presidente para actuar en nombre de la comunidad de propietarios. La legitimación se confiere mediante la válida aprobación del acuerdo adoptado en junta de propietarios por el que se acuerda el inicio de una acción judicial. Si no estuviera el presidente autorizado para su ejercicio el demandado podrá oponer falta de legitimación activa de la comunidad demandante[339].

Cuando el presidente nombrado en junta de condueños no es propietario de ningún elemento privativo, en el caso de que ejercite una acción judicial en nombre de la comunidad estando acordado en junta su ejercicio, no se estaría ante un supuesto de falta de legitimación de la comunidad de propietarios sino de falta de acreditación de la representación. Así se desprende

337 STS 916/2024, de 27 de junio, ECLI:ES:TS:2024:4100.

338 STS 622/2015, de 5 de noviembre, ECU:ES:TS:2015:4588.

339 Vid. DE LARA VENCES, C., «Representación en juicio del presidente de la comunidad de propietarios», en *Propiedad Horizontal: cuaderno jurídico*, núm.361, 2024, págs. 14-19. En el mismo sentido, STS 757/2014, de 30 de diciembre, ECLI: ES:TS:2014:5698).

de lo señalado en el ATS de 12 de febrero de 2020[340]. En todo caso, la falta de representación puede ser subsanada mediante el nombramiento de un nuevo presidente en el que sí que concurra la condición de propietario de un elemento privativo.

A lo largo de la Ley de Propiedad Horizontal se pueden encontrar funciones propias del presidente de la comunidad de propietarios, si bien todas ellas pueden ser comprendidas dentro de su función de representación orgánica.

a) Requerimiento previo a la acción de cesación. Artículo 7.2.II LPH.

b) Ejercicio de la acción judicial de cesación. Artículo 7.2.III LPH.

c) Visto Bueno en la certificación sobre el estado de deudas con la comunidad en el supuesto de transmisión de la titularidad dominical de un elemento privativo mediante escritura pública. Artículo 9.1.e) IV LPH.

d) Visto Bueno en el Certificado por el que se realiza la notificación presunta. Artículo 9.1.h)II LPH.

e) Convocatoria de las juntas de propietarios. Artículo 12.2 I LPH.

f) Firma del acta de la junta de propietarios. Artículo 19.3.I LPH.

g) Recibir dación en cuenta por parte del administrador, de las reparaciones y medidas urgentes adoptadas por este. Artículo 20.c) LPH.

h) Visto Bueno en el Certificado del acuerdo de liquidación de deuda del propietario deudor. Artículo 21.3 LPH.

i) Integrar la junta de propietarios del complejo inmobiliario constituido conforme a lo dispuesto en el artículo 24.2.b) LPH. Artículo 24.3.a) LPH.

j) Recepción del escrito por el que un copropietario solicita introducir un asunto en el orden del día de la siguiente junta de propietarios. Artículo 16.2.II LPH.

Salvo en aquellas comunidades en que los estatutos o acuerdos válidamente adoptados por doble mayoría establezcan que los cargos de secretario y administrador deban ser ejercidos por persona distinta al presidente de la comunidad, este podrá acumular dichas funciones. Esto sucede con cierta frecuencia en aquellas comunidades de pequeño tamaño y pocos elementos comunes que gestionar.

5. Secretario

El secretario como órgano de gobierno de origen legal aparece mencionado en el artículo 13.1.c) LPH. Como ya se ha señalado, el cargo puede ser acumulado al de presidente de la comunidad. El artículo 13.6 LPH permite

340 ATS de 12 de febrero de 2020, ECLI:ES:TS:2020:1265A.

su acumulación al cargo de administrador de la comunidad, algo que suele producirse generalmente cuando el administrador es un profesional externo a la comunidad de propietarios.

Su función principal viene detallada en el artículo 19.4 LPH consistente en la custodia del libro de actas. En realidad, su función consiste en la custodia de toda la documentación de la comunidad, debiendo conservar durante cinco años las convocatorias a juntas, apoderamientos y cualquier documentación que se considere relevante respecto de las juntas de propietarios cuando se hace referencia a comunicaciones, cobrando especial relevancia las que se refiere a la discrepancia sobre el acuerdo adoptado, es decir, a los votos presuntos a los que se refiere el artículo 17.8 LPH. Los apoderamientos se refieren a los documentos en los que consta la representación del copropietario otorgado a favor de quien acude con su nombre a la junta de propietarios. Este precepto menciona de forma separada la custodia del libro de actas del resto de documentación relacionada con la celebración de juntas de propietarios, para resaltar la importancia de ser custodio del libro de actas comunitarias.

Además de esta función de custodia, a lo largo de la Ley de Propiedad Horizontal se pueden encontrar otras:

a) Emisión y suscripción de la certificación sobre el estado de deudas con la comunidad, para incorporarlo a la escritura pública de transmisión de la titularidad dominical del elemento privativo. Artículo 9.1.e) IV LPH.

b) Recibir de los propietarios la comunicación de su domicilio en España donde practicar as notificaciones y citaciones comunitarias. Artículo 9.1.h) I LPH

c) Emitir y suscribir el certificado de que una notificación o citación ha estado expuesta en el tablón de anuncios durante más de tres días. Artículo 9.1.h) II LPH.

d) Recibir la comunicación del cambio de titularidad dominical de un elemento privativo. Artículo 9.1.i) I LPH.

e) Recepción de la discrepancia formulada por los ausentes de los acuerdos adoptados en junta de propietarios. Artículo 17.8 LPH.

f) Redactar y suscribir el certificado del acuerdo de liquidación de deudas. Artículo 21.3 LPH.

Junto a las anteriores funciones descritas especialmente en la Ley de Propiedad Horizontal, también le corresponde las propias de un secretario de un órgano colegiado, es decir, la de secretaría de la junta de propietarios, la redacción de actas, certificación de acuerdos, etc.

6. Administrador

El cargo de administrador de la comunidad de propietarios puede recaer sobre cualquier condueño, si bien, dada la continua burocratización de la gestión de las comunidades de propietarios, especialmente en su relación con las administraciones públicas, cada vez se encomienda más esta función a los administradores de fincas colegiados.

Su regulación legal viene establecida en el Decreto 693/1968, de 1 de abril, por el que se crea el Colegio Nacional Sindical de Administradores de Fincas. La resolución por la que se aprueban los Estatutos del Colegio Nacional sindical de Administradores de Fincas y por el Real Decreto 1612/1981, de 19 de junio, por el que se autoriza la constitución de los Colegios Territoriales de Administradores de Fincas y del Consejo General de Colegios y por los Estatutos Generales de la Profesión de Administrador de Fincas, Colegios Territoriales y de su Consejo General.

Señala el artículo 13.6 II LPH que el administrador de fincas deberá contar con cualificación profesional adecuada y reconocida legalmente. En este sentido el artículo 2.1.d) de los Estatutos Generales de la profesión establece la necesidad de estar en posesión de un título oficial universitario de grado que, además, para su obtención precise conocimientos directamente relacionados con el ejercicio de esta profesión. Por ello, en la actualidad hay dos formas de colegiarse en un colegio de administradores de fincas: la tenencia de un título de grado oficial habilitante para ello o, la superación de los estudios de los grados propios impartidos por distintas universidades españolas, entre ellas la Universidad de Burgos. La superación de estos estudios aprobados por la Escuela Oficial de Administradores de Fincas conlleva la obtención de un título universitario propio otorgado por aquellas universidades con las que hay suscrito convenio.

La Escuela Oficial de Administradores de Fincas se rige por sus estatutos publicados en el BOE de 14 de enero de 1997. El artículo 2 de los estatutos, define la escuela como el centro de dirección de los estudios imprescindibles para el acceso a la profesión de administrador de fincas, correspondiéndole la organización y desarrollo de los estudios académicos precisos para la obtención del título de administrador de fincas.

En este sentido, señala la disposición adicional sexta LDV que son administradores de fincas las personas físicas que de forma habitual y retribuida prestan servicios de asesoramiento y administración a los titulares de bienes inmuebles y a las comunidades de propietarios. El legislador se olvida de las personas jurídicas y de las funciones que la Ley de Propiedad Horizontal atribuye a los administradores. Exige a los administradores capacitación profesional, algo que ya venía regulando de forma efectiva previamente.

Señala el artículo 13.6.II LPH que también podrán ejercer la profesión de administración de fincas las corporaciones y otras personas jurídicas en los términos establecidos en el ordenamiento jurídico. El artículo 3 de los Estatutos Generales de la Profesión de Administrador de Fincas reconoce que esta actividad podrá ejercerse a través de una sociedad profesional. Para ello, es necesario que su objeto social sea el ejercicio de la actividad de administrador de fincas. Igualmente, la mayoría del capital social y los derechos de voto deben pertenece a los socios profesionales, quienes deben tener titulación suficiente para ser administradores de fincas y tener el correspondiente alta colegial. La mayoría de los miembros de los órganos a quienes se haya encomendado la administración social, deberán ser socios profesionales. En el caso de sociedades no capitalistas, los socios profesionales deberán ser mayoritarios y, además, propietarios de la mayor parte del patrimonio social.

En el caso del administrador de fincas colegiado, la relación jurídica que le une con la comunidad de propietarios es la de un contrato de arrendamiento de servicios. Aunque el artículo 13 LPH lo denomina órgano de gobierno de la comunidad, es solo así cuando el administrador en un condueño integrante de la comunidad de propietarios. Sin embargo, cuando es un profesional externo, es decir, un administrador de fincas colegiado, su relación con la comunidad es la de un contrato de arrendamiento de servicios regulado en el artículo 1544 CC.

El nombramiento del administrador de fincas colegiado deberá hacerse en junta de propietarios, único modo válido para su contratación. El presidente no autorizado previamente en junta no puede suscribir contrato alguno de arrendamiento de servicio. Tampoco resolver uno previamente suscrito. El nombramiento en junta será por un año, sin perjuicio de que posteriormente se documente mediante forma escrita. No obstante, este documento no podrá contener ninguna obligación que previamente no se haya aprobado en junta de propietarios. Especialmente, debe tenerse en cuenta aquellas cláusulas que contengan una indemnización a favor del administrador por resolución anticipada del contrato. Si se resolviera anticipadamente el contrato, posibilidad admitida en el artículo 13.7.II LPH, el administrador tan sólo tendrá derecho a ser indemnizado en dos supuestos:

a) Si así se hubiera pactado en el contrato de arrendamiento de servicios, y ese pacto concreto hubiera sido conocido y aceptado mediante acuerdo válidamente adoptado en junta de propietarios.

b) Aunque no se hubiera pactado, el administrador de fincas colegiado haya realizado una inversión directamente relacionada con la administración de la comunidad que resuelve unilateralmente el contrato, cuando no concurra motivo alguno que justifique que el administrador sea cesado.

Las funciones del administrador de fincas vienen expresamente reguladas en el artículo 20 LPH y son las siguientes:

a) Le corresponde al administrador realizar todas las gestiones ordinarias del edificio, incluyendo cuestiones laborales, impositivas, contratación de servicios, gestiones con la administración pública, cumplimiento de las normas de protección de datos, contabilidad comunitaria, asesoramiento jurídico relativo a la propiedad horizontal, gestiones relacionadas con las entidades aseguradoras y muchas otras más. De aquí, que resulte esencial la formación académica del administrador de fincas, de quien muchas veces se espera que sea una persona del renacimiento con conocimientos plenos en todas las materias.

b) Dentro de sus funciones económicas no sólo se incluye realizar los oportunos apuntes contables, sino que, además, debe tener actualizada toda la información económica de la comunidad, incluyendo los supuestos de morosidad. Su función principal es la preparación de la Junta General Ordinaria de la Comunidad, es decir, aquella en la que conforme a lo dispuesto en el artículo 16.1 LPH se aprueban los presupuestos futuros y las cuentas pasadas.

c) Atender el mantenimiento y conservación del edificio. Conforme a lo dispuesto en el artículo 10.1.a) LPH, estas obras y actuaciones no necesitan aprobación de la junta de propietarios cuando así sea requerido por un copropietario o una Administración Pública competente. Es competencia directa del administrador llevar a cabo las actuaciones urgentes en materia de conservación del edificio, entendiendo como tales las que su retraso causaría a la comunidad un daño de imposible o difícil reparación.

   En los supuestos de decisiones urgentes, el administrador debe dar cuenta al presidente o a los propietarios en la correspondiente junta general. Dar cuenta no implica necesidad de ratificación de lo realizado, si bien, podrá ser objeto de reclamación por parte de la comunidad si se hubiera producido una extralimitación en su actuación al amparo de una situación urgente, o cuando se aprecie de forma evidente y manifiesta la ausencia del carácter urgente de su actuación. Dentro de este apartado debe incluirse la ejecución de las actuaciones y acuerdos relacionados con las obras obligatorias a las que se refiere el artículo 10.1.a) LPH.

d) Respecto a las actuaciones y obras de carácter voluntario a las que se refiere el artículo 17 LPH, una vez que las mismas son decididas mediante acuerdos válidamente adoptados en juntas de propietarios, su concreta ejecución corresponde al administrador. No obstante, en virtud del principio de representación orgánica del presidente, será a este a quien le corresponda la firma de los contratos relacionados con la obra. El artículo 20.1.d) también atribuye al administrador la función de realizar los pagos a los proveedores que sean consecuencia de estas obras. Cuando el precepto se refiere a que será función del administrador realizar los cobros que sean procedentes, no se está refiriendo a que él le corresponde fijar la cuantía o fecha de exigibilidad de las correspondientes cuotas extraordinarias. No le corresponde porque esta es una facultad reservada exclusivamente a las juntas de propietarios, ya sean obras obligatorias o voluntarias. Su función se concreta en el cobro efectivo de lo aprobado previamente en junta.

e) Señala el artículo 20.I.e) LPH que corresponde al administrador las funciones de secretario de la junta y custodio de la documentación comunitaria. Añade la expresión «en su caso», lo que debe interpretarse que esto será así sólo en lo que se refiere el artículo 17.6.I LPH, es decir, que el cargo de secretario y Administrador concurran en una sola persona. Sino fuera así, esta competencia sería exclusiva del secretario, de conformidad con lo dispuesto en el artículo 19.4 LPH.

f) La relación de este artículo no constituye *numerus clausus*, ya que el artículo 20.1 f) LPH contempla la posibilidad de que la junta de propietarios pueda atribuir otras funciones al administrador. Entre ellas, debe destacar la posibilidad de formular la petición monitoria frente al propietario deudor a lo que se refiere el artículo 21.2 LPH.

Conforme a lo dispuesto en la disposición adicional sexta LDV, los administradores de fincas en el ejercicio de las anteriores funciones deben actuar con eficacia, diligencia, responsabilidad e independencia. Añade que deben actuar con sujeción a las leyes y códigos deontológicos de la profesión. Estos postulados son aplicables al administrador de fincas colegiado y a cualquier otro profesional, con independencia del sector en que intervenga. Es una norma reiterativa y superflua. Podría ser perfectamente derogada, ya que su contenido viene perfectamente regulado en las normas reguladoras de esta profesión y de cualquier otra. La regulación propia del contrato de arrendamiento de servicios así lo hace.

Dispone la misma disposición adicional que los administradores de fincas deben suscribir un seguro de responsabilidad civil para garantizar los derechos de los consumidores. Realmente, puede ser para eso y para responder de cualquier responsabilidad civil en el ejercicio de su profesión.

CAPÍTULO VII

OBLIGACIONES DE LOS PROPIETARIOS

1. Regulación legal

Las obligaciones de los propietarios de los elementos privativos de los edificios sujetos al régimen de propiedad horizontal aparecen fundamentalmente descritas en el artículo 9 LPH. Sin perjuicio de la relación de obligaciones contenidas en el mencionado precepto, el artículo 5.III LPH recoge la posibilidad de incluir en el título constitutivo una serie de obligaciones de los copropietarios. En el mismo sentido, el artículo 6 LPH regula la posibilidad de aprobación de normas de régimen interior que también incluyan obligaciones para los propietarios. Por ello, puede establecerse una distinción entre obligaciones legales y obligaciones convencionales. Las obligaciones legales gozan de una característica común: la generalidad. Esto implica que resultan de aplicación a todas las comunidades de propietarios, por cuanto que, la generalidad propia de una norma legal se proyecta igualmente sobre las obligaciones que traen causa de esa norma.

Sin embargo, las obligaciones convencionales son fruto del principio de autonomía de la voluntad. La aprobación de los estatutos comunitarios requiere la aprobación unánime de los condueños de una comunidad de propietarios o del propietario único antes de transmisión de la titularidad dominical de algún elemento privativo. Por ello, la aprobación de las obligaciones para los propietarios contenidos en los estatutos comunitarios requiere su consentimiento unánime. Lo mismo ocurre en cuanto a las normas de régimen interior, si bien, en este caso tan sólo se exige la doble mayoría simple. Se justifica la diferencia en el régimen de uno y otro. Además, para que los estatutos comunitarios o sus reformas afecten a terceros y a sucesivos compradores, deberán encontrarse inscritos en el Registro de la Propiedad. Si no constara inscrito en el Registro de la Propiedad los estatutos comunitarios o su modificación, no afectarán a quienes en el momento de su aprobación no fueran propietarios en virtud del principio de fe pública registral.

Las obligaciones de carácter convencional tienen como límite las disposiciones imperativas contenidas en la Ley de Propiedad Horizontal, además del contenido esencial del derecho de propiedad.

2. Respeto de los elementos comunes

Establece el artículo 9.1 a) LPH que es obligación de los propietarios de los elementos privativos del edificio, respetar las instalaciones y servicios comunes del edificio. Dentro de esta obligación se incluye la de evitar que los mismos sean dañados, con independencia de quien disfrute de ellos.

Existen elementos comunes de una comunidad de propietarios cuyo uso y disfrute pueda ser atribuido al propietario o propietarios de uno o varios elementos privativos. Es lo que la legislación francesa se denomina elementos comunes especiales. También puede ocurrir que una parte de elemento privativo sirva a su vez de elemento común del edificio. El ejemplo más gráfico es el de la terraza privativa de los pisos ático, que a la vez es cubierta de la vivienda inmediatamente inferior, y, por tanto, del edificio. En este supuesto, es obligación del propietario de la terraza su mantenimiento y contribución a la reparación de los daños ocasionados por su uso. Sin embargo, si los daños provienen de elementos estructurales del edificio, la obligación de reparación correrá a cargo de la comunidad de propietarios. En este sentido, STS de 23 de enero de 2024[341].

Igualmente, los propietarios de los elementos privativos tienen la obligación de hacer uso adecuado de los elementos comunes del edificio, lo que implica hacer uso de ellos conforme a la diligencia de un buen padre de familia. Trasladando este concepto jurídico indeterminado al contexto actual, significa que debe hacerse un uso de las instalaciones o servicios comunes del edificio conforme a su naturaleza.

Si los propietarios se extralimitaran en el uso de los elementos comunes o lo hicieran de tal forma que sufrieran daños, surge respecto al propietario causante la obligación de reparar dichos daños mediante el resarcimiento de la correspondiente indemnización de daños y perjuicios causados a la comunidad de propietarios.

3. Conservación de los elementos privativos

El propietario no sólo debe limitarse a respetar y conservar los elementos comunes del edificio, sino que también debe hacerlo de sus propios elementos privativos. En este sentido, debe tenerse en cuenta que un defectuoso mantenimiento de la vivienda puede causar una minusvaloración del edificio

341 STS 80/2024, de 23 de enero, ECLI:ES:TS:2024:171).

en su conjunto. No obstante, el artículo 9.1.b) LPH se centra en el hecho de que este adecuado mantenimiento evitará perjuicios a la comunidad de propietarios y a los otros condueños.

Aunque este precepto se centre en la obligación de resarcir por los daños causados a la comunidad o a los otros propietarios cuando se ocasione por un descuido, este término debe extenderse a cualquier daño causado. Se tiende a la objetivación del daño, al considerar que la vivienda será la fuente del daño que pueda causarse a la comunidad o a otro elemento privativo.

En este sentido, también se ha producido una evolución en la técnica constructiva, ya que si bien anteriormente era habitual la construcción de viviendas con tuberías metálicas que transcurrían por el suelo, ahora se hacen con materiales flexibles y discurren por los falsos techos. Con ello, se evitan las fugas de agua a los pisos inferiores, algo que causaba daños a dichos elementos privativos y a los comunitarios. Pero no solo causan daños materiales que inutilizan las viviendas generando obligación de resarcir también por inhabitabilidad, sino que frecuentemente era objeto de mala convivencia y discusiones comunitarias.

Esta responsabilidad es la proyección en una ley especial del contenido de otra norma general, en este caso el artículo 1907 CC. Es la adaptación de este precepto a la regulación propia de la propiedad horizontal.

Pero el propietario del elemento privativo no solo debe responder de los daños causados por el, sino también de los producidos por aquellas personas por las que deba responder.

Para determinar quiénes son estas personas debe acudirse a la regulación del artículo 1903 CC.

a) Los padres responderán por los hijos que se encuentren bajo su guarda.

b) Los tutores responderán por los menores incapacitados que estén bajo su autoridad y habiten en su compañía.

c) Los dueños o directores de un establecimiento o empresa responderán por los perjuicios causados por sus dependientes en relación con el objeto del trabajo para el que fueron contratados, o con ocasión de este.

d) Personas o entidades titulares de centros docentes de enseñanza no superior responderán por los daños y perjuicios causados por sus alumnos menores de edad, siempre que sean causados durante el tiempo que se hayan bajo el control o vigilancia del profesorado, cuando estén desarrollando actividades escolares, extraescolares y complementarias.

Todos estos supuestos de responsabilidad ajena tienen como excepción si aquel sobre quién recae la obligación de responder pruebe que empleó la diligencia de un buen padre de familia para evitar el daño. Una vez más, se trata de un concepto jurídico indeterminado cuya concreción corresponderá al Tribunal que conozca el asunto.

La redacción del artículo 9.1.b) contiene la obligación de mantener el elemento privativo desde una formulación en sentido positivo. Esta misma obligación se desprende, aunque formulada en un sentido negativo, de lo dispuesto en el artículo 7.1 LPH.

En este sentido, se reconoce la posibilidad de que el propietario pueda alterar los elementos arquitectónicos, instalaciones o servicios privativos, salvo que altere o menoscabe:

a) La seguridad del edificio.

b) Su estructura general.

c) Configuración o estado exterior.

d) Perjudique los derechos de otro propietario.

No obstante, aunque no sea necesario recabar el consentimiento de la comunidad de propietarios, señala el artículo 7.1.I LPH que deberá ser notificado a quien represente a la comunidad de propietarios. Conforme a lo dispuesto en el artículo 13.3 LPH, esta función corresponde al presidente.

De conformidad con lo dispuesto en el artículo 7.1.II LPH, el propietario no puede alterar unilateralmente los elementos comunes del edificio y, si quisiera hacerlo deberá recabar el consentimiento de los condueños mediante acuerdo válidamente adoptado en función de la alteración pretendida.

Si el propietario considera que debe realizar actuaciones urgentes, deberá comunicarlo al administrador de la comunidad, quien de conformidad con lo dispuesto en el artículo 20.1.c) LPH dispondrá las reparaciones y medidas que sean precisas y urgentes, dando inmediata cuenta al presidente como representante de la comunidad o, en su defecto, a los propietarios. Cuando se señala que se dará cuenta al presidente, debe interpretarse como órgano que convocará junta de propietarios y decide el orden del día. El presidente de la comunidad, por sí solo, no puede aprobar una obra o actuación que no sea de las contenidas en el artículo 10.1 LPH y, aun así, deberá convocar junta a fin de elegir presupuesto, proveedor y forma de pago.

4. Diligencia en el uso del inmueble y en relación con el resto de los condueños

Dispone el artículo 9.1.g) LPH que es obligación de cada propietario utilizar el inmueble con la diligencia debida, es decir, con la diligencia de un buen padre de familia.

Esta diligencia debe predicarse también en relación con el resto de las condueños del edificio.

También se establece la obligación de responder de los daños causados en el uso del inmueble y por su actuación no diligente en relación con el resto de los propietarios del inmueble.

La obligación recogida en el artículo 9.1.g) es una especie de refundición de las obligaciones contenidas en los artículos 9.1.a) y b) LPH.

El artículo 9.1.a) LPH hace referencia al uso respetuoso de elementos comunes, lo que se puede relacionar directamente con la expresión «observar la diligencia debida en el uso del inmueble», contenida en el artículo 9.1.g). Si bien el artículo 9.1.b) hace referencia a la conservación de los elementos privativos del edificio y que no causen daño a los otros propietarios, el artículo 9.1.g) hace referencia a evitar el daño a los otros condueños por el uso negligente de elementos comunes y privativos.

Tanto el artículo 9.1.b), como el artículo 9.1.g) hacen referencia a la obligación de resarcir a la comunidad y resto de condueños por los daños causados, el primero por la falta de conservación de los elementos privativos, el segundo por el uso negligente de los mismos.

El artículo 9.1.g) se refiere a la obligación de los propietarios de responder por las infracciones cometidas.

5. Acción de cesación

La tipificación de estas infracciones relacionada con el uso del elemento privativo viene establecida en el artículo 7.2.I LPH. Conforme lo dispuesto en este precepto, el propietario o el ocupante del elemento privativo no podrá ejercer en él o en los elementos comunes del edificio actividades que se encuentren expresamente prohibidas en los estatutos comunitarios. Tampoco podrá ejercer cualquier actividad que cause daño a los elementos comunes o privativos del resto de los propietarios, siendo esta infracción tipificada en el artículo 7.2.I LPH, consecuencia de la obligación contenida en el artículo 9.1.g) LPH que prohíbe el uso del inmueble, con la consecuente obligación de indemnizar por los daños causados.

También quedará prohibida cualquier actividad que contravenga las disposiciones generales sobre actividades molestas, insalubres, nocivas, peligrosas e ilícitas[342].

En todo caso, no basta con calificar la actividad como molesta, insalubre, nociva, peligrosa o ilícita, sino que también debe vulnerar disposiciones generales. En este sentido, con carácter supletorio a la regulación propia que pueda realizar cada comunidad autónoma, se regula mediante el Decreto

342 Loscertales Fuertes considera que es imposible formular una relación precisa de aquellas actividades que puedan ser consideradas nocivas, insalubres o peligrosas, puesto que considera que cada caso necesita un tratamiento singular, en función de la situación real. Loscertales Fuertes, D., *Comentarios a la Ley de Propiedad Horizontal*, Ed.14.ª, Colex, A Coruña, 2023, pág. 77.

2414/1961, de 30 de noviembre, por el que se aprueba el Reglamento de Actividades Molestas, Insalubres, Nocivas y Peligrosas.

En el caso de que algún propietario ejerza alguna de las actividades anteriormente descritas, la comunidad de propietarios podrá actuar contra él a través de procedimiento descrito en el artículo 7.2. LPH, que permite a la comunidad de propietarios el ejercicio de la acción de cesación. La disposición adicional 4.ª de la LESPJ, introduce el artículo 7.3 LPH, que amplía el objeto de la acción de cesación a aquel propietario que arriende apartamentos turísticos son la autorización comunitaria mediante acuerdo válido adoptado en junta de propietarios.

El artículo 7.2.II LPH configura un requisito previo de procedibilidad, en cuanto que es preciso su acreditación junto al escrito de la demanda rectora de la Litis para que esta resulte admitida a trámite. Consiste en el requerimiento fehaciente que lleve a cabo el presidente de la comunidad, dirigidos a quien realice la conducta prohibida, ya sea propietario o meramente ocupante.

Por requerimiento fehaciente se entiende aquel del que se pueda acreditar su recepción por parte del beneficiario.

El requerimiento deberá tener el contenido mínimo siguiente:

a) Se debe solicitar el cese de la actividad prohibida y que se encuentre descrita en el artículo 7.2.I LPH. Es esencial que sea una de esas conductas, puesto que cuanto el artículo 9.1.g) LPH hace referencia a infracciones estas deben estar previamente tipificadas en una norma legal. Cuando se solicita el cese de la actividad, esta debe ser descrita en el requerimiento con el mayor detalle posible, puesto que, de lo contrario, el infractor siempre podrá alegar indefensión.

b) Apercibimiento del inicio de acciones judiciales. En este sentido, el infractor debe ser plenamente consciente de las consecuencias jurídicas derivadas del incumplimiento. Este conocimiento no debe implicar la necesidad de exponer con detalle todas las consecuencias derivadas del procedimiento, puesto que no se trata de aleccionar o asesorar jurídicamente al infractor, sino que será suficiente con la advertencia de la reclamación judicial. En virtud de la reserva legal respecto de cualquier medida sancionadora que pudiera adoptar la comunidad de propietarios, esta no podrá advertir de la posibilidad de otras consecuencias al no estar contempladas sanciones distintas a las contenidas en el artículo 7.2. LPH.

Este requerimiento debe ser practicado por el presidente de la comunidad, toda vez que ostenta su representación orgánica.

El presidente puede actuar *motu propio* cuando sea directamente conocedor de la conducta infractora, o actuar a solicitud de un propietario u ocupante del edificio.

En este sentido, no es necesario ser propietario de un elemento privativo para solicitar al presidente la práctica del requerimiento, pudiendo ser solicitada por quien habite en el edificio, con independencia de que lo haga a título de arrendatario, precarista, usufructuario o cualquier otro que legitime el uso de la vivienda u otro elemento privativo.

Si una vez solicitado al presidente la práctica del requerimiento descrito en el artículo 7.2.II LPH este se negara a su práctica, será directamente responsable de los daños y perjuicios que se causen al propietario u ocupante solicitante o a cualquier otro, derivado de la omisión de su obligación contenida en este precepto.

Ante este requerimiento, el infractor puede actuar de una de las siguientes maneras:

a) Cesar en el ejercicio de la actividad infractora que dio lugar al requerimiento. En este caso, no serán necesarias más actuaciones, ya que se ha producido la restauración de la legalidad.

b) Persistir en la conducta infractora, lo que otorgará a la comunidad de propietarios la facultad de ejercitar la acción judicial de cesación contemplada en el artículo 7.2 LPH. Si el infractor optara por esta segunda posibilidad, persistiendo en el ejercicio de la actividad prohibida, es cuando ya podrá ejercitarse la acción judicial de cesación. Para ello, el presidente de la comunidad de propietarios gozará de la representación orgánica que le confiere el artículo 13.3 LPH. No obstante, para que también goce de legitimación para el ejercicio de la acción, el artículo 7.2.III LPH exige que su ejercicio sea aprobado de forma previa y expresa por la junta de propietarios. El precepto exige que la junta haya sido convocada al efecto, lo que implica que su aprobación haya sido incluida en el orden del día. No debe interpretarse como que la junta haya sido convocada exclusivamente para la aprobación del ejercicio de la acción. Puede ser autorizado el presidente en junta ordinaria o extraordinaria.

El procedimiento por el que se tramitará el ejercicio de esta acción será a través de los trámites del juicio ordinario. Todas estas previsiones procesales contenidas en el artículo 7.2.III LPH, aunque se detallan en un precepto independiente, no hacen más que seguir regulación procesal general relativa al ejercicio de acciones en el ámbito de la propiedad horizontal, salvo las que exclusivamente se refieren a reclamación de cantidad. El hecho de que el presidente necesite autorización previa de la junta de propietarios para el ejercicio de cualquier acción y, por lo tanto, ostentar legitimación, no es privativo de la acción de cesación. Respecto a la necesidad de que la junta haya sido convocada al efecto, debe relacionarse con el derecho de información de todo propietario y, por ello, conocer que se va a tratar en cada junta a través del orden del día contenido en la convocatoria a la junta.

La información no necesita ser absolutamente detallada, pero sí lo suficiente para que cada propietario pueda tener conocimiento de lo que se va a tratar y así, poder decidir libremente si acude o no a la junta de propietarios.

Por último, el que el procedimiento se tramite por las reglas del juicio ordinario también es consecuencia de las normas procesales generales, puesto que el artículo 249.I.8.º LEC, dispone que se transmitirán a través de este procedimiento las acciones relacionadas con la propiedad horizontal, salvo las que versen exclusivamente sobre reclamaciones de cantidad.

El escrito de la demanda rectora de la *litis* deberá contener, al menos, los documentos siguientes:

a) Requerimiento fehaciente al infractor.

b) Certificación del acuerdo adoptado por la junta de propietarios. Esta Certificación deberá ser suscrita por el secretario con el Visto Bueno del presidente. El artículo 7.2.IV LPH señala que, una vez presentada la demanda, el Tribunal competente podrá adoptar una serie de medidas cautelare. No obstante, en virtud de lo dispuesto en el artículo 721 LEC será necesario que estas medidas sean solicitadas a instancia de parte interesada. En este caso es la comunidad de propietarios quien debe interesar su adopción.

Como principal medida cautelar a adoptar se encuentra la cesación inmediata de la actividad prohibida. Esta medida se adoptará al amparo de lo dispuesto en el artículo 727.11.ª LEC. La consecuencia para el infractor por el incumplimiento de la medida cautelar consistente en el inmediato cese de la actividad prohibida, será la posibilidad de imputación de un delito de desobediencia. Para ello, será necesario que previamente se la haya apercibido expresamente de tal posibilidad. En este sentido, el artículo 6.1 CC señala que la ignorancia de las leyes no excusa de su cumplimiento, salvo que las leyes determinen una consecuencia distinta al error de derecho. En este caso, determine que para que el incumplidor de la medida cautelar sea penalmente responsable debe de haber sido apercibido previamente puesto que, en caso contrario, no se le podrá imputar al infractor responsabilidad de este tipo.

La relación de medidas cautelares es contenida en el artículo 727 LEC constituye *numerus apertus*, ya que el artículo 727.11.ª LEC dispone que podrán adoptarse aquellas medidas cautelares necesarias para asegurar lo mandatado en la posterior sentencia.

El artículo 7.2.IV LPH recoge una redacción similar, en el sentido de que podrán acordarse las medidas cautelares que resulten precisas para asegurar que la orden de cesación resulte efectiva.

Respecto de la legitimación pasiva la ostentará siempre el propietario, ya que es este quien tiene la obligación de no realizar actividades prohibidas en los estatutos comunitarios o que contravengan las disposiciones generales en la forma descrita en el artículo 7.2.II LPH. No obstante, puede ocurrir que el infractor no sea el propietario, sino el ocupante del elemento privativo, ya lo sea por usufructo, precario, arrendamiento o cualquier otro título que le otorgue su posesión inmediata. En este caso, junto con el propietario deberá ser demandado el ocupante, constituyéndose una relación de Litis consorcio pasivo necesario. Esto se debe, a que la condena al ocupante afecta directamente a la relación jurídica que la une con el propietario, máxime si resulta la extinción de los derechos relativos a la vivienda. Quien no haya sido parte de un procedimiento, no puede afectarle la resolución que se dicte.

La sentencia que se dicte en el ejercicio de la acción de cesación, en caso de ser estimada puede contener los pronunciamientos siguientes:

a) Cesación definitiva de la actividad prohibida. La principal consecuencia de la sentencia estimatoria es la condena al infractor a que cese de forma definitiva en el ejercicio de la actividad prohibida. Si no lo hiciera, la comunidad podrá interponer la correspondiente demanda ejecutiva, ya sea de forma provisional o definitiva, en función de la firmeza del título judicial objeto de ejecución.

   Al examinar las posibles medidas cautelares susceptibles de ser solicitadas por la comunidad demandante, la principal consistía en la cesión inmediata de la actividad prohibida, bajo el apercibimiento expreso de incurrir en un delito de desobediencia, en el supuesto de incumplimiento de la orden de cese acordada. Cabe preguntarse si lo mismo puede ser solicitado en caso de condena definitiva. Es decir, si la sentencia acuerda la cesación definitiva de la actividad prohibida, cabe plantearse si el Tribunal que conozca de la ejecución de la sentencia podría acordar a instancia de parte, apercibir al infractor de que en caso de que no cumpla con el objeto de la condena podría incurrir en un delito de desobediencia.

   Parece lógico que, si se puede realizar el apercibimiento en caso de incumplimiento de la medida cautelar, también se pueda hacer cuando el pronunciamiento es definitivo. En todo caso, una cosa es apercibimiento de la posibilidad de incurrir en un delito de desobediencia, otra es que se inicie tal procedimiento o que termine en sentencia condenatoria.

b) Indemnización de daños y perjuicios. De conformidad con lo dispuesto en el artículo 1106 CC, la indemnización de daños y perjuicios deberá contener la pérdida sufrida por la comunidad de propietarios, es decir, el daño emergente, además de lo dejado de percibir, en su caso, es decir, el lucro cesante. El daño sufrido por la comunidad o el resto de los propietarios del edificio, en cuanto realidad positiva que es, resulta mucho más sencillo de acreditar que el lucro cesante. Los hechos negativos son más difíciles de acreditar que los positivos. En este caso, una buena prueba pericial puede servir para acreditar de forma precisa el lucro cesante.

Además de estos dos pronunciamientos anteriores, existe la posibilidad de que el tribunal acuerde una medida mucho más drástica: la privación del derecho de uso del elemento privativo. No obstante, esta privación tiene dos límites:

a) La privación no puede ser del derecho de propiedad, sino que debe limitarse mero derecho de uso. Además, debe tenerse en cuenta que el infractor no tiene por qué ser el propietario, pudiendo serlo sólo el ocupante.

b) La privación no puede ser indefinida. El artículo 7.2.V LPH la limita un periodo máximo de tres años. El tribunal, en el momento de decidir si acuerda la privación del derecho de uso, así como su duración, deberá ajustarse a los criterios siguientes:

1. Gravedad de la infracción. El tribunal que conozca del procedimiento derivado del ejercicio de la acción de cesación deberá ponderar este criterio de forma proporcional. Es decir, sólo podrá producirse la privación del derecho de uso cuando la infracción sea de gravedad.

2. Perjuicios ocasionados a la comunidad. Siguiendo con el criterio de la necesidad de ponderar la proporcionalidad de la medida, esta deberá reservarse exclusivamente a aquellos supuestos de tal gravedad que, además, impliquen un grave perjuicio a la comunidad, Por lo tanto, una fiesta ocasional o una noche con la televisión demasiado alta, no puede justificar la privación del derecho de uso. Cuando el artículo 7.2.V LPH hace referencia a perjuicios causados a la comunidad, no sólo debe entenderse a aquellos que afecten a los elementos comunes del edificio, sino los que perjudiquen a elementos privativos, sus propietarios u ocupantes.

Si el infractor fuera el ocupante de la vivienda, el tribunal podrá acordar, además, la extinción del derecho que le permite el uso de la vivienda ya sea usufructo, precario, arrendamiento, etc. La consecuencia lógica de lo anterior es que el propio tribunal que conoces del ejercicio de la acción de cesación no se limita a un fallo declarativo de extinción del derecho, sino que añadirá un pronunciamiento de condena al lanzamiento del infractor ocupante. De ahí, que se constituya una relación procesal de Litisconsorcio pasivo necesario.

6. Consentir en el elemento privativo reparaciones y servidumbres

Esta obligación aparece regulada en el artículo 9.1.c) LPH. Esta obligación implica que, aunque el artículo 3.a) LPH se refiere al derecho singular y exclusivo sobre los elementos privativos, tienen como límite las obras, actuaciones y servicios comunes. Un propietario de un elemento privativo está obligado a que en su elemento privativo se realicen las obras que sean necesarias para reparar elementos comunes, o llevar a cabo obras y actuaciones que incidan en elementos y servicio comunes, no pudiendo ampararse para su oposición en su derecho de propiedad.

En el mismo sentido, tendrá que consentir que se constituyan servidumbres en su elemento privativo destinado a la realización de obras y actuaciones comunitarias, y la creación de servicios comunes.

No obstante, para la constitución de la servidumbre se requiere que esta resulte imprescindible y, por supuesto, que el propietario del elemento privativo sea indemnizado.

El artículo 9.1.c)LPH se refiere a obras, actuación y creación de servicios comunes que han sido llevadas a cabo o acordados conforme a los establecido en la Ley de Propiedad Horizontal.

La distinción entre llevado a cabo y acordado no es casual. Serán actuaciones llevadas a cabo, aquellas que conforme a los dispuesto en el artículo 10.I LPH sean obligatorias. Por actuaciones acordadas debe entenderse aquellas voluntarias acordadas conforme a las reglas contenidas en el artículo 17LPH.

Las servidumbres podrán ser continuas y discontinuas. Entre las continuas se encuentra la servidumbre legal y permanente que se constituye para la eliminación de barreras arquitectónicas, especialmente para bajar el ascensor a cota 0. Entre las discontinuas, la servidumbre de paso para la realización de obra en un elemento común, como pude ser un patio al que solo se accede desde un elemento privativo.

7. Consentir la entrada en los elementos privativos

Siendo obligación de los condueños permitir que se reparen los elementos y servicios comunes que se encuentran dentro de sus elementos privativos, así como el mantenimiento de estos de tal forma que no causen daño a los elementos comunes y demás privativos del edificio, su lógica consecuencia es que una de sus obligaciones sea permitir su entrada para ello.

Esta obligación no significa que la comunidad de propietarios o el copropietario afectado pueda entrar en la vivienda sin la autorización de su titular. En este sentido, el artículo 18.2 CE eleva a derecho fundamental el carácter inviolable del domicilio. Como señala el precepto, con independencia de la causa que motive la necesidad de entrada en el domicilio particular, tan solo se puede acceder al domicilio particular con autorización de su titular o de la autoridad judicial. Tan solo se excepciona el supuesto de delito flagrante, pero es evidente que no es el caso de las obligaciones contenidas en el artículo 9.1.a) a c) LPH.

Para solicitar la entrada en el domicilio particular se seguirán los trámites propios del juicio ordinario. Si se considera que el procedimiento se alargará demasiado en el tiempo, de tal forma que se puede frustrar el buen fin del procedimiento, la comunidad de propietarios o condueño afectado por la privacidad del titular del elemento privativo podrá solicitar la adopción como medida cautelar de la autorización de la entrada en el domicilio. Ello, dado el carácter de *numerus apertus* de la lista de medidas cautelares contenidas en el artículo 728 LEC. Si concurren razones de urgencia debidamente justificadas que aconsejen la inmediata entrada en el domicilio, el demandante podrá solicitar que se autorice la misma sin más trámite, acordándose la medida cautelar *in audita parte* conforme a los dispuesto en el artículo 733.2 LEC.

8. Comunicación de domicilio en España

Es obligación de todos los copropietarios designar un domicilio en España donde se practiquen las notificaciones y citaciones comunitarias. Su finalidad es que ningún copropietario pueda manifestar que el lugar donde se la ha notificado es el adecuado. Si por cualquier motivo el propietario del elemento privativo no recogiera la notificación o citación en el domicilio designado, no podrá alegar posteriormente indefensión o falta de conocimiento de su objeto.

El artículo 9.1.h) LPH regula dos remedios en caso de que el propietario no facilite un domicilio en España, ya que la Ley de Propiedad Horizontal no regula ningún medio que obligue al titular a comunicar el domicilio en España donde pueda ser notificado o citado.

Ello, sin perjuicio de la enmienda a la reforma de la Ley de Propiedad Horizontal donde se propone que también sea suficiente la designación de una dirección de correo electrónico, lo que ya ha sido objeto de comentario en el capítulo anterior. Estos remedios son:

8.1. Notificación Subsidiaria

La notificación subsidiaria consiste en que, si el condueño no designa un domicilio en España donde ser notificado o citado, será considerado como domicilio el elemento privativo del que sea propietario en el edificio. La notificación realizada en el mismo será válida a efectos de entenderse debidamente notificado o citado.

El carácter subsidiario de la notificación deriva del hecho de que, si el copropietario designa otro domicilio válido en España, este será el domicilio a efectos de notificaciones y citaciones. Si el propietario designa un domicilio en España y en él no recoge la notificación o citación, se entenderá debidamente notificado.

No será necesario un intento de notificación en el elemento privativo del que es propietario, es suficiente con el intento en el domicilio indicado. Tan solo se notificará en el elemento privativo cuando no haya hecho expresa designación de domicilio en España.

8.2. Notificación presunta

Se regula en el artículo 9.1.h) II LPH. No se trata de una forma subsidiaria o alternativa de notificación, sino una garantía para la comunidad de propietarios para poder acreditar de forma fehaciente la notificación realizada.

En la práctica, cuando se pretende una notificación a un propietario sobre un asunto que puede tener transcendencia jurídica o procesal, se hará en el domicilio señalado o el subsidiario a través de un medio fehaciente. Por medio fehaciente debe entenderse aquel que deje constancia de su recepción: burofax, notarial, acto de conciliación, etc. Pero lo cierto es que en muchas ocasiones se impugnan acuerdos o se formulan oposiciones con el fundamento de no haber recibido el acta o el certificado de deuda.

La notificación presente se realizará mediante la colocación del objeto de la notificación en el tablón de anuncios o lugar visible de la comunidad de propietarios. A efectos de cumplir con el contenido de la legislación de protección de datos, cualquier notificación visible por los demás condueños o terceros, deberá carecer de nombres y datos identificativos del destinatario de la notificación que permiten identificarlo personalmente. Para ello basta con la cita del elemento privativo del que es titular.

Para que la notificación practicada de esta manera produzca plenos efectos jurídicos, debe cumplir los requisitos siguientes:

a) Debe permanecer colocada en el tablón de anuncios o en lugar visible habitualmente destinado para ello por la comunidad de propietarios, al menos durante tres días naturales.

b) No es suficiente con estar colocado en lugar visible, sino que también sea posible su lectura por parte de su destinatario.

c) Conste su notificación por este medio, en certificación suscrita por quien ejerza las funciones de secretario y con el visto bueno del presidente de la comunidad y con el siguiente contenido:

1. Fecha de colocación de la notificación en el tablón de anuncios.
2. Tiempo que ha estado colocada.
3. Los motivos que han llevado a la necesidad de practicar la notificación presunta.

Esta forma de notificación no excluye la obligación de la comunidad de propietarios, de intentar practicar la notificación expresa. En este sentido, el artículo 9.1.h) II LPH comienza señalando que tan solo se podrá practicar la notificación presunta cuando previamente se ha intentado hacerlo en la forma descrita en el artículo 9.1.h) I LPH, es decir, si se intenta una notificación fehaciente en el domicilio señalado en España o, en su defecto, en el elemento privativo.

9. Obligación de contribuir a los gastos generados para el mantenimiento del edificio

Dispone el artículo 9.1.e) I LPH la obligación de los propietarios de contribuir al adecuado sostenimiento del inmueble, sus servicios, cargas y responsabilidades, siempre que no sean susceptibles de individualización.

Esta obligación resulta esencial puesto que, su incumplimiento impide el mantenimiento y conservación del edificio.

9.1. Deudor

Se trata de una obligación *propter rem*, en el sentido de que el obligado al pago es el propietario del elemento privativo.

Se trata de una obligación de carácter ambulatorio, en el sentido de que, en caso de producirse la transmisión de la titularidad dominical del elemento privativo, se produce también la transmisión de la obligación de pago[343].

Existen propuestas en que pueden quedar obligados al pago quienes no sean propietarios en ese momento, pero no en calidad de deudores sino de responsables del pago en virtud de cualquier tipo de relación anterior que hayan tenido con el elemento privativo, como en los supuestos de falta de notificación de la transmisión de la titularidad dominical o de la afección real. De hecho, el responsable del pago podrá repetir contra el deudor-propietario, por la cantidad pagada.

9.1.1. Copropiedad

En el caso de que hubiera varios copropietarios de un elemento privativo, se genera una obligación solidaria de todos ellos frente a la comunidad de propietarios[344].

343 En este sentido, Manzano Fernández, M., *Preferencia, prelación, prioridad y afección real por la cuota de gastos en la propiedad horizontal*, Consejo Nacional de Registradores de la Propiedad y Mercantiles de España, Madrid, 2001, págs. 104-106.

344 En este sentido, Gómez De La Escalera, C., «La obligación de contribuir a los gastos generales en la Ley de Propiedad Horizontal tras la Ley 8/1999», en *Artículo Monográfico Sepín*, septiembre 1999, SP/DOCT/945; Muñoz García, C., *Propiedad Horizontal, sujetos obligados a la contribución de los gastos generales. (Alcance de la obligación, preferencia del crédito comunitario y afección del bien en caso de transmisión)*, Dykinson, Madrid, 2006; Carreras Maraña, J.M., «Algunos problemas de legitimación pasiva en la reclamación de deudas comunitarias», en *Artículo Monográfico Sepín*, septiembre de 2016, SP/DOCT/208/9.

9.1.2. Usufructo

La obligación de pago de los gastos comunitarios recae sobre el nudo propietario, en su condición de titular dominical del elemento privativo. No obstante, según lo señalado en la SAP Burgos de 6 de junio de 1997, en primer lugar, habrá que estar al contenido del artículo de constitución del usufructo. En el supuesto que no contenga ninguna disposición al respecto, el usufructuario se hará cargo de los gastos que afecten al uso y disfrute del elemento privativo[345].

9.1.3. Arrendamiento

Conforme a lo dispuesto en el artículo 20 LAU, se podrá pactar que el arrendatario se haga cargo de la deuda comunitaria. No obstante, ese pacto no podrá perjudicar a la comunidad de propietarios acreedores. En caso de impago, la comunidad de propietarios reclamará al auténtico deudor: el propietario del elemento privativo[346].

Sin perjuicio de la responsabilidad del propietario deudor frente a la comunidad de propietarios, aquel podrá repetir contra el arrendatario si se hubiera pacto que este se hiciera cargo de los gastos comunitarios, Pero esta reclamación se fundamentará en la relación contractual locativa y no, en la obligación contenida en el artículo 9.1.e9 I LPH.

9.1.4. Régimen económico matrimonial

En el caso de separación de bienes, la obligación recae sobre el propietario único del elemento privativo. Si se tratara de una copropiedad de ambos cónyuges, los mismos se convierten en deudores solidarios frente a la comunidad de propietarios.

En el caso del régimen económico matrimonial de gananciales, de conformidad con lo dispuesto en los artículos 1362.2. a), 1318 y 1319 CC, si el elemento privativo es propiedad de ambos cónyuges, la comunidad de propietarios podrá reclamar contra cualquiera de ellos[347].

---

345 SAP Burgos 228/2007, de 6 de junio, ECLI:ES:APBU:2007/410.

346 En este sentido, Herrero Perezagua, J.F., «Comentario al artículo 21 de la Ley de Propiedad Horizontal», en *Comentarios a la Ley de Propiedad Horizontal*, obra colectiva, coordinador: Bercovitz Rodriguez-Cano, R., Aranzadi, Cizur Menor, 2020, págs. 1027-1028; González Carrasco, M.C., «La protección de los derechos frente a la morosidad en las comunidades de propietarios», en *CISS*, 2018, La Ley 12105/2018.

347 En este caso, la calificación de privativo del elemento debe entenderse frente a su consideración como elemento común, y no como contrapuesto a ganancial.

En este caso, los gastos para el adecuado sostenimiento del edificio son gastos de la sociedad de gananciales, con independencia de a que cónyuge concreto se le asigne y ello, hasta su liquidación[348].

9.1.5. Crisis matrimonial

En estos supuestos, la obligación de contribuir a los gastos del edificio recae sobre sus propietarios, con independencia de a cuál de ellos se le asigna su uso. No obstante, el cónyuge a quien no se le haya asignado su uso podrá reclamar lo pagado a la comunidad, a aquel al que se le haya asignado el uso del elemento privativo. La doctrina se inclina por aplicar en estos casos el régimen descrito para el usufructo, puesto que el cónyuge a quien se atribuye el uso exclusivo de la vivienda no deja de ser usufructuario de la misma[349].

9.1.6. Herederos

En nuestro derecho se sigue el sistema romano de aceptación de la herencia, es decir, hasta que los herederos no la acepten, no serán propietarios de los elementos privativos que formen parte de la masa hereditaria. La obligación de pago recae sobre la herencia yacente que, podrá ser reclamada en caso de incurrir en morosidad conforme a lo dispuesto en los artículos 6.1.4.º y 7.5 LEC.

En el momento en que los herederos acepten la herencia, a quienes se adjudiquen elementos privativos sujetos al régimen de propiedad horizontal deberán contribuir al sostenimiento del edificio del que resulten copropietarios. Además, el artículo 989 CC determina la retroactividad de la aceptación de la herencia al momento del fallecimiento del causante. Por ello, el heredero que acepta la herencia y pasa a ser propietario de un elemento privativo, deberá hacerse cargo de la deuda desde el momento del fallecimiento del causante[350].

---

348 En este sentido, Blazquez Martin, R., «La nueva jurisprudencia del Tribunal Supremo sobre la calificación de bienes en la liquidación de la sociedad de gananciales y la sociedad postganancial», en *Diario La Ley*, núm. 9247, julio de 2018, La Ley 7831/2018).

349 Minero Alejandre, G. «Gastos de comunidad de vivienda familiar de carácter ganancial cuyo uso se atribuye a los hijos del matrimonio y a uno de los cónyuges tras el divorcio. Comentario STS de 27 de junio de 2018 (RJ 2018, 2929). BIB 2019/5834» en *Cuadernos Civitas de Jurisprudencia Civil*, núm.110, 2019, págs. 29-46; Pérez Ureña, A.A., «La atribución del uso de la vivienda familiar y el pago de los gastos de la Comunidad de Propietarios», en *Práctica de Tribunales*, núm.112, enero-febrero 2015, La Ley 9199/2014.

350 Salas Carceller, A., «Comunitario Artículo 989.Real Decreto de 24 de julio de 1989, que dispone de la publicación del Código Civil», en *Artículo Monográfico Sepín*, junio 2009, SP/DOCT/10798.

9.1.7. Legatario

A diferencia de la herencia, respecto de los legados rige el sistema germánico de aceptación. Ello implica que se produce la transmisión de la titularidad dominical del elemento privativo objeto de legado, desde el momento del fallecimiento del causante, según disponen los artículos 881 y 882 CC.

Por lo tanto, desde el fallecimiento del causante se genera la obligación de pago de los gastos para el adecuado sostenimiento del inmueble, por parte del legatario. Solo quedará excluido de tal obligación en el supuesto de que renuncie expresamente al legado y, por tanto, deje de ser propietario del elemento privativo.

9.1.8. Titular registral no propietario

En nuestro sistema jurídico registral, la inscripción de la propiedad o cualquier otro derecho real en el Registro de la Propiedad tiene eficacia declarativa y no constitutiva, salvo los derechos reales de hipoteca y superficie. Por ello, no siempre coincide el hecho de que el titular registral sea el auténtico propietario del elemento privativo. En estos casos, el obligado al pago es el auténtico propietario y no el titular registral.

Con anterioridad a la reforma del artículo 21.2 LPH, la STS de 22 de abril de 2015 fijó doctrina en el sentido de que en los supuestos en que el titular registral no fuera el propietario del elemento privativo del edificio, podría ser demandado a los únicos efectos de soportar la ejecución sobre el inmueble inscrito a su nombre[351]. Esta doctrina jurisprudencial se consolidó legalmente tras la reforma del artículo 21.2 LPH mediante la Ley 10/2022, de 14 de junio.

9.1.9. Delimitación temporal del deudor

Conforme a lo dispuesto en el artículo 17.II LPH, las derramas para mejoras del edificio deberán ser pagadas por quien es propietario en el momento de su exigibilidad.

Aunque el precepto mencionado se refiere exclusivamente a derramas que pudieran ser identificadas como gastos extraordinarios, así como a mejoras, excluyendo aparentemente los gastos de conservación y mantenimiento ordinarios el edificio, lo cierto es que debe entenderse referidos a todos los gastos para el adecuado sostenimiento del inmueble, ya sean ordinarios o extraordinarios. La especial mención a las derramas para mejoras debe entenderse porque son las que mayor conflictividad plantean en el momento de la transmisión de la titularidad dominical.

351 STS 211/2015, de 22 de abril, ECLI:ES:TS:2015:1536.

Una solución a los problemas de venta del elemento privativo de una comunidad que haya aprobado derramas exigibles en el futuro sería la obligación de incluir en el certificado de estado de cuentas con la comunidad a que se refiere el artículo 9.I.e) IV LPH, la relación e importe de las derramas aprobadas y no exigibles todavía.

No obstante, en el supuesto de compraventa de un elemento privativo, el comprador que desconocía la existencia de las derramas pendientes de pago podrá reclamar al vendedor por considerar que se trata de un contrato doloso. En función de su gravedad, podrá solicitar la resolución del contrato o la reducción del precio.

9.2. Objeto

Es objeto de la obligación el pago de todos los gastos relacionados con el mantenimiento, conservación y mejora del edificio que procedan legalmente, así como la instalación, mantenimiento y mejora de los servicios comunes que procedan.

En el concepto de gastos comunitarios se incluyen todos, con independencia de su origen, ya sean los obligatorios a los que se refiere el artículo 10.1 LPH o los voluntarios regulados en el artículo 17 LPH.

También se incluyen los gastos ordinarios y los extraordinarios. El criterio para distinguir entre ambos es el de la previsibilidad. Serán gastos ordinarios aquellos que son previsibles, con independencia de su frecuencia. Sin embargo, serán gastos extraordinarios aquello que no sean previstos.

De lo dispuesto en el artículo 21.2 LPH se desprende que serán objeto de esta obligación todos los «gastos comunes, tanto si son ordinarios como extraordinarios, generales o individualizables, o fondo de reserva»[352].

Dentro de estos gastos debe entenderse excluidos aquellos que sean susceptibles de individualización, es decir, los que sean susceptibles de ser medidos mediante contador y contratados directamente por los propietarios de elementos privativos. Si se emite una factura a nombre de la comunidad de propietarios y esta quien la paga, aunque posteriormente se liquide entre los copropietarios la función de su consumo, será un gasto común[353].

352 Ya con anterioridad a la reforma de la Ley de Propiedad Horizontal mediante la Ley 10/2022, de 14 de junio, ya se consideraba que debían entenderse incluidos todo tipo de gastos. En este sentido, López Hernández, C.N., «El deber de contribuir a los gastos en la propiedad horizontal», en *Revista Crítica de Derecho Inmobiliario*, núm.703, 2007, págs. 2017-2058.

353 En este sentido, Loscertales Fuertes, D., «Comentario Artículo 9. Las obligaciones de los propietarios. LEY 49/1960 de 21 de julio, de Propiedad Horizontal», en *Artículo Monográfico Sepín*, marzo 2018, SP/DOCT/74403.

Salvo en los supuestos expresamente contemplados en el artículo 17 LPH, la falta de uso de un elemento o servicio común no justifica que el copropietario quede eximido de su obligación de pago, tal y como dispone el artículo 9.2 LPH. Este precepto contiene una presunción *iuris tantum* de generalidad del gasto, lo que implica que si no se puede acreditar si es común o privativo, se presume que será común. Salvo prueba en contrario.

9.3. Criterio de distribución del gasto

El criterio general de distribución de la obligación de contribuir a los gastos de sostenimiento del edificio es la cuota de participación. No obstante, existen excepciones a la regla general contenida en el artículo 9.1.e) I LPH, por cuanto que el precepto señala la posibilidad de que la distribución sea conforme a los especialmente establecido. Para ello, se pueden establecer criterios de contribución al gasto distintos a la cuota de participación en los Estatutos comunitarios, como puede ser la contribución por partes iguales entre todos los propietarios. También se pueden introducir cláusulas de exoneración de pago a determinados propietarios y en ciertas circunstancias, como puede ser exonerar a los propietarios de locales comerciales del pago de los gastos de mantenimiento del ascensor comunitario.

Igualmente, se pueden aprobar válidamente acuerdos comunitarios que establezcan en sistema de reparto distintos o exoneración de pago a favor de algún copropietario. En estos casos, la mayoría exigida para la modificación del reparto o exoneración será la misma doble mayoría que para la válida adopción del acuerdo que apruebe la actuación u obra comunitaria[354].

Sin embargo, para la vuelta al sistema de reparto por cuotas de participación o conforme a lo establecido en los estatutos comunitarios, basta la doble mayoría simple del artículo 17.7 LPH, como señalan las STSS de 7 de marzo de 2013 y 6 de febrero de 2014, y SAP Lugo de 21 de febrero de 2022[355].

9.4. Vencimiento de la deuda

Dispone el artículo 14.b) LPH que, corresponde a la junta de propietarios aprobar los presupuestos y gastos ordinarios de la comunidad. En el mismo sentido, el artículo 14.c) LPH determina que también corresponde a la junta de propietarios la aprobación de los presupuestos de las obras a ejecutar en el edificio. Por lo tanto, es competencia de la junta de propietarios la aproba-

354 Carreras Maraña, J.M., «Unanimidad o tres quintos en materia de obras y contratos comunitarios. Una necesaria uniformidad de criterio y seguridad jurídica», en *Artículo Monográfico Sepín*, octubre 2019, SP/DOCT/82998.

355 STS 184/2013, de 7 de marzo, ECLI:ES:TS:2013:1894; STS 50/2014, de 6 de febrero, ECLI:ES:TS:2014:350; SAP Lugo 126/2022, De 21 de febrero, ECLI:ES:APLU:2022:129.

ción de gastos, obras y actuaciones, además de los términos temporales en que deben ser pagadas las mensualidades ordinarias de gastos comunes y las derramas extraordinarias.

Respecto de las obras y actuaciones obligatorias a las que se refiere el artículo 10.1 LPH, dispone el artículo 10.2. a) LPH que la actuación de la junta de propietarios se limita al acuerdo de distribución de la derrama y los términos de su abono. Por términos de su abono, debe entenderse los temporales, es decir, la distribución en pagos periódicos y fechas en que deben realizarse los mismos.

Por lo tanto, es competencia de la junta de propietarios determinar la fecha en que los copropietarios deben pagar las cantidades debidamente aprobadas para el adecuado sostenimiento del inmueble, ya sean gastos ordinarios o extraordinarios, obligatorios o voluntarios.

El artículo 21.1 LPH establece que el impago de estas cantidades aprobadas en junta de propietarios, devengarán intereses desde el momento en que debió hacerse el pago y no se hizo[356]. Por lo tanto, si no señala un día exacto de pago en el acuerdo válidamente adoptado en junta de propietarios, la cuota correspondiente al mes de febrero se podrá pagar a lo largo de dicho mes, pero si se paga el uno de marzo se habrá incurrido en mora. Si se dijera que el pago deberá realizarse los primeros cinco días de cada mes, se incurrirá en mora el sexto día del mes[357].

No obstante, debe tenerse en cuenta que las mensualidades ordinarias de gastos comunes y derramas extraordinarias suelen pagarse por domiciliación bancaria, por lo que su fecha de vencimiento será el día de su presentación al cobro en la cuenta corriente del copropietario. Si se produjera posteriormente la devolución del recibo, la situación de mora no se produce desde la fecha de la devolución, sino que se retrotrae al momento de presentación al cobro.

9.5. Garantías del cobro de la deuda

La Ley 8/1999, de 6 de abril, de Reforma de la Ley 49/1960, de 21 de julio, sobre Propiedad Horizontal dispone en su exposición de motivos que su finalidad es que las comunidades de propietarios puedan cobrar lo que los morosos le adeudan. Su objetivo es la lucha contra la morosidad. Para ello, aprueba una serie de medidas disuasorias de carácter legal para evitar el impago de los gastos comunes para el adecuado sostenimiento del inmueble[358].

356 Hernández Rodríguez, M.M., «Comentario Artículo 1100. Real Decreto, de 24 de julio de 1889, que dispone la publicación del Código Civil», en *Artículo Monográfico Sepín*, junio 2009, SP/DOCT/11781.

357 Polo Portilla, M.J., «Presentación de Jurisprudencia al Detalle: Sanciones en el Régimen de Propiedad Horizontal» en *Notas y Comunitarios Sepín*, agosto 2022, SP/DOCT/119757.

358 *Vid*. De Lara Vences, C., «Medidas disuasorias de carácter convencional frente al impago en la propiedad horizontal», en *Revista Crítica de Derecho Inmobiliario*, n.º805, 2024. págs. 2439-2477.

9.5.1. Responsabilidad por falta de notificación de cambio de titularidad

Aunque se regula en el artículo 9.1.i) LPH como otra obligación distinta de los propietarios de los elementos privativos, en realidad se trata de una garantía de cobro a favor de la comunidad de propietarios.

El propietario que transmite la titularidad dominical de un elemento privativo tiene la obligación de comunicar la transmisión a quien ejerce las funciones de secretario de la comunidad. Esta comunicación debe ser fehaciente, es decir, que deje constancia de haberse realizado. En este sentido, recae sobre el transmitente la carga de la prueba de la notificación.

La consecuencia del incumplimiento del deber de comunicación del cambio de titularidad es que el transmitente responderá de forma solidaria de las deudas que se devenguen con posterioridad a la transmisión. Es decir, el adquiriente que incurriera en mora en el cumplimiento de su obligación de pago será el único deudor en su condición de propietario del elemento privativo. Quien no haya comunicado la transmisión será responsable solidario del pago de la deuda, pero no el deudor. Consecuencia de ello, es que el responsable podrá repetir contra el propietario actual, ya que es el único deudor.

Se trata de una auténtica garantía de cobro puesto que, en caso de que el transmitente no comunique la transmisión y el adquirente no la inscriba en el Registro de la Propiedad, la comunidad de propietarios no tiene otra forma de conocer el cambio de Titularidad. Consecuencia de ello, es que la comunidad de propietarios reclamará judicialmente la deuda al anterior propietario, quien en el supuesto de inexistencia de esta garantía opondría el hecho de no ser propietario en la fecha de vencimiento de la deuda, desestimándose íntegramente la reclamación comunitaria e imponiendo a la comunidad las costas procesales.

A fin de evitar esta situación injusta, se incluyó esta garantía en el artículo 9.1.i) LPH. En caso de que esto ocurriera, no se desestimaría la reclamación comunitaria como consecuencia del carácter solidario de la responsabilidad.

No obstante, el artículo 9.1.i) III LPH reduce la sanción civil derivada del incumplimiento de esta obligación cuando la comunidad de propietarios, a través de cualquiera de sus órganos de gobierno, haya tenido conocimiento de la transmisión. La constancia de la transmisión por parte de la comunidad de propietarios puede producirse por cualquier medio, incluyendo la posibilidad de que la transmisión haya sido notoria. En todo caso, los actos concluyentes del nuevo propietario serán suficientes, como puede ser su asistencia a la junta de propietarios o la aportación de la cuenta corriente que designe para la domiciliación de los gastos comunitarios[359].

---

359 Zurilla Cariñana considera que se trata de mitigar una «excesiva sanción». Zurilla Cariñana, M.A., «Comentario al Artículo 9 de la Ley de Propiedad Horizontal», en *Comentarios*

En todo caso, entiendo que no es suficiente el conocimiento de la transmisión, sino que la comunidad debe tener conocimiento cabal de quien es el adquiriente.

9.5.2. Afección real

La afección real está regulada en el artículo 9.1.e) III LPH. En virtud de ella, el adquirente de un elemento privativo responderá con el inmueble objeto de transmisión de las deudas de transmitente. Es el supuesto contrario al de falta de notificación de la transmisión, analizado en el epígrafe anterior, en el que respondía el transmitente. Aquí, quien responde es el inmueble objeto de transmisión y que es propiedad del adquiriente[360].

En este supuesto, el auténtico deudor es el transmitente, pues era el propietario en el momento de vencimiento de la obligación de pago. El adquiriente no es el responsable de la deuda, sino que quien debe responder de la misma es el inmueble. Se trata de una hipoteca legal tácita y, por ello, el artículo 9.1.e) III LPH dispone que esta responsabilidad del inmueble existe, aunque el adquiriente haya inscrito su título en el Registro de la Propiedad. La publicidad legal hace innecesaria la inscripción de las hipotecas legales tácitas. Por lo tanto, el adquiriente no puede alegar desconocimiento de la existencia de la afección real, así como la adquisición del inmueble conforme a la fe pública registral[361].

Existe un límite temporal de la afección, ya que se limita a las deudas contraídas en la anualidad vigente en el momento de la transmisión y de los tres años inmediatamente anteriores.

El transmitente deudor responde de todas sus deudas y en virtud del principio de responsabilidad patrimonial universal consagrado en el artículo 1911 CC, es decir, con todo su patrimonio presente y futuro. Sin embargo, el adquiriente sólo responderá con su inmueble y de las deudas generadas en la anualidad en curso y en los tres años naturales anteriores.

Pudiera parecer una sanción excesiva, pero lo cierto es que la posibilidad de pedir una Certificación sobre el estado de deudas con la comunidad en el momento de la transmisión permite al adquiriente conocer antes de que se produzca, la posible existencia de deudas del transmitente con la comunidad.

---

a la Ley de Propiedad Horizontal, obra colectiva, 5.ªEd., coordinador: Bercovitz-Rodríguez Cano, R., Aranzadi, Cizur Menor, 2014, págs. 501-505.

360 Rodríguez Rosado, B., «Comentario al Artículo 9 de la Ley de Propiedad Horizontal», en *Comentarios a la Ley de Propiedad Horizontal*, obra colectiva, director: MIQUEL GONZÁLEZ, J.M., Aranzadi, Cizur Menor, 2011, págs. 293-298.

361 Clemente Meoro, M.E., «Preferencia y afección real del crédito comunitario en la Ley de Propiedad Horizontal», en *Revista de Derecho Patrimonial*, núm. 31, 2013, BIB 2013/ 1583.

La afección real se aplica a todo tipo de deuda comunitaria, incluyendo a las que se adeuden a las comunidades de hecho, complejos inmobiliarios, subcomunidades y entidades legales de conservación cuando así lo dispongan sus estatutos[362].

9.5.3. Crédito preferente

Según dispone el artículo 9.1.e) II LPH, los créditos comunitarios derivados de la obligación de contribuir al adecuado sostenimiento del inmueble son preferentes a los créditos descritos en el artículo 1923.3.°, 4.° y 5.° CC. Tras la reforma del Código Civil a través del Real Decreto-Ley 24/2021, de 2 de noviembre, se introdujo el n.°6 al artículo 1923 CC. Por lo tanto, se trata de créditos preferentes respecto a los siguientes:

a) Créditos hipotecarios y refaccionarios.

b) Créditos anotados preventivamente en el Registro de la Propiedad, cuando lo hayan sido en virtud de mandamiento judicial, embargos, secuestros o ejecución de sentencias. Limitado a créditos posteriores y con relación a los bienes anotados.

c) Créditos refaccionarios no anotados, ni inscritos en el Registro de la Propiedad, siempre que no concurran con los créditos relacionados en el artículo 1923.1.°, 2.°, 3.° y 4.° CC.

d) Créditos a favor de tenedores de bonos garantizados. Esta preferencia tiene limitaciones temporales y objetivas.

1. Limitación temporal: la preferencia se limita a los créditos vencidos de la anualidad en curso y de los tres años inmediatamente anteriores.
2. Limitación objetiva: No serán créditos preferentes respecto de los siguientes créditos:
    i. Créditos salariales: regulados en el artículo 32 ET: créditos salariales por los últimos treinta días de trabajo y en cuantía que no supere el doble de salario mínimo interprofesional, con preferencia absoluta sobre cualquier otro crédito, incluidos los garantizados con prenda hipoteca; créditos salariales relacionados con los objetos elaborados por los propios trabajadores, siempre que sean de su propiedad o estén en posesión del empresario y otros créditos salariales que resulten de multiplicar el triple del salario Mínimo Interprofesional por el número de días de salarios

362 RUIZ RICO RUIZ, J.M., «Comentario al Artículo 9 de la Ley de Propiedad Horizontal», en *Propiedad Horizontal*, obra colectiva, Tomo II, directores: DIEZ NUÑEZ, J.J. y GONZÁLEZ MARTÍN, L.A., Consejo General del Poder Judicial, Madrid, 2008, págs. 1571-1572.

pendientes, así como las indemnizaciones por despido hasta el límite del triple del salario mínimo interprofesional[363].

ii. Créditos tributarios y de la Seguridad Social: gozarán de preferencia sobre los créditos comunitarios, aquellos a favor del estado procedentes de impuestos en relación con el importe de la última anualidad vencida y no pagada, respecto de los bienes de los contribuyentes. Debe también extenderse con relación a los créditos impositivos del municipio, provincia, comunidad autónoma, así como respecto de los créditos de la seguridad social.

9.5.4. Certificación sobre el estado de la deuda

Dispone el artículo 9.1.e) IV LPH que, en caso de transmisión de la titularidad dominical de un elemento privativo mediante escritura pública, en la misma debe hacerse constar que el transmitente se haya al corriente de pago de todas las deudas vencidas con la comunidad, en caso de que así sea. En el supuesto de que adeude alguna deuda vencida, deberá relacionar los conceptos y cuantías pendientes.

No sólo es suficiente con esta declaración, sino que, además, el transmitente debe aportar para su unión en el documento público la certificación sobre el estado de deudas con la comunidad, debiendo ser coincidente con la declaración emitida en la escritura pública. Se trata de un requisito esencial para que el notario autorice el documento público de transmisión de la titularidad dominical, salvo expresa dispensa por parte del adquiriente. No obstante, se trata de una dispensa arriesgada porque, en caso de existir alguna deuda previa a la transmisión, el inmueble transmitido quedará sujeto a la afección real.

La certificación deberá ser emitida en el plazo de siete días naturales desde su solicitud, por lo que se aconseja que esta se haga por escrito. La certificación será suscrita por quien ejerza las funciones de secretario, con el visto bueno del presidente de la comunidad. Se establece la responsabilidad del secretario y del presidente de la comunidad de propietarios en el caso de la inexactitud de la certificación o retraso en su emisión. No se trata de una responsabilidad objetiva, sino que debe ser imputada, al menos, a título de negligencia.

9.6. Consecuencias del incumplimiento

El copropietario que incumpla con su obligación puntual de pago de las cantidades aprobadas por la junta de propietarios deberá soportar una serie de consecuencias jurídicas.

---

363 Blasco Gascó, F.P., *La hipoteca inmobiliaria y el crédito hipotecario*, Tirant On line, Valencia, 2000, TOL 163.309.

9.6.1. Privación del derecho de voto

Dispone el artículo 16.2 LPH que las convocatorias a juntas de propietarios contendrán una relación de propietarios deudores de la comunidad, con la expresa advertencia de que, en caso de mantenerse en esa situación al inicio de la junta de propietarios, quedarán privados del derecho de voto.

En ese sentido, el artículo 15.2 LPH señala que los propietarios que al comienzo de la junta no hayan pagado las cantidades adeudadas a la comunidad, circunstancia de la que previamente estaban advertidos en la convocatoria, quedarán privados de derecho de voto.

Existen dos excepciones:

a) Que hayan impugnado judicialmente el acuerdo que sea el origen de la deuda.

b) Que hayan consignado previamente el total de la cantidad adeudada ya sea vía notarial o judicial. En este caso, con carácter previo al inicio de la junta deberá acreditarse documentalmente haberse realizado la consignación. Puesto que, en otro caso, si la consignación se ha hecho el mismo día no habrá tiempo material para que llegue a conocimiento de la comunidad. Esta, podría haber privado del derecho de voto al propietario aparentemente deudor y que no hubiera manifestado nada al respecto, con la única intención de ostentar legitimación activa para impugnar el acuerdo sobre la base de una indebida privación del derecho de voto.

La privación del derecho de voto implica tan solo que el deudor no podrá conformar la voluntad comunitaria junto con el resto de los copropietarios, si bien tiene pleno derecho a participar en las deliberaciones de la junta.

La privación del derecho de voto debe ser pública para los condueños, no sólo en las convocatorias sino también en las actas donde constan los acuerdos válidamente aprobados en las juntas de propietarios.

Una cuestión debatida es si la privación del derecho de voto del propietario deudor debe alcanzar a todo tipo de acuerdos comunitarios o si deben quedar excluidos aquellos acuerdos que exigen unanimidad. Entiendo que no se puede privar al deudor del derecho de voto respecto de los acuerdos unánimes[364]. El motivo es que supondría alterar el contenido esencial del derecho de propiedad, sin intervención del propietario. La sanción impuesta como consecuencia de la infracción de encontrarse en situación de morosidad frente a la comunidad de propietarios resulta desproporcionada.

---

364 En este sentido, LOSCERTALES FUERTES, D., *Propiedad Horizontal. Legislación y Comentarios*, Dykinson, Madrid, 2020, págs. 173-177; CARRERAS MARAÑAS, J.M., «Comentario al Artículo 15 de la Ley de Propiedad Horizontal», en *Propiedad Horizontal*, obra colectiva, Tomo II, directores: DÍEZ NUÑEZ, J.J. y GONZÁLEZ MARTÍN L.A., *Consejo General del Poder Judicial*, Madrid, 2008, págs. 1165-1166.

9.6.2. Requisito de procedibilidad para impugnación de acuerdos

Esta falta de legitimación ya ha sido objeto de análisis previo en relación con la impugnación de acuerdos comunitarios, cuando se analizó la falta de legitimación del deudor. No obstante, conviene hacer mención de ello.

El artículo 18.2 LPH establece que es requisito de procedibilidad para poder impugnar un acuerdo comunitario, que el impugnante se encuentre al corriente en el pago de todas las deudas vencidas con la comunidad. En este sentido, el tribunal no debería admitir a trámite una demanda de impugnación interpuesta por un copropietario deudor. No obstante, el Tribunal no podrá conocer la ausencia de este requisito de procedibilidad hasta que la comunidad no conteste la demanda. Si como consecuencia de la contestación advierte esta circunstancia, no continuará con la tramitación del procedimiento.

El requisito de estar al corriente de pago de todas las deudas vencidas con la comunidad es insubsanable. No obstante, sí que se puede subsanar la acreditación documental.

Una excepción a esta privación es la previa consignación judicial de la cantidad adeuda. La consignación debe haberse efectuado antes de la presentación de la demanda, aunque se puede subsanar posteriormente su falta de acreditación.

El artículo 18.2 LPH señala que la obligación de estar al corriente de pago de todas las deudas vencidas con la comunidad no es exigible cuando el objeto de la impugnación sean acuerdos relativos al establecimiento o modificación de cuotas de participación. La redacción del precepto es claramente desafortunada, ya que parece que se limita a los acuerdos que modifican las cuotas de participación asignada a los elementos privativos a los que se refiere el artículo 5 LPH. En realidad, se refiere el precepto a los acuerdos por los que se modifican los criterios de reparto de los gastos comunitarios y los que exoneran a determinados propietarios de su obligación de contribuir a determinados gastos.

9.6.3. Pago o consignación para admisión de recursos

Dispone el artículo 449.4 LEC que es requisito de procedibilidad para la interposición de recursos contra sentencias que contengan fallo condenatorio al pago de deudas comunitarias, haber pagado o consignado, con carácter previo, las cantidades objeto de condena. Lo que debe pagarse para poder interponer el recurso es el principal, no los intereses y costas[365].

---

365 Cremades Morant, J., «Los juicios verbales y ordinarios, recursos de apelación y casación», en *Artículo Monográfico Sepín*, junio 2015, SP/DOCT/20044.

Este requisito se limita exclusivamente a resoluciones que pongan final procedimiento y no contra resoluciones interlocutorias.

9.6.4. Responsabilidad subsidiaria del deudor

El propietario de un elemento privativo responde subsidiariamente de las deudas de la comunidad, siempre que sea deudor frente a la misma y limitado al porcentaje que proporcionalmente le corresponde a su cuota de participación.

Para ello, el acreedor ha debido demandar a la comunidad de propietarios y al copropietario frente al que quiere dirigir la ejecución.

Esta responsabilidad subsidiaria alcanza tan solo al deudor, por cuanto que como señala el artículo 22.2 LPH, cualquier propietario puede oponerse a la ejecución acreditando que cuando fue reclamado estaba al corriente de pago de todas las deudas vencidas con la comunidad.

A pesar de la confusa redacción del artículo 22 LPH, lo que subyace es que el precepto vincula la situación de impago del condueño, con la imposibilidad de la comunidad de propietarios de hacer frente a una deuda con terceros.

9.6.5. Medidas disuasorias de carácter convencional

Se trata de una de las novedades introducidas en la Ley de Propiedad Horizontal en su reforma llevada a cabo mediante la Ley 10/2022, de 14 de junio[366]. Se trata de medidas que, aunque con un carácter primordialmente disuasorio de la morosidad comunitaria, establece la posibilidad de imponer sanciones a los propietarios deudores.

Estas medidas tienen unas características comunes:

a) Facultativas: están sujetas al principio de autonomía de la voluntad de las partes, por lo que la comunidad de propietarios podrá adoptarlas o no.

b) Disuasorias: pretenden evitar la morosidad en las comunidades de propietarios, aunque puede ser compatible con la capacidad sancionadora de las medidas convencionales nominadas.

c) Convencionales: no derivan de la ley, sino de un acuerdo válidamente adoptado por la junta de propietarios.

366 *Vid*. De Lara Vences, C., «Medidas disuasorias de carácter convencional frente al impago en la propiedad horizontal», en *Revista Crítica de Derecho Inmobiliario*, n.º805, 2024. págs. 2439-2477.

Estas medidas tienen los siguientes límites:

a) Temporalidad: su duración está limitada al tiempo que dure la situación de morosidad.

b) Interdicción del abuso: la intencionalidad con la que se adopten se ve limitada con la finalidad disuasoria de la morosidad, no pudiendo extenderse a otras circunstancias.

c) Proporcionalidad: no puede darse una desproporción entre la deuda y la medida adoptada.

d) Irretroactividad: no puede imponerse esta medida en relación con deudas anteriores al acuerdo de la junta en el que se aprueban estas medidas.

Estas medidas pueden clasificarse en:

a) Medidas nominadas: estas medidas están relacionadas en el artículo 21.1 LPH. Al tener, además del carácter disuasorio, otro sancionador, están sujetos al principio de reserva legal. En la actualidad existen dos medidas que pueden acordar las comunidades de propietarios: establecimiento de intereses superiores al interés legal o la privación temporal del uso de servicios o instalaciones comunes. Esta segunda medida tiene como límite que no afecte a la habitabilidad del inmueble. Es decir, no podrá privarse del derecho de uso del portal o las escaleras comunitarias. Se podrá privar del derecho de uso de la piscina.

b) Innominadas: son aquellas no expresamente relacionadas en el artículo 21.I LPH. No pueden tener carácter sancionador dada la reserva legal en esta materia. A título de ejemplo, se puede aprobar el aplazamiento o quita de una deuda.

9.7. Prescripción de la deuda comunitaria

Desde la STS de 3 de junio de 2020, se considera aplicable el plazo de prescripción de cinco años contenido en el artículo 1966.3 CC, el cual coincide con el plazo de prescripción del artículo 1964.2, tras su reforma mediante la Ley 42/2015, de 5 de octubre, de reforma de la Ley 1/2000, de 7 de enero, de Enjuiciamiento Civil.

No obstante, debe considerarse que el plazo de cinco años para la presentación de la acción para exigir el pago de deudas comunitarias es adecuado, sin perjuicio de que dicho plazo debería constar de forma expresa en la Ley de Propiedad Horizontal.

10. Fondo de reserva

La obligación de contribuir en proporción a la cuota de participación en la constitución y mantenimiento del fondo de reserva aparece contenida en el artículo 9.1. f) LPH, y la Disposición Adicional Única del mismo texto legal.

Su función es garantizar la conservación del edificio, protegiendo a la comunidad de propietarios de una posible falta de tesorería. Su objeto concreto es la conservación, mantenimiento y rehabilitación del inmueble, eficiencia energética y accesibilidad universal.

Debe constituirse en la primera junta de propietarios en la que se apruebe el presupuesto ordinario. Su cuantía es el 10 % del presupuesto que se apruebe cada año en la junta general ordinaria. Cuando se haga uso del fondo de reserva, la comunidad deberá reponer el mismo por encima del límite mínimo del 10 % antes del inicio del siguiente ejercicio presupuestario.

El fondo de reserva es propiedad de las comunidades de propietarios y no de sus condueños individuales por lo que, en caso de transmisión de la titularidad dominical, el transmitente no puede hacer suya la parte proporcional del fondo de reserva, así como tampoco puede ser objeto de embargo por deudas particulares. Por el mismo motivo, podrá ser objeto de embargo por deudas comunitarias.

Con cargo al fondo de reserva se podrá contratar un seguro de daños causados al inmueble y un contrato permanente de mantenimiento del inmueble y sus instalaciones generales.

CAPÍTULO VIII

CONSERVACIÓN Y MEJORA DEL EDIFICIO

1. Conservación: gastos de origen obligatorios

Dispone el artículo 10.1 LPH:

> «Tendrán carácter obligatorio y no requerirán de acuerdo previo de la Junta de propietarios, impliquen o no modificación del título constitutivo o de los estatutos, y vengan impuestas por las Administraciones Públicas o solicitadas a instancia de los propietarios, las siguientes actuaciones».

1.1. Aspectos subjetivos

Dos son los aspectos subjetivos que con carácter alternativo establece el artículo 10.1 LPH para que estas actuaciones tengan el carácter de obligatorias. Se señala el carácter de alternativos de estos requisitos puesto que como se desprende de la conjunción «o» del texto legal, no es necesario que se den los dos a la vez, sino que basta con que concurra uno de ellos. Son los siguientes:

a) Que estas actuaciones vengan impuestas por una administración pública, es decir, no basta la mera sugerencia o conveniencia de su realización, sino que deben tener su origen en un acto expreso de la administración que contenga un mandato indudable de ejecución de la actuación a que se refiere. Cualquier sugerencia o consejo por parte de una administración pública podrá ser sometido a la consideración de la junta de propietarios, quien libremente podrá acordar o no su realización.

   Sólo en los supuestos de mandatos expresos de la administración pública es cuando surge la obligación por parte de la comunidad de propietarios de ejecutar la actuación referida.

En todo caso, aunque el precepto no lo indique, será preciso que el mandato de la administración sea dictado por la que sea competente para ello y con fines propios de la misma, debiendo, además, contener la oportuna motivación[367].

En caso de disconformidad con la resolución administrativa dictada, siempre podrá la comunidad de propietarios recurrir en vía administrativa y en su caso, en sede judicial a través del órgano contencioso administrativo, incluso con solicitud de medidas cautelares que impidan la ejecución de una obra que en caso de ser declarado el mandato no ajustado a derecho resultará difícil o imposible su práctica reversión.

b) Que estas actuaciones sean «...solicitadas a instancia de los propietarios».

Merece crítica la redacción del precepto al señalar en plural el término propietarios, puesto que pueden ser solicitadas las actuaciones referidas en el ámbito objetivo del artículo 10.1 LPH por uno sólo de ellos, por lo que a nuestro juicio la redacción más correcta sería: «solicitada a instancia de cualquier propietario», puesto que de la dicción del precepto bien pareciera que deben ser al menos dos o más propietarios quienes lo soliciten.

Si así se solicitara, la comunidad de propietarios vendrá obligada a acordar la realización de estas actuaciones al ser obligatorias; sólo quedaría a su criterio el aspecto económico de su ejecución. Si la comunidad no realizara la actuación solicitada quedará expedita al condueño que lo haya solicitado la posibilidad de accionar contra la comunidad de propietarios, instando su condena a realizar la misma.

En cuanto al órgano de gobierno concreto a quien requerir las actuaciones por los propietarios, toda vez que no se exige la aprobación en junta, en lógica consecuencia no será necesaria la convocatoria de este órgano de gobierno comunitario. Ahora bien, si no es necesaria la celebración de junta de condueños, queda por determinar a quién realizar el requerimiento. A este respecto, hay que partir del hecho de que la representación de la comunidad, en juicio y fuera de él, en virtud de lo dispuesto en el artículo 13.3 LPH, corresponde a su presidente. Si bien lo anterior es cierto, no lo es menos que conforme al artículo 9.1.h) e i) LPH, las comunicaciones relacionadas con el cambio de domicilio y titularidad de la vivienda deberán hacerse de forma

367 Compartimos con García Aburuza la excesiva intervención de las administraciones públicas, y realizamos esta manifestación en el sentido de que la actuación de las administraciones públicas debe quedar limitada no sólo al ámbito de sus propias competencias, sino también a los supuestos más graves, y siempre que ello implique un interés público y no represente una intromisión injustificada en la esfera privada de los administrados. García Aburuza, M.P, «El nuevo régimen del Artículo 10 de la Ley de Propiedad Horizontal tras su reforma por la Ley 8/2013», en *Revista Aranzadi Doctrinal*, núm. 8, 2014, BIB 2014\3966.

fehaciente al secretario de la comunidad. Incluso el artículo 9.h), al referirse a citaciones y notificaciones, añade expresamente: *«de toda índole relacionadas con la comunidad»*. Por tanto, pudiera surgir la duda sobre si el requerimiento debiera realizarse al presidente o al secretario de la comunidad.

La representación orgánica del presidente es más con relación a terceros, mientras que la gestión interna de la comunidad recae fundamentalmente en el secretario, máxime cuando en la gran mayoría de las comunidades de propietarios actuales, el secretario es además un administrador de fincas profesional, tal y como autoriza expresamente el segundo párrafo del artículo 13.6 LPH. Por lo tanto, puede entenderse más adecuado el requerimiento a través del secretario, sin perjuicio no obstante de que, si el requerimiento se efectuara al presidente en cuanto representante de la comunidad, tendría pleno valor. En cualquier caso, es aconsejable siempre que en uno u otro caso la notificación sea fehaciente, no porque la falta de fehaciencia la invalide, sino porque en caso de no ejecutarse la actuación concreta, no podrá acreditarse haberla solicitado.

Por lo tanto, ya sea al presidente o al secretario, el requerimiento resultará vinculante para la comunidad de propietarios. No obstante lo anterior, al final resultará preceptiva siempre la intervención de la junta de propietarios para la aprobación de cuestiones esenciales para la ejecución de la obra obligatoria.

1.2. Aspectos objetivos

No todas las actuaciones en el ámbito de una comunidad de propietarios serán obligatorias por el mero hecho de que sean solicitadas por algún condueño o vengan impuestas por una administración pública en el ejercicio de sus competencias, sino que deben tener como objeto alguno de los que se relacionan en las letras a) a d) del artículo 10.1 LPH por ser la que contienen actuaciones que han de ser sufragadas por todos los condueños del edificio[368].

En concreto son las siguientes obras y actuaciones:

a) Aquellas cuyo destino sea el mantenimiento y conservación del inmueble, servicios e instalaciones comunes, entendiendo como

368 ECHEVARRIA SUMMERES clasifica estas actuaciones en las que se refieren a: «A).- Deber general de conservación de los edificios: obras de conservación, obras de reparación en sentidos estricto, obras de rehabilitación; B).-Ejecución de las innovaciones u obras necesarias para que en cada momento se respeten las condiciones estructurales, de estanqueidad, habitabilidad, accesibilidad y seguridad legalmente exigibles». ECHEVERRIA SUMMERS. F.M., «Comentarios a la Ley de Propiedad Horizontal», en *Comentario al Artículo 10 de la Ley de Propiedad Horizontal,* obra colectiva, coordinador: Rodrigo BERCOVITZ RODRÍGUEZ-CANO, Aranzadi, Cizur Menor, 2020, pág. 370.

tales las necesarias para la satisfacción de los requisitos básicos de seguridad, habitabilidad y accesibilidad universal, del ornato y las que se impongan por las administraciones públicas dentro del deber legal de conservación del edificio [cfr. art. 7.2.b) TRLSRU].

A diferencia de los acuerdos recogidos en el artículo 17.4 LPH, son obras y actuaciones de carácter necesario; sin embargo, este carácter esencial no lo tienen las reglas tercera y cuarta del artículo 17 LPH.

b) Las razonables en materia de accesibilidad universal, y las requeridas por propietarios en cuya vivienda o local vivan, trabajen o presten servicios voluntarios personas con discapacidad o mayores de sesenta años.

El artículo 10.1.b) LPH tiene un carácter subsidiario respecto del artículo 17.2 LPH, en el sentido de que el propietario afectado, en primer lugar propondrá como punto del orden del día a la comunidad la adopción del acuerdo conforme a lo establecido en el artículo 17.2 LPH, es decir por la doble mayoría de propietarios que a la vez represente la mayoría de las cuotas de participación, en cuyo caso obligará a todos los propietarios a su pago, sin límites de mensualidades ordinarias de gastos comunes.

En el caso de no aprobarse por dicha doble mayoría, resultará aplicable el artículo 10.1.b) LPH. Nada impide que el interesado actúe conforme a este último precepto, puesto que económicamente resultara mucho más gravoso que si se aprobara el acuerdo por la doble mayoría citada y contenida en el artículo 17.4 LPH.

c) La ocupación de elementos comunes que sean necesarios a fin de ejecutar las obras y actuaciones a los que se refiere los dos apartados anteriores.

Este supuesto es complementario o consecuencia de los dos anteriormente referidos, puesto que, si ellos se refieren a obras y actuaciones que resultan obligatorias, se podría ver frustrada su realización por el hecho de que algún condueño se oponga a su realización porque implique la privación temporal del disfrute de algún elemento común del edificio o del complejo inmobiliario privado. No es una mera ocupación temporal como en el caso de la servidumbre de andamiaje a que se refiere el artículo 569 CC, sino una ocupación con carácter de permanencia.

Se enmarca en el espíritu que impregnan las sucesivas reformas de la Ley de propiedad horizontal, que afortunadamente fueron eliminando progresivamente las trabas que para la vida comunitaria implicaba el excesivo rigor de la Ley de 1960.

d) La construcción de nuevas plantas y alteración de la estructura o fábrica del edificio o de elementos comunes, así como constitución de un complejo inmobiliario y ello, con remisión expresa al artículo 17.4 del texto refundido de la Ley del Suelo, (precepto que hoy ha sido sustituido por el artículo 26.5 TRLSRU, aunque mantiene el mismo contenido) consecuencia de la inclusión del inmueble en un ámbito de actuación de rehabilitación o de reparación y renovación urbana.

e) División material de pisos o locales para formar otros más reducidos e independientes, aumento de superficie por agregación, o disminución por segregación[369].

Sólo el artículo 10.1 y 2 LPH se refiere a obras obligatorias, sin embargo, el artículo 10.3 no tiene nada que ver con este tipo de obras[370]

Son gastos derivados de obras cuya adopción no queda sujeta a la autonomía de la voluntad de la comunidad de propietarios, sino que, por el contrario, pueden ser exigidas por cualquier condueño o impuestas, como ya se ha dicho, por una administración pública en el ejercicio de sus competencias. En este caso, a la hora de ser exigida por un condueño, la comunidad deberá adoptar obligatoriamente el acuerdo para el adecuado mantenimiento del inmueble. No implica en ningún caso que, salvo urgencia, no deba adoptarse un acuerdo por parte de la comunidad en este sentido, sino que en caso de no adoptarse, el condueño que considere que con la falta de adopción del acuerdo no se garantiza el objeto de las obras relacionadas en este precepto, tendrá la posibilidad de impugnar con éxito el acuerdo que deniega la ejecución de los trabajos y obras solicitados, y ello, sobre la base de ser acuerdos contrarios a la Ley a los que se refiere el artículo 18.1.a) LPH, por vulneración del artículo 10.1.a) LPH.

Una cosa es que sean obligatorios y no requieran acuerdo de junta como señala el artículo 10.1 LPH, otra bien distinta es que en la práctica ese acuerdo sea inevitable, puesto que el legislador no tuvo la previsión de señalar qué órgano de gobierno comunitario distinto de la junta de propietarios es el competente para decidir acerca de la realización o no de este tipo de trabajos u obras.

Si bien del precepto estudiado se infiere que no es necesario la adopción de acuerdo para llevar a cabo las obras y actuaciones descritas en el artículo 10.1 LPH, puede ocurrir que la comunidad adopte el acuerdo de no ejecutar las actuaciones «impuestas por las Administraciones Públicas o solicitadas a instancia de los propietarios». En este caso, cualquier propietario podrá impugnar el acuerdo adoptado. Si bien inicialmente dicha impugnación podría fundarse en que el mismo es contrario a la Ley de conformidad con el artículo 18 LPH, la STS de 12 de enero de 2022[371], considera que se trata

369 Berrocal Lanzarot, A.I., «Análisis de la Ley 8/2013, de 26 de junio, de rehabilitación, regeneración y renovación urbanas», en *Revista Actualidad Civil,* núm. 9, 2013.

370 Magro Servet califica de curiosa su ubicación. Magro ServeT, V., «El "curioso" carácter de las obras obligatorias en la propiedad horizontal del art. 10 LPH tras la ley 8/2013», en *Revista Aranzadi Doctrinal,* núm. 1, 2014, BIB 2014\847.

371 STS, Sala Primera, de lo Civil, 12/2022, de 12 de enero. ECLI:ES:TS:2022:36.

de un supuesto de nulidad de pleno derecho a la que se refiere el artículo 6.3 CC, al infringir el acuerdo «el art. 10.1.a) LPH, en relación con los arts. 3 y 16 LOE y el art. 17.3 del TRLS»[372].

Igualmente, tampoco ha tenido el legislador la previsión de declarar este tipo de actuaciones urgentes, a fin de que la decisión pudiera ser adoptada por el administrador. En todo caso no nos encontramos ante obras de carácter urgente necesariamente, de hecho en la mayoría de los casos no lo serán, por lo que resulta más aconsejable que sean adoptados en junta de propietarios y la previsión legal «tendrán carácter obligatorio y no requerirán acuerdo previo de la junta de propietarios», debe entenderse en el sentido de obligatoriedad, eliminando la posibilidad de su no adopción por la comunidad y dejando expedita la vía de impugnación de acuerdos en caso de que no se adoptara[373]. Y ello, aunque el artículo 10.2.a) LPH determine *«limitándose el acuerdo de la junta a la distribución de la derrama pertinente y a la determinación de los términos de su abono».*

Este precepto ya indica que el propio legislador es consciente de la necesidad de que se adopte un acuerdo en junta, aunque sólo sea para concretar los aspectos económicos de las obras a realizar. Por lo que no será el presidente ni el administrador comunitario, salvo casos de urgencia, quienes adopten finalmente el acuerdo, puesto que el propio legislador remite a la junta de propietarios la competencia para acordar los detalles económicos[374].

Además, la realidad práctica demuestra que la intervención de la junta de propietarios no sólo se limita a determinar cómo se pagan las obras, en que plazos, etc. En la práctica, las juntas de propietarios deberán determinar otros aspectos importantes de las obras a llevar a cabo, tales como el contratista que las va a ejecutar, el alcance o extensión exacta de las mismas y

---

372 PUCHE RAMOS, A., «Objeto de la acción de impugnación de acuerdos comunitarios: Acuerdos colectivos y anulables, no nulos de pleno Derecho STS, Sala Primera, de lo Civil, de 12-1-2022 (SP/SENT/1128051)», en *Jurisprudencia Comentada Sepín*, 2022, SP/DOCT/119002. Concluye este autor cómo el Tribunal Supremo fija doctrina en el sentido de considerar que los acuerdos no impugnados en sede judicial tienen fuerza ejecutiva, siendo susceptibles de sanación por falta de impugnación los acuerdos contrarios a la Ley de Propiedad Horizontal o a los estatutos comunitarios. No obstante, el alto tribunal considera que los acuerdos comunitarios contrarios a la realización de obras y actuaciones de naturaleza administrativa contempladas en el artículo 10.1.a) LPH, son nulos de pleno derecho y no susceptibles de subsanación. Además, considera que no se precisa el ejercicio de la acción impugnatoria cuando lo que se pretende es la nulidad de pleno derecho amparada en lo dispuesto en el artículo 10.1.a) LPH.

373 En el mismo sentido, POLO PORTILLA, M.J., «Gastos comunes. Es necesario que se acuerden en Junta», en *Artículo Monográfico Sepín*, 2021, SP/DOCT/109589.

374 LOSCERTALES FUERTES considera que prescindir de la junta «es un tanto excesivo y contrario a todo el concepto de la Ley de Propiedad Horizontal» LOSCERTALES FUERTES, D., «Comentario Artículo 10. La realización de obras por la Comunidad. LEY 46/1960, de 21 de Julio, de Propiedad Horizontal», en *Artículo Monográfico Sepín*, 2018, SP/DOCT/74404.

consecuencia de todo ello, la elección del presupuesto que consideren adecuado para su buen fin[375].

La regulación actual supone un grave riesgo al permitir que la opinión de un solo copropietario pueda determinar que una actuación es absolutamente necesaria en contra del criterio del resto de condueños. Evidentemente, la única solución parte de que sea la propia junta quien así lo declare, y si existiera algún copropietario con criterio distinto, podrá impugnar el acuerdo de la junta de propietarios. Podría ocurrir en este caso que la comunidad apruebe la realización de la obra o trabajo, pero que dicha obra le parezca al solicitante o cualquier otro condueño que no es suficiente para garantizar los fines establecidos en las letras a) a d) del artículo 10.1 LPH. En este caso, igualmente el copropietario tendrá la posibilidad de impugnar el acuerdo comunitario, puesto que se estaría adoptando un acuerdo contrario a la ley, concretamente contra el tantas veces citado artículo 10.1 LPH; por tanto, impugnable al amparo del artículo 18.1.a) LPH.

Incluso podría surgir el debate acerca de si nos encontramos ante un supuesto del artículo 18.1.a) LPH, o si por el contrario estamos ante uno contemplado en el artículo 18.1.b) LPH. La duda puede surgir por considerar que se adopta un acuerdo para la realización de una obra a los fines previstos en el artículo 10.1 LPH y el solicitante considere que con la obra aprobada no se cumple esa finalidad de mantenimiento, conservación, seguridad, habitabilidad, accesibilidad universal y cualquier otra que establezca el precepto.

Lo primero que debemos tener claro en todo caso, es que la obra o actuación debe referirse a las anteriores circunstancias relativas a seguridad, mantenimiento, etc. en relación con los elementos comunes del edificio, no circunscribiéndolos a los elementos privativos de cada condueño, cuya obligación de mantenimiento viene regulada en el artículo 9.1.b) LPH.

El impugnante podría considerar que, habiéndose adoptado un acuerdo insuficiente que no cumple esa finalidad, estamos a su juicio ante acuerdos *«gravemente lesivos para los intereses de la propia comunidad»*, resultando por tanto de aplicación el artículo 18.1.b) LPH, lo que incluso acorta el plazo de caducidad de la acción de tres meses, tal y como establece el artículo 18.3 LPH. No parece acertada la solución anterior por diversos motivos, siendo el primero que el artículo 18.1 b) LPH exige, además, que el acuerdo se adopte «en beneficio de uno o varios propietarios», por lo que parece que este precepto obedece a otros supuestos. Además, no basta con que se adopte cualquier tipo de acuerdo, sino que debe cumplir con las finalidades expresamente determinadas en el artículo 10.1 LPH, puesto que no sólo es contrario

375 RODRÍGUEZ TAPIA considera que incluso podrá ser necesaria la adopción de dos acuerdos. RODRÍGUEZ TAPIA, J.M. «Comentario al artículo 10 de la Ley de Propiedad Horizontal», en *Comentarios a la Ley de Propiedad Horizontal*, obra colectiva, director: José María MIQUEL GONZÁLEZ, Aranzadi, Cizur Menor, 2011.

a la Ley el acuerdo que decide no ejecutar los trabajos, obras o actuaciones, sino también aquellos acuerdos que comprendan actuaciones que no cumplan íntegramente con la finalidad detallada en el precepto aquí analizado.

Todo lo anterior para el caso que se adopte un acuerdo en junta de condueños insuficiente o, sometido a su consideración no acuerde la ejecución de obra alguna. Pero para el caso de que no se sometiera la cuestión en ningún sentido a la junta de condueños, el solicitante podrá ejercitar acción directamente contra la comunidad de propietarios, acción que deriva directamente del propio artículo 10 LPH. Como ya se ha señalado, si la comunidad acuerda no realizar obra alguna se podrá ejercitar la acción de nulidad de pleno derecho de tal acuerdo a la que se refiere el artículo 6.3 CC, tal y como contiene la doctrina que expresamente fija la STS de 12 de enero de 2022[376].

1.2.1. Reglas generales de contribución

Las reglas generales de contribución vienen expresamente establecidas en el artículo 10.2 LPH.

Lo primero que debe destacarse del precepto es la justificación que la propia norma legal manifiesta respecto de la ausencia de autonomía de la voluntad de los condueños, y las consecuencias que su incumplimiento acarrea para estos. Esta justificación deriva del «carácter de necesarias u obligatorias de las actuaciones» contenidas dentro del ámbito objetivo del precepto, a las que anteriormente nos hemos referido.

En cuanto a su contribución, y dado el carácter descrito anteriormente, es obligación de todos los propietarios sin excepción cubrir su coste, salvo las obras relativas a accesibilidad universal contempladas en el artículo 10.1 LPH, y a las que se hará referencia más adelante.

Y no sólo es aplicable a los propietarios de la comunidad afectada por la obra o actuación, sino que en el caso que éstas afecten a agrupación de comunidades, deberán contribuir todos los propietarios que la conforman. Incluso en el supuesto de que la obra de accesibilidad universal afectara no sólo a una agrupación de comunidades integrada en un complejo residencial, sino que, si afectara a varias comunidades no agrupadas, deberán contribuir todos los propietarios que integran las comunidades afectadas.

El precepto continúa manifestando que el acuerdo de junta se limitará a la distribución de la derrama y los términos de su abono. Como ya se ha señalado con anterioridad, lo cierto es que sin perjuicio de que el artículo 10.1 LPH refiera que estas actuaciones no requieren acuerdo previo de la junta de propietarios, en realidad el mismo resulta inevitable, puesto que salvo los casos en que la obra o actuación venga impuesta por una administración

376 STS, Sala Primera, de lo Civil, 12/2022, de 12 de enero. ECLI:ES:TS:2022:36.

pública, lo cierto es que corresponderá a la junta de propietarios calificar el acuerdo como necesario o no conforme a lo dispuesto en la regla décima del artículo 17 LPH, sin perjuicio de las posibles impugnaciones que pudieran promover quienes estén disconformes con la naturaleza asignada al acuerdo.

Cuando el artículo 10 LPH manifiesta que no es preciso acuerdo previo de junta, lo único que quiere resaltar es la eliminación absoluta de la autonomía de la voluntad de los condueños de cara a su realización, pero lo cierto es que corresponderá a la comunidad de propietarios determinar quién va a ser el profesional o empresa que va a ejecutar la obra necesaria. Evidentemente, el propietario instante de la actuación o la administración que imponga la misma no tienen capacidad para determinar quién va a ser el encargado de ejecutarla, pues ello es competencia de la comunidad de propietarios que es quien tiene la potestad de elección, debiendo ser la misma respetada siempre que concurra en el designado la capacidad para llevar a efecto con éxito la misma.

La duda surgirá acerca del alcance de las obras y actuaciones a ejecutar. Es decir, para el caso de que el solicitante considere que lo aprobado en junta no alcanza la actuación u obra necesaria incluida dentro del ámbito objetivo del artículo 10 LPH. En este caso, será una vez más la comunidad quien deberá determinar el alcance la actuación a realizar, y si el solicitante o cualquier otro condueño consideran que es insuficiente deberá impugnar el acuerdo, en la forma y plazos previstos en el artículo 18 LPH. Es más, conforme el artículo 17.10 LPH, corresponderá a la comunidad a través de la junta de propietarios determinar la naturaleza del acuerdo adoptado, es decir, si el mismo es de carácter necesario o por el contrario se trata de una mejora no necesaria[377].

A la vista de lo anterior, resulta evidente que el acuerdo de junta difícilmente podrá limitarse a la distribución de la derrama, o la forma de pago de esta, y ello, porque lo primero que deberá determinarse es la naturaleza de la obra: si es necesaria o no. Realizado lo anterior, la comunidad de propietarios deberá concretar el alcance completo de la obra o actuación a realizar, y ello, aún en el supuesto de que la obra o actuación venga impuesta por una administración pública, puesto que en muchos casos no detalla el objeto de la actuación, llegándose con frecuencia a abusar de conceptos jurídicos indeterminados.

Una vez delimitada la actuación concreta a realizar procederá su valoración al objeto de obtener su coste concreto por todos los conceptos, para lo que podrá valerse la comunidad de propietarios de los correspondientes dictáme-

---

377 Magro Servet, V. «El nuevo carácter de las obras obligatorias en las comunidades de vecinos tras la Ley 8/2013 de reforma de la LPH». en *Práctica de Tribunales*, núm. 15, 2013. Considera este autor que no puede dejarse en manos del administrador o del presidente la decisión de determinar si una obra es o no necesaria, lo que conlleva a que finalmente sea precisa la adopción de acuerdo comunitario.

nes técnicos y presupuestos de empresas a quienes pueda encomendarse su ejecución. Aquí, la comunidad de propietarios se pronunciará de nuevo, puesto que, a la hora de escoger una determinada empresa ejecutante, está eligiendo un presupuesto total para la ejecución de la actuación necesaria.

Una vez determinado el alcance de la obra y el presupuesto total de ejecución, ya podrá pronunciarse la junta de propietarios acerca de la distribución de la derrama. Nada impide que esto pueda realizarse en una sola junta de propietarios, aunque también puede darse el supuesto de que sea necesaria la celebración de más juntas de propietarios.

Como ya se ha señalado, la comunidad no podrá acordar que no se realicen estas obras y actuaciones obligatorias[378]. Estos acuerdos no serán susceptibles de convalidación por falta de impugnación, sino que adolecen de nulidad de pleno derecho[379].

Una vez sentado lo anterior, procede definir dos conceptos diferenciados:

a) Distribución de la derrama pertinente: debe entenderse no sólo su cuantía total, sino también el porcentaje a distribuir entre los condueños, que deberá realizarse conforme a su cuota de participación, salvo que la junta o estatutos fijen un sistema de distribución distinto al regulado en el artículo 5 LPH; si bien todo ello será objeto de análisis en el último epígrafe del presente capítulo.

   A lo anterior hay que añadir la elección del presupuesto y profesional que se consideran más adecuados por la comunidad a través de la junta de propietarios y ello, de conformidad con lo preceptuado en el artículo 14.c) LPH.

b) Determinación del modo de abono: ello implica decidir la forma de pago a quien ejecute la obra o actuación necesaria, a diferencia de lo previsto en el párrafo anterior, que se refiere a la distribución entre los copropietarios y modo de recaudación[380].

   También comprende la facultad por parte de la junta de propietarios de establecer los medios y plazos de pago procedentes, como contraprestación de la obra o actuación necesaria, posibilidad de negociación amparado en lo previsto en el artículo 1255 CC.

---

378 Puche Ramos, A. «Objeto de la acción de impugnación de acuerdos comunitarios: Acuerdos colectivos y anulables, no nulos de pleno Derecho STS, Sala Primera, de lo Civil, de 12-1-2022 (SP/SENT/1128051)», en *Jurisprudencia Comentada Sepín*, marzo 2022, SP/DOCT/119002.

379 Castelao Simón, J., «Las Modificaciones de la legislación sectorial por la LRRRU. La LRRRU y la Ley de Propiedad Horizontal», en *Práctica Urbanística,* núm. 138, enero-febrero 2016.

380 García García entiende que a la hora de concretar los términos de pago se incluye la posibilidad de que se haga total o parcialmente a cargo del fondo de reserva. García García, J.M., *La Propiedad Horizontal en la legislación, en la doctrina y en la jurisprudencia,* Thomson Reuters, Cizur Menor, 2017. pág. 1504.

1.2.2. Regla especial de contribución respecto de accesibilidad universal

A este respecto, lo primero que debe quedar sentado es que la regla general de contribución de todos los copropietarios es aplicable a este supuesto, si bien con las especialidades que establece el artículo 10.1.b) LPH. Este precepto establece de forma indudable la obligatoriedad de estas obras de accesibilidad universal, modificándose, según los casos, la forma de contribución al gasto.

En el caso de que la comunidad apruebe la ejecución de este tipo de actuaciones y de conformidad con lo dispuesto en el artículo 17.2 LPH, las mismas serán pagadas por todos los propietarios sin sujetarse a limitación alguna.

Pero en caso de ausencia de acuerdo mayoritario, cuando se haya producido requerimiento previo por parte de los propietarios de viviendas o locales en los que vivan, trabajen o presenten servicios voluntarios, personas con discapacidad o mayores de sesenta años, las obras de accesibilidad universal deberán ejecutarse igualmente. Hay que destacar que, aunque el precepto se refiere a personas que *«vivan, trabajen o presten servicios voluntariamente»*, la legitimación para solicitar la ejecución de este tipo de obras corresponde en exclusiva al propietario de la vivienda o local.

En este caso, los copropietarios tan sólo estarán obligados a pagar una cantidad total que no exceda de doce mensualidades ordinarias de gastos comunes y ello, aunque el pago se fraccione durante en un periodo superior a un año[381].

Esto en ningún caso quiere decir que, superado este límite total de doce mensualidades, ya no deba ejecutarse la obra de accesibilidad universal; tan sólo implica que la cantidad que supere las mensualidades solicitadas deberá ser costeada por el solicitante de las actuaciones objeto del artículo 10.1.b) LPH, puesto que en caso contrario, en la práctica implicaría tan sólo realizar obras de escasa cuantía, lo que frustraría la finalidad del precepto que no es otra que favorecer lo que el precepto denomina la orientación o comunicación con el exterior de las personas con discapacidad o mayores de sesenta años.

Deben destacarse como elementos fundamentales las subvenciones y ayudas públicas, puesto que al descontarse éstas del importe repercutido a fin de calcular las doce mensualidades ordinarias de gastos comunes, cuanto más altas sean las subvenciones y ayudas, más fácil resultará que la parte del precio a repercutir entre los condueños no supere las doce mensualidades citadas.

---

381 En este sentido, LOSCERTALES FUERTES, D., *Propiedad Horizontal. Legislación y comentarios*, Dykinson, Madrid, 2020, pág. 121.

Lo deseable es que el solicitante no necesite contribuir por encima de su cuota de participación, ya sea porque el acuerdo se apruebe por mayoría, ya lo sea porque las subvenciones y ayudas públicas permitan no superar el citado límite de doce mensualidades.

Por último, señalar la excepción al régimen de las doce mensualidades ordinarias de gastos comunes que establece el último párrafo del artículo 10.1.b) LPH. Con independencia de que el coste de la obra supere doce mensualidades ordinarias de gastos comunes, será obligatorio realizar la obra y deberán contribuir todos los copropietarios, siempre que el total de ayudas y subvenciones alcancen o superen el 75 % del importe de las obras de accesibilidad universal.

La redacción literal del precepto establece: *«cuando las ayudas públicas a las que la comunidad pueda tener acceso»*. A este respecto, la redacción no resulta afortunada, en un doble sentido:

a) En primer lugar, porque se refiere a las ayudas públicas a las que se «pueda tener acceso». Estamos ante una mera expectativa de obtención de una subvención, de forma similar a los supuestos de expectativa de derechos. Pero realizar una obra que por regla general suele tener un alto precio, no puede quedar sujeta a una mera expectativa, por lo que, en definitiva, entendemos que una correcta interpretación se refiere a ayudas públicas cuyo importe ha sido definitivamente pagado.

b) En segundo lugar, la norma se refiere a las ayudas públicas a las que pueda tener acceso la comunidad. Pero lo cierto es que muchas subvenciones no se otorgan a la comunidad en su conjunto, sino de forma individualizada a cada condueño De una interpretación literal de la norma deberían excluirse estas últimas subvenciones, si bien entendemos que más allá de la literalidad, la *ratio legis* es facilitar la realización de obras para fomentar la accesibilidad universal y la eliminación de barreras arquitectónicas.

Respecto de las subvenciones públicas, no deberían extenderse de forma desmesurada y descontrolada a todos los aspectos de la vida de los ciudadanos, sino reservarse en exclusiva a aquellas cuestiones esenciales dignas de especial protección. Y uno de esos aspectos esenciales de la vida cotidiana de los ciudadanos es el acceso físico a su vivienda, es decir, la eliminación de barreras arquitectónicas y la constante implementación de medidas de acceso universal. La existencia de barreras implica la imposibilidad del uso adecuado de las viviendas, que contraviene la dignidad proclamada en el artículo 47 CE.

Si bien estas barreras arquitectónicas conllevan una evidente limitación física a aquellas personas con disminuida capacidad de movimiento, no lo es menos, el hecho de tener que enfrentarse en muchas ocasiones a la imposibilidad de poder cambiar la situación, ya que sin el apoyo del resto de condueños van a tener que pagar cantidades de las que en muchos casos no disponen. Es aquí cuando las administraciones públicas tienen que hacer un esfuerzo de financiación a través de las correspondientes subvenciones a fondo perdido, pues este sí que es un objetivo realmente justificado que facilita la vida de ciudadanos que realmente precisan de la ayuda pública.

Es cierto que la evolución histórica del concepto de la eliminación de barreras arquitectónicas ha sido constante en las últimas décadas, sobre todo mediante la reforma de normas que estaban dotadas de una excesiva rigidez y que impedían su remoción, además del impulso de todas aquellas que promulgaban la accesibilidad universal como nueva forma de edificación. Pero todo ello resultará inútil si se topa con la imposibilidad económica de su financiación, sobre todo en aquellos supuestos en que deba ser el propio condueño afectado el que deba correr con todos los gastos para la definitiva eliminación de las barreras arquitectónicas existentes en su edificio. Por ello, corresponde a las administraciones públicas detallar un plan de subvenciones eficiente que coadyuve de forma esencial a la financiación de la implementación de la accesibilidad universal de los edificios que no cuentan con ella, evitando con ello que quienes sufren una dificultad de carácter físico, puedan ver limitado el uso de su vivienda también, por una limitación de carácter económico. Todo ello, además, no debería ser una opción que valorar por las administraciones públicas en función de calculados intereses, sino el cumplimiento de los principios rectores de la política social que al efecto establecen los artículos 47 y 49 CE. El artículo 13.2 LV ha sido una oportunidad perdida, ya que se limita exclusivamente a realizar un pronunciamiento programático, pero sin concretar en qué consisten los programas de ayudas, posiblemente porque el legislador estatal no tiene competencias para ello, En todo caso, hubiera sido buen que hubiera sido el legislador autonómico competente quien legislara sobre la materia.

En este sentido, con relación a facilitar la accesibilidad universal, las administraciones públicas deberían ampliar el número y cuantía de las subvenciones a otorgar a las comunidades y sus propietarios, sobre todo las relacionadas con su mantenimiento, además de reducir la escalada burocrática para lograr acceder a las mismas.

2. Mejoras: los gastos de origen voluntario

Se refiere a las obras y actuaciones, además de los gastos derivados de los mismos, que se ven amparados por la autonomía de la voluntad de la comunidad de propietarios, quienes libremente podrá acordarlos en la correspondiente junta de propietarios.

Son gastos voluntarios los que tienen su origen en los acuerdos válidamente adoptados conforme a las reglas establecidas en el artículo 17 LPH por los que se acuerdan mejoras en el edificio, por lo que procede el examen de cada uno de estos tipos de acuerdos, pero sólo en lo que afecta a la forma de contribución por parte de los condueños. Sin perjuicio de ello, debe tenerse en cuenta que el artículo 17.3 LPH contempla, además, ingresos a favor de la comunidad derivados del arrendamiento de elementos comunes.

2.1. Conceptos generales

Deben definirse una serie de conceptos necesarios para la comprensión de las normas que regulan la formación del título de la obligación de contribuir a los gastos voluntarios para la mejora del edificio.

2.1.1. Mensualidades ordinarias de gastos comunes

Con relación a este concepto, lo primero que debemos señalar es que no existe unanimidad en la doctrina en cuanto a su definición[382].

Se distinguen dos teorías diferenciadas:

a) Tesis contable: para su cálculo se tendrá en cuenta el importe mensual de las cuotas ordinarias correspondientes al ejercicio económico del año en que se aprueba la obra, actuación, instalación, servicio o mejora objeto del acuerdo aprobado.

b) Tesis financiera: consiste en tomar en cuenta no sólo el año en que se aprueba el acuerdo, sino todos aquellos años que «vengan a coincidir con la financiación ofrecida y/o acordada por la junta de la obra de accesibilidad aprobada».

Realmente, la tesis contable es la más acertada por ser la que se deduce de la norma.

La fórmula de cálculo de una mensualidad ordinaria de gastos comunes se realizará mediante la suma de todos los gastos anuales que tengan el carácter de gastos previsibles, con expresa exclusión de los extraordinarios, tomando como periodo no el año natural sino el ejercicio económico; y la cantidad resultante de su división entre las mensualidades sumadas será la mensualidad ordinaria de gastos comunes[383].

---

382 En este sentido, Carreras Maraña hace referencia a dos criterios en cuanto a la determinación de mensualidades ordinarias de gastos comunes al referirse al concepto importe repercutido anualmente, calificando ambos criterios de posiciones irreconciliables al analizar obras que pueden exceder de doce mensualidades ordinarias de gastos comunes a las que se refiere el artículo 10.2 LPH. Carreras Maraña, J.M., «La nueva reforma de la Ley de Propiedad Horizontal por el Real Decreto-Ley 7/2019, de 1 de marzo: en busca de la accesibilidad universal», en *Artículo Monográfico Sepín,* abril 2019, SP/DOCT/81729.

383 En este sentido, Loscertales Fuertes, D., «Comentario Artículo 17. Los acuerdos de la Junta de propietarios. LEY 46/1960, de 21 de Julio, de Propiedad Horizontal», en *Artículo Monográfico Sepín*, marzo 2018, SP/DOCT/74411.

Aunque la división debería ser entre doce mensualidades en virtud del mandato establecido en el artículo 16.1 LPH, debe tenerse en cuenta que un ejercicio económico podría ser por un periodo superior o inferior y entonces, el resultado vería alterado en contra de la voluntad del legislador a la hora de establecer el concepto de mensualidad.

A este respecto debe tenerse en cuenta que en los ejercicios económicos afectados por la Covid-19, los presupuestos y gastos comunitarios se vieron prorrogados, dejando en suspenso el mandato contenido en este sentido en el mencionado artículo 16.1 LPH.

Por lo tanto, ésta será la unidad de cálculo que la Ley determina para excluir al disidente de la obligación de pago, que se denomina «mensualidad ordinaria de gastos comunes». Esta mensualidad se multiplicará por diferentes factores cuyo resultado será el límite de disidencia concreto para cada tipo de acuerdo. Por límite de disidencia se entiende el número de mensualidades ordinarias de gastos comunes a partir de los cuales no existe obligación de contribuir.

En el caso de mejoras no necesarias en que el límite de disidencia se encuentra en tres mensualidades, para que el disidente quede excluido de la obligación de financiar este tipo de acuerdos, la mensualidad ordinaria de gastos comunes se multiplicará por tres y, si la instalación, servicio o mejora cuesta al condueño más que la cantidad resultante, éste quedará exento de pagar la misma.

2.1.2. Disidente

Al disidente no se le podrá exigir el pago de la mejora cuando la parte con la que le corresponde contribuir supere el límite de disidencia.

Con anterioridad a la STS de 10 de mayo de 2013 no era suficiente votar en contra sino también impugnar el acuerdo[384]. Ahora con el voto en contra es suficiente para considerarlo disidente, y si se excede del límite de disidencia, producirá el efecto de quedar excluido de la obligación de pago, sin necesidad de realizar ninguna actuación más.

2.1.3. Doble mayoría

A la hora de computar los votos para la aprobación de un acuerdo, hay que considerar dos factores: el número de propietarios que votan a favor y el

384 Díaz Martínez, A., «La enésima reforma fragmentaria del régimen de propiedad horizontal (esta vez por Ley 8/2013, de 26 de junio)», en *Revista Doctrinal Aranzadi Civil-Mercantil*, núm. 6, 2013, BIB 2013\1794. Recuerda esta autora como con anterioridad a la referida STS de 10 de mayo de 2013, en el sentido que no era suficiente votar en contra sino también impugnar el acuerdo, siendo sólo necesario impugnar para determinar si la actuación podía considerarse necesaria o no.

de la suma de cuotas de participación que representa. En este sentido, si se alcanza el número necesario de propietarios, pero estos no suman las cuotas de participación requeridas en función del régimen de mayorías, el acuerdo no se considerará aprobado. Si se requiere la mayoría, deberán votar a favor la mayoría de los propietarios presentes en la junta de condueños, pero si estos no suman la mayoría de las cuotas de participación, el acuerdo se entenderá que no está aprobado. Si se requiriese la doble mayoría de tres quintas partes, deberán serlo de cuotas de participación y de propietarios. En el caso de la unanimidad es coincidente en ambos casos.

Contiene el artículo 17.7.II LPH un procedimiento judicial para evitar el bloqueo a la hora de adoptar acuerdos que requieran mayoría simple de copropietarios y que a la vez sea de cuota de participación. Este procedimiento es aplicable exclusivamente a los procedimientos que requieren mayoría simple, con exclusión de aquellos que precisan una mayoría cualificada, unanimidad o los acuerdos que necesitan una minoría suficiente, como ocurre en el supuesto del artículo 17.1 LPH. Existe una parte de la jurisprudencia que interpreta que este procedimiento se aplica a la imposibilidad de adopción de cualquier tipo de acuerdos, lo cierto es que se debe limitar a aquellos que precisan mayoría simple, sobre todo, partiendo de la ubicación sistemática del procedimiento, dentro del artículo 17.7 LPH.

Para la resolución que se dicte en este procedimiento, el órgano judicial no estará vinculado por norma o precepto legal, sino que resolverá según las reglas de la sana crítica. Eso sí, previamente ha debido escuchar a los contradictores del acuerdo. El plazo para la interposición de la demanda de equidad es de un mes, siendo el plazo de caducidad, es decir, aplicable de oficio y no susceptible de interrupción.

2.1.4. Límite de disidencia

Límite de disidencia es el número de mensualidades ordinarias de gastos comunes precisas, para que el disidente no esté obligado al pago de la mejora acordada. El artículo 17.4.II establece que cuando se aprueben innovaciones, nuevas instalaciones, servicios o mejoras no requeridos para la adecuada conservación, habitabilidad, seguridad y accesibilidad del inmueble, no exigibles y cuya cuota de instalación exceda del importe de tres mensualidades ordinarias de gastos comunes, el disidente no resultará obligado. Por lo tanto, en este caso el límite de disidencia es de tres mensualidades.

2.2. Clasificación de gastos voluntarios

2.2.1. Regla general. Acuerdos unánimes y mayoritarios

Los acuerdos unánimes y mayoritarios, en cuanto a la obligación de contribuir se refiere, se regirán por la regla general de la obligación de contribuir establecida en el artículo 9.1.e) LPH, en el sentido de que contribuirán todos los copropietarios en función de su cuota de participación, o de acuerdo con lo especialmente establecido.

Adoptado el acuerdo válidamente, ya sea por unanimidad o mayoría, en función de si resulta aplicable la regla sexta o séptima del artículo 17 LPH, todos los copropietarios deben contribuir. El disidente debe contribuir a los gastos derivados de estos acuerdos con independencia de las mensualidades ordinarias de gastos comunes que los mismos supongan.

Resaltar una cuestión meramente dialéctica respecto del artículo 17.6 LPH, en el sentido de manifestar que resulta superfluo afirmar la necesidad de doble unanimidad, de propietarios y de cuotas de participación. Evidentemente si se da la totalidad de unos, correlativamente se produce la de los otros, a diferencia de lo que ocurre en caso de mayorías simples o cualificadas, en que no tienen por qué coincidir.

2.2.2. Reglas especiales

2.2.2.1. Telecomunicación, energías renovables y suministros energéticos colectivos

Los gastos aquí analizados derivan de una creciente conciencia acerca de la sostenibilidad en el uso de las energías renovables, así como de un evidente desarrollo de las nuevas tecnologías que impregnan todos los aspectos de nuestra vida. Sea cual sea el elemento privativo del que se sea propietario, estará afectado por la evolución de la tecnología: si se trata de una vivienda, resulta esencial ya para el ocio, la cultura, formas de comunicación, educación tanto infantil como de adultos, teletrabajo y muchísimas otras que dependan de las circunstancias de cada propietario. Si fuera un local de negocio es evidente que desde el punto de vista de los negocios resulta esencial para el normal desarrollo de una actividad empresarial o profesional. Incluso el local puede estar siendo utilizado por una administración pública. El uso de internet en ellas también resulta esencial.

Para la adopción de este tipo de acuerdos se requiere primeramente la petición de cualquier propietario. Para su válida adopción, además, el acuerdo precisa el voto favorable de al menos un tercio de los condueños, que representen al menos un tercio de las cuotas de participación. El coste de su instalación o adaptación, y también el de su conservación y mantenimiento, no podrá ser repercutido sobre aquellos condueños que no hubieran votado expresamente a favor de la adopción del acuerdo. Resulta necesario destacar la expresión «expresamente», en el sentido de que no podrá repercutirse sobre aquellos copropietarios que se hubieran abstenido en la votación o estuvieran ausentes de la junta de propietarios en que se adoptó el acuerdo.

Son disidentes aquellos condueños que hubieran votado en contra. Es más, se autoriza a la realización de las actuaciones objeto del presente epígrafe, aunque haya una doble mayoría de disidentes, siempre que esta última no supere los dos tercios de la citada doble mayoría. La doble mayoría es la de propietarios que a la vez representen a la mayoría de las cuotas de participación. En todos los acuerdos comunitarios, con independencia del régimen de mayoría que se precise, siempre se referirá a ese doble cómputo: por un lado, de propietarios, y por otro, de cuotas de participación.

En la adopción del acuerdo comunitario sobre infraestructura de telecomunicaciones, no se puede interpretar que el artículo 17.1 LPH, en relación con el artículo 9 del Real Decreto-ley 1/1998, de 27 de febrero, sobre infraestructuras comunes en los edificios para el acceso a los servicios de telecomunicación; y el artículo 6 del Real Decreto 346/2011, de 11 de marzo, por el que se aprueba el Reglamento regulador de las infraestructuras comunes de telecomunicaciones para el acceso a los servicios de telecomunicación en el interior de las edificaciones; establezca la posibilidad de que cualquier condueño por el simple hecho de solicitar a la comunidad de propietarios la instalación de esta infraestructura pueda hacerlo sin establecer más requisitos, sino que, por el contrario, deberá realizar su petición para que sea incluida en el orden del día de la próxima junta de propietarios, en consonancia con lo dispuesto en el artículo 16.2 LPH.

Si bien es cierto que los preceptos anteriores reconocen el derecho del copropietario a instalar la infraestructura, ello no quiere decir que lo pueda realizar por la simple petición, sino que debe ser aprobado por el doble quorum de un tercio de los condueños. En principio pudiera parecer que existe una contradicción ente las normas citadas, pero lo que ocurrirá es que, si en junta de propietarios no se adopta válidamente el acuerdo, podrá impugnarse el mismo como contrario a la ley, tal y como reconoce el artículo 18 LPH[385].

De hecho, cualquier propietario podrá solicitar la celebración de junta a fin de solicitar la mejora descrita, o al menos, solicitar su inclusión en el orden del día de la próxima junta ordinaria, como así lo dispone para este segundo supuesto el artículo 16.2.II LPH[386].

---

385 En este sentido, Loscertales Fuertes, D. «Comentario Artículo 17. Los acuerdos de la Junta de propietarios. LEY 46/1960, de 21 de Julio, de Propiedad Horizontal», en *Artículo Monográfico Sepín*, marzo 2018, SP/DOCT/74411; así como Carrasco Perera, A. y González Carrasco, M.C., «Comentario al Artículo 17 de la Ley de Propiedad Horizontal», en *Comentarios a la Ley de Propiedad Horizontal*, obra colectiva, coordinador: Rodrigo Bercovitz Rodríguez-Cano, Aranzadi, Cizur Menor, 2014, págs. 627-630.

386 González Carrasco amplía más la posibilidad del propietario solicitante, en el sentido de considerar que el mismo «tendrá derecho a convocar junta», cuyo orden del día sea el objeto de este epígrafe, sin necesidad de que la convocatoria se realice por la cuarta parte de propietarios que representen al menos el 25 % de cuotas participación. Compartimos este criterio, si bien, somos conscientes que ello supondrá una excepción a la regla contenida en el artículo 16.1 LPH. González Carrasco, M.C. «Comentario al Artículo 17 de la Ley de Propiedad Horizontal», en *Comentarios a la Ley de Propiedad Horizontal*, obra

Lo que la reforma de la Ley de Propiedad Horizontal operada a través de la Ley 8/2013 pretendía es facilitar la instalación de modernas infraestructuras de telecomunicaciones, así como la instalación de los nuevos sistemas de suministro energético como apuesta para la aplicación a la vida comunitaria de las energías renovables. En realidad, son dos los objetos de la norma: infraestructura de telecomunicaciones, y nuevos sistemas energéticos o energías renovables.

Se pretende superar el excesivo rigor original de la Ley de Propiedad Horizontal en cuanto que establecía una excesiva rigidez en la modificación de los elementos comunes, del título constitutivo y de los estatutos. Anteriormente se exigía unanimidad para todo ello sin excepción; sin embargo, las sucesivas reformas de la Ley de Propiedad Horizontal van introduciendo excepciones, lo que nos parece un claro acierto. Implica una tendencia a modernizar el régimen de la propiedad horizontal, favoreciendo la sostenibilidad de las comunidades de propietarios, e incluso la accesibilidad universal.

En todo caso, esto no implica que se esté ante un acuerdo cerrado que vete a los condueños que no hayan participado en la expresada aprobación de estas mejoras, sino que el resto de los condueños podrán participar en el futuro de ellas. Si en el futuro estos condueños que inicialmente no participan quisieran hacerlo en lo que la ley denomina *«acceso a los servicios de telecomunicaciones o a los suministros energéticos, y ello requiera aprovechar las nuevas infraestructuras o las adaptaciones realizadas en las preexistentes»*, podrán hacerlo siempre que paguen la parte que les hubiera correspondido pagar, si hubieran votado expresamente a favor en la junta de condueños en que válidamente se adoptó el acuerdo.

Cuando la norma se refiere a lo que hubieran pagado en dicho momento, como evidentemente lo pagan en un momento posterior, la propia norma establece un mecanismo de actualización del importe, que es la aplicación del interés legal correspondiente.

Respecto de la regulación del interés legal, su primera plasmación legislativa se realizó a través del artículo 1108 CC. El tipo de interés legal se fija anualmente a través de la Ley General de Presupuestos del Estado, con una duración inicialmente anual, determinándose mediante un porcentaje, si bien

colectiva, coordinador: Rodrigo BERCOVITZ RODRÍGUEZ-CANO, Aranzadi, Cizur Menor, 2014, págs. 627-630.

A este respecto y para evitar equívocos, debemos distinguir la facultad de convocar junta de propietarios prevista en el artículo 16.1 LPH, con la facultad de cualquier condueño de solicitar que en la próxima junta a celebrar por la comunidad se incluya un determinado punto del orden del día, tal y como prevé el segundo párrafo del artículo 16.2 LPH, en el que el solicitante deberá esperar que se convoque junta por el presidente o el 25 % de propietarios que representen a su vez el 25 % de cuotas de participación. En este supuesto, el interesado podrá solicitar directamente la convocatoria de junta de propietarios.

el Gobierno podrá modificarlo a lo largo del año[387]. Su actual regulación legal se plasma en el artículo 1 de la Ley 24/1984, de 29 de junio, con arreglo al cual «el interés legal del dinero se determinará en la Ley de Presupuestos Generales del Estado. El Gobierno, atendiendo a la evolución de los tipos de interés de la Deuda Pública, podrá revisar el tipo de interés fijado en el ejercicio por la Ley de Presupuestos Generales del Estado».

Aunque el texto legal se refiere a «aquellos propietarios que no hubieran votado expresamente en la junta a favor del acuerdo», no sólo se está refiriendo a quienes eran propietarios en el momento de la adopción del acuerdo, sino también a aquellos quienes no eran propietarios en el momento de su adopción, pero lo son con posterioridad. Quienes después adquieran por cualquier título la condición de propietario podrán con el pago actualizado del importe de la innovación, disfrutar de sus ventajas. Y ello, aunque los propietarios de quienes traigan causa no hayan votado a favor en la junta en que se adoptó el acuerdo. En definitiva, cualquier condueño podrá participar en la mejora tendente a la modernización y sostenibilidad de estos servicios, con el único requisito del pago actualizado de su coste y, claro está, del mantenimiento posterior de todo ello. No debe pagarse conforme al valor actual de instalación, sino que deberá pagarse lo que costó en su día y los gastos de mantenimiento, actualizado todo ello con el interés legal del dinero.

Un sector de la doctrina considera que, si se aprueba, no ya por la doble minoría suficiente de un tercio, sino por la doble mayoría de tras quintas partes, será obligatorio para todos los propietarios siempre que no se exceda el límite de disidencia de tres meses[388]. No se pude compartir este criterio puesto que en relación con el artículo 17.1 LPH lo relevante del precepto es la exclusión de la obligación de pago de aquellos copropietarios que no hubiesen votado expresamente a favor del acuerdo, y ello porque se trata de infraestructuras susceptibles de aprovechamiento individual. Esta interpretación se apoya en el artículo 17.8 LPH, que excluye del voto afirmativo presunto a *«aquellos supuestos previstos en los que no se puede repercutir el coste de los servicios a aquellos propietarios que no hubieran votado expresamente*

---

387 Álvarez Olalla, M.P., «Comentario al art. 1108 del CC, BIB 2009\1705», en *Grandes Tratados. Comentarios al Código Civil*, Aranzadi, Cizur Menor, 2009, BIB 2009\7904.

388 González Carrasco en relación a la regulación previa a la reforma de 2013, en el afirma que si una vez propuesto el acuerdo para la aprobación de la junta de propietarios, éste se aprobara no sólo por la mayoría de un tercio a que se refiere el artículo 17.1 LPH, —que realmente no es una mayoría, sino una minoría suficiente—, sino por la doble mayoría de tres quintas partes que prevé el artículo 17.4 LPH, sería obligatorio para todos los condueños siempre que no supere el límite de tres mensualidades. González Carrasco, M.C. «Comentario al Artículo 17 de la Ley de Propiedad Horizontal», en *Comentarios a la Ley de Propiedad Horizontal*, obra colectiva, coordinador: Rodrigo Bercovitz Rodríguez-Cano, Aranzadi, Cizur Menor, 2014, pág. 627. González Carrasco mantiene esa postura tras la reforma de 2013. González Carrasco, M.C. «Comentario al Artículo 17 de la Ley de Propiedad Horizontal», en *Comentarios a la Ley de Propiedad Horizontal*, obra colectiva, coordinador: Rodrigo Bercovitz Rodríguez-Cano, Aranzadi, Cizur Menor, 2020, pág. 797.

en la junta a favor del acuerdo...». Este precepto viene a confirmar más, si cabe, la necesidad del voto expreso afirmativo para que surja la obligación de pago, por lo que con independencia de la mayoría con que se apruebe el acuerdo sólo estarán obligados al pago aquellos condueños que hubieran votado expresamente a favor del acuerdo.

Incidir en el comentario realizado anteriormente en el sentido de considerar que, en este supuesto, al precisarse un tercio de los votos afirmativos superiores o iguales a un tercio de los propietarios que a su vez representen igual o más de un tercio de las cuotas de participación, no podemos hablar de mayoría sino de una minoría suficiente para la autorización de las actuaciones objeto del precepto. Es más, propiamente tampoco cabría hablar de acuerdo, al menos en la forma en que viene regulada la adopción de acuerdos en las comunidades de bienes conforme establece el artículo 398 CC, puesto que realmente para que éste exista se precisa el concurso mínimo de la mayoría de los propietarios que a su vez representen la mayoría de las cuotas de participación. Se estaría hablando de autorización derivada del concurso de esa minoría suficiente a la que antes nos hemos referido. Según el Diccionario de la lengua española publicado por la RAE, acuerdo es: «convenio entre dos o más partes»[389]. Pero desde un punto de vista jurídico y cuando tratamos de copropiedades, entendemos que el acuerdo requiere el concurso de al menos, la mayoría de los propietarios, sin perjuicio de las obligaciones legales impuestas por el artículo 10 LPH o de la autorización derivada de la minoría suficiente del artículo 17.1 LPH.

2.2.2.2. Accesibilidad universal

2.2.2.2.1. Consideraciones generales

La Ley de Propiedad Horizontal hace referencia en diversos preceptos a la accesibilidad universal o supresión de barreras arquitectónicas, concretamente en el artículo 10.1.a) y b) LPH y el artículo 17.2 LPH.

Las actuaciones a las que refiere el artículo 10 LPH son aquellas que resultan obligatorias ejecutar a la comunidad sólo por el hecho de que hubieran sido solicitadas por *«propietarios* en cuya vivienda o local vivan, trabajen o presten sus servicios voluntarios personas con discapacidad, o mayores de setenta años, *...».* En este caso, y como veremos posteriormente, será obligatorio para la comunidad ejecutar las obras de supresión de barreras arquitectónicas, pero con límites de aportación por parte de los condueños.

Sin embargo, las que aquí vamos a analizar son las descritas en el artículo 17.2 LPH, que regula las actuaciones de accesibilidad universal o supresión

389 Acepción tercera del Diccionario de la lengua española publicado por la Real Academia Española. https://dle.rae.es/acuerdo

de barreras arquitectónicas que hayan sido voluntariamente acordadas por la comunidad de propietarios, exigiendo que el acuerdo haya sido adoptado por la mayoría de los propietarios que a su vez representen la mayoría simple de las cuotas de participación. A este respecto y como establece la Sentencia de la Audiencia Provincial de Madrid de 28 de marzo de 2019, deben computarse como afirmativos aquellos votos presuntos de los ausentes que debidamente notificados no muestren de forma fehaciente su discrepancia, tal y como prescribe el artículo 17.8 LPH[390].

Esta distinción entre la obra o actuación de ejecución obligatoria reguladas en el artículo 10.1.b) LPH y las voluntarias a las que se refieren el artículo 17.2 LPH, viene expresamente recogida en el último de los preceptos antes citados al señalar: *«Sin perjuicio de lo establecido en el artículo 10.1.b) ...»*. El primero, y sin perjuicio de cómo se contribuya a su pago, debe ser ejecutado obligatoriamente por el mero hecho de su solicitud por quien está legitimado para ello; pero sin embargo al referirnos al acuerdo comunitario adoptado por la doble mayoría, es evidente que nos referimos a un acuerdo libremente adoptado por la mayoría de los condueños en el ejercicio de la autonomía de la voluntad. En todo caso, es evidente el carácter subsidiario del artículo 10.1.b) LPH puesto que sólo es aplicable en defecto de acuerdo mayoritario.

Las obras consecuencia de los acuerdos válidamente adoptados obligará a todos los condueños sin que sea aplicable ningún límite de disidencia. Son obras y actuaciones derivadas del principio de autonomía de la voluntad de los condueños, algo que impregna la regulación del artículo 17 LPH, al contrario del artículo 10 LPH que se caracteriza por la obligatoriedad.

Parece lógico que así sea, pues no se entendería que se estableciera un límite contributivo cuando es la propia comunidad quien ha acordado dentro de su autonomía de la voluntad la adopción de tal acuerdo. Se podría decir que lo mismo puede ocurrir respecto del resto de acuerdos que regula el artículo 17 LPH, en que sí se establecen límites de mensualidades, pero en este supuesto debe tenerse en cuenta que si no se adopta libremente el acuerdo ello en ningún caso implicaría que aquellas personas afectadas (personas con discapacidad o mayores de setenta años, y aquellos relacionados que se ha señalado previamente) tuvieran que soportar barreras arquitectónicas, puesto que el artículo 10.1.b) LPH obligaría a la comunidad a la ejecución de tales obras siendo la única consecuencia la limitación de su contribución a doce mensualidades que éste último precepto sí que determina.

2.2.2.2.2. Instalación de ascensor:

El artículo 17.2 LPH hace referencia a un supuesto concreto, que es el establecimiento de los servicios de ascensor. El establecimiento *ex novo* del servicio de ascensor debe ser considerado como una auténtica innovación

390 SAP Madrid, 172/2019, de 28 de marzo. ECLI:ES:APM:2019:2937.

con finalidad de supresión de barreras arquitectónicas, lo que implicaría para su adopción voluntaria por la comunidad de propietarios la adopción de un acuerdo válido de accesibilidad universal, lo que a su vez implicará la obligación de todos los condueños de contribuir al establecimiento de este servicio.

La obligación de contribuir de todos los condueños no sólo alcanza a aquellos que harán uso de este servicio sino a todos, con independencia del uso que hagan de él, por lo que los locales comerciales o plantas bajas deberán contribuir a su instalación. En este sentido SAP Palencia de 20 de julio de 2020[391].

Pero no es sólo así cuando tratamos de la instalación *ex novo* del servicio de ascensor comunitario, sino también cuando se da el supuesto en que la comunidad ya goza de este servicio, pero se necesita salvar peldaños de escalera desde el portal para alcanzar la puerta del ascensor y, por tanto, siguen existiendo trabas para el total disfrute de la accesibilidad universal del edificio.

Estamos ante el supuesto conocido como «bajada de ascensor a cota cero», que quien quiera hacer uso de este no tenga que subir más o menos peldaños de escalera para entrar en el ascensor que deriva de fórmulas constructivas anteriores, cuando la accesibilidad universal no era un concepto prevalente en nuestra legislación.

De hecho, las primeras modificaciones se hicieron a través de la Ley 3/1990, de 21 de junio, que eliminaba la unanimidad para la aprobación o modificación del título constitutivo o de los estatutos y fijaba la mayoría de tres quintas partes[392]. En la actualidad, la accesibilidad universal es un concepto que impregna toda la vida comunitaria y por ello, resulta esencial bajar el ascensor a cota cero.

La jurisprudencia equipara bajar el ascensor a cota cero eliminando cualquier barrera que impida el acceso a físico al mismo, a la instalación *ex novo* del ascensor comunitario. En definitiva, lo que viene a equipararse es la nueva instalación del servicio de ascensor con la ampliación de su recorrido hasta la zona de portal y, por tanto, evitar la necesidad de usar escaleras para llegar al ascensor comunitario, por lo que todos los copropietarios deberán contribuir a la bajada a cota cero del ascensor comunitario, sin límite de mensualidades si ha sido acordado voluntariamente conforme al artículo 17.2 LPH. Así lo recoge la jurisprudencia del Tribunal Supremo en la doctrina contenida en

391 SAP Palencia, (Sec. 1.ª), 224/2020, de 20 de julio. ECLI:ES:APP:2020:304.

392 Ley 3/1990, de 21 de junio, por la que se modifica la Ley 49/1960, de 21 de julio, de Propiedad Horizontal, para facilitar la adopción de acuerdos que tengan por finalidad la adecuada habitabilidad de minusválidos en el edificio de su vivienda.

las SSTS de 28 de junio de 2018[393], 5 de abril de 2019[394] y 10 de mayo de 2021[395], además, también por la SAP Castellón de 4 de noviembre de 2022[396]. Igualmente, y de conformidad con lo dispuesto en la STS de 12 de abril de 2021[397], para exonerar a algún copropietario del pago será suficiente la doble mayoría[398].

2.2.2.2.3. Insuficiencia económica del solicitante:

En caso de falta de acuerdo, la realización de la obra o el establecimiento de nuevo servicio se realizará igualmente, pero con las limitaciones establecidas en el artículo 10.1 b) LPH respecto de la cantidad con la que debe contribuir cada condueño.

Hay que hacer notar la diferencia de trato que se produce entre el supuesto de la existencia de acuerdo comunitario en el que no haya límite de disidencia de doce mensualidades de cuotas ordinarias, y el supuesto en que tal acuerdo no se produzca y sí que exista tal límite contributivo. Y ello, porque superado el límite será la persona solicitante quien deba costear la diferencia, con lo que se quedará a expensas de la buena voluntad de sus condueños tener que pagar la diferencia. En estos supuestos debería ampliarse la obligación de contribuir por parte de los copropietarios.

Además, se puede dar una situación aún peor para el propietario: que el solicitante, que generalmente será persona con movilidad reducida, se encuentre en una situación económica en que no pueda pagar la diferencia, no sólo porque esté en una situación de insolvencia, sino por el elevado coste que supone para una sola persona, a diferencia de cuando se divide entre todos los condueños. Se puede producir la injusta situación en que unido a una discapacidad funcional exista una insuficiencia económica, lo que entendemos choca con la realidad de encontrarnos ante un Estado social como plasma nuestra Carta Magna.

---

393 STS, 381/2018, de 21 de junio. ECLI:ES:TS:2018:2387.

394 STS, 216/2019, de 5 de abril. ECLI:ES:TS:2019:1090.

395 STS, 276/2021, de 10 de mayo. ECLI:ES:TS:2021:1792.

396 AP Castellón, (Sec. 3.ª), 630/2022, de 4 de noviembre. ECLI:ES:APCS:2022:731

397 STS, 197/2021, de 12 de abril. ECLI:ES:TS:2021:1350.

398 Debemos destacar un aspecto importante que contiene la citada STS de 5 de abril de 2019, refiriéndonos al pronunciamiento que destaca Mas Badía, en el sentido de considerar que la ausencia de proyecto de bajada de ascensor a cota cero implica abuso de derecho en la adopción del acuerdo y genera indefensión en el disidente impugnante. Mas Badía, M.D., «Bajada de ascensor a cota cero: cláusula de exoneración de gastos, acuerdos abusivos y otros problemas», en *Revista Cuadernos Civitas de Jurisprudencia Civil*, núm. 112, 2020, BIB 2020\8075.

El artículo 10.1.b) LPH hace referencia a subvenciones, pero la realidad es que no se puede legislar sobre la base de subvenciones hipotéticas, y que no siempre son suficientes, máxime en contextos de crisis económica.

Nos encontramos en un punto intermedio hacia la accesibilidad universal total, que partiendo de la Ley 15/1995, de 30 de mayo, sobre límites del dominio sobre inmuebles para eliminar barreras arquitectónicas a las personas con discapacidad, que imputaba al solicitante de supresión de barreras arquitectónicas la obligación de pago de todas ellas, debe proyectarse en el futuro hacia la necesidad de alcanzar la accesibilidad universal, si es necesario con fondos públicos o repercutiendo todos los costes a todos los copropietarios.

Se deberían eliminar las trabas administrativas derivadas de una excesiva protección del ornato público, que deben quedar en todo caso superadas por la necesidad humana de acceder a la vivienda entendida como hogar digno de cada persona, dignidad que entronca directamente con el derecho a una vivienda digna regulada en el artículo 47 CE. Por supuesto todo ello, además, derivado del mandato constitucional contenido en el artículo 49 CE. No hacerlo así, implicaría que aquella persona con movilidad reducida, con, a su vez, reducida capacidad económica, que no tenga la solidaridad de sus condueños o estos tengan también poca capacidad económica, se verán privados de la debida eliminación de barreras arquitectónicas y, por lo tanto, del uso digno de sus viviendas.

2.2.2.3. Eficiencia energética y energía renovable

La reforma de la Ley de Propiedad Horizontal a través del Real Decreto-ley 19/2021, de 5 de octubre, amplía el ámbito objetivo del artículo 17.2 LPH, introduciendo las actuaciones que tiendan a la mejora de la eficiencia energética acreditable, a través del correspondiente certificado de eficiencia energética, o la implantación de fuentes de energía renovable de uso común. El Real Decreto-ley 8/2023, de 27 de diciembre, por el que se adoptan medidas para afrontar las consecuencias económicas y sociales derivadas de los conflictos en Ucrania y Oriente Próximo, así como para paliar los efectos de la sequía amplía su ámbito objetivo a la modificación de la envolvente del edificio, entendiendo como tal la parte exterior del mismo que los separa de su interior. Para la aprobación de estas obras o actuaciones será imprescindible la concurrencia de los siguientes requisitos:

1. Voto favorable de la mayoría simple de propietarios que representen a su vez la mayoría de las cuotas de participación[399].

399 El concepto «mayoría simple» es introducido a través del artículo 2 de la Ley 10/2022, de 14 de junio, de medidas urgentes para impulsar la actividad de rehabilitación edificatoria en el contexto del Plan de Recuperación, Transformación y Resiliencia. Entendemos que se trata de la mayoría a la que se refiere la doble mayoría regulada en el artículo 17.6 LPH, por lo que la introducción del calificativo simple es completamente innecesaria.

2. El importe repercutido anualmente debe ser inferior a doce mensualidades ordinarias de gastos comunes[400].

El propietario que haya votado en contra del acuerdo, siempre que se cumplan los dos requisitos anteriormente mencionados, deberán contribuir a dichos gastos, teniendo los mismos la condición de gastos generales[401]. El precepto hace referencia a que estos gastos serán considerados como gastos generales para el adecuado sostenimiento del inmueble a los que se refiere el artículo 9.1.e) LPH. Es una redundancia, pues todos los gastos generales dedicados al sostenimiento del inmueble y sus servicios son gastos a los que se refiere el artículo 9.1.e) LPH, incluyendo los gastos para la constitución y mantenimiento del fondo de reserva regulados en el artículo 9.1.f) LPH. El fondo de reserva se regula en apartado distinto para realzar su independencia del presupuesto ordinario, pero las cantidades que lo constituyen tienen el mismo régimen que los gastos generales a los que se refiere el artículo 9.1.e) LPH. Así lo confirma la regulación del artículo 21.2 LPH, en su redacción vigente tras su reforma por la Ley 10/2022, de 14 de junio.

2.2.2.4. Servicios de interés general, arrendamientos de elementos comunes, eficiencia energética o hídrica

El artículo 17.3 LPH regula el establecimiento o supresión de los servicios de portería, conserjería, vigilancia u otros servicios comunes de interés general; arrendamientos de elementos comunes que no tengan asignado un uso específico; y el establecimiento o supresión de equipos o sistemas que tengan por finalidad mejorar la eficiencia energética o hídrica del inmueble.

Este precepto regula tres supuestos claramente diferenciados que seguidamente analizamos:

2.2.2.4.1. Servicios de portería, conserjería, vigilancia u otros servicios comunes de interés general

El precepto comienza delimitando los servicios a los que se refiere, pero terminando con un concepto jurídico indeterminado como es el de *«otros servicios de interés general»*.

La redacción dada por el legislador merece nuestra crítica, si se pone este precepto en relación con lo señalado en el artículo 17.4 LPH en cuanto que este último regula «servicios... no requeridos para la adecuada conservación,

---

400 El Real Decreto-ley 19/2021, de 5 de octubre, establecía un límite de nueve mensualidades, que fue ampliado a doce a través de la Ley 10/2022, de 14 de junio.

401 Dentro de este concepto de gastos, debemos entender también incluidos los que se dediquen a amortizar la financiación obtenida para la realización de este tipo de obras.

habitabilidad, seguridad y accesibilidad del inmueble, según su naturaleza y sus características».

En un principio pudiera parecer que la discusión pudiera resultar irrelevante desde un punto de vista práctico, dado que el régimen de mayorías en los supuestos de los números 3 y 4 del artículo 17 LPH es idéntico, pero la diferencia surge cuando tratamos la contribución de los condueños a los nuevos servicios.

Mientras que en el caso del artículo 17.4 LPH el disidente estará eximido de contribuir si el gasto supera *«el importe de tres mensualidades ordinarias de gastos comunes»*, en el supuesto ahora analizado no hay exención de contribuir, con independencia de que el precio supere o no tres cuotas ordinarias de gastos comunes.

El artículo 17.3 LPH se refiere, además de los expresados servicios de portería, conserjería y vigilancia, a aquellos que derivan del doble carácter que deben tener dichos servicios para estar incardinados en el citado precepto: por un lado, debe tratarse de un servicio común en el sentido que no debe afectar a un solo condueño; por otro, debe servir al interés general, lo que viene a ampliar el ámbito de actuación a que se refiere la característica anterior, en el sentido que no solo debe beneficiar a dos o más condueños sino a la generalidad de los mismos. Este ámbito general de aplicación, en cuanto que beneficia a la generalidad de los condueños y no una mera suma de intereses particulares, es el que justifica la obligación de pago del disidente en todos los supuestos.

Esta relación de servicios constituye *numerus apertus*[402].

Una vez más, cabe señalar el acierto del legislador al flexibilizar los criterios establecidos para la mejora de los edificios, eliminando una vez más el excesivo rigor que inspiraba la Ley de Propiedad Horizontal de 1960, estableciéndose esa mayor flexibilidad a partir de la reforma de la Ley de Propiedad Horizontal en 1999.

En lo que a este precepto se refiere, se introduce la posibilidad de su aprobación, aunque ello implique la modificación del título constitutivo o de los estatutos comunitarios. El fundamento de esta mayor flexibilidad es el doble carácter antes referido de servicios comunes y de interés general.

En todo caso, resulta plenamente recomendable que, si el establecimiento del servicio implica la modificación del título constitutivo o de los estatutos comunitarios, se inscriba oportunamente su modificación en el Registro de

402 Compartimos con Loscertales Fuertes la opinión de que la finalidad del establecimiento de estos servicios comunes de interés general como *numerus apertus* obedece a la posibilidad de la continua actualización y modernización de los inmuebles. Loscertales Fuertes, D., «Comentario Artículo 17. Los acuerdos de la Junta de propietarios. LEY 46/1960, de 21 de Julio, de Propiedad Horizontal», en *Artículo Monográfico Sepín*, marzo 2018, SP/DOCT/74411.

la Propiedad, toda vez que en caso contrario no será oponible frente a los nuevos propietarios que lo sean con posterioridad a la adopción del acuerdo, tal y como señalan las RRDGRN de 11 de mayo de 2018[403] y de 18 de julio de 2018[404].

2.2.2.4.2. Arrendamiento de elementos comunes que no tengan asignado un uso específico en el inmueble

Se trata de un supuesto que más que implicar una obligación de contribuir del copropietario, resulta una obtención de renta por parte de la comunidad, que evidentemente tendrá con carácter general una transcendencia en la contribución de los condueños a los gastos comunes, pues a la hora de elaborar el correspondiente presupuesto, lo habitual será minorar el montante global de las cuotas de comunidad con el ingreso resultante del arriendo.

Son actos de administración de elementos comunes, que requieren para la válida adopción de un acuerdo de la doble mayoría de tres quintas partes, lo que implica una excepción al régimen general de los actos de administración de las comunidades de bienes regulado en el artículo 398 CC, que exige para la adopción de acuerdos de administración el concurso de la mayoría de los copropietarios.

No se debe olvidar que las comunidades de propietarios en régimen de propiedad horizontal no dejan de ser un tipo de comunidad de bienes con una regulación especial a través del artículo 396 CC y de la Ley de Propiedad Horizontal.

A este respecto, señala el artículo 17.3 LPH que para que el arrendamiento sea posible, el elemento común no debe tener un uso específico en el inmueble. El ejemplo típico es el de la vivienda adscrita al servicio de portería. En el momento que se elimina este servicio, —ya sea de forma definitiva o, mediante sustitución por conserje o empresa de seguridad—, la vivienda del portero ya no tendrá un uso específico vinculado a este servicio, así que podrá venderse o arrendarse, cumpliéndose los requisitos propios de cada uno de estos contratos[405].

---

403 RDGRN/DGSJFP, de 11 de mayo de 2018. BOE de 29 de mayo de 2018.

404 RDGRN/DGSJFP, de 18 de julio de 2018. BOE de 7 de agosto de 2018.

405 Compartimos con LOSCERTALES FUERTES que no es lo mismo la desafectación de la vivienda de portería como elemento común para su posterior venta, en cuyo caso será precisa la unanimidad; que arrendarla a un tercero, donde la vivienda no pierde ese carácter de elemento común y por ello no precisa desafectación, siendo preciso, por tanto, la adopción del acuerdo por la doble mayoría de tres quintas partes para la autorización de la relación locativa. LOSCERTALES FUERTES, D., «Comentario Artículo 17. Los acuerdos de la Junta de propietarios. LEY 46/1960, de 21 de Julio, de Propiedad Horizontal», en *Artículo Monográfico Sepín*, marzo 2018, SP/DOCT/74411.

Los elementos comunes arrendados necesitarán un mantenimiento, en cuyo caso se aplicarán las normas generales de las relaciones locativas, es decir, los deterioros por el uso normal correrán a cargo del arrendatario, mientras que los demás correrán a cargo del arrendador, que en este caso es la comunidad de propietarios. Los gastos a cargo de la comunidad de propietarios se deberán aprobar por la doble mayoría descrita en el artículo 17.7 LPH.

2.2.2.4.3. Eficiencia energética o hídrica del inmueble

El apartado 1 del artículo 17 LPH tiene por objeto la instalación de sistemas para el aprovechamiento de energías renovables o la instalación de nuevos suministros energéticos colectivos. Estamos ante instalaciones *ex novo* de energías renovables y de nuevos suministros energéticos colectivos. Ahora el artículo 17.3 LPH se refiere a toda situación distinta de las anteriores, con finalidad clara de mejora de la «eficiencia energética o hídrica» del edificio.

Por lo tanto, no nos estamos refiriendo en exclusiva ahora a suministros energéticos; sino también a suministros hídricos del edificio, es decir, también al suministro de agua de este. No sólo tiene como objeto la instalación *ex novo* de los sistemas energéticos del edificio, sino también el cambio del sistema de calefacción.

En ambos casos la pauta para el cambio de sistema de calefacción o agua es la mejora de la eficiencia en estos servicios. Es este uno de los objetivos que marca la propia Ley 8/2013, de 26 de junio, por la que se reforma la Ley de propiedad horizontal.

Por lo tanto, cualquier cambio del sistema de calefacción o agua del edificio cuya finalidad sea la mejora energética del mismo, requiere la adopción del acuerdo con la doble mayoría de tres quintas partes, y ello aunque implique la modificación del título constitutivo y de los estatutos comunitarios, cuya inscripción en el Registro de la Propiedad resulta aconsejable, como ya hemos señalado con anterioridad, con la finalidad de que el nuevo comprador de un piso o local no pueda oponer el desconocimiento del acuerdo.

Contiene el precepto la siguiente afirmación: *«En este último caso, los acuerdos válidamente adoptados con arreglo a esta norma obligan a todos los propietarios»*. Esta redacción merece una crítica, pues bien parece que el legislador pretende que el acuerdo adoptado obligue a todos los propietarios sólo en este último caso, cuando en realidad los acuerdos descritos en el artículo 17.3 LPH, —salvo la excepción que se analizará más adelante—, obligan a todos los propietarios y no sólo los que buscan la eficiencia energética. En definitiva, los acuerdos adoptados conforme al artículo 17.3 LPH obligan a todos los propietarios, salvo la excepción que el propio precepto contiene en relación con los equipos o sistemas cuyo aprovechamiento sea privativo.

Precisamente por este carácter privativo, sólo estarán obligados al pago aquellos condueños que hayan votado expresamente a favor del acuerdo, que para su válida adopción requiere el voto favorable de un tercio de los propietarios que a su vez representen un tercio de las cuotas de participación.

Además, remite el artículo 17.3 LPH en cuanto a estos equipos o sistemas de aprovechamiento privativo a la regulación que del *«sistema de repercusión de costes»* establece el artículo 17.1 LPH, lo que sin duda confirma que cuando hay un aprovechamiento privativo, con independencia de la mayoría con la que se adopte el acuerdo, sólo obligará a aquellos propietarios que hayan votado expresamente a favor del acuerdo.

En todo caso, debe tenerse en cuenta las diferentes subvenciones existentes para la mejora de la eficiencia energética, cuyo importe reducirá la cantidad que finalmente deba pagar cada copropietario. Sin embargo, hasta que la misma no resulte pagada, los condueños deberán contribuir con la cantidad aprobada en junta de propietarios, sin que en ningún caso puedan oponer la tramitación en curso de alguna subvención, incluso tampoco que se haya concedido cuando todavía no se ha desembolsado su cuantía.

A los efectos de mejora de eficiencia energética, debe tenerse en cuenta también lo dispuesto en el párrafo tercero del artículo 17.2 LPH, introducido por Real Decreto-ley 19/2021, de 5 de octubre. Sorprende la sistemática de la reforma de la Ley de Propiedad Horizontal, porque introduce aspectos reguladores de la mejora de la eficiencia energética en el artículo 17. 2 LPH que contiene la normativa de los acuerdos relativos a accesibilidad universal y no en el artículo 17.3 LPH cuyo párrafo segundo se refiere a la mejora de la eficiencia energética e hídrica.

Conforme a dicho precepto, «la realización de obras o actuaciones que contribuyan a la mejora de la eficiencia energética acreditables a través de certificado de eficiencia energética del edificio o la implantación de fuentes de energía renovable de uso común, así como la solicitud de ayudas y subvenciones, préstamos o cualquier tipo de financiación por parte de la comunidad de propietarios a entidades públicas o privadas para la realización de tales obras o actuaciones» exige la doble mayoría simple de propietarios y cuotas de participación.

Ahora bien, la duda que se plantea es si la regulación establecida en el tercer párrafo del artículo 17.2 LPH, supone una derogación implícita de lo dispuesto en el artículo 17.3 LPH relativo a la mejora de la eficiencia energética o hídrica del inmueble. Realmente parece que no, siendo ambos preceptos completamente compatibles[406].

406 En este sentido, compartimos el criterio manifestado por POLO PORTILLA al considerar que, si se aprueba por doble mayoría simple será de aplicación lo dispuesto en el artículo 17.2 LPH siempre que la obra no supere la cuantía de doce mensualidades ordinarias de gastos comunes. En caso contrario, requerirá la aprobación por la doble mayoría de tres quintas

En el caso de que se apruebe por doble mayoría de los propietarios y cuotas de participación, a los disidentes sí que se les podrá privar de la mejora o ventaja. Termina el precepto señalando que el coste de la obra o la financiación obtenida para su ejecución tienen la consideración de gastos generales a los que se refiere el artículo 9.1.e) LPH. En el caso del coste de la obra es evidente que se trata de un gasto general, ahora bien, entendemos que los gastos de financiación obtenidos a tal fin y los pagos para su devolución deben ostentar la misma calificación.

2.2.2.5. Instalaciones, servicios o mejoras no requeridas para la adecuada conservación, habitabilidad, seguridad y accesibilidad del inmueble

2.2.2.5.1. Consideraciones generales

En este supuesto y como el propio enunciado indica, nos encontramos ante todas aquellas mejoras que en ningún caso resultan imprescindibles para los fines que el propio artículo menciona. En definitiva, puede tratarse de actuaciones más o menos útiles para el edificio, pero no imprescindibles, pues en ese caso resultaría de aplicación el artículo 10.1 LPH.

Al ser un precepto que no contiene una regulación positiva de las actuaciones que incluye, tenemos que determinar los supuestos contenidos por exclusión de los referidos en otros preceptos de la Ley de Propiedad Horizontal, teniendo, pues, este precepto un carácter residual. Sin perjuicio de lo anterior, el Real Decreto-ley 8/2023, de 27 de diciembre, por el que se adoptan medidas para afrontar las consecuencias económicas y sociales derivadas de los conflictos en Ucrania y Oriente Próximo, así como para paliar los efectos de la sequía si hace una relación de supuestos objetivos incluidos en este epígrafe:

1. División material de los elementos privativos para formar otros más reducidos e independientes.
2. Aumento de superficie por agregación.
3. Disminución de superficie por segregación.
4. Construcción de nuevas plantas.
5. Alteración de la estructura o fábrica del edificio.
6. Cerramiento de las terrazas.
7. Modificación de las cosas comunes.

---

partes recogida en el artículo 17.3 LPH. POLO PORTILLA, M.J., «La rehabilitación energética de los edificios. Modificación de la LPH. Primeras reflexiones y muchas dudas», en *Opinión Sepín*, octubre 2021, SP/DOCT/114443.

Esta ampliación del ámbito objetivo de las innovaciones no necesarias del edificio, en ningún caso agotan el objeto de este.

2.2.2.5.2. Distinción entre obras y actuaciones necesarias, y aquellas que no lo son

El legislador ha pretendido diferenciar a través de los números 3 y 4 del artículo 17 LPH dos tipos de servicios que en todo caso no son esenciales en el edificio, puesto que si lo fueran vendrían regulados en el artículo 10 LPH.

Por un lado, la Ley otorga un mayor rango a los servicios regulados en el artículo 17.3 LPH al considerar la vigilancia, los servicios prestados por los empleados de fincas urbanas y la mejora de la eficiencia energética e hídrica del edificio con aprovechamiento común, como más útiles al edificio que el resto de los servicios no esenciales que se pudieran aprobar. Pero la clara diferencia entre la regla tercera y cuarta del artículo 17 LPH es el concepto interés general, que es el que distingue entre la aplicación de una regla u otra, y así lo reconoce espesamente la STS de 18 de octubre de 2018[407]. Una vez más, nos encontramos ante otro concepto jurídico indeterminado, algo que de lo que abusa con claridad el legislador de la propiedad horizontal[408].

Por otro lado, se debe distinguir las obras y actuaciones reguladas en el artículo 17.4 LPH, de los contenidas en el artículo 10 LPH en función de su necesidad para el edificio. En qué consiste esta necesidad lo resuelve expresamente el precepto en cuanto que determina que se trate de servicios *«no requeridos para la adecuada conservación, habitabilidad, seguridad y accesibilidad del inmueble»*.

Efectivamente, si fueran actuaciones necesarias a los fines anteriormente determinados, no resultaría de aplicación lo dispuesto en el artículo 17.4 LPH, y sí el artículo 10 del mismo texto legal, que, como ya sabemos de la dicción literal del precepto, no exige la adopción de acuerdo alguno, pues basta el requerimiento de la administración pública competente o de cualquier copropietario, aunque, como ya se ha dicho, en la práctica resultará imprescindible la actuación de la junta de propietarios en su condición de órgano de gobierno comunitario.

Lo que resulta transcendente, es determinar cuándo una actuación resulta necesaria o no, en relación con la conservación, habitabilidad, seguridad y accesibilidad del edificio. Su determinación práctica deberá ser la consecuencia de criterios técnicos contenidos en los correspondientes informes

---

407 STS, 586/2018 de 18 octubre. ECLI:ES:TS:2018:4462.

408 En todo caso, compartimos con Polo Portilla y Gamella Carballo que habrá de estarse a cada caso concreto. Polo Portilla, M.J. y Gamella Carballo, S., «Presentación de Jurisprudencia Al Detalle: Nuevos servicios comunes en la Comunidad de Propietarios», en *Notas y Comentarios* Sepín, octubre 2020, SP/DOCT/106933.

periciales que pudieran encargar los interesados en su concreta determinación, pero que en todo caso y por mandato legal deberán tener en cuenta dos factores: *«naturaleza y características»* del edificio.

Evidentemente se trata de criterios profundamente subjetivos, echando en falta en este punto una mayor precisión legal que determine al menos las instalaciones, servicios y mejoras que resulten en todo caso esenciales a todos los edificios, con independencia de su naturaleza y sus características. En definitiva, corresponde al legislador determinar con carácter expreso aquellas instalaciones o servicios que resulten mínimos para la adecuada conservación, habitabilidad, seguridad y accesibilidad del inmueble y ello, con independencia de la naturaleza y características de los edificios.

Los números 3 y 4 del artículo 17 LPH coinciden en que, para la válida adopción de estos acuerdos, como pasaba con los servicios referidos en el numeral anterior, se requiere la doble mayoría de tres quintas partes. No obstante, lo anterior, procede determinar las claras diferencias entre los acuerdos objeto de dichos preceptos entre sí, además de entre los acuerdos a que se refiere el artículo 17.4 LPH con los descritos en el artículo 10.1 LPH:

A) La primera, deriva de la previsión contenida en el artículo 17.3 LPH, que admite la válida adopción del acuerdo por la doble mayoría de tres quintas partes y ello, aunque implique la modificación del título constitutivo o de los estatutos.

   En el presente supuesto se exige la doble mayoría de tres quintas partes, pero si se diera el supuesto de que la adopción del acuerdo implica modificar el título constitutivo o los estatutos, ya no será posible adoptarlos por la referida doble mayoría, sino que por el contrario y de conformidad con lo dispuesto en el artículo 17.6 LPH, se requerirá la unanimidad de propietarios y de las cuotas de participación.

B) La segunda diferencia consiste en que estos acuerdos contienen un límite para obligar a todos los condueños, puesto que en caso de superarse el mismo, no obligará al disidente.

   Este límite se fija en que la *«cuota de instalación exceda del importe de tres mensualidades ordinarias de gastos comunes»*. Si excede, el disidente no vendrá obligado a contribuir a este gasto.

   Quedan pues, por definir estos dos conceptos: en primer lugar, lo que consideramos una mensualidad ordinaria de gasto común y por otro, el concepto de disidente. Si bien analizamos estos dos conceptos en este apartado determinado, debemos aclarar que resultan de aplicación a todos los preceptos de la Ley de Propiedad Horizontal en los que se hace referencia a los mismos.

C) De cara a este precepto, resulta básico distinguir cuándo nos encontramos ante una instalación, servicio o mejora necesarios, o por el contrario que no sean requeridas para la adecuada conservación, habitabilidad, seguridad y accesibilidad del inmueble. Se trata de una cuestión que no resulta sencilla puesto que estamos ante un claro compendio de conceptos jurídicos indeterminados, debiendo manifestar que a nuestro juicio el abuso de este tipo de conceptos genera indefensión y aumenta la carga litigiosa.

Como se viene manteniendo, una vez más, la distinción transciende lo jurídico para entrar de lleno en lo técnico, derivando, pues, a los oportunos dictámenes periciales la calificación o no de necesarias de las actuaciones a realizar.

No obstante, aunque sea a través de dictámenes periciales la determinación de la necesidad del acuerdo, en caso de discrepancia sobre su naturaleza, será resuelto en sede judicial, puesto que si bien es cierto que el artículo 17.10 LPH señala que en caso de discrepancia sobre la naturaleza de las obras será la junta la que la determine, no es menos cierto que en caso de que una de las partes se muestre discrepante con el acuerdo de la junta, éste siempre podrá impugnar dicho acuerdo en sede judicial, conforme determina el artículo 18 LPH, ya sea porque lo considere contrario a la ley [art. 18.1.a) LPH], bien porque suponga a su juicio un grave perjuicio para el propietario sin que tenga obligación jurídica de soportarlo [art. 18.1.c) LPH].

Aunque el artículo 17.10 LPH establece la opción de solicitar dictámenes técnicos, dado que posiblemente sean contradictorios, por sí solos no resolverán la calificación de los acuerdos adoptados, puesto que los mismos no serán suficientes sin la correspondiente resolución judicial, o bien cómo el mismo precepto establece, acudir al sistema alternativo de resolución de conflictos que es el arbitraje, si bien éste requiere la expresa sumisión de las partes. En caso de arbitraje, el dictamen técnico podría ser la base del laudo arbitral si así expresamente se hubiera acordado en el convenio, en cualquiera de las formas de su constitución, expresa o tácita, conforme establece el artículo 9 de la Ley 60/2003, de 23 de diciembre, de Arbitraje.

Que se trate de una actuación necesaria o no, resulta especialmente relevante en cuanto a la contribución del gasto; puesto que en caso de que fuera una actuación necesaria, no requerirá inicialmente el acuerdo de la junta de propietarios y deberán contribuir todos los propietarios; en caso de que no fuera una actuación necesaria, requerirá el voto favorable de la doble mayoría de tres quintas partes y, en caso de superar el coste del triple de una mensualidad ordinaria de gastos comunes el disidente no resultará obligado al pago. En este sentido SAP Vizcaya de 3 de diciembre de 2020[409] y SAP Burgos de 29 de marzo de 2019[410].

409 SAP Vizcaya, (Sec. 3.ª), 381/2020, de 3 de diciembre. ECLI:ES:APBI:2020:3483.

410 SAP Burgos, (Sec. 2.ª), 113/2019, de 29 de marzo. ECLI:ES:APBU:2019:354.

2.2.2.5.3. Consecuencias de la disidencia

Las consecuencias que produce la voluntad disidente de uno de los propietarios son las siguientes:

1. Si el coste de instalación de la mejora supera tres mensualidades ordinarias de gastos comunes, el disidente queda excluido de la obligación de pago, puesto que en caso contrario.
2. Si el coste no supera el límite de disidencia, el disidente estará obligado al pago de la mejora.

No se podrá modificar su cuota de participación en el total del edificio y ello, aunque el inmueble incremente su valor como consecuencia de la nueva instalación, servicio o mejora. No se le modificará la cuota de participación aún en el supuesto de que no se le pueda privar de la participación en la *«mejora o ventaja»* aprobada.

Esto último tiene una especial transcendencia si lo ponemos en relación con lo preceptuado en el párrafo segundo del artículo 5 LPH, el cual ofrece criterios para la fijación de la cuota de participación de cada elemento privativo del edificio. El último de ellos es «el uso que se presuma racionalmente que va a efectuarse de los servicios o elementos comunes».

En este supuesto, al disidente no se le modificará la cuota de participación, aunque no se le prive de la ventaja si no fuera posible o, aunque se le prive en caso de ser posible. Esto supone una excepción que el artículo 17.4 LPH establece del mencionado criterio de fijación de cuota de participación establecido en el artículo 5 LPH.

Sin embargo, en el caso de que se le pueda privar de la ventaja o mejora, si el disidente en el futuro quisiera hacer uso de la mejora aprobada con su voto en contra, podrá hacerlo siempre que pague los gastos derivados de la misma, incluyéndose dentro de estos gastos tanto los de instalación como los de mantenimiento posterior. A fin de mantener la actualización de los gastos anteriores, los mismos se incrementarán con la aplicación del interés legal vigente desde el día en que venció el plazo para pagar y el día en que efectivamente se efectúe el pago como consecuencia de la adhesión tardía al acuerdo de aprobación de la obra o el gasto.

Por último, debe tenerse en cuenta la limitación que establece el último párrafo de la regla 4.ª del artículo 17 LPH. Conforme a dicho precepto quedan vetadas las innovaciones que impidan a uno o varios copropietarios el uso o disfrute de alguna parte del edificio.

El precepto tiene por objetos limitaciones en el uso o disfrute de alguna parte común del edificio, de la que previamente sí se tenía derecho a su disfrute. En este sentido quedarán excluidos de esta limitación aquellas innovaciones que impidan el uso de un elemento común a un copropietario que previamente no tenía derecho de uso, como puede ser el uso de una terraza o patio comunitario atribuido en exclusiva a otro u otros copropietarios.

También debe distinguirse de aquellos supuestos de constitución de *«servidumbres imprescindibles requeridas para la realización de obras, actuaciones o la creación de servicios comunes...»* a las que se refiere el artículo 9.1.c) LPH. En este caso se produciría la ocupación de un espacio privativo para la consecución de un elemento común. No obstante lo anterior, el propietario afectado deberá expresar su consentimiento expreso a tal limitación, lo que evidencia el carácter dispositivo de la limitación ahora examinada.

De una primera lectura del artículo 17.4.III LPH pudiera entenderse que se trata de un supuesto similar al de la servidumbre de andamiaje regulada en el artículo 569 CC; sin embargo, esto no es así, puesto que la ocupación en el supuesto de la servidumbre es provisional mientras se realiza la reparación o construcción en inmueble ajeno; en este supuesto se trata de realizar una mejora no necesaria en edificio propio y con vocación de permanencia.

Es doctrina del Tribunal Supremo que, si bien el derecho de los condueños al uso de los elementos comunes debe ser lo más amplio posible, éste en ningún caso es absoluto e ilimitado, sino que debe ponderarse con los derechos del resto de copropietarios[411]. A tal fin, establece como criterio analizar si se produce una privación «de modo relevante y sustancial del uso y disfrute de un elemento común».

La conclusión es acertada, puesto que como ya mencionaba la citada STS de 11 de noviembre de 2020, el legislador opta por la modernización de las comunidades de propietarios con pleno respeto a los dueños disidentes[412]. Un excesivo rigor en cuanto a la aplicación del consentimiento expreso del condueño podría frustrar la modernización pretendida y por ello, debe examinarse cada caso en concreto para ver si se ha provocado al condueño una privación relevante y sustancial del uso y disfrute del elemento común.

Si se acordara por parte de la comunidad de propietarios una privación de uso y disfrute de las anteriormente referidas, el propietario afectado podrá impugnar el acuerdo solicitando conjuntamente medidas cautelares que impidan la realización de la obra que no tiene la obligación jurídica de soportar. En este caso, nos podría surgir la duda si este acuerdo impugnable lo sería por ser contrario a la ley al que se refiere el artículo 18.1.a) LPH o, si se trata de un acuerdo perjudicial para un copropietario y que no tiene la obligación jurídica de soportar a que se refiere el artículo 18.1.c) LPH. La diferencia entre uno y otro caso es la distinta aplicación del plazo de caducidad a que se refiere el artículo 18.3 LPH, de un año en el primer supuesto, de tres meses en el segundo. Entendemos que estaríamos ante un acuerdo contrario al artículo 17.4.III LPH, si bien también se trata de un acuerdo perjudicial que no se tiene la obligación jurídica de soportar, pero en todo caso resultará aplicable el plazo de caducidad de un año.

---

411 STS, Sala Primera, de lo Civil, Pleno, 586/2018, de 18 de octubre. ECLI:ES:TS:2018:4462.

412 STS (Sala de lo Civil, Sección 1.ª) Sentencia n.º 590/2020 de 11 noviembre. ECLI:ES:TS:2020:3645.

2.2.2.6. Punto de recarga de uso privado para vehículos eléctricos

Resulta evidente que cada vez existen más coches de consumo eléctrico en el mercado, tendiendo cada vez menos a depender de vehículos que utilicen combustibles fósiles. De hecho, en España en el año 2019 existían 562.000 vehículos híbridos y eléctricos, que, aunque son una minoría en relación con total de vehículos, es un número elevado.[413]. A esta realidad no puede resultar ajena la regulación de la propiedad horizontal y por ello, la reforma de la Ley de propiedad horizontal articulada a través de la Ley 8/2013, de 26 de junio, vino a introducir la regla quinta del artículo 17 LPH que *«regula la instalación de un punto de recarga de vehículos eléctricos para uso privado en el aparcamiento del edificio, siempre que éste se ubique en una plaza individual de garaje»*[414].

Es importante destacar que estamos ante un punto de recarga para uso privado, puesto que, si fuera para uso común, a nuestro juicio estaríamos ante un servicio común de aprovechamiento de energías renovables regulado en el artículo 17.1 LPH, y a cuyo comentario nos remitimos. Este punto de recarga deberá instalarse dentro de una plaza individual de garaje y no en un elemento común, puesto que para que baste la mera comunicación a la comunidad sin necesidad de acuerdo, debe tratarse de un elemento privativo y no común del edificio, en consonancia con lo manifestado en el párrafo anterior. En el ámbito jurisprudencial, en apoyo de nuestro criterio podemos citar la SAP Vizcaya de 1 de octubre de 2020[415].

Es dudoso si la Ley permite que se instale el punto de recarga en una sola plaza de aparcamiento, pudiendo dar servicio a más copropietarios, en virtud de los acuerdos que entre ellos establezcan dentro del principio de libertad de pacto contenido en el artículo 1255 CC. En este supuesto no será de aplicación lo dispuesto en el artículo 394 CC, puesto que no estamos tratando de

---

413 UNESPA Página Web. 29 de marzo de 2021. https://www.unespa.es/notasdeprensa/coches-hibridos-electricos-2019-espana/

414 LOSCERTALES FUERTES lo denomina «regla de futuro» LOSCERTALES FUERTES, D. «Comentario Artículo 17. Los acuerdos de la Junta de propietarios. LEY 46/1960, de 21 de Julio, de Propiedad Horizontal», en *Artículo Monográfico Sepín*, marzo 2018, SP/DOCT/74411.

415 SAP Vizcaya, (Sec. 5.ª), 231/2020, de 1 de octubre. ECLI:ES:APBI:2020:709. «Y desde esta perspectiva, y exigiendo el artículo 17.5 de la L.P.H. que «la instalación de un punto de recarga de vehículos eléctricos para uso privado en el aparcamiento del edificio se ubique en una plaza individual de garaje, está claro que en el caso que es objeto de enjuiciamiento, tales exigencias no se han respetado, pues la instalación ejecutada desborda ampliamente los límites establecidos legalmente a dicho precepto, pues arranca desde la zona de contadores en la planta -2, perfora los forjados de esta planta, atraviesa toda la planta -3, de techo a suelo, perforando su forjado y llega a la planta -4 donde se ubican las parcelas de los demandados, finalizando en los puntos de recarga, cuando lo que la ley exige es que la instalación vaya en cada plaza de garaje y en este sentido se ha pronunciado ya la sentencia de la A.P. de Asturias de 5 de abril de 2019,...».

elementos comunes sino privativos. Aquí se trata de la utilización de varios copropietarios de un elemento privativo.

Por un lado, el artículo 17.5 LPH señala que el coste de dicha instalación y consumo correrá a cargo de *«el o los interesados directos en la misma»*, así como indica también que se instalará *«en una plaza individual de garaje»*, y no en la plaza de aparcamiento de cada interesado. Parece dar a entender este precepto la posibilidad de constituir servidumbres entre los interesados, a fin de que a través de un punto de recarga se dé servicio a distintas plazas de aparcamiento.

Otra interpretación posible es que el legislador se refiera a que la comunicación la puedan realizar uno o varios interesados, simultánea o sucesivamente, para instalar puntos de recarga en sus respectivas plazas de aparcamiento, siendo cada copropietario quien contribuya al pago de los gastos de instalación y consumo derivado de su punto de recarga sito en su propia plaza de aparcamiento.

Nos decantamos por la segunda interpretación, en el sentido de que sólo podrá instalarse el punto de recarga en la respectiva plaza de aparcamiento individual de cada propietario, puesto que en caso de que no fuera así, implicaría de forma más o menos constante la ocupación de elementos comunes de tránsito del garaje, lo que generaría problemas de ocupación de los mismo comprometiendo la fluidez del tráfico. De hecho, a la hora de exigir que se ubique en una plaza individual de aparcamiento, implícitamente el legislador está vetando la ocupación de elementos comunes. Además, la posición contraria implicaría desnaturalizar el carácter privativo del servicio, pudiendo considerarse que nos encontramos ante un servicio común de varios interesados y esa, no es la finalidad jurídica del precepto.

Como ya se ha señalado, al no afectar a elementos comunes del edificio no es preciso acuerdo en junta de propietarios, bastando la mera comunicación previa. Cada propietario que instale punto de recarga en su plaza de aparcamiento deberá ser quien pague los gastos de su instalación, así como de consumo eléctrico. Aunque no lo diga el precepto, además de la instalación y consumo, el propietario de la plaza de aparcamiento deberá pagar el coste de mantenimiento del punto de recarga.

El hecho de que el precepto se refiera a *«por él o los interesados directos»*, se refiere a que no sólo habrá un punto de recarga para toda la comunidad, sino cuantos sean comunicados y pagados por los propietarios de plazas de aparcamiento.

Todo lo anterior partiendo de que en el momento de la construcción del edificio ya se hubiera previsto la instalación de los puntos privativos de recarga, y por ello el edificio cuente desde su inicio con una instalación común que permita la instalación de estos sin afectar a elementos comunes. Pero cuando se trate de edificios ya construidos sin prever la instalación de estos elementos privativos, será preciso que con carácter previo la comunidad acuerde la realización de la instalación común que permita que luego los copropietarios puedan optar por su instalación. Entendemos que sería de aplicación lo dispuesto en el artículo 17.1 LPH y por tanto se exige la minoría cualificada de un tercio de los propietarios que a su vez representen una tercera parte de las cuotas de participación.

Un problema que pudiera surgir es que la instalación eléctrica actual del edificio no fuera suficiente para atender un volumen excesivo de puntos de recarga. En ese caso, se trataría de la adaptación de infraestructuras comunes para aprovechamiento de energías renovables a que se refiere el artículo 17.1 LPH, cuyo coste sería pagado por quienes hayan votado expresamente a favor, que seguramente serán quienes ostenten puntos de recarga o quienes tengan planteada la posibilidad de tenerlos en el futuro. Pero cualquiera que vaya a instalar en el futuro un punto de recarga, tendrá que pagar su parte alícuota de implementación y mantenimiento de esta adaptación de la instalación eléctrica, lógicamente actualizada con el interés legal del dinero.

2.2.2.7. Apartamentos turísticos

El ámbito objetivo del artículo 17.12 LPH es el uso turístico de las viviendas sitas en comunidades de propietarios, si bien el legislador define dicha actividad por remisión específica a un precepto exclusivo de la LAU 1994, concretamente a su artículo 5.e)[416]; así como con carácter genérico a la «normativa sectorial turística». Estamos, pues, ante los que se denominan apartamentos turísticos y su relación con edificios residenciales. Por lo tanto, el artículo 17.12 LPH se refiere únicamente al alquiler turístico realizado al amparo de la norma sectorial antes descrita.

Hasta las STS de 3 de octubre de 2024 que avalaban la prohibición de la actividad de pisos turísticos en las comunidades de propietarios, existían dudas acerca de si el artículo 17.12 LPH añadido a la Ley de Propiedad Horizontal mediante el Real Decreto-ley 7/2019, de 1 de marzo[417], solo podía limitar y condicionar este tipo de actividad, bastando para ello el voto favorable de tres quintas partes de propietarios que a su vez represente tres quintas partes de cuotas de participación. Ya la SAP Segovia de 21 de abril de 2020 consideraba que dentro del concepto limitación debe incluirse entre sus posibilidades el de la limitación absoluta de la actividad turística[418].

---

416 Artículo 5 Ley de Arrendamientos Urbanos, en su redacción dada por el art. 1.2 del Real Decreto-ley 21/2018, de 14 de diciembre: «e) La cesión temporal de uso de la totalidad de una vivienda amueblada y equipada en condiciones de uso inmediato, comercializada o promocionada en canales de oferta turística o por cualquier otro modo de comercialización o promoción, y realizada con finalidad lucrativa, cuando esté sometida a un régimen específico, derivado de su normativa sectorial turística».

417 Real Decreto-ley 7/2019, de 1 de marzo, de medidas urgentes en materia de vivienda y alquiler. BOE n.º 55, de 5 de marzo de 2019.

418 SAP Segovia, (Sec. 1.ª), 129/2020, de 21 de abril. ECLI:ES:APSG:2020:145.

Sin perjuicio de lo anterior, una cuestión distinta deriva del supuesto que en los propios estatutos comunitarios quedara vetada esta actividad, pues esta doble mayoría no resulta suficiente para la autorización de este tipo de actividad, en cuyo caso sería preciso el acuerdo unánime regulado en el artículo 17.6 LPH[419]. No obstante, debe tenerse en cuenta la opinión contraria contenida en la STSJ Principado de Asturias de 30 de abril de 2021, que entiende que los estatutos comunitarios no pueden impedir el destino de actividad turística de las viviendas del edificio[420].

La cuestión de la posibilidad de prohibición de los apartamentos turísticos está resuelta en la actualidad. Las SSTS de 29 de noviembre de 2023 y de 24 de enero de 2024 consideran que el alquiler de viviendas para uso turístico constituye una actividad económica que no se podrá ejercer, si los estatutos comunitarios prohíben expresamente desarrollar en las viviendas comunitarias actividades de carácter comercial, profesional o empresarial [421]. La cuestión queda plenamente resuelta en la SSTS de 3 de octubre de 2024 que señala que las comunidades de propietarios pueden prohibir la actividad de alquiler turístico o vivienda vacacional mediante acuerdos adoptados en junta por mayoría de tres quintos[422].

Tras la modificación de la Ley de Propiedad Horizontal mediante la Ley Orgánica 1/2025, de 2 de enero, de medidas en materia de Eficiencia del Servicio Público de Justicia a través de su disposición final cuarta, se consagra la doctrina jurisprudencial. En este sentido, el artículo 17.12 LPH autoriza

419 Fuentes Lojo Rius, A., «Apartamentos Turísticos: Insuficiencia del quorum de 3/5 de propietarios y cuotas para autorizar el uso de una vivienda turística, que estaba prohibido. RDGRN, de 19 de diciembre de 2019: SP/SENT/1040366», en *Jurisprudencia Comentada Sepín*, abril 2020. SP/DOCT/104246. En idéntico sentido, RDGRN/DGSJFP, de 15 de enero de 2021, BOE 28 de enero de 2021; RDGRN/DGSJFP, de 22 de enero de 2021, BOE 12 de febrero de 2021; RDGRN/DGSJFP, de 27 de abril de 2021, BOE 19 de mayo de 2021; RDGRN/DGSJFP, de 29 de abril de 2021, BOE 19 de mayo de 2021 y RDGRN/DGSJFP, de 8 de junio de 2021, BOE 29 de junio de 2021.

420 STSJ Principado de Asturias, Sala de lo Contencioso-administrativo, Sección 1ª, Sentencia 358/2021 de 30 abril de 2021, Rec. 207/2020. ECLI: ES:TSJAS:2021:1367.
En el mismo sentido, Sentencia del Juzgado de 1.ª Instancia n.º 7 de Córdoba de 21 de febrero de 2022. Izaguirre Fernández, J. Economist & Jurist. 7 de marzo de 1922.
https://www.economistjurist.es/actualidad-juridica/jurisprudencia/es-nulo-el-acuerdo-de-una-comunidad-de-propietarios-que-veta-las-viviendas-turisticas/
La Sentencia anterior se confirma mediante SAP Córdoba (Secc. 1.ª), 690/2022, de 12 de julio., Izaguirre Fernández, J. Las comunidades de propietarios no pueden vetar las viviendas turísticas, según la AP de Córdoba. Economist & Jurist, 13 de noviembre de 2022.
https://www.economistjurist.es/actualidad-juridica/jurisprudencia/las-comunidades-de-propietarios-no-pueden-vetar-las-viviendas-turisticas-segun-la-ap-de-cordoba/

421 STS, 1671/2023, de 29 de noviembre. ECLI:ES:TS:2023:5199. STS, 90/2024, de 24 de enero. ECLI: ES:TS:2024:196.

422 STS, 1232/2024, de 3 de octubre, ECLI: ES:TS:2024:4790; y STS, 1233/2024, de 3 de octubre, ECLI:ES:TS:2024:4791.

expresamente la prohibición de pisos turísticos por doble mayoría de tres quintas partes. En todo caso, se mantiene la irretroactividad de la norma, lo que se reitera en la Disposición Adicional Segunda LPH. Se trata de una reiteración innecesaria. Se añade el artículo 7.3 LPH, mediante el cual el legislador ya no se limita a facultar a la comunidad para prohibir la actividad turística, sino que debe autorizar previamente su ejercicio, mediante doble mayoría de tres quintas partes. Si un propietario ejerce esta actividad sin autorización, la comunidad de propietarios podrá ejercitar la acción de cesación a la que se refiere el artículo 7.2 LPH.

Respecto a la contribución a los gastos comunes, el artículo 17.12 LPH establece lo que en principio podría ser una excepción al artículo 9.1.e) LPH pero que realmente no lo es, puesto que al permitir un incremento en la participación en los gastos comunes de la vivienda, en la que se ejerce la actividad de alquiler turístico sometido a su propia normativa sectorial, esto también lo admite el artículo 9.1.e) LPH al señalar «Contribuir, con arreglo a la cuota de participación fijada en el título o a lo especialmente establecido».

Lo que sí constituye una excepción es que se pueda modificar por la doble mayoría de tres quintas partes y no por unanimidad, la posibilidad del incremento de la participación de la vivienda turística a los gastos comunes del inmueble. Este acuerdo también tendrá carácter irretroactivo.

Esta posibilidad es novedosa en la regulación común de la propiedad horizontal, pero no es nueva en el derecho español, ya que se contempla en el artículo 553-3.4 del CCCat, que permite cuotas especiales para determinados gastos, siempre que se aprueben por mayoría de tres quintas partes conforme el artículo 553-26.2 CCCat, o así lo establezca el título constitutivo «en el caso de uso o disfrute especialmente intensivo de elementos o servicios comunes como consecuencia del ejercicio de actividades empresariales o profesionales en el piso o el local». En el caso de la regulación catalana de la propiedad horizontal, el límite será del doble de la cuota.

Si bien no es requisito esencial para la validez del acuerdo su inscripción registral, sí que resulta conveniente de cara a evitar que futuros compradores pudieran oponerse al incremento alegando desconocimiento de este, sobre la base del artículo 32 LH[423].

Sin perjuicio de ello, si la comunidad consiguiera acreditar por cualquier modo admitido en derecho, que el comprador antes de perfeccionar la compraventa ya

423 González Carrasco considera que el acuerdo por el que se establezca el incremento en la participación de gastos implica una modificación estatutaria que genera la necesidad de inscripción en el Registro de la Propiedad. González Carrasco, M.C. «Comentario al Artículo 17 de la Ley de Propiedad Horizontal», en *Comentarios a la Ley de Propiedad Horizontal*, obra colectiva, coordinador: Rodrigo Bercovitz Rodríguez-Cano, Aranzadi, Cizur Menor, 2020, pág. 821. 2020.

conocía ese incremento, entendemos que no podrá oponerse al mismo, ya que los derechos se adquieren al margen del Registro de la Propiedad[424].

Por tanto, a quienes inicien una nueva actividad de alquiler turístico sometido a su norma sectorial se les podrá incrementar su participación en la contribución a los gastos de sostenimiento del inmueble y ello con dos límites: el primero, que el acuerdo haya sido adoptado por la doble mayoría de tres quintas partes; y el segundo, que el incremento no supere el 20 % de la cantidad que ya viniera pagando. A diferencia de la regulación contenida en el CCCat, en el derecho común la posibilidad de incrementar su participación en los gastos se limita a «la actividad a que se refiere la letra e) del artículo 5 de la Ley 29/1994, de 24 de noviembre, de Arrendamientos Urbanos, en los términos establecidos en la normativa sectorial turística», tal y como establece el artículo 17.12 LPH. En la regulación catalana se extiende a otras actividades empresariales o profesionales, si bien será objeto de análisis en el capítulo destinado al análisis del derecho comparado.

A la hora de calcular el incremento del 20 % de gastos comunes, entendemos que se refiere en exclusiva y siguiendo la terminología ya usada, a cuotas ordinarias de gastos comunes, y lo consideramos así por analogía con las reglas que establece la Ley de Propiedad Horizontal al referirse a los límites del pago del disidente.

La dicción literal del precepto establece: *«...se establezcan cuotas especiales de gastos o un incremento en la participación de los gastos comunes de la vivienda donde se realice dicha actividad»*.

De aquí se deduce que pueden ser dos las posibilidades que al respecto establece la norma:

a) Cuando señala el establecimiento de cuotas especiales de gastos, el precepto a nuestro juicio no se está refiriendo al incremento de cuota de participación a la que se refiere el artículo 5 LPH, sino que se refiere a la posibilidad de que la junta de propietarios autorice el cobro de alguna mensualidad ordinaria más de gastos comunes. Siendo doce mensualidades ordinarias, si se sigue este sistema no se podrá establecer la obligación de contribuir más allá de otras dos mensualidades ordinarias de gastos comunes, porque si fueran tres, el incremento sería de 24,99 % [(100/12) x3] y, por lo tanto, superando el límite del 20 % establecido en la norma.

b) Cuando señala el incremento en la participación en los gastos comunes, entendemos que se refiere a cada mensualidad ordinaria de gas-

424 En este sentido, Jiménez París, T.A., La publicidad de los derechos reales y el registro de la propiedad en España. https://eprints.ucm.es/id/eprint/35416/1/La%20publicidad%20de%20los%20derechos%20reales%20y%20el%20Registro%20de%20la%20Propiedad%20en%20Espa%C3%B1a.pdf.

tos comunes, en cuyo caso el incremento de ésta tampoco podrá superar el límite legal de 20 %. Siendo esta opción por la que nos descantamos, es decir, la comunidad de propietarios tiene la posibilidad de incrementar un 20 % las cuotas mensuales de las viviendas de uso turístico. Si la cuota mensual conforme cuota de participación (u otro criterio debidamente acordado) fuera de 100 euros mensuales, la comunidad podrá incrementar la misma hasta 120 euros mensuales.

El propietario de la vivienda turística deberá pagar la cuota mensual incrementada desde el momento en que así lo acuerde la comunidad en la correspondiente junta de propietarios., siempre y cuando se ejerza la actividad de uso turístico. Mientras la vivienda tenga licencia de uso turístico se deberá pagar el incremento de la cuota acordada en junta de propietarios, aunque de forma temporal no lo haga, puesto que no es competencia de la comunidad inspeccionar que días concretos se ha concertado un arrendamiento turístico. Sin necesidad de acuerdo de junta de propietarios, desaparecerá la posibilidad de incremento de la cuota de participación cuando el propietario de la vivienda cause baja administrativa en la actividad de uso turístico, salvo que siga ejerciendo la misma sin licencia. Quien ejerce la actividad tendrá la obligación de comunica inmediatamente a la comunidad, a través de su presidente, el hecho de haber causado baja en el ejercicio de esta, puesto que a nuestro juicio si así no lo hiciera será responsable por la falta de tal comunicación.

SECCIÓN CUARTA

Arrendamientos urbanos

CAPÍTULO IX

CONTRATO DE ARRENDAMIENTOS URBANOS

1. Consideraciones generales

1.1. Regulación legal

El contrato de arrendamiento urbano se regula, fundamentalmente, a través de la Ley 29/1994, de 24 de noviembre, de Arrendamientos Urbanos. Esta ley ha sufrido modificaciones a través de las siguientes normas:

a) Ley 15/1995, de 30 de mayo, sobre límites del dominio sobre inmuebles para eliminar barreras arquitectónicas a las personas con discapacidad.

b) Real Decreto 297/1996, de 23 de febrero, sobre inscripción en el Registro de la Propiedad de los Contratos de Arrendamientos Urbanos.

c) Ley 1/2000, de 7 de enero, de Enjuiciamiento Civil.

d) Ley 19/2009, de 23 de noviembre, de medidas de fomento y agilización procesal del alquiler y de la eficiencia energética de los edificios.

e) Ley 39/2010, de 22 de diciembre, de Presupuestos Generales del Estado para el año 2011.

f) Ley 4/2013, de 4 de junio, de medidas de flexibilización y fomento del mercado del alquiler de viviendas.

g) Ley 2/2015, de 30 de marzo, de desindexación de la economía española.

h) Real Decreto-ley 21/2018, de 14 de diciembre, de medidas urgentes en materia de vivienda y alquiler.

i) Resolución de 22 de enero de 2019, del Congreso de los Diputados, por la que se ordena la publicación del Acuerdo de derogación del

Real Decreto-ley 21/2018, de 14 de diciembre, de medidas urgentes en materia de vivienda y alquiler.

j) Real Decreto-ley 7/2019, de 1 de marzo, de medidas urgentes en materia de vivienda y alquiler.

k) Real Decreto-ley 11/2020, de 31 de marzo, por el que se adoptan medidas urgentes complementarias en el ámbito social y económico para hacer frente al COVID-19.

l) Real Decreto-ley 35/2020, de 22 de diciembre, de medidas urgentes de apoyo al sector turístico, la hostelería y el comercio y en materia tributaria.

m) Ley 12/2023, de 24 de mayo, por el derecho a la vivienda[425].

n) Real Decreto 1312/2024, de 23 de diciembre, por el que se regula el procedimiento de Registro Único de Arrendamientos y se crea la Ventanilla Única Digital de Arrendamientos para la recogida y el intercambio de datos relativos a los servicios de alquiler de alojamientos de corta duración.

o) Resolución de 18 de diciembre de 2024, de la Presidencia del Instituto Nacional de Estadística, por la que se define el índice de referencia para la actualización anual de los contratos de arrendamiento de vivienda.

Sus antecedentes legales son el Real Decreto-ley 2/1985, de 30 de abril, sobre medidas de política económica, mediante el cual se produjo la supresión de la prórroga forzosa, y la Ley 40/1964, de 11 de junio, de Reforma de la de Arrendamientos Urbanos. En función del momento de perfección del contrato, también podría ser de aplicación algún precepto de estas normas.

---

425 Contra esta ley se han interpuesto los siguientes recursos de inconstitucionalidad:
Recurso de inconstitucionalidad n.° 5491-2023, contra los artículos 3 f), g) y k); 8 a) y c); 9 e); 11.1 e); 15.1 e); 16; 18 apartados 2, 3 y 4; 19 apartado 1, inciso segundo, y apartado 3; 27 apartado 1, párrafo tres, y apartado 3; 28; 29; 32; 33; 34; 35 y 36; disposición adicional tercera; disposición transitoria primera; disposición final primera, apartados uno, tres y seis; y disposición final cuarta de la Ley 12/2023, de 24 de mayo, por el derecho a la vivienda.
Recurso de inconstitucionalidad n.° 5514-2023, contra los artículos 15.1 b), c), d) y e); 16.1 d); 18.2; 18.3; 18.4; 27.1; 27.3; 28.1 b), c) y d); 29.2; 31.1; 31.2; disposición adicional tercera; disposición final primera tres; disposición final cuarta; disposición final quinta dos y disposición final quinta seis de la Ley 12/2023, de 24 de mayo, por el derecho a la vivienda.
Recurso de inconstitucionalidad n.° 5516-2023, contra los artículos 8 a) y c); 11.1 e); 15.1; 16.1 d); 18.2, 3 y 4; 19.1 y 3; 27.1 y 3; 28.1; 35; disposición adicional tercera; disposición transitoria primera, párrafo 2; disposición final primera, apartados uno, tres y seis; y disposición final quinta de la Ley 12/2023, de 24 de mayo, por el derecho a la vivienda.
Recurso de inconstitucionalidad n.° 1301-2024, contra los artículos 3, 10.2, 15.1.d), 15.1.e), 16, 17 y 18; disposición adicional tercera; disposición transitoria segunda.1; disposición final primera, apartados uno, tres y seis, y disposición final cuarta de la Ley 12/2023, de 24 de mayo, por el derecho a la vivienda.

1.2. Concepto arrendamiento fincas urbanas

El artículo 1546 CC describe los distintos tipos de arrendamientos que dicho precepto regula: de cosa, obra o servicio. En el mismo se define el contrato de arrendamiento, al señalar que tras su perfección uno de los contratantes denominado arrendador, se obliga a ceder el uso de la cosa al otro contratante, denominado arrendatario, que se obliga a pagar un precio por ello.

Se estará ante un arrendamiento de finca urbana, cuando la relación locativa tenga como objeto este tipo de fincas, ya sean destinadas a vivienda o a otros usos[426]. Según señala el artículo 1 LAU, su régimen jurídico aplicable será el establecido en la Ley de Arrendamientos Urbanos.

1.3. Clases de arrendamientos de fincas urbanas

1.3.1. Arrendamiento de vivienda

Se regula en el artículo 2 LAU, en virtud del cual, el objeto de arrendamiento de vivienda es una edificación habitable cuyo uso primordial sea satisfacer las necesidades permanentes de vivienda del arrendatario[427]. Por lo tanto, y como así dispone el artículo 3.2 LAU, debe excluirse el arrendamiento de temporada. Ello es así, porque el concepto de vivienda a los efectos de arrendamientos urbanos se relaciona con el carácter de habitualidad, en el sentido de domicilio permanente del arrendatario, conectando con ello con el concepto penal de morada[428].

Siguiendo la dicción literal del artículo 2.2 LAU, se observa como el precepto no restringe su regulación normativa al inmueble, sino que lo amplia a los muebles contenidos en el mismo, así como a los espacios o servicios arrendados como accesorios de la finca arrendada.

En este sentido, si el inmueble pertenece a una urbanización que cuenta con los servicios de piscina o pistas de pádel, junto al arriendo del inmueble se produce la cesión de uso de dichos elementos comunes de la urbanización[429]. En este caso, surge la duda de que, si el arrendador propietario no

---

426 La denominación relación locativa referida al arrendamiento proviene de la denominación de este en el derecho romano: *locatio conductio*. Cuando se trataba de arrendamiento de cosas, la denominación era *locatio conductio rei*.

427 En este sentido, SAP Barcelona 315/2012, de 7 de junio. ECLI: ES:APB:2012:7857.

428 Fuentes Lojo se refiere a «una vivienda propiamente dicha, es decir, una edificación habitable destinada a morada humana». Se debe calificar una vivienda como morada en virtud del criterio de la permanencia, Fuentes Lojo, J.V. y Fuentes Lojo, J., *Suma de arrendamientos Urbanos*, 7.° Ed., Tomo I, Bosch, Barcelona, 1973, pág. 78.

429 SAP Madrid 24/2012, de 27 de enero. ECLI: ES:APM:2012:1040.

paga los gastos a los que está obligado a contribuir para el adecuado sostenimiento del inmueble, se podrá privar al arrendatario del uso de dichos elementos comunes en caso de haberse aprobado así en virtud de lo dispuesto en el artículo 21.1 LPH. El criterio que parece más lógico es que el arrendatario se verá privado de su uso ya que su posibilidad de disfrute deriva de su relación contractual con el arrendador, sin perjuicio de la posibilidad de rescindir el contrato de arrendamiento ya que se produce una mutación del objeto del contrato, es decir, de un elemento sustancial del mismo.

Del mismo modo, serán objeto de arrendamiento los anejos inseparables de la vivienda en el sentido señalado en el artículo 3.I.a) LPH, es decir, cuando tal carácter se señale expresamente en el título constitutivo del régimen de la propiedad horizontal.

Sin embargo, no es objeto de arrendamiento de vivienda el arriendo de una habitación, aunque el arrendatario pueda hacer uso de aseos, cocina o comedor, no siendo en este caso aplicable el artículo 2 LAU. Así lo recoge el parecer mayoritario de las audiencias provinciales y, en este sentido, la SAP Baleares de 14 de noviembre de 2023[430].

1.3.2. Arrendamiento para uso distinto del de vivienda

El artículo 3.1 LAU describe el arrendamiento para uso distinto del de vivienda de forma negativa respecto del arrendamiento de vivienda. En este sentido, lo define como aquel arrendamiento que, recayendo sobre una edificación, tenga como destino primordial uno distinto del habitable cuyo destino primordial sea satisfacer la necesidad permanente de vivienda del arrendatario.

El artículo 3.2 LAU relaciona unos supuestos que deben ser considerados como arrendamiento para uso distinto del de vivienda:

a) Arrendamientos de fincas urbanas por temporada, ya sea de verano o cualquier otra, como puede ser el alquiler de viviendas a estudiantes durante el curso escolar.

b) Arrendamiento para actividad industrial, comercial, artesanal, profesional, recreativa, asistencial, cultural o docente, con independencia de quien sea el arrendatario o el arrendador.

Esta relación constituye *numerus apertus*, como se deduce de la expresión: «en especial, tendrán esta consideración...». Por lo tanto, debe entenderse incluido otros supuestos distintos a los contemplados en el artículo 3.2 LAU.

Si el contrato fuera descrito como de temporada, pero el inmueble viniera siendo arrendado en virtud de contratos sucesivos como vivienda habitual, perderá tal carácter y deberá ser considerado como arrendamiento de

---

430 SAP Baleares, Sec. 5.ª, 766/2023, de 14 de noviembre, ECLI:ES:APIB:2023:2836.

vivienda y sujeto al régimen jurídico aplicable a este[431]. La SAP Baleares de 7 de marzo de 2023 precisa que para que se trate de arrendamiento de vivienda, el inmueble debe ser la residencia o domicilio habitual del arrendatario. En caso contrario, será arrendamiento para uso distinto del de vivienda[432].

1.4. Régimen jurídico aplicable

El régimen jurídico de los arrendamientos urbanos viene dispuesto en el artículo 4 LAU, en función de la clase de arrendamiento de que se trate. En este sentido, hay que distinguir entre:

1.4.1. Régimen aplicable a todos los arrendamientos urbanos

El artículo 4.1 LAU relaciona las normas de la Ley de Arrendamientos Urbanos que tendrán fuerza imperativa, y que su incumplimiento será causa de nulidad de pleno derecho de estas. Estas normas imperativas son: el título I relativo al ámbito de la Ley de Arrendamientos Urbanos (artículos 1 a 5 LAU), y el título IV relativo a la fianza y formalización del contrato (artículos 36 y 37 LAU).

En este sentido, debe tenerse en cuenta lo dispuesto en el artículo 6.3 CC, que señala que los actos que contravengan normas imperativas o prohibitivas serán nulos de pleno, salvo que la propia norma contenga un efecto distinto en caso de que se contravengan. No obstante, esta nulidad de pleno derecho no debe alcanzar a la totalidad del contrato, sino tan solo a la nulidad de la cláusula que contravenga la norma imperativa. Si se introdujera una cláusula que permita al arrendador poder entrar en cualquier momento en la vivienda objeto de arriendo, dicha cláusula será nula pero no la totalidad del contrato, en virtud del principio de conservación de estos.

Por lo tanto, las normas imperativas son indisponibles, pero como señala el artículo 4.4 LAU, para poder excluir la aplicación de normas de carácter dispositivo se precisa que se haga constar expresamente en el contrato de arrendamiento.

Las disputas que surjan entre los contratantes podrán ser resueltas mediante la mediación o arbitraje. Para ello, el artículo 4.5 LAU requiere que las partes suscriban un pacto de sumisión expresa, por lo que se introduce en el ámbito de los arrendamientos urbanos los medios adecuados para solución de conflictos. Hay que distinguir entre mediación como paso previo a la vía jurisdiccional en caso de falta de acuerdo, con el arbitraje como medio alternativo a la resolución sobre el fondo de la disputa.

---

431 SAP Guadalajara 142/2007, de 22 de junio. ECLI: ES:APGU:2007:222.

432 SAP Baleares, Sec. 4.ª, 95/2023, de 7 de marzo, ECLI:ES:APIB:2023:896.

Un avance en relación con el modo de comunicación entre los contratantes es el introducido en el artículo 4.6 LAU mediante el artículo 1.1 de la Ley 4/2013, de 4 de junio, de medidas de flexibilización y fomento del mercado del alquiler de viviendas. Se introduce la posibilidad de notificaciones electrónicas, estableciendo como domicilio a efectos de notificaciones una dirección de correo electrónico en lugar de una física.

1.4.2. Arrendamientos de vivienda

1.4.2.1. En general

Como señala el artículo 4.2 LAU, la regulación general de los contratos de arrendamiento de vivienda, deberán respetar como normas imperativas los títulos I y IV de la Ley de Arrendamientos Urbanos, estando sujetos de forma imperativa a las disposiciones contenidas en el título II de la Ley antes mencionada. De esta forma, la regulación imperativa para los arrendamientos urbanos de vivienda es la contenida en los artículos I, II y IV de la Ley de Arrendamientos Urbanos.

Se regularán por:

a) Los pactos entre las partes con respeto a las normas imperativas contenidas en los artículos 1 a 28, 36 y 37 LAU. Los pactos deberán respetar los límites establecidos en el artículo 1255 CC, es decir, la ley imperativa, la moral y el orden público.

b) Subsidiariamente, por el Código civil.

1.4.2.2. En particular, los arrendamientos suntuarios

Se entienden como tales, los siguientes:

a) Superficie superior a 300 metros cuadrados. Denominado también arrendamiento de vivienda grande.

b) Renta inicial en cómputo anual exceda de 5,5 veces el salario mínimo interprofesional correspondiendo el arriendo al total de la vivienda. También se le denomina arrendamiento de renta elevada.

De conformidad con lo dispuesto en el artículo 4.2.II LAU, estos contratos se rigen por:

a) La voluntad de las partes libremente pactada en el contrato.

b) Subsidiariamente, por los dispuesto en el título II de la Ley de arrendamientos urbanos, es decir, por los artículos 6 a 28 LAU, que pierden su condición de normas imperativas respecto de este tipo de contratos.

c) Supletoriamente, por el Código civil.

1.4.3. Arrendamientos uso distinto del de vivienda

Como señala el artículo 4.3 LAU, los arrendamientos urbanos para uso distinto del de vivienda se regirán por:

a) La voluntad de las partes conforme a lo libremente pactado en el contrato de arrendamiento.

b) Subsidiariamente, por las normas contenidas en el título III de la Ley de Arrendamientos Urbanos, es decir, por lo contenido en los artículos 29 a 35 LAU.

c) Supletoriamente, por el Código civil.

1.4.4. Arrendamientos excluidos de la Ley de Arrendamientos Urbanos

a) Uso de la vivienda por razón del trabajo: «porteros, guardas, asalariados, empleados y funcionarios, tengan asignadas por razón del cargo que desempeñen o del servicio que presten». Se regirán por la normativa de derecho laboral o de la función pública, en función de que se trate de trabajadores asalariados o funcionarios públicos, respectivamente.

b) Uso de las viviendas militares: se regirán por lo dispuesto en su legislación específica.

c) Arrendamiento de vivienda y terrenos, con finalidad primordial agrícola, pecuaria o forestal, cuando la finca arrendada disponga de casa-habitación. En este caso se regirán los contratos por la legislación reguladora de los arrendamientos rústicos.

d) Uso de las viviendas universitarias: se regirán por la normativa de la Universidad a que correspondan. En este caso, es preciso la previa calificación por la universidad propietaria o que gestione las viviendas, su asignación al alumnado y personal docente, de administración o de servicios prestados a la universidad. La regulación de estos contratos de arrendamiento corresponde aprobarla a cada universidad.

e) Arrendamiento turístico, finca y mobiliario: se regirá por el régimen jurídico específico derivado de su normativa sectorial.

2. Arrendamiento de vivienda

2.1. Régimen jurídico

Dispone el artículo 6 LAU la naturaleza imperativa de las normas de la Ley de Arrendamientos Urbanos que perjudiquen al arrendatario o subarrendatario. Se establece una especie de principio *pro-arrendatario*, colocándose el legislador en caso de este frente al arrendador. La norma considera al arrendador como la parte fuerte del contrato, reservando para el arrendatario la posición de contratante débil, y ello, aunque la realidad actual nos demuestra que eso no es exactamente así, como demuestra el actual fenómeno denominado inquiokupa. Existe un exceso de protección a favor del arrendatario, consecuencia de la debilidad que falsamente se le asigna[433].

Se establece una consecuencia para el caso de contravención de las normas imperativas, siguiendo con ello lo dispuesto en el artículo 6.3 CC que, es considerar nulas las estipulaciones que modifiquen en perjuicio del arrendatario las normas contenidas en el título II de la Ley de Arrendamientos Urbanos. La nulidad de una cláusula del contrato solo implicara la nulidad parcial del mismo, manteniéndose el resto que tendrán plena validez y eficacia, no implicando la nulidad de este en su totalidad, siendo esta norma fiel consecuencia de los principios de conservación e integración de los contratos.

2.2. Elementos del contrato

2.2.1. Elementos personales

2.2.1.1. Arrendador

El arrendador es la persona que cede el uso de la vivienda a cambio de la renta pactada. Lo habitual es que el arrendador sea el propietario de la vivienda, pero no es necesario. Como señala la SAP Ourense de 13 de diciembre de 2019, el contrato de arrendamiento puede ser suscrito por un mandatario en nombre del propietario[434]. También puede ser arrendador el usufructuario y cualquiera que tenga la posesión inmediata del inmueble[435]. Dispone

433 FUENTES-LOJO RIUS parte de considerar que el arrendatario es la parte débil del contrato de arrendamiento, llegando a equipararlos a efectos de su protección con un contrato de adhesión. En un contexto de retracción del mercado arrendaticio por disminución de oferta y consecuente elevación de rentas, esto es así. No obstante, en otros contextos históricos ha existido más oferta que demanda, lo que dio lugar a la inversión de posición débil en la contratación. FUENTES-LOJO RIUS, A., «Cláusulas nulas y abusivas en arrendamientos urbanos, *Diario La Ley*, núm. 9467, Sección Tribuna, 30 de Julio de 2019. LA LEY 8741/2019. LOSCERTALES FUERTE considera que considerar al arrendador siempre como la parte fuerte del contrato, mientras que el arrendador es la parte débil y debe ser apoyado normativamente, da lugar a situaciones dispares ante la ley, que deben rechazarse. LOCERTALES FUERTES, D., *Los Arrendamientos Urbanos*, Sepin, Madrid, 2000, págs. 156-157.

434 SAP Ourense, Sec. 1.ª, 498/2019, de 13 de diciembre, ECLI:ES:APOU:2019:862.

435 LA SAP Badajoz, Mérida, de 5 de septiembre de 2016 permite al nudo propietario concertar un contrato de arrendamiento de vivienda, cuando consta el consentimiento expreso o tácito del usufructuario. En este caso, la actuación del nudo propietario puede ser calificada como de mandatario del usufructuario, algo que, en todo caso, es bastante habitual en el ámbito familiar. AP Badajoz, Mérida, Sec. 3.ª, 184/2016, de 5 de septiembre, ECLI:ES:APBA:2016:654.

el artículo 17.3.II LPH la posibilidad de que las comunidades de propietarios puedan ser arrendadoras de inmuebles, siempre que haya sido adoptado el acuerdo por doble mayoría de tres quintas partes. Las comunidades que contaban con servicio de portería y lo hayan sustituido por el de conserjería o simplemente hayan eliminado el servicio, suelen ser propietarias de viviendas de carácter común en las que habitaba el portero y que pueden ceder a terceros en régimen de arrendamiento.

En el caso de que la vivienda esté sujeta a régimen de copropiedad, cualquier condueño podrá arrendarla en el supuesto de no contar con la expresa oposición de alguno de los otros condóminos, y siempre que sea en beneficio de la comunidad de bienes. Lo que no podrá realizar sin el consentimiento unánime y expreso del resto de copropietarios, es concertar un contrato de arrendamiento con opción a compra, puesto que es un auténtico acto de disposición que, aunque no sea con efecto inmediato sí lo tendrá en el futuro y dependiente de la única voluntad del arrendatario optante.

2.2.1.2. Arrendatario

El artículo 7 LAU distingue entre dos tipos de arrendatarios:

a) Quien habita personalmente la vivienda para satisfacer su necesidad permanente de morada.

b) El cónyuge del arrendatario no separado legalmente o, de hecho, o sus hijos dependientes. A tal fin, se tiene en cuenta el momento de la firma del contrato de arrendamiento.

2.2.2. Elementos objetivos

2.2.2.1. El inmueble

El inmueble objeto de arriendo debe ser una vivienda habitable. Se entiende por vivienda habitable aquella que reúne las condiciones mínimas de salubridad, seguridad y funcionalidad necesarias para satisfacer las exigencias básicas de una residencia destinada a uso estable. La vivienda arrendada debe encontrarse en un estado de conservación tal que permita a los arrendatarios ejercer su derecho a disfrutar del inmueble en condiciones dignas. Esta obligación se enmarca en los deberes del arrendador, quien debe garantizar que la vivienda sea apta para el uso convenido, tanto al momento de formalizar el contrato como a lo largo de la duración de este. En este sentido, la habitabilidad se convierte en un criterio esencial para la configuración de los contratos de arrendamiento de vivienda, dado que el incumplimiento de este requisito puede justificar la resolución del contrato o la adopción de medidas correctoras que afecten a las obligaciones contractuales de las partes.

El artículo 3. c) LDV establece que toda persona debe poder acceder a una vivienda adecuada y segura que reúna las condiciones necesarias para su uso como residencia permanente. Para cumplir con este estándar, la vivienda debe contar con las condiciones básicas de espacio, iluminación, ventilación, protección frente a la humedad, sistemas de saneamiento, así como acceso a agua potable y electricidad. De esta manera, el inmueble no solo debe cumplir los requisitos de la habitabilidad física, sino también garantizar la habitabilidad funcional al permitir que los arrendatarios puedan desarrollar su vida cotidiana con normalidad.

2.2.2.2. Renta

La renta, como contraprestación por la cesión de la posesión inmediata del inmueble, se regula en el artículo 17 LAU, constituyendo un elemento esencial del contrato.

2.2.2.2.1. Cuantía

El artículo 17.1 LAU dispone que la fijación de la renta responde al principio de libertad de pacto, en virtud de cual las partes podrán pactar la cuantía libremente.

En el caso de contratos de arrendamiento en zonas de mercado residencial tensionado, definidos en el artículo 18 LDV como aquellos entornos urbanos donde la demanda de vivienda supera con creces la oferta disponible, se imponen limitaciones adicionales en cuanto a la fijación de la renta inicial en los nuevos contratos. Cuando un inmueble ubicado en una zona tensionada ha sido objeto de arriendo en los últimos cinco años, la renta pactada en el nuevo contrato no podrá superar la última renta del contrato anterior, una vez actualizada conforme a las cláusulas de actualización anual de renta previamente pactadas. Además, no se podrán establecer nuevas condiciones que impliquen costos adicionales para el arrendatario que no hayan sido pactados en el contrato anterior.

Existen, sin embargo, ciertos supuestos que permiten un incremento adicional de hasta un 10 % sobre la última renta aplicada en los cinco años previos, además de la actualización anual, siempre y cuando se cumpla alguna de las siguientes condiciones:

a) Rehabilitación de la Vivienda: si el inmueble ha sido objeto de una rehabilitación en los términos del artículo 41 del Reglamento del Impuesto sobre la Renta de las Personas Físicas y la obra fue finalizada en los dos años anteriores al nuevo contrato, se permite un incremento adicional. La rehabilitación debe acreditarse adecuadamente y demostrar que ha mejorado las condiciones de habitabilidad y eficiencia de la vivienda.

b) Mejoras en la Eficiencia Energética: si se han realizado intervenciones de mejora en la vivienda que hayan logrado un ahorro de al menos el 30 % en energía primaria no renovable, lo cual debe acreditarse mediante dos certificados de eficiencia energética (uno previo y otro posterior a la intervención, con un intervalo no mayor a dos años entre ambos), se permite el incremento del 10 % en la renta. Estas mejoras contribuyen a la sostenibilidad del inmueble y a la reducción de costos energéticos para el arrendatario.

c) Mejoras en la Accesibilidad: si la vivienda ha sido adaptada para mejorar la accesibilidad en los dos años anteriores al nuevo contrato, y dicha actuación está debidamente acreditada, también se puede aplicar el incremento adicional del 10 % en la renta.

d) Larga Duración del Contrato: Si el contrato de arrendamiento establece una duración de diez o más años, o si otorga al arrendatario el derecho de prórroga por un periodo igual o superior a diez años, el arrendador podrá aplicar el aumento del 10 % sobre la última renta. Esta cláusula fomenta la estabilidad del arrendamiento a largo plazo y asegura al arrendatario el uso de la vivienda en términos constantes y previsibles.

No obstante lo anterior, los contratos celebrados con grandes tenedores de vivienda, según la definición contemplada en el artículo 3. k) LDV, que se refieran a inmuebles situados en zonas declaradas como mercado residencial tensionado estarán sujetos a limitaciones específicas en cuanto a la renta[436]. En tales contratos, siempre que la declaración de dicha zona se mantenga vigente, el importe de la renta inicial del nuevo contrato no podrá superar el límite establecido por el sistema de índices de precios de referencia, diseñado conforme a las particularidades del inmueble y del edificio en el que se halle.

Asimismo, esta restricción en el importe de la renta será aplicable a aquellos contratos de arrendamiento de viviendas ubicadas en zonas de mercado residencial tensionado, siempre y cuando el inmueble en cuestión no haya estado sujeto a ningún contrato de arrendamiento durante los cinco años anteriores. Para su aplicación, deberá constar en la resolución del Ministerio de Transportes, Movilidad y Agenda Urbana que declare la zona tensionada, justificándose la inclusión de esta medida en el contexto de la citada declaración.

---

436 PÉREZ VEGA señala la gran transcendencia que tiene para los contratos de arrendamiento que tengan como objeto viviendas que se encuentren en una zona declarada como mercado residencial tensionado, lo que se incrementa en el caso de que el arrendador sea un gran tenedor. PÉREZ VEGA, A., «El gran tenedor de inmuebles como propietario de segunda categoría en la Ley 12/2023, de 24 de mayo por el derecho a la vivienda», *Diario LA LEY*, núm. 10306, Sección Tribuna, 13 de junio de 2023, LA LEY 5132/2023.

2.2.2.2.2. Pago

2.2.2.2.2.1. Plazo

Salvo que se pacte una periodicidad distinta, la renta deberá abonarse de forma mensual. Igualmente, salvo que otra cosa se haya pactado, el pago deberá realizarse al principio de cada mes y no a mes vencido, ya que debe hacer los siete primeros días de cada mes[437]. En caso contrario, el legislador hubiera señalado que el pago se hiciera dentro de los primeros días del mes siguiente. La periodicidad mensual se entiende como norma supletoria en caso de que las partes no estipulen otro régimen de pago. Igualmente, salvo pacto en contrario, la renta deberá ser abonada dentro de los siete primeros días de cada mes. El arrendador no puede exigir al arrendatario el pago anticipado de más de una mensualidad de renta, lo cual protege al arrendatario de compromisos económicos excesivos que puedan vulnerar su estabilidad financiera.

2.2.2.2.2.2. Lugar

El lugar de pago será el que libremente hayan pactado las partes. En ausencia de pacto, el pago se realizará a través de medios electrónicos salvo que el arrendador carezca de estos medios o de cuenta bancaria, en cuyo caso, el pago se realizará en efectivo y en la vivienda arrendada[438]. De hecho, no existe ninguna limitación en cuanto el medio de pago, pudiendo hacerse, incluso, por *bizzum*.

2.2.2.2.2.3. Prueba

El arrendador tiene la obligación de expedir un recibo de pago, asegurándose con ello el arrendatario una constancia de su cumplimiento. Este recibo, o el documento equivalente en caso de medios de pago que lo acrediten automáticamente, debe detallar separadamente los distintos conceptos de pago, especificando la renta en vigor. Si el arrendador no proporciona el recibo, será responsable de cualquier gasto que el arrendatario deba incurrir para obtener prueba del pago.

---

437 En este sentido, SAP Baleares 261/2003 de 7 de mayo. ECLI:ES:APIB:2003:1129.

438 Magro Servet considera que «la regla general de la prohibición de pago en efectivo se ha convertido en una quimera y supone un pasaporte a la habilitación del pago de la renta en efectivo o metálico». Magro Servet, V., «Cláusula en el contrato de arrendamiento de gastos de desplazamiento por pago de renta en domicilio de arrendatario». *Diario La Ley*, N.º 10322, Sección Doctrina, 6 de Julio de 2023, LA LEY 6241/2023.

2.2.2.2.3. Reforma o rehabilitación como alternativa al pago

El artículo 17.5 LAU prevé que, mediante acuerdo entre las partes, el pago de la renta pueda sustituirse total o parcialmente por el compromiso del arrendatario de realizar obras de reforma o rehabilitación en el inmueble. Esta sustitución, permitida solo durante un plazo determinado, debe formalizarse en el contrato bajo condiciones específicas que detallen la naturaleza y alcance de las obras a realizar, ofreciendo flexibilidad y alternativas a la renta en dinero.

Al ser alternativa al pago en dinero, no cabe indemnización al término de la relación locativa. El incumplimiento de la obligación de ejecución de la obra será causa de resolución del contrato de arrendamiento.

2.2.2.2.4. Actualización de la renta

Durante la vigencia de un contrato de arrendamiento, la posibilidad de actualizar la renta deviene una facultad atribuida tanto al arrendador como al arrendatario. La actualización queda supeditada al cumplimiento de cada anualidad contractual y sujeta, en todo momento, a los términos previamente acordados entre las partes. No obstante, ante la ausencia de un pacto explícito que disponga la actualización de la renta, se mantendrá inalterada la cuantía inicialmente establecida.

En el supuesto de que el contrato contemple un mecanismo de actualización sin especificar un índice o metodología de referencia, la actualización de la renta se ajustará conforme a la variación anual del Índice de Garantía de Competitividad. Se tomará como mes de referencia el correspondiente al último índice publicado en la fecha de actualización contractual.

La Disposición adicional primera LDV añade la disposición adicional undécima LAU, que dispone que el Instituto Nacional de Estadística deberá establecer, antes del 31 de diciembre de 2024, un índice de referencia específico para la actualización anual de las rentas en los contratos de arrendamiento de vivienda. Dicho índice, cuya implementación se enmarca en las directrices del artículo 18 LAU, actuará como un límite de referencia para la actualización de las rentas. Parece que lo que se persigue es la mitigación de incrementos excesivos y desproporcionados, promoviendo así una mayor estabilidad en los contratos de arrendamiento y protegiendo a los arrendatarios frente a variaciones que puedan resultar lesivas para su economía. A pesar de ello, parece que la realidad actual de las rentas arrendaticias parece haber demostrado lo contrario, dado que el precio del arriendo se ha desbocado debido a que la inseguridad jurídica ha expulsado a los arrendadores del mercado locativo.

De conformidad con el artículo primero de la Resolución de 18 de diciembre de 2024, de la Presidencia del Instituto Nacional de Estadística, por la que se define el índice de referencia para la actualización anual de los contratos de arrendamiento de vivienda, el límite de actualización será el mínimo valor entre la tasa de variación anual del Índice de Precios de Consumo, la tasa de variación anual del Índice de Precios de Consumo subyacente y la tasa de variación anual media ajustada. El cálculo exacto se determina mediante una fórmula contenida en el anexo de la resolución. No obstante, no será necesario que el arrendador formule cálculo alguno ya que, conforme al artículo segundo de la resolución, el Instituto Nacional de Estadística publicará mensualmente el índice de referencia, expresado con dos decimales, utilizando los últimos datos mensuales disponibles.

Una vez realizada la actualización, la nueva renta será exigible a partir del mes siguiente a aquel en el que la parte interesada notifique por escrito a la otra parte el porcentaje de alteración aplicado. Dicha notificación debe ser explícita, precisando el porcentaje utilizado para el ajuste y, en su caso, adjuntando la certificación expedida por el Instituto Nacional de Estadística, siempre que el arrendatario así lo requiera. La notificación de la actualización de la renta puede realizarse mediante una nota en el recibo de la mensualidad inmediatamente anterior, lo cual representa una modalidad de comunicación válida, siempre y cuando cumpla con los requisitos de claridad y especificidad en la información proporcionada.

2.2.2.2.5. Elevación de la renta por mejoras

2.2.2.2.5.1. Por mejoras unilaterales del arrendador

En el artículo 19.1, 2 y 3 LAU, se contempla la posibilidad de que el arrendador realice mejoras unilaterales en la vivienda arrendada una vez haya transcurrido el plazo mínimo de duración del contrato. Esto dará derecho al arrendador a elevar la renta anual en la cuantía que resulte de aplicar al capital invertido el tipo de interés legal del dinero incrementado en tres puntos, descontando cualquier subvención recibida. No obstante, el aumento resultante en la renta del arrendamiento no podrá exceder del veinte por ciento de la renta vigente en ese momento.

En casos en los que el inmueble esté sujeto al régimen de propiedad horizontal, el incremento de renta correspondiente a cada arrendatario se determinará conforme a la cuota de participación atribuida a cada elemento privativo del edificio. Por el contrario, en los edificios no sujetos al régimen de propiedad horizontal se tomará como referencia la superficie de la finca arrendada para establecer el incremento proporcional en la renta.

Además, el arrendatario afectado por estas obras de mejora tiene derecho a una reducción proporcional de la renta en función de la parte de la vivienda de la que se vea privado durante el tiempo que duren las obras. Este derecho a la reducción de renta se combina con la posibilidad de recibir una indemnización que cubra los gastos adicionales en los que el arrendatario haya incurrido a causa de las obras, tal como se prevé en el artículo 22 LAU.

2.2.2.2.5.2. Por mejoras acordadas por arrendador y arrendatario

De conformidad con lo dispuesto en el artículo 19.4 LAU, las partes del contrato de arrendamiento, es decir, el arrendador y el arrendatario, tienen la facultad de acordar mutuamente la realización de obras de mejora en la vivienda arrendada. Este acuerdo implica no solo el consentimiento para la ejecución de dichas obras, sino también la posibilidad de pactar un incremento en la renta del contrato como consecuencia de las mejoras acordadas y de la indemnización contemplada en el artículo 22 LAU.

No obstante, esta posibilidad no implica la interrupción del contrato a los efectos de prórroga obligatoria o tácito, sin que se produzca un nuevo inicio del cómputo de los plazos, como si de una interrupción de la prescripción se tratara. Al tratarse de obras de mejora, con ello se excluyen aquellas obras de mera conservación del objeto del arriendo, ya que estas son obligatorias.

2.2.2.2.6. Gastos comunitarios y servicios individuales

Se refiere a lo que tradicionalmente se denominaba cantidades asimiladas a renta, que sin formar parte de esta tienen el mismo tratamiento de cara a fundamentar el ejercicio de la acción de desahucio.

2.2.2.2.6.1. Gastos comunitarios

Por gastos comunitarios se entienden aquellos necesarios para el adecuado mantenimiento del inmueble, así como los relativos a sus servicios, tributos, cargas y demás responsabilidades que no puedan ser individualizados y que corresponden específicamente a la vivienda arrendada o a sus accesorios. En definitiva, son los gastos regulados en el artículo 9.1. e) LPH.

Para que el arrendatario asuma el pago de los gastos comunitarios es imprescindible que exista un pacto expreso entre las partes, el cual debe formalizarse por escrito. Este pacto no solo debe especificar la responsabilidad del arrendatario en cuanto a estos gastos, sino también detallar el importe inicial correspondiente a cada uno de ellos.

No obstante, aunque el arrendatario asuma la obligación de pago, frente a la comunidad de propietarios es el deudor es exclusivamente el condueño, sin que pueda demandar al arrendatario en caso de impago. Todo ello, sin perjuicio de la facultad de repetición del arrendador contra el arrendatario, en virtud de la relación contractual locativa que les une.

En casos de viviendas sujetas al régimen de propiedad horizontal, la cuantía se calculará en función de la cuota de participación descrita en el título constitutivo. Si no estuvieran sujetas al régimen de propiedad horizontal, contribuirán en función de su superficie.

2.2.2.2.6.2. Gastos de gestión inmobiliaria y formalización del contrato

Dispone el artículo 20.1 LAU, modificado por la disposición final primera de la LDV, que los gastos de gestión inmobiliaria y los de formalización del contrato serán a cargo del arrendador.

2.2.2.2.6.3. Tributos

Los pactos entre arrendador y arrendatario no afectarán a la administración tributaria competente, frente a la que siempre será responsable el obligado tributario. Ello, sin perjuicio de que este pueda repetir contra quien se haya comprometido al pago del impuesto, en virtud de la relación contractual subyacente.

2.2.2.2.6.4. Servicios individualizables

Son aquellos servicios susceptibles de ser medidos mediante contadores y que irán a cargo del arrendatario.

2.2.3. Forma

Se rige por el principio de libertad de forma, sin perjuicio del derecho recíproco de los contratantes a compelerse a la formalización por escrito del contrato de arrendamiento. La redacción del artículo 34.1 LAU está claramente inspirada en el artículo 1279 CC.

Dispone el artículo 34.2 LAU que en caso de que alguno de los contratantes optara por la forma escrita del contrato, este deberá contener las menciones siguientes:

a) Identidad de los contratantes.

b) Identificación de la finca.

c) Duración pactada.

d) Renta inicial.

e) Las demás cláusulas que las partes hubieran libremente acordado.

Dispone el artículo 2.5 LH la posibilidad de inscribir los contratos arrendaticios en el Registro de la Propiedad.

2.2.4. Elemento temporal

2.2.4.1. Plazo

Dispone el artículo 9.1 LAU que la duración del arrendamiento será la que libremente hayan pactado las partes. Establece la STS de 9 de septiembre de 2009 que la duración es un elemento esencial del contrato de arrendamiento[439]. De hecho, la temporalidad es una de las características fundamentales de este tipo de contrato, no admitiéndose contratos de arrendamiento de duración indefinida[440]. En defecto de pacto o que este no quede claramente determinado, se presume que el contrato se ha celebrado por un plazo de un año.

No obstante, y como garantía de estabilidad, se establece una duración mínima potestativa para para el arrendatario, además de prórrogas. Por ello, debe distinguirse los conceptos de plazo y duración mínima del contrato, Se entiende por plazo el que consta pactado en el contrato, mientras que duración es el tiempo máximo que el arrendatario puede disponer de la vivienda objeto del arriendo.

2.2.4.2. Duración

La duración mínima del contrato es de cinco años cuando el arrendador es una persona física y siete años cuando el arrendador es una persona jurídica[441].

No obstante, si el plazo pactado es inferior a la duración mínima anterior, cuando llegue el día del vencimiento del plazo el contrato de prorrogará obligatoriamente por plazos anuales hasta llegar a la duración mínima. El arrendatario conserva el derecho de desistir del contrato incluso si este tiene una duración inferior a la duración mínima, siempre que comunique su intención al arrendador, con un preaviso de treinta días.

El cómputo de esta duración mínima comienza desde la fecha de formalización del contrato o, si es posterior, desde el momento en que el inmueble se pone a disposición del arrendatario. En este último caso, es responsabilidad del arrendatario probar la fecha en la que efectivamente se le entregó el inmueble.

---

439 STS 582/2009, de 9 de septiembre. ECLI:ES:TS:2009:5443.

440 En este sentido, STS 86/2016, de 19 de febrero. ECLI: ES:TS:2016:624; y SAP Sevilla de 20 de junio de 2007. ECLI: ES:APSE:2007:3096.

441 No se entiende muy bien porque el legislador distingue entre persona física y jurídica. En este sentido se pronuncia LOSCERTALES FUERTES, quien considera a las personas jurídicas han sido constituidas con total respaldo legal. Incide en que muchas personas jurídicas serán sociedades de reducida dimensión y familiares. LOSCERTALES FUERTES, D., *Comentarios a la Ley de Arrendamientos Urbanos*, 12° Ed., Colex, A Coruña, 2023, pág. 52.

Esta duración mínima tiene un carácter voluntario para el arrendatario, quien puede optar por no cumplirlo íntegramente, mientras que para el arrendador es de carácter obligatorio.

No obstante, existe una excepción a este plazo mínimo si, de manera expresa y previa en el contrato, se establece una cláusula que prevea la necesidad del arrendador de disponer del inmueble para su uso personal o para cubrir necesidades familiares, lo cual permitiría una finalización anticipada del contrato[442]. La causa de finalización anticipada del contrato debe constar expresamente en el mismo a fin de que el arrendatario pueda decidir sobre la conveniencia del arriendo, recayendo sobre el arrendador la carga de la prueba. Ha tenido que transcurrir al menos un año desde el inicio de la relación contractual, debiendo mediar un preaviso de dos meses. El arrendador o familiar directo deberá comenzar a residir en la vivienda en un plazo máximo de tres meses. Si el arrendador pudiera acreditar que el contrato finalizó anticipadamente de forma fraudulenta, cualquiera que sea el motivo, ostentará derecho de retorno sobre la vivienda, salvo en el supuesto de fuerza mayor. Ejemplo de causa fraudulenta es alegar necesidad para después arrendar la vivienda a un tercero a cambio de una renta más alta, o para proceder a su venta. La forma y plazo anteriormente señalada es subsidiaria de lo que puedan acordar las partes. Como señala la STS de 18 de marzo de 2010, procede la resolución del contrato por causa de necesidad, aunque el arrendador disponga de otra vivienda, pero de peores condiciones de habitabilidad que la arrendada[443].

2.2.4.3. Prórroga

Conforme a lo dispuesto en el artículo 10 LAU, una vez transcurrido el plazo inicial del contrato de cinco años cuando el arrendador es persona física, o de siete años cuando se trata de una persona jurídica, el contrato podrá prorrogarse anualmente hasta un máximo de tres años adicionales. Esta prórroga máxima trianual es obligatoria para ambas partes, salvo que alguna de ellas manifieste su voluntad de no continuar con el contrato mediante un preaviso expreso de oposición a la prórroga. En tal caso, el arrendador debe comunicar su intención de no prorrogar el contrato con una antelación mínima de cuatro meses antes de la finalización del contrato o de la prórroga en curso. Por su parte, el arrendatario deberá efectuar este preaviso de oposición con al menos dos meses de antelación. Si ninguna de las dos partes formula oposición en los plazos señalados, el contrato se podrá

---

442 Como señala la STS 412/2011 de 22 de junio, ECLI: ES:TS:2011:4043, la «necesidad debe ser entendida como no forzosa, obligada o impuesta por causas ineludibles, sino lo opuesto a lo superfluo y en grado superior a lo conveniente, lo que constituye un medio adecuado para un fin lícito».

443 STS 181/2010, de 18 de marzo de 2010. ECLI:ES:TS:2010:1133.

prorrogar por tres anualidades más. Estas tres anualidades serán obligatorias para el arrendador y voluntarias para el arrendatario, quien podrá manifestar su voluntad de no renovar con una antelación mínima de un mes a la terminación de cualquiera de estas tres mensualidades.

La notificación deberá realizarse de forma fehaciente, es decir, acreditando que el receptor de la notificación la ha recibido y conocido su contenido. No obstante, como señala la SAP Málaga de 3 de diciembre de 2004, cuando se ha intentado notificar la oposición a la prórroga mediante burofax en el domicilio consignado por la parte arrendataria para notificaciones, debe entenderse que esta ha tenido pleno conocimiento de la intención del arrendador de no prorrogar el contrato de arrendamiento de vivienda, aunque la notificación haya resultado infructuosa[444]. Esto, es así porque no puede premiarse la actitud obstativa a la recepción de la notificación por parte del destinatario.

La Ley por el Derecho a la vivienda introduce dos nuevos supuestos de prórroga[445]:

a) El arrendatario podrá solicitar al arrendador una prórroga extraordinaria por un periodo máximo de un año, en el que se mantendrán las mismas condiciones contractuales a esta. Para ello, el arrendatario debe encontrarse en situación de vulnerabilidad social y económica debidamente acreditada, mediante informe o certificado elaborado dentro del último año por los servicios sociales municipales o autonómicos. Esta prórroga deberá ser aceptada do modo obligatorio por el arrendador que sea considerado gran tenedor, según los criterios establecidos en la Ley por el Derecho a la vivienda.

b) Igualmente, en los contratos de arrendamiento de vivienda habitual, con independencia de que el arrendador sea gran tenedor, cuando la misma se encuentre en una zona de mercado residencial tensionado y mientras esté vigente su declaración, una vez extinguidas las prórrogas a las que se refiere el artículo 10.1 LAU, el arrendatario podrá solicitar otra prórroga extraordinaria por plazos anuales, con una duración máxima de tres años, manteniendo las mismas vigentes antes de la extinción de la prórroga. Su aceptación es obligatoria para el arrendador, salvo que:

   1. Los contratantes hayan acordado otras condiciones contractuales.
   2. Los contratantes hayan acordado un nuevo contrato con las limitaciones de renta propias de las zonas de mercado residencial tensionado, a las que se refiere el artículo 17.6 y 7 LAU.

---

444 SAP Málaga 1332/2004, de 3 de diciembre. ECLI:ES:APMA:2004:5053

445 Mas Badia considera que estas nuevas prórrogas se fundamentan en la idea de que el derecho a la vivienda no se debe constreñir al derecho de acceso, sino ser visto de una forma más amplia, incluyendo la permanencia y la estabilidad en la tenencia de la vivienda. Mas Badia, M.D., ¿Una habitación propia? Arrendamiento y propiedad en la Ley por el derecho a la vivienda, Marcial Pons, Madrid, 2024, pág. 129-130, DOI: 10.37417/1z6xgd96

3. Que el arrendador haya realizado comunicado la necesidad de ocupar la vivienda conforme a lo dispuesto en el artículo 9.3 LAU. A pesar de la literalidad de la norma, sería buena una interpretación jurisprudencial que permitiera la posibilidad de comunicación posterior, y no solo previa.

2.2.4.4. Tácita reconducción

Como dispone el artículo 1566 CC, la tácita reconducción opera cuando, al finalizar la última prórroga contractual posible, el arrendatario continúa ocupando la vivienda por un periodo de quince días sin oposición expresa del arrendador. En ausencia de manifestación contraria por parte del arrendador durante este plazo, se entiende que el contrato de arrendamiento se renueva de manera implícita, dando lugar a una nueva relación contractual[446]. Se trata de una novación extintiva, con una periodicidad igual por la que se haya fijado el pago de la renta, de conformidad con lo dispuesto en el artículo 1581 CC[447].

2.3. Vicisitudes del contrato

2.3.1. Cesión del contrato y subarriendo de la finca

Según dispone el artículo 8 LAU, en el caso de cesión, el cesionario se subroga en la posición del arrendatario, asumiendo todos los derechos y obligaciones derivadas del contrato de arrendamiento. Requiere el consentimiento expreso del arrendador, que deberá formalizarse por escrito.

Por otro lado, el subarriendo solo puede efectuarse sobre una parte de la vivienda y exige igualmente el consentimiento escrito del arrendador. El subarriendo se rige por las disposiciones de la Ley de Arrendamientos Urbanos, siempre que la parte subarrendada de la finca se destine a satisfacer la necesidad permanente de vivienda del subarrendatario. En caso contrario, el subarriendo se regirá por lo acordado entre las partes. El derecho del suba-

---

446 Albacar López señala que la tácita reconducción es un nuevo contrato de arrendamiento, distinto al que antes unía a las partes, y cuyo consentimiento se ha manifestado mediante una voluntad presunta de continuar con el disfrute de la cosa por parte del arrendatario. Albácar López, J.L., «Comentario al artículo 1566», en *Código Civil, Doctrina y Jurisprudencia*, obra colectiva, coordinador: Albácar López, J.L., Trivium, Madrid, 1991.

447 En este sentido, Fuentes-Lojo Rius, A., «La renovación contractual por tácita reconducción y su importancia en el tráfico inmobiliario», *Diario La Ley*, núm. 10609, Sección Tribuna, 15 de noviembre de 2024. Albácar López considera que el legislador a buscado un parámetro útil, equiparando la duración del contrato resultante de la tácita reconducción con el término por el que señala la renta. Albácar López, J.L., «Comentario al artículo 1581», en *Código Civil, Doctrina y Jurisprudencia*, obra colectiva, coordinador: Albácar López, J.L., Trivium, Madrid, 1991.

rrendatario queda supeditado a la vigencia del derecho del arrendatario principal, de modo que su extinción operará automáticamente al cesar el derecho del arrendatario que haya subarrendado la finca. Además, el precio del subarriendo no podrá, en ningún caso, superar el importe que corresponde al arrendamiento principal.

2.3.2. Extinción del contrato

2.3.2.1. Desistimiento del arrendatario: regla general

Conforme dispone el artículo 11 LAU, el desistimiento del arrendatario puede ejercerse una vez hayan transcurrido al menos seis meses desde la formalización del contrato. Para que el desistimiento surta efecto, el arrendatario deberá notificar su intención de poner fin al contrato con una antelación mínima de treinta días al arrendador.

Además, el arrendador tendrá derecho a ser indemnizado por el arrendatario en caso de desistimiento anticipado, si así se hubiera pactado expresamente en el contrato[448]. El cálculo de esta indemnización se basará en una mensualidad de la renta en vigor por cada año que reste hasta el cumplimiento del contrato, aplicándose una proporción correspondiente para los períodos de tiempo inferiores a un año.

2.3.2.2. Desistimiento del arrendatario sin consentimiento del cónyuge o conviviente

Este desistimiento se rige por lo dispuesto en el artículo 12 LAU. Cuando el arrendatario manifieste su intención de no renovar o desistir del contrato de arrendamiento sin el consentimiento de su cónyuge conviviente o persona unida con una análoga relación de afectividad con quien conviva, el contrato de arrendamiento se mantendrá respecto del cónyuge o conviviente. El arrendador podrá requerir al cónyuge o conviviente del arrendatario para que manifieste su voluntad respecto a la continuación del arriendo. Si, tras el requerimiento, el cónyuge o conviviente no manifiesta su intención en un plazo de quince días, el contrato se extinguirá. Igualmente, si manifiesta su intención de no continuar con la relación contractual locativa. Durante este tiempo, el cónyuge o conviviente deberá abonar la renta correspondiente hasta la fecha de extinción si aún no estuviera pagada.

448 SALVATIERRA OSSORIO considera que el desistimiento por parte del arrendatario supone un incumplimiento contractual por su parte, del que surge la obligación de indemnizar al arrendador. SALVATIERRA OSSORIO, D., «El desistimiento en los contratos de arrendamiento». *Práctica de Tribunales*, núm. 126, Sección Estudios, mayo-junio 2017, LA LEY 4208/2017.

Del mismo modo, en los casos de desistimiento tácito por abandono de la vivienda sin una declaración expresa de no renovación o desistimiento, el contrato podrá mantenerse en favor del cónyuge o conviviente que hubiera estado residiendo en la vivienda. Para ello, el arrendador deberá recibir en el plazo de un mes desde el abandono, una notificación escrita en la que el cónyuge o conviviente exprese su voluntad de asumir la posición de arrendatario. Si no se recibe tal notificación dentro del plazo establecido, el contrato se considerará extinguido, aunque el cónyuge o conviviente mantendrá la obligación de pago la renta correspondiente al mes en que se produce la extinción.

El artículo 12.4 LAU define al conviviente como aquella persona que hubiera convivido con el arrendatario de manera permanente y en una relación de análoga afectividad similar a la de cónyuge durante, al menos, los dos años anteriores al desistimiento o abandono, independientemente de su orientación sexual. En el caso de que el arrendatario y el conviviente hayan tenido descendencia en común, basta con la mera convivencia sin necesidad de cumplir con el requisito temporal de dos años.

2.3.2.3. Extinción del derecho del arrendador

Se regula en el artículo 13.1 LAU el supuesto consistente en que, durante el periodo de duración mínima del contrato de arrendamiento, quedara este resuelto por el ejercicio de un retracto convencional, la apertura de una sustitución fideicomisaria, la ejecución forzosa resultante de una ejecución hipotecaria o de una sentencia judicial o el ejercicio de un derecho de opción de compra. Si se resolviera la relación locativa por la extinción del derecho del arrendador dentro de los cinco primeros años de duración del contrato si es persona física, o de siete años si es una persona jurídica, el arrendatario tiene derecho a continuar ocupando el inmueble hasta que se cumpla el plazo mínimo de cinco o siete años, produciéndose una novación subjetiva en la persona del arrendador. Todo ello, sin perjuicio de la facultad de no renovación a la que se refiere el artículo 9.1 LAU.

En caso de resolución del derecho del arrendador en los contratos de arrendamiento en los que el plazo pactado en el contrato sea superior a cinco años si el arrendador es persona física, o de siete años si es una persona jurídica, la regla general es que el arriendo se extinguirá como consecuencia de dicha resolución. Sin embargo, en el caso de que el contrato haya sido previamente inscrito en el Registro de la Propiedad, el arrendamiento seguirá vigente por el tiempo pactado.

Los arrendamientos otorgados por usufructuarios, superficiarios o titulares de derechos de goce sobre inmuebles, se extinguen al finalizar el derecho del titular de estos, que haya intervenido como arrendador, además, de por las demás causas previstas en la Ley de Arrendamientos Urbanos.

Asimismo, en los casos en los que un arrendatario de buena fe haya celebrado el contrato de arrendamiento con la persona que aparezca como propietario en el Registro de la Propiedad, o que parezca serlo por motivos imputables al verdadero propietario, el contrato tendrá una duración mínima de cinco años. No obstante, si el supuesto propietario es una persona jurídica, este plazo mínimo se extiende a siete años. Estas disposiciones buscan proteger los intereses del arrendatario frente a situaciones de buena fe, preservando la seguridad jurídica en la relación arrendaticia y otorgando al arrendatario la facultad de no renovar el contrato al vencimiento de dicho plazo mínimo, en concordancia con lo estipulado en el artículo 9.1 LAU. Se trata de una manifestación del principio de fe pública registral, así como de protección de un tercero que actúa de buena fe ante la apariencia de buen derecho.

2.3.2.4. Enajenación de la vivienda arrendada

2.3.2.4.1. Posición del arrendatario

Dispone el artículo 14 LAU que, en el caso de enajenación de una vivienda arrendada, el adquirente queda subrogado en los derechos y obligaciones del arrendador, garantizando así la continuidad de la relación arrendaticia durante los primeros cinco años de vigencia del contrato si el arrendador es persona física, o siete años si fuese persona jurídica, aun cuando el adquirente reúna los requisitos del artículo 34 LH.

Si la duración pactada del contrato de arrendamiento es superior a cinco años si el arrendador es persona física, o a siete en el caso de persona jurídica, el adquirente también quedará subrogado por la totalidad de la duración pactada, salvo que concurran en él los requisitos de protección del artículo 34 LH, es decir, adquirir de quien figura como titular registral inscribiendo posteriormente su título, siendo la transmisión onerosa y actuando de buena fe. En este supuesto, el adquirente solo estará obligado a mantener el arrendamiento durante el tiempo necesario para completar el plazo de cinco o siete años mencionado. En tal situación, el arrendador transmitente debe indemnizar al arrendatario con una mensualidad de la renta vigente por cada año restante del contrato que exceda de la duración mínima legal prevista en el artículo 9.1 LAU. Se trata de encontrar un equilibrio entre las expectativas del arrendatario en relación con las condiciones pactadas en el contrato de arrendamiento y la protección del tercero hipotecario de buena fe.

Cuestión distinta es que si las partes han pactado expresamente en el contrato de arrendamiento que la enajenación de la vivienda arrendada conlleve la extinción del contrato de arrendamiento. En este caso, el adquirente únicamente estará obligado a mantener al arrendatario en la relación locativa hasta que se cumplan los primeros cinco años en caso de que el arrendador se persona física, o siete si el arrendador es una persona jurídica, momento en el cual el contrato se extinguirá sin más obligaciones para el adquirente de la titularidad dominical.

2.3.3.4.2. Derecho de adquisición preferente

El artículo 25 LAU regula el derecho de adquisición preferente en favor del arrendatario en caso de venta de la vivienda arrendada, otorgando a este los derechos de tanteo y retracto en el caso de que el arrendador decida la transmisión onerosa de la titularidad dominical de la vivienda arrendada. Dispone el artículo 25.6 LAU que el derecho de adquisición preferente no se agota respecto de la vivienda en sentido estricto, sino que se extiende a los anejos inseparables de la misma. Este derecho se articula como una herramienta de protección del arrendatario ante una transmisión onerosa[449]. La regulación de este derecho está en consonancia con las disposiciones del artículo 14 LAU, que garantiza la continuidad de la relación arrendaticia mediante la subrogación del adquirente en los derechos y obligaciones del arrendador, salvo en los supuestos específicos de extinción del contrato.

El derecho de tanteo otorga al arrendatario la facultad de adquirir la vivienda en las mismas condiciones que el comprador, para lo que el arrendador le deberá notificar, de forma fehaciente, su intención de vender, detallando el precio y las condiciones esenciales de la transmisión. Este derecho debe ejercerse en un plazo de treinta días a partir de la notificación. Esta notificación caducará a los ciento ochenta días naturales desde que ha sido practicada, buscando con ello que el arrendador transmitente realice comunicaciones serias de transmisión onerosa de la titularidad dominical, no dando por realizada la notificación *sine die*[450].

Si el arrendatario no es informado debidamente o si alguna de las condiciones de la compraventa varía en términos menos onerosos para el comprador, el arrendatario tiene derecho a ejercer el retracto en el mismo plazo de treinta días desde que reciba notificación fehaciente de las condiciones de la venta, la cual debe incluir una copia de la escritura pública u otro documento en que se hubiera formalizado. Señala la STS de 14 de enero de 2015 que, se produce la adquisición de la titularidad dominical de la vivienda arrendada cuando el arrendatario consigna el precio de la compraventa[451].

Además del precio de la compraventa, el retrayente deberá pagar por los demás conceptos contenidos en el artículo 1518 CC[452]. Conforme a lo dis-

---

449 FORTEA GORBE considera que el arrendatario podrá ejercitar la acción de retracto en los supuestos de venta, dación en pago, enajenación forzosa en subasta judicial o en procedimiento de apremio administrativo. FORTEA GORBE, J.L., «Derecho de retracto arrendaticio y liquidación concursal», *Actualidad Civil*, núm 2, Sección Derechos reales e hipotecario, febrero 2018, LA LEY 1540/2018.

450 FERNÁNDEZ DEL MORAL DOMÍNGUEZ, L., «Notas sobre el derecho de tanteo en la Ley de Arrendamientos Urbanos (con referencias al ordenamiento italiano)», *Anuario de derecho civil*, Vol. 46, núm. 3, 1993, págs. 1311-1372.

451 STS 539/2014, de 14 de enero, ECLI: ES:TS:2015:125.

452 Se trata de un precepto con carácter imperativo, sin perjuicio de que las partes puedan

puesto en el anterior precepto legal, para que el arrendatario pueda ejercitar el derecho de retracto, deberá pagar el precio de la compraventa y, además, los gastos del contrato y cualquier otro pago legítimo hecho para la venta, así como los gastos necesarios y útiles hechos en la cosa vendida. No será necesario ningún acto transmisorio posterior o entrega de la posesión de la que ya disfruta el arrendatario.

Este derecho preferente del arrendatario prevalece sobre otros derechos de adquisición similares, con la excepción del retracto legal de comuneros con relación al condueño de la vivienda y el retracto convencional que conste inscrito en el Registro de la Propiedad con anterioridad a la celebración del contrato de arrendamiento. Debe considerarse que la finalidad de buscar la propiedad única de los inmuebles prima sobre el derecho preferente del arrendatario.

Para inscribir en el Registro de la Propiedad el título de venta de una vivienda arrendada, es necesario acreditar que se han cumplido las notificaciones exigidas, con los requisitos formales que la ley prevé. Si la vivienda vendida no estuviera arrendada, el vendedor debe declarar esta circunstancia en la escritura pública de compraventa. Si la vivienda estuviera arrendada y no se hiciera constar así, esta conducta constituiría un delito de falsedad documental que en caso alguno es inocua, ya que implicaría privar al arrendatario de la posibilidad de ejercitar la acción de retracto. En este sentido, la escritura es considerada documento público y esta conducta está tipificada en el artículo 392.1 C.P.

El artículo 25.7 LAU contempla supuestos concretos en los que el derecho de adquisición preferente no es aplicable, como en el caso de ventas conjuntas de todas las viviendas o locales del inmueble propiedad del arrendador, o cuando distintos propietarios venden en conjunto la totalidad del edificio a un mismo comprador. En tales supuestos, la legislación sobre vivienda puede conceder el derecho de adquisición preferente a favor de la administración competente en materia de vivienda, siempre que sea respecto a la totalidad del inmueble. En este caso, debe distinguirse este supuesto del de la expropiación forzosa, puesto que en el caso de adquisición preferente el vendedor fija el precio, en el supuesto expropiatorio es la administración a través del justiprecio. No obstante, si el inmueble vendido contiene sólo una vivienda, el arrendatario gozará de los derechos de tanteo y retracto.

Conforme dispone el artículo 25.8 LAU, las partes podrán pactar la renuncia del arrendatario a su derecho de adquisición preferente. En este caso, el arrendador está obligado a informar al arrendatario de su intención de ven-

---

pactar alguna cuestión distinta a la obligación de pago de los conceptos contenidos en el artículo 1518, puesto que así se deduce del artículo 1507 CC que dispone: «con obligación de cumplir lo expresado en el artículo 1518 y lo demás que se hubiese pactado». ALBÁCAR LÓPEZ, J.L., «Comentario al artículo 1518», en *Código Civil, Doctrina y Jurisprudencia*, obra colectiva, coordinador: ALBÁCAR LÓPEZ, J.L., Trivium, Madrid, 1991, pág. 415.

der la vivienda con al menos treinta días de antelación a la formalización de la compraventa. Este requisito de notificación garantiza que el arrendatario tenga conocimiento de la venta y pueda, en su caso, prever otras soluciones habitacionales.

2.3.2.5. Crisis matrimonial de la parte arrendataria

El artículo 15 LAU regula la subrogación en el contrato de arrendamiento en los casos de nulidad matrimonial, separación judicial o divorcio del arrendatario. El cónyuge que no figure como titular del contrato de arrendamiento tiene derecho a continuar en el uso de la vivienda arrendada, siempre que la atribución de dicho uso le haya sido atribuida. Este derecho de subrogación permite que el cónyuge no arrendatario, al que se le ha asignado el uso de la vivienda de manera indefinida o por un plazo superior al que reste del contrato, se convierta en el nuevo titular del arrendamiento. No obstante, esto no implica que el nuevo arrendatario pueda permanecer indefinidamente en la vivienda, ni que vincule al arrendador la resolución judicial en que le asigne un periodo superior. El nuevo arrendatario estará sujeto al ámbito temporal regulado en los artículos 9 y 10 LAU.

Para que esta subrogación sea efectiva, el cónyuge beneficiario debe comunicar su voluntad de continuar en la vivienda al arrendador en un plazo de dos meses a partir de la notificación de la resolución judicial que le otorga su uso. Dicha comunicación debe acompañarse de una copia de la resolución judicial o, en su defecto, de la parte relevante que acredite la atribución del uso. Aunque el artículo 15.2 LAU hace referencia exclusiva a la resolución judicial debe extenderse también a la escritura pública de divorcio, puesto que la extinción del matrimonio puede alcanzarse de mutuo acuerdo en sede notarial, tal y como disponen los artículos 87 CC y el artículo 54 LN.

2.3.2.6. Muerte del arrendatario

Conforme a los dispuesto en el artículo 16 LAU, en caso de muerte del arrendatario surge el derecho de subrogación a favor de las personas siguientes:

a) Cónyuge del arrendatario, conviviente al tiempo del fallecimiento.

b) Conviviente con el arrendatario, durante los dos años anteriores al fallecimiento. En caso de descendientes comunes, es suficiente la mera convivencia con independencia de su duración.

c) Descendientes del arrendatario sujetos a patria potestad o tutela en el momento del fallecimiento, siempre que hayan convivido con el arrendatario fallecido los dos años anteriores al fallecimiento.

d) Ascendientes del arrendatario, que hubieran convivido con el arrendatario los dos años anteriores al fallecimiento.

e) Hermanos del arrendatario, que hubieran convivido con el arrendatario los dos años anteriores al fallecimiento.

f) Personas distintas de las anteriores con minusvalía igual o superior al 65 por 100, con relación de parentesco hasta el tercer grado colateral con el arrendatario fallecido haya convivido dos años anteriores al fallecimiento.

Se extinguirá el contrato de arrendamiento cuando al tiempo del fallecimiento del arrendatario no exista ninguna de las personas anteriores o, en su caso, no estén interesadas en continuar con el arriendo.

En caso de que concurran varias de ellas, de cara a la subrogación se estará al acuerdo unánime de las partes y, en su defecto, se seguirá el orden de prelación establecido en el artículo 16.1 LAU, con la única excepción de que los padres septuagenarios serán preferidos a los descendientes. Si concurrieran descendientes y ascendientes tendrá preferencia el más próximo en grado. Entre los hermanos tendrá preferencia el de doble vínculo sobre el medio hermano. En caso de igualdad entre los anteriores tiene preferencia quien tuviera una minusvalía igual o superior al 65 % y, en su defecto, quien tuviera mayores cargas familiares. Si aun así hubiera igualdad, se prefiere al descendiente de menor edad, al ascendiente de mayor edad o el hermano más joven.

Quien se considere con derecho a subrogarse en la posición del arrendatario, deberá notificar por escrito al arrendador el hecho del fallecimiento, con certificado registral de defunción, y de la identidad del subrogado, indicando su parentesco con el fallecido y ofreciendo, en su caso, un principio de prueba de que cumple los requisitos legales para subrogarse. Si ninguno de los interesados practica esta notificación, el arrendamiento quedará extinguido. Si el arrendador recibiera en tiempo y forma varias notificaciones manifestando ser beneficiarios del derecho de subrogación y mantener interés en ello, quedaran constituidos como deudores solidarios frente al arrendador de las obligaciones del arrendatario, siempre que mantengan su pretensión de subrogarse. Los que renuncien a su opción notificándolo por escrito al arrendador en el plazo del mes siguiente al fallecimiento, quedarán solidariamente obligados al pago de la renta de dichos tres meses.

A la hora de celebrar el contrato de arrendamiento las partes pueden pactar que aquellos contratos de arrendamiento que tengan una duración superior a cinco años si el arrendador es persona física, o siete años si es persona jurídica, no haya derecho de subrogación en caso de fallecimiento del arrendatario pasados dicho plazo. No obstante, no podrá pactarse esta renuncia al derecho de subrogación en caso de que las personas que puedan ejercitar tal derecho en virtud de lo dispuesto en el artículo 16.1 LAU, se encuentren en situación de especial vulnerabilidad y afecte a menores de edad, personas con discapacidad o personas mayores de 65 años.

2.4. Derechos y obligaciones de las partes

2.4.1. Obligación de prestar fianza

Esta obligación del arrendatario aparece regulada en el artículo 36 y disposición adicional tercera LAU. En relación el arrendamiento de vivienda la cuantía será de una mensualidad. Constituye una obligación exigible al arrendatario.

Durante la duración mínima del contrato, es decir, cinco años en caso de arrendador persona física y siete años si es persona jurídica, la fianza no está sujeta a actualización. Pero en el caso de haber lugar a una o varias de las prórrogas reguladas en el artículo 10 LAU, se podrá actualizar al alza o la baja la fianza para hacer coincidir su cuantía a una mensualidad de renta. Se trata de una actualización potestativa, ya que el precepto señala que se podrá, por lo que está sujeta a solicitud de alguna de las partes contratantes. Procederá la facultad de actualización de la fianza por cada una de las prórrogas del contrato. Si el plazo pactado fuera superior a cinco años en caso de arrendador persona física y siete años si es persona jurídica, las partes podrán pactar libremente el régimen de actualización. En defecto de pacto, se presume que se aplicará a la actualización de la fianza el mismo régimen que para la actualización de la renta.

El plazo de devolución de la fianza al arrendatario es de un mes desde que este haya devuelto las llaves al arrendador. Transcurrido dicho plazo sin que se haya devuelto la fianza surge para el arrendador la obligación de pago del interés legal hasta la restitución íntegra de la fianza, en el caso de que esta resulte procedente.

Además de la fianza en metálico, las partes podrán pactar otras garantías contractuales adicionales. En el caso de contratos con una duración de hasta cinco años en caso de arrendador persona física y siete años si es persona jurídica, la garantía contractual adicional no podrás superar la cuantía equivalente a dos mensualidades de renta.

No obstante, quedan dispensadas de prestar fianza cuando la renta sea satisfecha con cargo a sus respectivos presupuestos:

a) Las administraciones públicas, sean de ámbito estatal, autonómico o local, y sus organismos autónomos, las entidades públicas empresariales y demás entes públicos vinculados o dependientes de ellas.

b) Las Mutuas colaboradoras con la Seguridad Social en su función pública de colaboración en la gestión de la Seguridad Social, así como sus Centros Mancomunados.

El depósito de las fianzas arrendaticias es de competencia de las comunidades autónomas. Se depositarán en el órgano competente de la comunidad autónoma o ente público que designa. Este depósito no está sujeto al pago de intereses. Generalmente, las comunidades autónomas designan a las Cámaras de la Propiedad Urbana.

La normativa autonómica reguladora del depósito de la fianza arrendaticia debe exigir, al menos, que el arrendador aporte al depositario los siguientes datos:

a) Los datos identificativos de las partes arrendadora y arrendataria, incluyendo domicilios a efectos de notificaciones.

b) Los datos identificativos de la finca, incluyendo la dirección postal, año de construcción y, en su caso, año y tipo de reforma, superficie construida de uso privativo por usos, referencia catastral y calificación energética.

c) Las características del contrato de arrendamiento, incluyendo la renta anual, el plazo temporal establecido, el sistema de actualización, el importe de la fianza y, en su caso, garantías adicionales, el tipo de acuerdo para el pago de los suministros básicos, y si se arrienda amueblada.

2.4.2. Obras de conservación

Dispone el artículo 21 LAU que la obligación de conservar la vivienda arrendada es del arrendador, lo que implica que debe mantenerla en condiciones de habitabilidad. No obstante, se reconocen límites del deber de conservación por parte del arrendador. cuando la vivienda se destruya por:

a) Deterioro o pérdida de la cosa arrendada por causa imputable al arrendatario. En este caso, el arrendatario podrá optar por la reparación in natura o por el cumplimiento por equivalencia[453].

b) Deterioro o pérdida de la cosa arrendada por causa imputable las personas que convivan con el arrendatario. La doctrina sostiene que no hace falta que estas personas estén bajo la autoridad del arrendatario, extendiendo el concepto de personas convivientes a invitados, huéspedes y meros visitadores[454].

c) Destrucción de la vivienda por causas no imputables al arrendador, en cuyo caso se producirá la extinción de la relación locativa.

El arrendatario está obligado a soportar la realización de las obras de conservación de la vivienda arrendada cuando no pueda esperarse al fin del contrato de arrendamiento. En caso de discrepancia entre arrendador y

453 ALBÁCAR LÓPEZ, J.L., «Comentario al artículo 1563», en *Código Civil, Doctrina y Jurisprudencia*, obra colectiva, coordinador: ALBÁCAR LÓPEZ, J.L., Trivium, Madrid, 1991, pág.712.

454 ALBÁCAR LÓPEZ, J.L., «Comentario al artículo 1564», en *Código Civil, Doctrina y Jurisprudencia*, obra colectiva, coordinador: ALBÁCAR LÓPEZ, J.L., Trivium, Madrid, 1991, págs. 711-712.

arrendatario, la posibilidad técnica de espera deberá ser sometida a dictamen pericial con independencia de que se haga de mutuo acuerdo, o en el marco de un procedimiento declarativo, arbitraje o mediación. Si la obra dura más de veinte días, el arrendatario podrá reducir la renta en proporción a la parte de vivienda que no pueda utilizar. Este supuesto se refiere al caso de inhabitabilidad parcial de la vivienda.

Conforme a lo dispuesto en el artículo 26 LAU, si la vivienda se convierte completamente inhabitable o su inhabitabilidad parcial es de tal naturaleza que hace inhabitable la parte que el arrendatario y su familia necesitan para su habitación, podrá el arrendatario suspender el contrato con la paralización de los plazos de duración y obligación de pago de la renta, o desistir del contrato sin indemnización alguna en favor del arrendador.

El arrendatario tiene la obligación de notificar al arrendador, en el bravo más breve posible, la necesidad de realización de obras de reparación, lo cual es consecuencia directa de ser el poseedor inmediato de la vivienda. Para ello, deberá soportar la comprobación del estado de la vivienda, ya sea directamente por el arrendado, o por los técnicos que este designe. Sin perjuicio de lo anterior, el arrendatario podrá realizar obras urgentes a fin de evitar un daño inminente o incomodidad grave, todo ello a cargo del arrendador, quien deberá pagar su importe sin demora. No obstante, corresponde al arrendatario la realización de las pequeñas reparaciones consecuencia, desgaste por el uso ordinario.

2.4.3. Obras de mejora

El artículo 22 LAU se refiere a las obras de mejora a realizar por el arrendador. El arrendatario tiene la obligación de soportar este tipo de obras cuando para su realización no pueda esperar al fin de la relación locativa. Cuando el arrendador pretenda realizar obras de mejora que no puedan esperar al fin del arriendo, deberá notificar al arrendatario con tres meses de antelación, su naturaleza, comienzo, duración y coste previsible. El arrendatario podrá en el plazo de un mes desde la notificación desistir del contrato de arrendamiento, salvo que las obras no afecten o lo hagan de forma poco relevante a la vivienda objeto de la relación arrendaticia. En este caso, se producirá la extinción del contrato de arrendamiento en el plazo de dos meses desde la notificación fehaciente al arrendador, de la voluntad del arrendatario de desistir del arriendo pactado.

Si, por el contrario, el arrendatario aceptara que se ejecuten las obras de mejora en la vivienda, tendrá derecho a una reducción de la renta en proporción a la parte de vivienda que se viera afectada y, por lo tanto, que se vea privado de su uso, con indemnización de los gastos que deba efectuar derivados de las obras.

2.4.4. Obras que realice el arrendatario

Señala el artículo 23 LAU que para que el arrendatario pueda ejecutar obras que modifiquen la configuración de la vivienda arrendada o sus anejos inseparables, precisa el consentimiento escrito del arrendador.

Si el arrendatario ejecutara una obra sin consentimiento del arrendador, el arrendador podrá resolver el contrato de arrendamiento. En caso de que no ejercite la facultad resolutoria, podrá exigir al arrendatario, al término del arriendo, lo siguiente:

a) La reposición de la vivienda al estado anterior de ejecutarse la obra.

b) Conservar la modificación efectuada, sin derecho de indemnización a favor del arrendatario.

El artículo 23.1 LAU prohíbe al arrendatario realizar obras que alteren la estructura o seguridad del edificio, aunque tenga consentimiento escrito del arrendador. De hecho, en virtud de lo dispuesto en el artículo 7.1 LPH, tampoco podrá el propietario ejecutar obras que impliquen alteración de la estabilidad o seguridad de la vivienda, en ningún caso. En este caso, el arrendador no podrá mantener la obra ejecutada, debiendo exigir la reposición inmediata. Aunque el artículo 23.2. II LAU señala que «el arrendador podrá exigir», al alterar la estabilidad y seguridad de la vivienda altera también la de los colindantes o resto de los elementos privativos en el régimen de la propiedad horizontal. Por lo tanto, no debería ser una potestad facultativa, sino una norma imperativa por afectar a terceros.

2.5. Arrendatario persona con discapacidad o mayor de setenta años

En el marco de una creciente concienciación en materia de discapacidad y accesibilidad universal de la vivienda y resto de edificios, se promulgó la Ley 4/2013, de 4 de junio, de medidas de flexibilización y fomento del mercado del alquiler de viviendas, se modificó el artículo 24 LAU. Coincide en el tiempo con la Ley 8/2013, de 26 de junio, de rehabilitación, regeneración y renovación urbanas, por la que se modifican los artículos 10.1.b) y 17.2 LPH, en lo relacionado con personas con discapacidad y accesibilidad universal. En ambos textos legales se hace referencia a las personas mayores de setenta años, equiparándolas en derechos a las personas con discapacidad.

El artículo 24 LAU autoriza al arrendatario a realizar obras o actuaciones necesarias para que pueda ser utilizada de forma adecuada y acorde a la discapacidad o a la edad superior a setenta años. Las personas con discapacidad o mayores de setenta años deben ser:

a) Arrendatario.

b) Cónyuge o persona unida con análoga relación de afectividad.

c) Familiares con convivencia permanente.

No obstante, debería ampliarse su ámbito objetivo a las personas relacionadas en el artículo 10.1.b) LPH, es decir, a quienes trabajen o presten sus servicios voluntarios en la vivienda arrendada.

El arrendatario tiene la obligación de reposición al término del contrato, si así lo exige el arrendador, por eso se entiende menos la ausencia de mención a los trabajadores y voluntarios.

2.6. Suspensión del contrato o desistimiento

Como ya se ha señalado a la hora de analizar las obras de conservación de la vivienda arrendada, el artículo 26 LAU dispone que en caso de que en ella se ejecuten obras de conservación o acordadas por la autoridad competente que causen la inhabitabilidad de la vivienda, el arrendatario podrá optar por suspender el contrato o de desistir del mismo, sin indemnización alguna.

En el supuesto de que el arrendatario opte por la suspensión del contrato y, hasta la finalización de las obras, supondrá la paralización del plazo del contrato y la suspensión de la obligación de pago de la renta.

2.7. Resolución del contrato

El contrato de arrendamiento urbano implica obligaciones recíprocas entre las partes. El artículo 27.1 LAU parece una mera transposición de la doctrina jurídica contenida en el artículo 1124, al que expresamente se remite[455]. Como señala este precepto legal, la facultad de resolver las obligaciones se entiende implícita en las recíprocas, por lo que si cualquiera de las partes incumple sus obligaciones, quien haya cumplido podrá exigir el cumplimiento del contrato o instar su resolución.

Sin perjuicio de lo anterior, se podrá resolver de pleno derecho el contrato de arrendamiento a instancia del arrendador, en los casos siguientes:

a) Falta de pago de la renta o de cualquiera de las cantidades debidas por el arrendatario.

b) Falta de pago del importe de la fianza o de su actualización.

c) Subarriendo o cesión inconsentidos.

d) Daños causados dolosamente en la finca.

e) Obras no consentidas por el arrendador, cuando el consentimiento de éste sea necesario.

---

455 Santos Britz la define como «la llamada impropiamente "condición resolutoria tácita"». Santos Britz, J., «Comentario al artículo 1124», en *Código Civil, Doctrina y Jurisprudencia*, obra colectiva, coordinador: Albácar López, J.L., Trivium, Madrid, 1991, pág. 162.

f) Realizar en la vivienda actividades molestas, insalubres, nocivas, peligrosas o ilícitas. Esta posibilidad debe entenderse, sin perjuicio de la posibilidad de resolución derivada del ejercicio de la acción de cesación regulada en el artículo 7.2 LPH, a instancia de la comunidad de propietarios.

g) Dejar de estar destinada la finca a satisfacer la necesidad permanente de vivienda del arrendatario

Igualmente, el contrato de arrendamiento podrá resolverse a instancia del arrendatario en los siguientes supuestos:

a) No realizar el arrendador las reparaciones a que se refiere el artículo 21 LAU.

b) Perturbación de hecho o de derecho que realice el arrendador en la utilización de la vivienda.

En el supuesto de arrendamiento de finca urbana inscrito en el Registro de la Propiedad con pacto de resolución del contrato por falta de pago de la renta y de restitución inmediata, si el arrendatario no paga se producirá la resolución de pleno derecho de la relación locativa. Para ello se precisará que el arrendador, con carácter previo, requiera notarial o judicialmente al arrendatario de pago o cumplimiento. Si el arrendatario no contesta o contesta aceptando la resolución del contrato, se producirá la misma. El plazo de contestación es de diez días y deberá hacer de la misma forma en que se practicó el requerimiento. Si se resuelve de pleno derecho el contrato, se practicará el asiento de cancelación del arrendamiento en el Registro de la Propiedad. Para ello, será suficiente la aportación del título formal presentado, la copia del acta de requerimiento y el resultado de este. Además, será necesario notificarlo a los titulares de cargas posteriores a la inscripción del arrendamiento, acreditando la consignación a su favor ante el mismo notario, de la fianza prestada por el arrendatario.

2.8. Extinción del contrato

El artículo 28 LAU relaciona, además, las causas objetivas de extinción del contrato de arrendamiento. Estas causas son las siguientes:

a) Pérdida de la finca arrendada por causa no imputable al arrendador.

b) Declaración firme de ruina acordada por la autoridad competente.

Estas causas objetivas de extinción se entienden sin perjuicio de las causas de resolución de los contratos de arrendamiento.

SECCIÓN QUINTA

Registro de la propiedad

CAPÍTULO X

REGISTRO DE LA PROPIEDAD

1. El Derecho Registral Inmobiliario

No hay unanimidad en la doctrina científica para describir lo que podemos entender por derecho registral inmobiliario, pero sí se puede realizar una aproximación a dicho concepto. Se podría definir como la rama del Derecho Civil que tiene por objeto, no sólo la inscripción formal del dominio y demás derechos reales sobre bienes inmuebles, sino también las consecuencias que de su publicidad deriva para todos ellos[456]. Aun así, esta definición quedaría incompleta si no tuviéramos en cuenta aspectos tan importantes cómo la organización y estructura de los registros, además, de los requisitos previos de los documentos para su acceso al Registro de la Propiedad[457].

---

456 Vigil de Quiñones Otero considera que, si bien es cierto que el derecho inmobiliario registral se enmarca en el derecho civil, también lo es que cada vez hay más intervención estatal en esta rama del ordenamiento jurídico. Señala como hay autores que llegan a considerar que estamos ante derecho público. Aun así, entiendo que estamos indiscutiblemente ante derecho privado. *Cfr*. Vigil de Quiñones Otero, D. «El derecho Inmobiliario registral», en *Tratado de Derecho Civil. La fe pública registral*, tomo X. obra colectiva, director: Rams Albesa, J., coordinadores: Lacruz Bescós, J.L. y Vigil de Quiñones Otero, D., Dykinson S.L., Madrid, 2022, pág. 220.

457 Vigil de Quiñones Otero propone la existencia de un derecho registral que tenga como objeto no sólo el Registro de la Propiedad y los bienes inmuebles regulado por el derecho hipotecario, sino que se extienda a todo «lo relativo a la publicidad registral con efectos jurídicos». Cita este autor los Registros de bienes (Muebles e Inmuebles), Registro de personas físicas (Registro Civil) y jurídicas (Registro Mercantil). Vigil De Quiñones Otero, D. «El derecho Inmobiliario registral», en *Tratado de Derecho Civil. La fe pública registral,* tomo X, obra colectiva, director: Rams Albesa, J., coordinadores: Lacruz Bescós, J.L. y Vigil de Quiñones Otero, D., Dykinson S.L., Madrid, 2022, págs. 215-219.

En España se puede hacer referencia a los siguientes registros[458]:

a) Registro de la Propiedad:

Como señalan los artículos 1.1 LH y 605 CC, tiene por objeto la inscripción o anotación de los actos y contratos relativos al dominio y demás derechos reales sobre bienes inmuebles.

b) Registro Mercantil:

Su finalidad es dotar de seguridad jurídica al tráfico mercantil. Se regula mediante Real Decreto 1784/1996, de 19 de julio, por el que se aprueba el Reglamento del Registro Mercantil, siendo modernizado en cuanto al acceso al mismo se refiere a través del Real Decreto 1979/2008, de 28 de noviembre, por el que se regula la edición electrónica del «Boletín Oficial del Registro Mercantil».

c) Registro de Bienes Muebles:

Su objeto es la publicidad de la propiedad, cargas y gravámenes sobre bienes muebles.

d) Registro de Condiciones Generales de Contratación:

Su objeto es la publicidad de las condiciones generales de la contratación y de las resoluciones judiciales que puedan afectar a su eficacia. Se crea este registro mediante el artículo 11 Ley 7/1998, de 13 de abril, sobre condiciones generales de la contratación y desarrollado reglamentariamente a través del Real Decreto 1828/1999, de 3 de diciembre, por el que se aprueba el Reglamento del Registro de Condiciones Generales de la Contratación. Constituye una sección del Registro de Bienes Muebles. Este registro se ve impulsado por la Ley 5/2019, de 15 de marzo, reguladora de los contratos de crédito inmobiliario.

e) Registro Público Concursal:

Su objeto es la comunicación de las resoluciones dictadas por los Juzgados de lo Mercantil a los registros públicos, conocimiento de situaciones concursales conexas y expedientes de negociación de los acuerdos extrajudiciales de pago, regulado a través del Real Decreto 892/2013, de 15 de noviembre, por el que se regula el Registro Público Concursal.

f) Registro de Titularidades Reales:

Es un registro público restringido, cuya finalidad es la prevención del blanqueo de capitales o la financiación del terrorismo. Su objeto es la titularidad real a favor de personas físicas, de forma directa o indirecta, de más del 25 % de su capital social. La obligación de creación de este registro en cada país de la Unión Europea deriva de la Directiva (UE) 2015/849 del Parlamento Europeo y del Consejo, de 20 de mayo de 2015, relativa a la prevención de la utilización del sistema financiero para el blanqueo de capitales o la financia-

458 REGISTRADORES DE ESPAÑA. https://www.registradores.org/

ción del terrorismo, y por la que se modifica el Reglamento (UE) n.º 648/2012 del Parlamento Europeo y del Consejo, y se derogan la Directiva 2005/60/CE del Parlamento Europeo y del Consejo y la Directiva 2006/70/CE de la Comisión, ratificándose en Directiva (UE) 2018/843 del Parlamento Europeo y del Consejo, de 30 de mayo de 2018, por la que se modifica la Directiva (UE) 2015/849 relativa a la prevención de la utilización del sistema financiero para el blanqueo de capitales o la financiación del terrorismo, y por la que se modifican las Directivas 2009/138/CE y 2013/36/UE. En España se crea este registro mediante la Orden JUS/319/2018, de 21 de marzo, por la que se aprueban los nuevos modelos para la presentación en el Registro Mercantil de las cuentas anuales de los sujetos obligados a su publicación. Respecto del Registro de Titularidades Reales, destaca la STJUE de 22 de noviembre de 2022 que declaró contrario a derecho el artículo 30 de la V Directiva Europea contra el Blanqueo de Capitales que exige a los estados miembros de la Unión Europea la apertura pública de los registros de titularidades reales[459].

g) Registro Civil:

Tiene por objeto las personas físicas y su situación: nacimiento, matrimonio, modificación de capacidad, divorcio, muerte, etc. Regulado en la Ley 20/2011, de 21 de julio, del Registro Civil.

h) Registro de la Propiedad Intelectual:

Registro público y oficial que tiene por objeto la inscripción o anotación de los derechos de propiedad intelectual relativos a las obras, actuaciones o producciones protegidas por el Real Decreto Legislativo 1/1996, de 12 de abril, por el que se aprueba el texto refundido de la Ley de Propiedad Intelectual, regularizando, aclarando y armonizando las disposiciones legales vigentes sobre la materia[460].

De todos estos registros, el que realmente es objeto del derecho inmobiliario registral es el Registro de la Propiedad[461].

La doctrina dentro ámbito del derecho comparado hace referencia, fundamentalmente, a tres sistemas registrales distintos[462]:

a) Sistema francés

---

459 STJUE de 22 de noviembre de 2022, ECLI:EU:C:2022:912.

460 REGISTRO DE LA PROPIEDAD INTELECTUAL. https://www.culturaydeporte.gob.es/cultura/areas/propiedadintelectual/mc/rpi/inicio.html

461 SÁNCHEZ CALERO, F.J. y SÁNCHEZ-CALERO ARRIBAS, B. *Manual de derecho Inmobiliario Registral*. Tirant lo Blanch. 5.ª ed., Valencia, 2017, págs. 26-29. Estos autores hacen referencia al contenido del derecho inmobiliario registral, señalando dos partes diferenciadas: «Material o sustantiva»: incluye lo que es objeto de inscripción y los principios que lo informan. «Formal o adjetiva»: «las materias referentes al aspecto técnico del registro»

462 ROCA SASTRE, R.M. y ROCA SASTRE MUNCUNILL, L. *Derecho Hipotecario*, 7.ª. Ed., tomo I, Bosch, Barcelona, 1979, págs. 39-85. En el mismo sentido, SÁNCHEZ CALERO, F.J. y SÁNCHEZ-CALERO ARRIBAS, B. *Manual de Derecho Inmobiliario Registral*. Tirant lo Blanch. 5.ª ed., Valencia, 2017, págs. 26-29.

Este sistema que irónicamente se llama de transcripción, realmente es de encuadernación de títulos en volúmenes. No se llevan por fincas, sino por personas, sin perjuicio de que su acceso es doble: por personas y fincas. Es de transcripción voluntaria, sin perjuicio de que los operadores jurídicos puedan exigir su transcripción en aquellos asuntos en los que intervengan. Se rige por el principio de tracto sucesivo[463]. La publicidad de este sistema se limita a impedir que lo no transcrito pueda perjudicar al adquiriente.

b) Sistema alemán

En cualquier acto de transcendencia real sobre bienes inmuebles, debe distinguirse tres elementos:

1. El negocio obligacional o acto causal, que consiste en el acuerdo entre las partes, que no tiene transcendencia real.
2. El negocio dispositivo, consistente en el acuerdo entre las partes tendente a producir una modificación real.
3. La inscripción en el Registro tiene carácter constitutivo. Sin inscripción no hay modificación real en los actos *inter vivos*, fundamentado en el principio de inscripción.

Para que se produzca una modificación con transcendencia real, debe concurrir el acuerdo abstracto (*Enigung*) entre el titular registral y el adquiriente, y la inscripción registral.

El registro se lleva por fincas en virtud del sistema de folio real. Por cada finca se abre un folio en el que inscriben todos los actos de naturaleza real.

Se fundamenta en dos principios:

1. Principio de legitimación. Presunción *iuris tantum* de la titularidad inscrita.
2. Principio de fe pública registral. Presunción *iure et de iure* de exactitud e integridad del contenido registral[464].

c) Sistema australiano

El sistema australiano también es denominado «sistema del Acta Torrens»[465]. En este sistema, cualquier alteración de naturaleza real exigirá un negocio de

463 En este sentido, Roca Sastre, R.M. y Roca Sastre Muncunill, L. *Derecho Hipotecario*, 7.ª. Ed., tomo I, Bosch, Barcelona, 1979, pág. 48. Califican estos autores este principio como norma básica del sistema registral francés.

464 Roca Sastre, R.M. y Roca Sastre Muncunill, L. *Derecho Hipotecario*, 7.ª. Ed., tomo I, Bosch, Barcelona, 1979, pág. 51. Consideran este sistema como «el prototipo de los sistemas de Registro con efecto de exactitud de lo registrado»

465 Sistema de inscripción inmobiliaria en el Registro de la Propiedad, ideado por el británico Roberto Torrens y votado en 1858, encaminado a la mejor individualización de los inmuebles inscritos y a facilitar su transmisión con el simple endoso del título. El sistema fue

naturaleza dispositiva y su posterior inscripción en el Registro. Para inmatricular la finca el registrador exige multitud de requisitos a fin de realizar la comprobación más completa posible de la realidad, situación física y linderos, así como del derecho que asiste a quien pretende la inmatriculación. Una vez inmatriculada, el registrador expide un nuevo título que anula los anteriores, convirtiéndose en el único válido para cualquier actuación de transcendencia real. Es un título inatacable, frente al que no cabe acción u oposición alguna. En caso de transmisión, los contratantes deberán suscribir un modelo oficial que junto al título expedido será calificado por el registrador que expedirá un nuevo título con las mismas garantías que el anterior, el cual será sustituido por aquel.

El sistema español será definido más adelante.

2. Fuentes

2.1. Antecedentes históricos

Entendiendo como fuentes de una institución jurídica las normas que la regulan, para una completa comprensión de estas conviene hacer un análisis de su evolución histórica, aunque breve.

Parece que hay cierta conformidad en la doctrina científica acerca del origen remoto del Registro de la Propiedad en España. Su antecedente más remoto es la pragmática de don Carlos y doña Juana, de 1539[466].

> «Se excusarían muchos pleitos sabiendo los compradores de censos y tributos, et imposiciones et ypotecas que tienen las casas y heredades que compran, lo qual

---

aceptado en Australia. Nueva Zelandia. Canadá. Sud África y en algunos Estados norteamericanos (California, Iowa, Massachusets, entre otros). En el condado de Londres no se implantó hasta 1897.
https://argentina.leyderecho.org/acta-torrens/

466 Sánchez Calero, F.J. y Sánchez-Calero Arribas, B. *Manual de Derecho Inmobiliario Registral*, Tirant lo Blanch, 5.ª ed., Valencia, 2017, pág.29.
En el mismo sentido, Rams Albesa, J., Moreno Flórez, R.M. y Rubio San Román, J.I., *Apuntes de Derecho Inmobiliario Registral*, Dykinson S.L., 5.ªed., Madrid, 2020, págs. 43-58.
Vigil de Quiñones Otero describe como antecedentes remotos del Registro de la Propiedad las antiguas contadurías de hipotecas creadas por las pragmáticas de 1539 y de 1768 las cuales establecieron, respectivamente, los Registros de Tributos, Censos e Hipotecas y los Oficios y Contadurías de hipotecas. Vigil de Quiñones Otero, D. «El derecho Inmobiliario registral», en *Tratado de Derecho Civil. La fe pública registral, tomo X*, obra colectiva, director: Rams Albesa, J., coordinadores: Lacruz Bescós, J.L. y Vigil de Quiñones Otero, D., Dykinson S.L., Madrid, 2022, págs. 225-227.
Lacruz Berdejo considera que es «la primera manifestación de la publicidad registral en España», consecuencia de aceptar la petición de las Cortes de Toledo de 1539. Lacruz Berdejo, J.L., *Lecciones de Derecho Inmobiliario Registral*, 2.ªEd., Universidad de Zaragoza, Zaragoza, 1957, págs.: 41-43.

encubren et callan los vendedores, pidiendo los procuradores que en cada ciudad, villa o lugar donde oviere cabeza de jurisdicción, aya una persona que tenga un libro en que se registren todos los contratos de las qualidades dichas, y que no registrándose dentro de un término no hagan fe, ni se juzgue conforme a ellos, ni por ellos sea obligado a cosa alguna ningún tercero poseedor, aunque tenga causa del vendedor, y que tal Registro no se muestre a ninguna persona, sino que el Registrador pueda dar fe si hay o no algún tributo o venta anterior a pedimento del vendedor».

Se transcribe lo anterior, por cuanto que supone un claro antecedente del Derecho Inmobiliario Registral y del Registro de la Propiedad en España.

La Corona de Castilla, por tanto, crea registros cuyo objeto es «proporcionar publicidad a determinados actos jurídicos sobre los bienes inmuebles»[467].

Aunque no tuvo éxito práctico, la Pragmática de don Carlos y doña Juana de 1539, lo cierto es que se volvió a intentar mediante la Real Pragmática de 1713, que tampoco tuvo el éxito esperado. Esta última pragmática consideraba que aquello ocurrió por no seguirse lo estipulado en la de 1539: «de su inobservancia se habían seguido y seguían innumerables perjuicios».

Ante ello, en la pragmática de 1713, se acuerda:

«Que para la mayor seguridad de los registros, el Oficio haya de estar en los Ayuntamientos de todas las ciudades, villas y lugares; y que los instrumentos se hayan de registrar por los Escribanos de Ayuntamiento, interponiendo los Jueces Ordinarios su autoridad, así como para el registro como para la saca; y que si acaeciese como cada día sucede, perderse los protocolos y registros, y los originales, que se tenga por original cualquier copia auténtica que de dicho registro se sacase, a fin de que se evite el grave daño que en esta parte se experimenta: y que respecto de que, para registrar ahora todos los censos y escrituras de venta aquí otorgados, será necesario dilatado tiempo, que se señale, para los que ahora y de aquí adelante se otorgaren, los mismos seis días de la ley y para los que ya están otorgados, el término de un año».

«Y porque de la guarda y custodia de estos registros depende la conservación de los derechos de todo el reyno y de los vasallos, que no sólo han de estar en las Casas Capitulares, sino también a cargo de los Justicias y Regimiento de ellos»[468].

---

467 Serna Vallejo, M., «La protección Registral de la propiedad: especial referencia a las resoluciones de la Dirección General del Registro de la Propiedad y a la doctrina del Tribunal Supremo», en *Historia de la Propiedad en España. Siglos XV – XX*, obra colectiva, Coordinadores: V.V.A.A., Centro de Estudios Registrales, Madrid, 1999, págs. 533-574. Cita esta autora los siguientes registros: «Registros de Censos y Tributos, contadurías de hipotecas y oficios de hipotecas en Castilla y Registros de mayorazgos, vínculos y fideicomisos en Navarra».

468 Novíssima Recopilación de las Leyes de España, Libro X, Título XVI, Ley II, 2.ªEd., Tomo V, Boletín Oficial del Estado, Madrid, 1992, págs.105-106.

El auténtico origen del Registro de la Propiedad en España fue la Real Pragmática de Carlos III de 31 de enero de 1768, por el que se crean los inicialmente denominados Oficios de hipotecas, que posteriormente pasan a conocerse como Contaduría de hipotecas[469].

Esta pragmática lleva como título el siguiente:

> «Establecimiento del oficio de hipotecas en las cabezas de partido de todo el Reyno, a cargo de los Escribanos de Ayuntamientos».

Establece un sistema de registros por pueblos para dar publicidad a las hipotecas y cargos inmobiliarios. Se inscribirán:

> «todos los instrumentos de imposiciones, ventas, y redenciones de censos o tributos, ventas de bienes raíces, o considerados por tales, que constare estar gravados con alguna carga, fianzas en que se hipotecaren tales bienes, escrituras de mayorazgo u otra pía, y generalmente todos lo que tengan especial y expresa hipoteca o gravamen con expresión de ellos, o su liberación o redención»[470].

Esta regulación ya introduce aspectos propios del principio de tracto sucesivo, contenido de la inscripción, procedimiento registral, organización por libros (libro índice y libro registro), publicidad formal mediante Certificaciones y destacando, la obligatoriedad de inscribir las operaciones de transcendencia jurídico-inmobiliarias[471].

El Real Decreto de 8 de agosto de 1855 ordena crear una Ley Hipotecaria, al considerar que el Sistema derivado de la Real Pragmática de 1768 tenía como objetivo tan solo la hipoteca y compraventas con carga hipotecaria. En realidad, de la anterior transcripción del objeto de la citada pragmática se deduce que lo señalado en el Real Decreto citado es cierto.

Como se señala en esta norma, con la aprobación de una nueva Ley Hipotecaria se persigue ampliar el objeto «de la toma de razón» de «multitud de actos registrales sobre bienes inmuebles». Su exposición de motivos dispo-

469 Roca Sastre, R.M. y Roca Sastre Muncunill L., *Derecho Hipotecario*, 7.ª Ed., Tomo I, Bosch, Barcelona, 1979, págs. 17-109. Señala este autor que «la Real Pragmática de 1768 contenía el ordenamiento embrionario de un moderno Registro de la Propiedad, y por cierto bastante aceptable entonces».

470 Novíssima Recopilación de las Leyes de España, Libro X, Título XVI, Ley III, 2.ª Ed., Tomo V, Boletín Oficial del Estado, Madrid, 1992, págs. 106-109.

471 En opinión de Saborido Sánchez «el verdadero antecedente de la Ley Hipotecaria reside en el Proyecto de Código Civil de 1851», conocido como proyecto García Goyena. Saborido Sánchez, P., «La transmisión de la propiedad de los inmuebles y su publicidad. El Registro de la Propiedad», en *Lecciones de Derecho Inmobiliario Registral*, obra colectiva, Coordinadores: Dieguez Oliva, R. y Saborido Sánchez, P., Tirant lo Blanch, Valencia, 2021, págs. 25-29. En el mismo sentido, Rams Albesa, J., Moreno Flórez, R.M. y Rubio San Román, J.I., *Apuntes de Derecho Inmobiliario Registral*, Dykinson, S.L., 5.ª ed., Madrid, 2020, págs. 43-56.

nía: «pocas reformas en el orden civil y económico son de más interés y urgencia que las leyes hipotecarias».

Consecuencia de ello, se promulga la Ley Hipotecaria de 8 de febrero de 1861. Por medio de esta Ley se crean los Registros de la Propiedad, cuya finalidad es otorgar publicidad a los actos y negocios jurídicos relativos al dominio y derechos reales sobre bienes inmuebles, ya sean *inter vivos* o *mortis causa*[472]. En realidad, se produjo un cambio sustancial respecto de la pragmática de 1768, ya que, por un lado, se amplía el ámbito objetivo de la actividad registral y por otro, desaparece la obligación de inscripción registral.

A través del artículo 266 de la Ley Hipotecaria de 1861 se crea la Dirección General del Registro de la Propiedad, siendo desarrollada su regulación normativa a través del Real Decreto de 21 de junio de 1861.

Este organismo es el antecedente inmediato de la Dirección General de Registros y Notariado, que a su vez es el antecedente de la actual Dirección General de Seguridad Jurídica y Fe Pública creada mediante el Real Decreto 139/2020, de 28 de enero.

La Ley Hipotecaria tiene un carácter protector del propietario[473]. Este carácter se proyecta hasta tiempos actuales, como se desprende de normas que también tienen carácter tuitivo hacia el deudor hipotecario como pueden ser el Real Decreto Ley 6/2012, de 9 de marzo, de medidas urgentes de protección de deudores hipotecarios sin recursos, la Ley 1/2013, de 14 de mayo, de medidas para reforzar la protección a los deudores hipotecarios, reestructuración de deuda y alquiler social o el Real Decreto 19/2022, de 22 de noviembre por el que se establece un Código de Buenas Prácticas para aliviar la subida de los tipos de interés en préstamos hipotecarios sobre vivienda habitual.

La Ley Hipotecaria de 1861 buscaba ser un compendio de toda la regulación relacionada con el derecho inmobiliario registral y las hipotecas. Se

---

472 Como señala Serna Vallejo, se consiguió que se acudiera al Registro de la Propiedad, no derivado de una imposición legislativa, sino por el convencimiento de las ventajas que el mismo ofrecía. Reconoce la autora que no se cumplió con el objetivo marcado ya «que no había acudido al Registro la mayor parte de la propiedad no inscrita». Serna Vallejo, M., «La protección registral de la propiedad: especial referencia a las resoluciones de la Dirección General del Registro de la Propiedad y a la doctrina del Tribunal Supremo», en *Historia de la Propiedad en Espala, Siglos XV-XX*, obra colectiva, Coordinadores: V.V.A.A., Centro de Estudios Registrales, Madrid, 1999, págs. 533-574.

473 Considera Gallego del Campo que esta Ley Hipotecaria establece un «estatus jurídico del deudor hipotecario» con un claro «sentido tuitivo». Gallego del Campo, G., «Concepción funcional y presupuestos ideológicos del Registro de la Propiedad Español», en *Historia de la Propiedad en España, Siglos XV-XX*, obra colectiva, Coordinadores: V.V.A.A., Centro de Estudios Registrales, Madrid, 1999, págs.575-592.

establece un sistema protector de carente voluntario para el propietario, ya que en la inscripción no resulta obligatoria[474].

Posteriormente se produjeron distintas reformas de la Ley Hipotecaria de 1861, debiendo destacarse la que se produjo a través de la Ley de 21 de diciembre de 1869[475]. Mediante esta norma legal se restablece la Dirección General del Registro de la Propiedad y del Notariado, que fue suprimido mediante Real Decreto de 3 de agosto de 1886 que lo integró en la Secretaría del Ministerio de Gracia y Justicia.

Esta es la más importante hasta la promulgación del Código Civil de 1889, pero se produjeron otras reformas legislativas:

a) Ley de 2 de diciembre de 1872.

b) Ley de 15 de agosto de 1873.

c) Ley de 21 de julio de 1876.

d) Ley de 17 de julio de 1877.

e) Real Decreto de 20 de mayo de 1880.

Mediante Real Decreto de 24 de julio de 1889 se publica el vigente Código Civil. Previamente se publica el 22 de mayo de 1888 en la Gaceta de Madrid, la Ley de Bases de 11 de mayo de 1888 autorizando al Gobierno para publicar un Código Civil con arreglo a las condiciones y bases que se establecen en esta Ley. Destaca lo dispuesto en la Base 12 *in fine*: «... modificado en algunos importantes extremos por los principios de la publicidad y de la inscripción contenidos en la legislación hipotecaria novísima». Es decir, el nuevo Código Civil se impregna de los principios propios de la Ley Hipotecaria, no entrando a reformar éstos, sino a mantenerlos e incorporarlos al propio texto legal aprobado como consecuencia de la citada Ley de Bases de 11 de mayo de 1888.

---

474 Para ROCA SASTRE se introducen a través de esta Ley lo que denomina: «Criterios autóctonos»: Registro voluntario y asientos realizados mediante la «extracción» de las circunstancias que fija la Ley Hipotecaria, de los documentos presentados. ROCA SASTRE, R.M. y ROSA SASTRE MUNCUNILL, L., *Derecho Hipotecario*, 7.ª Ed., Tomo I, Bosch, Barcelona, 1979, págs. 17-109.

475 SABORIDO SÁNCHEZ considera que a través de ella se realiza una «novedosa configuración el principio de fe pública registral». SABORIDO SÁNCHEZ, P. «La transmisión de la propiedad de los inmuebles y su publicidad. El Registro de la Propiedad», en *Lecciones de Derecho Inmobiliario Registral*, obra colectiva, Coordinadores: DIÉGUEZ OLIVA, R. y SABORIDO SÁNCHEZ, P., Tirant lo Blanch, Valencia, 2021, págs. 25-29.
En el mismo sentido, RAMS ALBESA, J., MORENO FLOREZ, R.M. y RUBIO SAN ROMAN, J.I., *Apuntes de Derecho Inmobiliario Registral*, Dykinson S.L., 5.ª. Ed. Madrid, 2020, págs. 43-56. «Sólo si se notificaba en forma legal la nueva inscripción a los titulares inscritos en los veinte años anteriores podía desarrollar todos sus efectos».

Se realizó una pequeña reforma a través de la Ley de Reforma Hipotecaria de 21 de abril de 1909. No obstante, lo importante de esta reforma legal es la Disposición Transitoria Sexta:

> «ordena que, por el Ministerio de Gracia y Justicia, se proceda a hacer en el término de ocho meses, que expira el 21 de diciembre actual, una nueva edición oficial de la Ley Hipotecaria, en que se supriman los artículos que estén derogados por el Código Civil y por la citada Ley de 21 de abril, se armonicen los textos restantes que resulten contradictorios, y se incluyan en el lugar oportuno las disposiciones contenidas en los artículos de la repetida ley, y en las ya dictadas que modifican la Hipotecaria».

Como consecuencia de lo anterior, a unos días de que venza el plazo dado, se promulga la Ley Hipotecaria de 16 de diciembre de 1909. No se trata de una nueva Ley Hipotecaria, sino una reforma más de la misma, pero con la importante misión de armonizar este texto legal con el Código Civil, que en ese momento estaba recién aprobado.

Mediante Real Decreto de 6 de agosto de 1915 se aprueba el Reglamento para la ejecución de la Ley Hipotecaria de 16 de diciembre de 1909, el cual también incide en el hecho de que la reforma contenida en dicha norma tenía como objeto suprimir los artículos derogados por el Código Civil, armonizar las disposiciones contradictorias e incluir en el texto legal las disposiciones de naturaleza hipotecaria contenidas en el nuevo Código Civil.

La Ley Hipotecaria de 16 de diciembre de 1909 será objeto de una reforma en profundidad a través de la Ley de 30 de diciembre de 1944 sobre reforma de la Ley Hipotecaria, que fue publicada en el BOE de 1 de enero de 1945[476].

De esta norma se debe destacar la disposición adicional segunda que «autoriza al gobierno a publicar, en un plazo máximo de un año, una nueva redacción de la Ley Hipotecaria».

Sorprende que la norma contenga el verbo autorizar, cuando en realidad otorga un mandato y, además, en el plazo máximo de un año. Esta nueva norma tendrá los siguientes objetivos:

a) Armonizar los textos vigentes en aquel momento, de naturaleza hipotecaria.

b) Abreviar el contenido de los asientos, sin que ello implique disminución de los principios fundamentales del sistema registral.

c) Mejora de la ordenación sistemática de los preceptos.

d) Alcanzar la unidad de estilo.

---

476 En este sentido, Roca Sastre, R.M. y Rosa Sastre Muncunill, L., *Derecho Hipotecario*, 7.ª. Ed., Tomo I, Bosch, Barcelona, 1979, págs. 17-109 y Saborido Sánchez, P. «La transmisión de la propiedad de los inmuebles y su publicidad. El Registro de la Propiedad», en *Lecciones de Derecho Inmobiliario Registral*, obra colectiva, Coordinadoras: Diéguez Oliva, R. y Saborido Sánchez, Tirant lo Blanch, Valencia, 2021, págs. 25-29.

Para todo ello, la norma establece como referencia las propias disposiciones en ellas contenidas, las del Reglamento Hipotecario, la jurisprudencia del Tribunal Supremo y la doctrina emanada de las resoluciones de la Dirección General del Registro y del Notariado.

En la actualidad hay muchas normas legales vigentes necesitadas de ordenación sistemática y unidad de estilo, como la Ley de Propiedad Horizontal.

Como consecuencia de todo ello, aunque superado el plazo máximo de un año contenido en la Ley de 30 de diciembre de 1944, se promulga el Decreto de 8 de febrero de 1946 por el que se aprueba la nueva redacción oficial de la Ley Hipotecaria que, aunque con reformas, es la actualmente vigente, como se describe en el siguiente epígrafe.

2.2. Legislación vigente

A principios del siglo XX se consideraba conveniente la reforma de la legislación registral inmobiliaria. Consecuencia de ello, se aprobó el Decreto de 8 de febrero de 1946 por el que se aprueba la nueva redacción oficial de la Ley Hipotecaria. Esta ley ha sido objeto de sucesivas reformas[477]:

1. Dirección General de los Registros y del Notariado. Rectificando errores padecidos en la inserción del texto refundido de la Ley Hipotecaria (BOLETIN OFICIAL DEL ESTADO del 27 y 28 de febrero último).
2. Ley 49/1960, de 21 de julio, sobre propiedad horizontal.
3. Ley 78/1961, de 23 de diciembre, por la que se modifican los artículos 10 y otros de la Ley de Enjuiciamiento Civil.
4. Orden de 26 de abril de 1967 sobre aplicación del artículo 291 de la Ley Hipotecaria en relación con la legislación vigente de Clases Pasivas.
5. Ley 6/1984, de 31 de marzo, de modificación de determinados artículos de los Códigos Civil y de Comercio y de las Leyes Hipotecaria, de Enjuiciamiento Criminal y de Régimen Jurídico de las Sociedades Anónimas, sobre interdicción.
6. Ley 19/1986, de 14 de mayo, de Reforma de los Procedimientos de Ejecución Hipotecaria.
7. Ley 10/1992, de 30 de abril, de Medidas Urgentes de Reforma Procesal.
8. Ley 29/1994, de 24 de noviembre, de Arrendamientos Urbanos.

477 En palabras de ROCA SASTRE, en la primera mitad del Siglo XX se creó un «clima favorable hacia una reforma global de nuestro ordenamiento legislativo inmobiliario registral». ROCA SASTRE, R.M. y ROCA SASTRE MUNCUNILL, L. *Derecho Hipotecario*, 7.ª. Ed., tomo I, Bosch, Barcelona, 1979, págs. 153-158.

9. Ley 13/1996, de 30 de diciembre, de Medidas Fiscales, Administrativas y del Orden Social.
10. Ley 7/1998, de 13 de abril, sobre condiciones generales de la contratación.
11. Ley 1/2000, de 7 de enero, de Enjuiciamiento Civil.
12. Instrucción de 12 de diciembre de 2000, de la Dirección General de los Registros y del Notariado, sobre interpretación del artículo 86 de la Ley Hipotecaria en la nueva redacción dada por la disposición novena de la Ley 1/2000, de 7 de enero, de Enjuiciamiento Civil.
13. Ley 53/2002, de 30 de diciembre, de Medidas Fiscales, Administrativas y del Orden Social.
14. Ley 7/2003, de 1 de abril, de la sociedad limitada Nueva Empresa por la que se modifica la Ley 2/1995, de 23 de marzo, de Sociedades de Responsabilidad Limitada.
15. Ley 22/2003, de 9 de julio, Concursal.
16. Ley Orgánica 15/2003, de 25 de noviembre, por la que se modifica la Ley Orgánica 10/1995, de 23 de noviembre, del Código Penal.
17. Ley 62/2003, de 30 de diciembre, de medidas fiscales, administrativas y del orden social.
18. STC. Pleno. Sentencia 224/2006, de 6 de julio de 2006. Cuestión de inconstitucionalidad 1919/1999. Planteada por la Sección Sexta de la Audiencia Provincial de Valencia respecto al párrafo segundo del artículo 129 de la Ley hipotecaria. Potestad judicial: cuestión de inconstitucionalidad, sobre el procedimiento ejecutivo extrajudicial, inviable.
19. Ley 36/2006, de 29 de noviembre, de medidas para la prevención del fraude fiscal.
20. Ley 41/2007, de 7 de diciembre, por la que se modifica la Ley 2/1981, de 25 de marzo, de Regulación del Mercado Hipotecario y otras normas del sistema hipotecario y financiero, de regulación de las hipotecas inversas y el seguro de dependencia y por la que se establece determinada norma tributaria.
21. Ley 13/2009, de 3 de noviembre, de reforma de la legislación procesal para la implantación de la nueva Oficina judicial.
22. Ley 16/2012, de 27 de diciembre, por la que se adoptan diversas medidas tributarias dirigidas a la consolidación de las finanzas públicas y al impulso de la actividad económica.
23. Ley 1/2013, de 14 de mayo, de medidas para reforzar la protección a los deudores hipotecarios, reestructuración de deuda y alquiler social.
24. Ley 13/2015, de 24 de junio, de Reforma de la Ley Hipotecaria aprobada por Decreto de 8 de febrero de 1946 y del texto refundido de la

Ley de Catastro Inmobiliario, aprobado por Real Decreto Legislativo 1/2004, de 5 de marzo.

25. Ley 15/2015, de 2 de julio, de la Jurisdicción Voluntaria.
26. Ley 19/2015, de 13 de julio, de medidas de reforma administrativa en el ámbito de la Administración de Justicia y del Registro Civil.
27. Ley 29/2015, de 30 de julio, de cooperación jurídica internacional en materia civil.
28. Ley 41/2015, de 5 de octubre, de modificación de la Ley de Enjuiciamiento Criminal para la agilización de la justicia penal y el fortalecimiento de las garantías procesales.
29. STC Pleno. Sentencia 213/2016, de 15 de diciembre de 2016. Recurso de inconstitucionalidad 4985-2013. Interpuesto por más de cincuenta diputados del Grupo Parlamentario Socialista del Congreso de los Diputados respecto de la Ley 1/2013, de 14 de mayo, de medidas para reforzar la protección a los deudores hipotecarios, reestructuración de deuda y alquiler social. Iniciativa legislativa popular y derechos a la igualdad, inviolabilidad domiciliaria, tutela judicial efectiva y a una vivienda digna; protección de los consumidores: constitucionalidad del texto legal resultante de la tramitación conjunta de una iniciativa legislativa popular y un proyecto de ley; pérdida parcial de objeto del recurso; constitucionalidad del régimen transitorio establecido en la ley.
30. Ley 8/2021, de 2 de junio, por la que se reforma la legislación civil y procesal para el apoyo a las personas con discapacidad en el ejercicio de su capacidad jurídica.
31. Ley 17/2021, de 15 de diciembre, de modificación del Código Civil, la Ley Hipotecaria y la Ley de Enjuiciamiento Civil, sobre el régimen jurídico de los animales.
32. Ley 16/2022, de 5 de septiembre, de reforma del texto refundido de la Ley Concursal, aprobado por el Real Decreto Legislativo 1/2020, de 5 de mayo, para la transposición de la Directiva (UE) 2019/1023 del Parlamento Europeo y del Consejo, de 20 de junio de 2019, sobre marcos de reestructuración preventiva, exoneración de deudas e inhabilitaciones, y sobre medidas para aumentar la eficiencia de los procedimientos de reestructuración, insolvencia y exoneración de deudas, y por la que se modifica la Directiva (UE) 2017/1132 del Parlamento Europeo y del Consejo, sobre determinados aspectos del Derecho de sociedades (Directiva sobre reestructuración e insolvencia)[478].

478 Saborido Sánchez destaca la importancia de las novedosas reformas operadas en nuestro sistema registral a través de las siguientes normas:

a. Ley 13/2015, de 24 de junio, de Reforma de la Ley Hipotecaria aprobada por Decreto de 8

33. Ley 11/2023, de 8 de mayo, de trasposición de Directivas de la Unión Europea en materia de accesibilidad de determinados productos y servicios, migración de personas altamente cualificadas, tributaria y digitalización de actuaciones notariales y registrales; y por la que se modifica la Ley 12/2011, de 27 de mayo, sobre responsabilidad civil por daños nucleares o producidos por materiales radiactivos.

El desarrollo de la ley se produce a través del Decreto de 14 de febrero de 1947 por el que se aprueba el Reglamento Hipotecario, que igualmente se haya vigente en la actualidad.

Por lo tanto, en la actualidad existe una regulación mixta de la materia como ocurre en otros campos de nuestro ordenamiento jurídico, pudiendo señalar como ejemplo la propiedad horizontal, en que por coexisten normas del Código Civil y de la legislación especial. El Derecho Inmobiliario Registral se regula en España a través de Ley y Reglamento Hipotecario y los artículos 605 a 608 CC.

No obstante, se entiende que en virtud del principio de que la ley especial deroga a la general (*lex epecialis derogat generalis*), resulta de aplicación preferente las normas contenidas en la Ley Hipotecaria frente a las del Código Civil. En concreto, establece el artículo 608 CC:

> «Para determinar los títulos sujetos a inscripción o anotación, la forma, efectos y extinción de las mismas, la manera de llevar el Registro y el valor de los asientos de sus libros se estará a lo dispuesto en la Ley Hipotecaria».

En algunos casos existen preceptos idénticos en la norma general (Código Civil) y especial (Ley Hipotecaria)[479].

3. El Registro de la Propiedad: concepto, y fundamento

El Registro de la Propiedad es una institución administrativa que forma parte de la Administración Pública del Estado, encuadrada en el Ministerio de Justicia a través de la Dirección General de Seguridad Jurídica y Fe

---

de febrero de 1946 y del texto refundido de la Ley de Catastro Inmobiliario, aprobado por Real Decreto Legislativo 1/2004, de 5 de marzo.

b. Ley 5/2019, de 15 de marzo, reguladora de los contratos de crédito inmobiliario.

Por su carácter novedoso, añadiríamos también la Ley 17/2021, de 15 de diciembre, de modificación del Código Civil, la Ley Hipotecaria y la Ley de Enjuiciamiento Civil, sobre el régimen jurídico de los animales.

Saborido Sánchez, P., «La transmisión de la propiedad de los inmuebles y su publicidad. El Registro de la Propiedad», en *Lecciones de Derecho Inmobiliario Registral,* obra colectiva, Coordinadoras: DIÉGUEZ OLIVA, R. y SABORIDO SÁNCHEZ, P., Tirant lo Blanch, Valencia, 2021, págs. 25-29.

479 *Cfr*. artículo 1 LH y 605 CC.

Pública[480]. También es una oficina jurídica que tiene como principal objetivo dar publicidad a la situación jurídica de los inmuebles. En este sentido, el artículo 1.1. LH señala que «el Registro de la Propiedad tiene por objeto la inscripción o anotación de los actos y contratos relativos al dominio y demás derechos reales sobre bienes inmuebles», redacción coincidente con el artículo 605 CC. No obstante, debemos tener en cuenta que no todo lo que accede al Registro de la propiedad se convierte por ello en derecho real, sino que tal categorización resultará, en su caso, de su propia naturaleza jurídica.

Mediante la publicidad de los derechos reales lo que se pretende es la seguridad del tráfico jurídico inmobiliario. Se busca que aquel adquiriente del dominio o de cualquier otro derecho real, tenga la total certidumbre de que quien se lo va a transmitir tierne la facultad de hacerlo, no se ampare en un mero hecho posesorio. Se persigue con ello, que quien acude a consultar al Registro de la Propiedad esté protegido por la información pública obtenida del mismo, lo que a su vez se traduzca en seguridad jurídica. En este sentido debe destacarse la protección que recibe el tercer hipotecario de buena fe, de conformidad con lo dispuesto en el artículo 34 LH.

El Registro de la propiedad tiene como función importante facilitar la prueba de las sucesivas transmisiones dominicales y de los demás derechos reales. En nuestro derecho no basta con acreditar de quien se ha adquirido un bien, sino todas las transmisiones anteriores. En la práctica judicial resulta casi imposible tal acreditación, por lo que el ordenamiento jurídico nos otorga remedios que impiden que se constituya en una *probatio diabólica*, es decir, algo de casi imposible probanza. Entre estos remedios, cabe la prescripción adquisitiva extraordinaria o la publicidad derivada del Registro de la Propiedad[481]. Este último, contiene una relación de las sucesivas transmisiones efectuadas e inscritas, sin que se omitan transmisiones intermedias derivado del principio de tracto sucesivo. En el supuesto de la usucapión *secundum tabulas*, la inscripción equivale a justo título de cara a obtener la prescripción adquisitiva como así dispone el artículo 35 LH[482]. Es más, en el

480 Valpuesta Fernández, R., Derecho Civil, Derechos Reales y Derecho Inmobiliario Registral, Tirant Online, s/l, 2021, documento TOL74.600. Hasta la aprobación del Real Decreto 139/2020, de 28 de enero, por el que se establece la estructura orgánica básica de los departamentos ministeriales, se denominaba Dirección General de los Registros y del Notariado.

481 Sánchez Calero F.J. y Sánchez-Calero Arribas, B. consideran que la protección de los adquirientes del dominio y demás derechos reales se realiza a través de «la publicidad y apariencia», instrumentándose las mismas a través de la posesión y del Registro de la Propiedad, legitimando tanto al poseedor como al titular registral. Sánchez Calero, F.J. Y Sánchez-Calero Arribas, B. *Manual de Derecho Inmobiliario Registral*. Tirant lo Blanch. 5.ª ed, Valencia, 2017, págs. 31-32.

482 Según Roca Sastre no es suficiente con la inscripción registral, sino que, además, precisa la posesión extra registral. Roca Sastre, R.M. y Roca Sastre Muncunill, L. Derecho Hipotecario, 7.ª. Ed., tomo II, Bosch, Barcelona, 1979, págs. 9-21.

caso de pretenderse la prescripción adquisitiva *contra tabula* se protege al titular inscrito protegido por el artículo 34 LH, salvo que se acredite su mala fe, es decir, que conocía o tuvo motivos racionales para conocer antes de su adquisición, que aquel que pretende adquirir por prescripción adquisitiva ya había adquirido previamente o haya consentido la posesión el año siguiente a su adquisición, tal y como establece el artículo 36 LH[483].

Por lo tanto, como puede deducirse de lo anteriormente manifestado, el Registro de la Propiedad no es sólo una oficina que facilita información a quienes operan en el tráfico jurídico inmobiliario, sino que es mucho más. Tiene una eficacia que transciende al mero suministro de información, y convalida y da apariencia a situaciones jurídicas de naturaleza real, lo que hace que proteja a quien se ampara en ellas[484].

Debe ser destacada la función económica del Registro de la Propiedad en cuanto que aporta mayor seguridad en el tráfico jurídico inmobiliario, agilizando el mismo, en cuanto que aporta seguridad jurídica al adquiriente, quien se desprenderá de la incertidumbre de verse privado de la titularidad del bien inmueble adquirido, al quedar amparado por la publicidad del Registro de la Propiedad[485].

---

483 Señala SABORIDO SÁNCHEZ, que como regla general prevalecerá el tercero hipotecario de buena fe protegido por el artículo 34 LH frente a quien pretende la prescripción adquisitiva. SABORIDO SÁNCHEZ, P., «La Usucapión y el Registro de la Propiedad», en *Lecciones de Derecho Inmobiliario Registral*, obra colectiva, coordinadoras: DIÉGUEZ OLIVA, R. y SABORIDO SÁNCHEZ, P., Tirant lo Blanch, Valencia, 2021, págs. 158-160.

484 Según DIAZ DE LEZCANO SEVILLANO el sistema registral español se caracteriza por ser:
«Registro de documentos»: por cuanto que se aportan documentos extra registrales.
«Registro de inscripción»: el documento presentado es objeto de transcripción parcial, concretamente aquellos aspectos de naturaleza real, devolviéndose a su tenedor.
«Registro de folio real»: por cada finca existirá un solo folio registral donde se practicarán todos los asientos que afecten a la misma, pudiendo ser consultados los mismos en dicho folio. DIAZ DE LEZCANO SEVILLANO, I., *Manual de Derecho Civil, Derecho de Bienes*, Volumen IV, Wolters Kluwer, Madrid, 2021. Pág. 343.
Según ROCA SASTRE el Registro de la Propiedad también puede concebirse como:
«Institución Jurídica»: es la base del Derecho inmobiliario registral.
«Oficina»: entidad pública cuyo objeto es la inscripción o anotación de los actos y contratos relativos al dominio y demás derechos reales sobre bienes inmuebles, como señala el artículo 1.1. LH.
«Conjunto de libros»: refiere a los libros sobre los que se practican los correspondientes asientos.
ROCA SASTRE, R.M. y ROCA SASTRE MUNCUNILL, L. *Derecho Hipotecario*, 7.ª. Ed., tomo I, Bosch, Barcelona, 1979, págs. 11-14.
ROCA SASTRE hace referencia a los fines del Registro de la Propiedad:
«Asegurar la propiedad inmueble, proteger el tráfico jurídico inmobiliario y fomentar el crédito territorial, mediante legitimar y proteger las titularidades registrales y a los terceros adquirientes.
Efectuar la publicidad informativa del contenido de los libros del Registro»

485 VIGIL DE QUIÑONES OTERO extiende esa seguridad no sólo al consumidor, sino también a sus acreedores, por lo que la seguridad jurídica que gozan éstos, permite la concesión

4. La organización del Registro

4.1. Consideraciones generales

Al frente de cada Registro de la Propiedad habrá un Registrador que tiene la condición de funcionario público. Su acceso al Cuerpo de Registradores se efectuará mediante oposición pública y será nombrado por el Ministerio de Justicia[486].

4.2. Competencia

Cada Registro tiene encomendada una circunscripción territorial. Cualquier alteración de la circunscripción territorial deberá fundamentarse en motivos de necesidad o conveniencia pública, y se llevará a cabo mediante expediente cuya resolución adoptará la forma de Orden ministerial. En las poblaciones donde haya varios registros, se agruparán los registros en un mismo edificio o en edificios contiguos.

Según dispone el artículo 1.II LH, es competente territorialmente el Registro en cuya circunscripción radique la finca. No obstante, si una finca radica en parte en una circunscripción y parte en otra, será competente aquel en cuya circunscripción radique la mayor parte de esta, pero sin que en ningún caso se pueda dividir la inscripción entre registros.

Si una finca estuviera inscrita en el mismo Registro, pero en Ayuntamiento o Sección distinta, el interesado podrá solicitar su cambio al competente con el único requisito de acompañar el título inscrito y certificación administrativa que acredite la incompetencia territorial. En caso de que el Registrador así lo considerase, lo acordará sin más, efectuándose la translación al Registro competente[487].

Si la finca estuviera inscrita en Registro territorialmente incompetente se requerirá la conformidad de los dos Registradores, acompañándose certificación literal de todos los asientos y botas de la finca, copiándose íntegramente

---

de créditos hipotecarios, facilitando con ello el acceso a la vivienda de los potenciales compradores. VIGIL DE QUIÑONES OTERO, D. «El derecho Inmobiliario registral», en *Tratado de Derecho Civil. La fe pública registral*, tomo X. obra colectiva, director: RAMS ALBESA, J., coordinadores: LACRUZ BESCÓS, J.L. y VIGIL DE QUIÑONES OTERO, D., Dykinson S.L., Madrid, 2022, págs. 223-225.

486 *Cfr.* artículo 274 LH.

487 La traslación se hará «copiando íntegramente los asientos y notas de la finca en el folio y bajo el nuevo número que le corresponda, clausurándose su historial antiguo y expresándose en el libro y folio el motivo de su traslación, mediante las oportunas notas marginales». Artículo 3.II LH.

en el folio correspondiente del Registro competente. En caso de desacuerdo, el interesado podrá acudir a la Dirección General de Seguridad Jurídica y Fe Pública a fin de que dirima.

No obstante, los registradores contarán con una sede electrónica única a nivel nacional, cuya titularidad, desarrollo, gestión y administración corresponde al Colegio de Registradores de la Propiedad, Mercantiles y de Bienes Muebles de España. Esta sede electrónica estará disponible para el público a través de redes de comunicación, permitiendo la presentación, tramitación y acceso a toda la información y servicios registrales disponibles. Las comunicaciones derivadas de los procedimientos registrales, independientemente de su forma u objeto, incluirán certificaciones de los aspectos requeridos y se realizarán preferentemente por vía telemática. La publicación de actos y comunicaciones que deban hacerse en tablón de anuncios o mediante edictos, según lo establecido por la ley o el reglamento, se llevará a cabo a través de la sede electrónica del Colegio de Registradores. Sin perjuicio de ello, cuando esté prevista la publicación en el Boletín Oficial correspondiente, se remitirán también a través de dicha sede.

4.3. Libros

4.3.1. Formación y conservación de los libros del Registro

Los libros del Registro de la Propiedad se formarán, ordenarán y rayarán conforme a las prescripciones y modelos que establezca la Dirección General de Seguridad Jurídica y Fe Pública, mientras que su confección y distribución corresponde al Colegio Nacional de Registradores.

El delegado para la inspección de los libros del Registro extenderá una certificación en la primera hoja en blanco de cada libro, que comprenda:

a) Número de folios del libro.

b) Expresión de que ningún folio se haya tachado, escrito o inutilizado.

c) Fecha de la inspección.

La certificación contará con el Visto Bueno del Juez de Primera Instancia del partido judicial donde radique el Registro, quien además rubricará la última de las hojas del Diario o del libro de inscripciones. Todas las hojas serán selladas por el Juzgado competente.

El Registrador extenderá, fechará y firmará una nota haciendo constar el recibo del libro, de la misma forma que el delegado para la inspección consignó en su certificación.

Es competencia del registrador la reencuadernación en caso de que se produjera la destrucción o deterioro de algún libro del Registro. Deberá realizarlo dentro de la propia oficina. Las tapas, planos, lomos y puntas deberán ser lo más semejantes posibles a la encuadernación destruida. El registrador deberá poner en conocimiento todo ello, de la Dirección General de Seguridad Jurídica y Fe Pública. Si no pudiera realizarse de la forma anteriormente descrita, corresponderá a la Dirección General citada determinar cómo llevar a cabo la reencuadernación.

4.3.2. Enumeración de los libros del Registro

El artículo 362 LH relaciona los libros y cuadernos del Registro de la Propiedad, los cuales vamos a clasificarlos a principales y auxiliares.

4.3.2.1. Libros principales

Se consideran libros principales aquellos que «contienen datos fundamentales relativos a los derechos y actos publicados, por lo que sólo los asientos en ellos practicados tienen eficacia registral propiamente dicha»[488].

4.3.2.1.1. Libro de inscripciones

Este libro tiene como objeto la inscripción, anotación preventiva, cancelación, notas marginales y menciones, sujetas todas ellas a inscripción registral.

Es descrito en el artículo 366 LH:

> «Cada folio del libro de inscripciones contendrá un margen en blanco suficiente para insertar en él las notas marginales correspondientes; dos líneas verticales formando columna, para consignar entre ellas el número o letra del asiento respectivo, y un ancho espacio, rayado horizontalmente, para extender las inscripciones, anotaciones preventivas y cancelaciones. En la parte superior de cada folio se estampará con el número del mismo el siguiente encasillado: "Notas marginales. —Número de orden de las Inscripciones. —Finca número ...".
>
> En la portada de este libro se consignará: "Libro de inscripciones del Registro de la Propiedad de ..., Audiencia de ..., tomo ... del Ayuntamiento de ..., tomo ... del archivo de este Registro de la Propiedad". En la hoja siguiente a la de la portada se insertarán únicamente la certificación y nota prevenidas en el artículo 364».

4.3.2.1.2. Libro diario de las operaciones del Registro

Este libro deja constancia de cualquier documento que accede al Registro de la Propiedad, con reseña abreviada de su contenido y de la fecha en que lo hace.

488 SÁNCHEZ CALERO, F.J. y SÁNCHEZ-CALERO ARRIBAS, B. *Manual de Derecho Inmobiliario Registral*, Tirant lo Blanch, 5.ª ed., Valencia, 2017, pág. 33. Con cita de F. HERNÁNDEZ GIL.

El libro diario es descrito en el artículo 365 LH:

> «En la portada del libro Diario se consignará: "Diario de las operaciones del Registro de la Propiedad de ..., tomo ... Empieza en ... de ... del año ...".
>
> En la hoja siguiente a la de la portada se insertarán únicamente la certificación y nota prevenidas en el artículo anterior.
>
> Cada folio del Diario contendrá un margen en blanco suficiente para extender en él las notas marginales correspondientes, dos líneas verticales formando columna, para consignar entre ellas el número en guarismos del asiento respectivo, y un ancho espacio, rayado horizontalmente, a fin de escribir los asientos mismos. En la parte superior de cada folio se estampará, con el número del mismo, el siguiente encasillado: Notas marginales. —Número de los asientos. —Asientos de presentación».

El libro diario es la garantía del principio prioridad registral, que garantiza la prevalencia de aquellos títulos o derechos que hayan accedido primero al Registro de la Propiedad. Este principio está regulado principalmente en nuestro derecho positivo en el artículo 17 LH. En el libro diario, deberá consignarse la fecha y hora de extensión del asiento de presentación.

Señala el artículo 17.2 LH:

> «Si sólo se hubiera extendido el asiento de presentación, no podrá tampoco inscribirse o anotarse ningún otro título de la clase antes expresada durante el término de sesenta días, contados desde el siguiente al de la fecha del mismo asiento».

En el mismo sentido, el artículo 25 LH dispone que en el supuesto que dos inscripciones tengan igual fecha, la prevalencia se determina por la hora de presentación, concretamente, esa hora será la que conste en el momento de extensión del asiento de presentación.

Dispone el artículo 246 LH que el Libro Diario se llevará en formato y soporte electrónico. Los documentos ingresados en el Registro que puedan causar algún asiento serán presentados en el Diario electrónico mediante asientos de presentación.

4.3.2.1.3. Libro de incapacitados

Se inscriben en él todas las sentencias judiciales que acuerdan modificar la capacidad de las personas.

El artículo 1261 CC enumera los elementos esenciales de los contratos: consentimiento, objeto y causa. En relación con el consentimiento, hay que tener en cuenta lo dispuesto en el artículo 1263 CC, modificado por el artículo 2.48 de la Ley 8/2021, de 2 de junio, por la que se reforma la legislación civil y procesal para el apoyo a las personas con discapacidad en el ejercicio de su capacidad jurídica:

> «Los menores de edad no emancipados podrán celebrar aquellos contratos que las leyes les permitan realizar por sí mismos o con asistencia de sus representantes

y los relativos a bienes y servicios de la vida corriente propios de su edad de conformidad con los usos sociales».

Este libro aporta publicidad de la posible modificación de la capacidad de algunos de los contratantes y, por tanto, de la posible nulidad absoluta del negocio jurídico celebrado por falta de uno de los elementos esenciales del contrato: el consentimiento.

4.3.2.2. Libros auxiliares

Su finalidad es facilitar el manejo de los principales, así como «fines fiscales o de estadística»[489].

4.3.2.2.1. Índice de fincas (rústicas y urbanas) e índice de personas

Existirán estos libros siempre que éstos no se lleven mediante sistema de fichas u otros medios de archivo y ordenación autorizados por la Dirección General.

4.3.2.2.2. Libro de estadística

Relación de inmuebles inmatriculados en el Registro, los derechos reales y asientos practicados.

4.3.2.2.3. Libro especial de anotaciones de suspensión de mandamientos judiciales, laborales o administrativos

Parte de la doctrina considera que el libro especial de anotaciones de suspensión de mandamientos judiciales, laborales o administrativos debe ser considerado también como un libro principal[490].

4.3.2.2.4. Inventario

Relación de libros que obran en el Registro, los cuales deben ser actualizados con una periodicidad mensual.

---

489 Sánchez Calero, F.J. y Sánchez-Calero Arribas, B. *Manual de Derecho Inmobiliario Registral*, Tirant lo Blanch, 5.ª ed., Valencia, 2017, pág. 33. Con cita de F. Hernández Gil.

490 En este sentido, Rams Albesa, J., Moreno Flórez, R.M. y Rubio San Román, J.I., *Apuntes de Derecho Inmobiliario Registral,* Dykinson S.L., 5.ª ed., Madrid, 2020, pág. 335.

4.3.2.2.5. Los libros y cuadernos auxiliares que los registradores juzguen convenientes para sus servicios

Dentro de ellos, podemos incluir los libros provisionales regulados en el artículo 402 RH para el supuesto «de que algún Registro careciere de Libros para inscribir o de Diario». Como indica su propio, nombre estos libros sólo podrán utilizarse en caso de inexistencia transitoria del libro de inscripción o del diario, a fin de garantizar en todo momento la prioridad y publicidad registral. De conformidad con el artículo 406 RH, al día siguiente de la entrega de los libros principales se deberán cerrar los libros provisionales. Ello, sin perjuicio de que, en el caso del libro diario provisional, éste se convierta en definitivo.

4.3.3. Llevanza de los libros del Registro

Los libros del Registro de la Propiedad deberán llevarse en libros foliados y visados judicialmente, en la forma antes descrita y referida en el artículo 364 RH. Su funcionamiento se moderniza a través del artículo 28.3 de la Ley 24/2005, de 18 de noviembre, de reformas para el impulso a la productividad. A través de dicho texto normativo, se modifica el artículo 238 LH y se introduce la obligación de gestión informática de los libros del Registro de la Propiedad garantizando el acceso telemático a su contenido[491].

Todos los libros registrales serán uniformes para todos los Registros de la Propiedad, formándose bajo la dirección del Ministerio de Justicia con la finalidad de impedir fraudes o falsedades. Sólo harán fe, los libros que lleven los Registradores conforme a estos criterios unificados. Estos libros no podrán ser sacados de la oficina del Registrador y cualquier cotejo respecto de estos que se precise en el ámbito judicial o extrajudicial, deberá practicarse en la oficina registral.

El registrador abrirá un libro por cada ayuntamiento, pudiendo abrir otro cada entidad local menor de cada término municipal. Cada libro se numerará por orden de antigüedad, y los de cada término municipal tendrán una numeración especial correlativa.

4.4. Asientos

Se relacionan en el artículo 41 LH los distintos asientos a practicar en el Registro de la Propiedad: «asientos de presentación, inscripciones propiamente dichas, extensas o concisas, principales y de referencia; anotaciones preventivas, cancelaciones y notas marginales». Debe señalarse que las resoluciones registrales, certificaciones, diligencias de cierre del Diario y, en gene-

491 También del Registro de Mercantil y de Bienes Muebles.

ral, cualquier documento que requiera la firma del registrador, así como los asientos electrónicos, deberán contar con su firma electrónica cualificada.

4.4.1. Asiento de presentación

Asiento que el Registrador lleva a cabo a fin de dejar debida constancia en el Libro Diario de la fecha y hora de presentación de documento. Este asiento está sujeto a plazo de caducidad y otorga garantía de la eficacia temporal de su presentación. Se extiende en el libro diario y como ya se ha dicho, constituye la auténtica garantía del principio de prioridad registral. El contenido esencial del asiento de presentación viene descrito en el artículo 249 LH:

> «Los asientos del Diario se extenderán por el orden con que se presenten los títulos, sin dejar claros ni huecos entre ellos, se numerarán correlativamente en el acto de extenderlos, y expresarán necesariamente:
>
> Primero. El nombre y apellidos del que presente el título.
>
> Segundo. La hora de su presentación.
>
> Tercero. La especie de título presentado, su fecha y Autoridad o Notario que lo suscriba.
>
> Cuarto. El derecho que se constituya, reconozca, transmita, modifique o extinga por el título que se pretenda inscribir.
>
> Quinto. La naturaleza de la finca o derecho real que sea objeto del título presentado, con expresión de su situación y de su nombre y número, si lo tuviere.
>
> Sexto. El nombre y apellidos de la persona a cuyo favor se pretenda hacer la inscripción o asiento de que se trate.
>
> Séptimo. La firma del Registrador en todo caso y la de la persona que presente el título, si lo solicitare».

El asiento de presentación impide que se inscriba cualquier otro título «que se le oponga o sea incompatible durante los sesenta días siguientes a ser extendidos, toda vez que se entiende que en dicho término y salvo calificación negativa, se practicará el correspondiente asiento de inscripción. Como se ha señalado a la hora de describir el libro diario, dispone el artículo 25 LH que, en caso de que existan dos inscripciones en la misma fecha «se atenderá a la hora de la presentación en el Registro de los títulos respectivos»[492]

---

492 Señala Rojo Iglesias los efectos del asiento de presentación:

a. Indica el orden de inscripción de los títulos en el Registro de la Propiedad.

b. La protección del Registro de la Propiedad comienza en la fecha y hora de la extensión del asiento de presentación.

Rojo Iglesias, E. «El asiento de presentación. La prioridad y el rango», en *Tratado de Derecho Civil. La fe pública registral*, tomo X. obra colectiva, director: Rams Albesa, J., coordinadores: Lacruz Bescós, J.L. y Vigil De Quiñones Otero, D., Dykinson S.L., Madrid, 2022, págs. 434-435. Con cita de Pau Pedrón, A., *Elementos de Derecho Hipotecario*, Madrid, Publicaciones de la Universidad Pontificia de Comillas. 2003. Pág. 101.

Según describe Roca Sastre, el asiento de presentación tiene las características siguientes:

a. Se trata de un «asiento preparatorio» extendido en el Libro Diario.

La forma de presentación de los títulos en el Registro de la Propiedad a fin de que se extienda el asiento de presentación viene regulada en el artículo 248 LH. Este precepto ha sido modificado por el artículo 28.4 de la Ley 24/2005, de 18 de noviembre, de reformas para el impulso a la productividad, mediante el cual se introduce la posibilidad de presentación de títulos de forma telemática.

4.4.2. Asiento de inscripción

Mediante este tipo de asiento se constata de forma definitiva en el Registro de la Propiedad las vicisitudes de la propiedad o cualquier otro derecho real, mediante la consolidación del asiento de presentación tras la calificación positiva por parte del registrador[493].

La inscripción configura un asiento registral. La primera inscripción que abre folio registral se denomina inmatriculación. La inmatriculación es la entrada de una finca al Registro de la Propiedad. Señala el artículo 7 LH que la primera inscripción de la finca «será de dominio». Su importancia radica en que la inscripción es el asiento sobre el que descansa el principio de publicidad registral[494]. Según dispone el artículo 24 LH, se considera que los efectos protectores de la inscripción practicada se retrotraen a la fecha y hora de la extensión del asiento de presentación. Esta retroacción se produce a todos los efectos. En la inscripción deberá constar la fecha y hora en que se haya extendido el asiento de presentación.

---

b. Se extenderán por riguroso orden de presentación, siempre que se haga en forma.

c. Sólo se extenderá asiento de presentación de aquellos títulos que se pretenda su inscripción.

d. Debe hacer constar en el mismo la «hora hábil» en la que ha sido presentado el título.

e. El asiento de presentación debe contener todas las menciones exigidas en la ley, concretamente en el artículo 249 LH.

f. Se trata de un «asiento de vigencia temporal».

Roca Sastre, R.M. y Roca Sastre Muncunill, L. *Derecho Hipotecario*, 7.ª. Ed., tomo II, Bosch, Barcelona, 1979, págs. 829-849.

493 Roca Sastre define el asiento de presentación:
«Asiento principal, definitivo y de carácter positivo, que se practica en los libros de inscripciones y en el que se hace constar de un modo completo la constitución, transmisión o modificación de un derecho real inmobiliario».
Roca Sastre, R.M. y Roca Sastre Muncunill, L. *Derecho Hipotecario*, 7.ª. Ed., tomo II, Bosch, Barcelona, 1979, págs. 903.
En este sentido, Lacruz Berdejo considera que nuestro derecho positivo hipotecario «reserva la inscripción —en principio— para las titularidades reales consolidadas». Ello, sin desconocer la protección registral de «derechos en formación o en litigio»
Lacruz Berdejo, J.L., *Lecciones de Derecho Inmobiliario Registral,* 2.ª Ed., Universidad de Zaragoza, Zaragoza, 1957, pág. 304.

494 Rams Albesa, J., Moreno Flórez, R.M. y Rubio San Román, J.I., *Apuntes de Derecho Inmobiliario Registral,* Dykinson S.L., 5.ª ed., Madrid, 2020, pág. 128.

Nuestro sistema registral considera la inscripción con carácter meramente declarativo, ya que los derechos se constituyen, modifican, transmiten y extinguen fuera del Registro. Consecuencia de lo anterior, también podemos calificar la inscripción como voluntaria. y no obligatoria. No obstante, existen excepciones a las reglas anteriores, tales como las hipoteca o el derecho de superficie, ya que se trata de derechos reales de inscripción constitutiva o, los supuestos de inscripciones obligatorias, como la constitución del derecho real de aprovechamiento por turno de bienes inmuebles, o determinados bienes de dominio público.

Hay que distinguir entre la transmisión y la publicidad de ésta. La inscripción en el Registro de la Propiedad no forma parte de la *traditio*, ni siquiera instrumental, sino que se limita a dar publicidad de la operación jurídico-inmobiliaria. Así se despende de la regulación contenida en el artículo 609. II CC: «La propiedad y los demás derechos sobre los bienes se adquieren y transmiten..., y por consecuencia de ciertos contratos mediante la tradición», sin que en ningún momento se exija la inscripción en el Registro de la Propiedad, salvo los supuestos antes señalados[495].

Roca Sastre formula una clasificación de los asientos de inscripción[496]:

a) «Inscripciones extensas y concisas»: distinción que el autor considera meramente formal.

b) «Inscripciones comunes y especiales»: las comunes no están sujetas a reglas específicas, mientras las especiales son aquellas a las que se refiere el último párrafo del artículo 9 LH: «Lo dispuesto en este artículo se entiende sin perjuicio de lo especialmente establecido para determinadas inscripciones».

c) «Inscripciones principales y de referencia»: las inscripciones de referencia tienen como objeto relacionar inscripciones de una finca que comprende el territorio de distintos Registros de la Propiedad.

d) «Inscripciones primeras y posteriores»: la primera inscripción realizará la descripción completa de la fina, sin que sea necesaria en las posteriores.

e) «Inscripciones de inmatriculación e hipotecarias»: serán inmatriculaciones aquellas primeras inscripciones que no sean resultado de la agrupación o segregación de otras fincas. Este autor también considera inmatriculación *«las inscripciones que sólo tengan como contenido la constancia de una obra nueva o de un exceso de cabida»*.

495 Saborido Sánchez considera «que la inscripción, por regla general, no forma parte de la transmisión». Saborido Sánchez, P., «Asientos registrales I», en *Lecciones de Derecho Inmobiliario Registral*, obra colectiva, coordinadoras: Diéguez Oliva, R. Y SABORIDO SÁNCHEZ, P., Tirant lo Blanch, Valencia, 2021, págs. 93-94.

496 Roca Sastre, R.M. y Roca Sastre Muncunill, L. Derecho Hipotecario, 7.ª. Ed., tomo II, Bosch, Barcelona, 1979, págs. 904-906.

f) «Inscripciones constitutivas y declarativas»: en nuestro derecho, salvo los derechos reales de hipoteca y superficie cuya inscripción en el Registro de la Propiedad es requisito constitutivo, el resto son de carácter meramente declarativo.

g) «Inscripciones referentes a derechos y referentes a hechos»: esta clasificación se fundamenta en el objeto de la inscripción, ya sea hecho o derecho.

El contenido mínimo del asiento de inscripción viene detallado en el artículo 9 LH:

a) «Descripción de la finca objeto de inscripción, con su situación física detallada, los datos relativos a su naturaleza, linderos, superficie y, tratándose de edificaciones, expresión del archivo registral del libro del edificio, salvo que por su antigüedad no les fuera exigible. Igualmente se incluirá la referencia catastral del inmueble o inmuebles que la integren y el hecho de estar o no la finca coordinada gráficamente con el Catastro en los términos del artículo 10».

b) «Siempre que se inmatricule una finca, o se realicen operaciones de parcelación, reparcelación, concentración parcelaria, segregación, división, agrupación o agregación, expropiación forzosa o deslinde que determinen una reordenación de los terrenos, la representación gráfica georreferenciada de la finca que complete su descripción literaria, expresándose, si constaren debidamente acreditadas, las coordenadas georreferenciadas de sus vértices».

c) «La naturaleza, extensión y condiciones, suspensivas o resolutorias, si las hubiere, del derecho que se inscriba, y su valor cuando constare en el título.

d) El derecho sobre el cual se constituya el que sea objeto de la inscripción.

e) La persona natural o jurídica a cuyo favor se haga la inscripción o, cuando sea el caso, el patrimonio separado a cuyo favor deba practicarse aquélla, cuando éste sea susceptible legalmente de ser titular de derechos u obligaciones».

f) «La persona de quien procedan inmediatamente los bienes o derechos que deban inscribirse.

g) El título que se inscriba, su fecha, y el Tribunal, Juzgado, Notario o funcionario que lo autorice.

h) La fecha de presentación del título en el Registro y la de la inscripción.

i) El acta de inscripción y la firma del Registrador, que supondrá la conformidad del mismo al texto íntegro del asiento practicado».

Este es el contenido general de los asientos de inscripción, sin perjuicio de que determinadas inscripciones exijan algún contenido distinto.

4.4.3. Anotación preventiva

Las anotaciones preventivas vienen reguladas en los artículos 42 a 103 LH. Son asientos provisionales que tienden a prevenir y garantizar situaciones transitorias con transcendencia real[497].

RIFÁ SOLER considera como características propias de las anotaciones preventivas:

a) «Asiento de duración limitada, no de carácter provisional».

Se destaca su provisionalidad. La limitación temporal viene regulada en el artículo 86.I LH. Las anotaciones preventivas tienen un carácter permanente hasta que se produzca su caducidad por el transcurso del plazo de cuatro años, salvo las que tengan señalado un plazo menor. Sin perjuicio del plazo anterior, podrá prorrogarse por otro plazo de cuatro años, siempre que sea solicitada antes de que se haya producido la caducidad inicial del asiento. La prórroga se acordará a instancia de la parte interesada o por mandato de la autoridad que la haya acordado. Se podrán practicar prórrogas sucesivas, lo que excluye su carácter provisional.

b) «La anotación preventiva, desde un punto de vista registral, no tiene carácter de asiento definitivo».

La ausencia de carácter definitivo no implica carácter provisional, puesto que como se ha señalado anteriormente, pueden practicarse sucesivas prórrogas. Podemos considerar que se trata de un asiento de carácter transitorio, bien hacia su conversión en inscripción definitiva, o bien hacia su cancelación, como así dispone el artículo 77 LH. El artículo 70 LH señala que «Cuando la anotación preventiva de un derecho se convierta en inscripción definitiva del mismo, surtirá ésta sus efectos desde la fecha de la anotación».

---

497 Siguiendo a RIFÁ SOLER, podemos definir las anotaciones preventivas como los asientos registrales mediante los cuales se pretende garantizar derechos reales no perfeccionados, eventuales o transitorios, o que requieran subsanación antes de su inscripción. RIFÁ SOLER, J.M., *La anotación preventiva de embargo*, Montecorvo S.A., Madrid, 1983, Págs. 85 a 89.

ROCA SASTRE clasifica las anotaciones preventivas según su naturaleza, distinguiendo entre las de «mera publicidad» y las «constitutivas». ROCA SASTRE, R.M. y ROCA SASTRE MUNCUNILL, L. *Derecho Hipotecario*, 7.ª. Ed., tomo III, Bosch, Barcelona, 1979, pág. 6.

LACRUZ BERDEJO describe los criterios diferenciadores entre anotación e inscripción

a. «Caducidad del asiento»: Mientras que la inscripción tiene vocación de permanencia, la anotación es temporal.

b. «Accesoriedad»: Podemos calificar la inscripción como asiento principal, dotado de cierto grado de autonomía. Por el contrario, la anotación es dependiente del asiento de inscripción.

c. «Eventualidad»: Este criterio guarda relación con la eficacia final de la anotación al depender de «si el legitimado hace valer su pretensión o no». LACRUZ BERDEJO, J.L., *Lecciones de Derecho Inmobiliario Registral*, 2.ª Ed., Universidad de Zaragoza, Zaragoza, 1957, págs. 305-306.

Ello implica que la anotación preventiva carece de provisionalidad por cuanto que sus efectos se extienden a la inscripción definitiva.

c) «Operan en favor de los titulares de situaciones jurídicas que no son inscribibles».

Se trata de actuaciones de protección propia o a favor de terceros, no de la inscripción de un derecho real.

d) «Enervar la eficacia de la fe pública registral».

La finalidad de las anotaciones preventivas es evitar que la publicidad derivada del Registro de la Propiedad distorsione la realidad jurídica al margen del registro. Con las anotaciones preventivas se destruye la buena fe de quien adquiere en virtud de lo inscrito en el Registro, ya que se presume que conoce o pudo conocer que lo inscrito ha podido o podrá verse alterado por lo que suceda al margen del registro[498].

Según dispone el artículo 86 LH, con carácter general las anotaciones preventivas tienen un plazo de caducidad de cuatro años, salvo que legalmente tengan asignadas un plazo más breve. En todo caso, el plazo no puede ser superior a cuatro años, sin perjuicio de que pueda acordarse la prórroga de la anotación. En caso de prórroga, ésta no puede ser superior al de cuatro años inicialmente fijado. Tan sólo puede acordarse prórroga a solicitud de la parte interesada o por mandamiento de la autoridad que hubiera decretado la anotación preventiva inicial. Ahora bien, la solicitud y el mandamiento deben presentarse antes de la caducidad de la anotación inicial o de cualquiera de sus prórrogas. No sólo se podrá practicar una prórroga, sino cuantas fueran necesarias.

La caducidad no se hará constar de oficio en el Registro de la Propiedad, sino que tendrá que ser el dueño del inmueble o derecho real quien lo solicite. No obstante, no es necesaria una declaración expresa de caducidad para que la misma quede sin efecto, sino que la misma opera *ipso iure*. Una cosa es la cancelación formal de la anotación preventiva, otra es que una vez transcurrido el plazo de caducidad la anotación preventiva no produzca efecto alguno. Ha existido jurisprudencia contradictoria a la hora de aceptar la posibilidad de que se produzca la prórroga tácita de la anotación de embargo por la práctica de nota marginal de expedición de certificación de cargas a su margen. Esta cuestión ha sido resuelta por la STS de 4 de mayo de 2021 que señala[499]:

> «La emisión de la certificación de cargas y la extensión de la nota marginal más que "causar estado" definitivo, constituyen una prórroga temporal, de cuatro años,

498 Como señala Diéguez Oliva «la finalidad principal que se persigue con las anotaciones preventivas no es otra que la enervación de la fe pública registral del art. 34 LH, ...». Diéguez Oliva, R., «Anotaciones preventivas», en *Lecciones de Derecho Inmobiliario Registral*, obra colectiva, coordinadoras: Diéguez Oliva, R. y Saborido Sánchez, P., Tirant lo Blanch, Valencia, 2021, pág. 95.

499 STS (Sala 1.ª, Pleno), núm. 1497/2021, de 4 de mayo. (ECLI:ES:TS:2021:1497).

a la anotación preventiva de embargo, de forma que durante este periodo podrá hacerse valer el efecto de cancelación de cargas posteriores del eventual decreto de adjudicación dictado en esa ejecución»[500].

El artículo 42 LH contiene una relación de las anotaciones preventivas reconocidas en nuestro Derecho Inmobiliario Registral. Debemos destacar que se trata de *numerus clausus* respecto de las anotaciones preventivas reconocidas en nuestro derecho positivo. Tan sólo se podrán pedir las anotaciones preventivas previstas en la ley, pero no sólo en este artículo, o en la Ley Hipotecaria, sino en cualquier norma legal. En este sentido, hay que tener en cuenta que no sólo existen las descritas en el artículo 42 LH, sino que muchas normas legales contienen distintas anotaciones preventivas[501]. Así se reconoce desde un punto de vista del derecho positivo en el artículo 42.10.° LH que dispone: «El que en cualquier otro caso tuviese derecho a exigir anotación preventiva, conforme a lo dispuesto en esta o en otra Ley». A título de ejemplo, podemos citar el artículo 727.6.ª LEC que incluye: «Otras anotaciones registrales, en casos en que la publicidad registral sea útil para el buen fin de la ejecución».

Anotaciones preventivas contenidas en el artículo 42 LH:

4.4.3.1. Anotación preventiva de demanda. Artículo 42.1.° LH

Esta anotación preventiva se articula procesalmente a través de las normas contenidas en los artículos 721 a 747 LEC (Libro III, Capítulo VI LEC) relativas a las medidas cautelares. En concreto, esta medida cautelar denominada específica en la Ley de Enjuiciamiento Civil, aparece incluida en el artículo 727.5.ª LEC: «la anotación preventiva de demanda, cuando ésta se refiera a bienes o derechos susceptibles de inscripción en Registros públicos». Los mismos deben estar inscritos en el Registro de la Propiedad, ya que en caso contrario no podría realizarse la correspondiente anotación. Se pretende dejar constancia de la litigiosidad existente sobre el bien o derecho objeto del procedimiento.

Debe tratarse del ejercicio de acciones que tengan como objeto «la propiedad de bienes inmuebles o la constitución, declaración, modificación o extinción de cualquier derecho real». No obstante, como señala la RDGRN/

---

500 En el mismo sentido, la RDGRN/RDGSJFP de 16 de julio de 2021 (BOE de 30 de Julio de 2021).

501 Consideran Rams Albesa, Moreno Flórez y Rubio San Román «que queda de relieve su numerus clausus» aunque muchos supuestos de anotaciones preventivas se encuentren «desperdigados por la propia legislación hipotecaria». Rams Albesa, J., Moreno Flórez, R.M. y Rubio San Román, J.I., Apuntes de Derecho Inmobiliario Registral, Dykinson S.L., 5.ª ed., Madrid, 2020, págs. 270-273.

RDGSJFP de 25 de junio de 1991[502], no sólo cuando trate de acciones reales, sino que también es posible practicar la anotación preventiva de demanda cuando «se persigue la efectividad de un derecho personal cuyo desenvolvimiento lleve aparejado una mutación jurídico real inmobiliaria». La RDGRN/RDGSJFP de 6 de septiembre de 2022 permite la inscripción de una querella, si se ejercita juntamente con una acción civil «con transcendencia real inmobiliaria»[503].

4.4.3.2. Anotación preventiva de embargo. Artículo 42.2.º LH

Esta anotación tiene como objeto que terceros adquirentes que aporten títulos posteriores a la misma, no puedan alegar desconocimiento, pues pudieron acceder a la información obrante en el Registro de la Propiedad. Cuestión distinta es que sus títulos fueran anteriores a la anotación, en cuyo caso la misma no tendrá transcendencia alguna[504]. Y su anotación preventiva es la forma de dejar constancia en el Registro de la Propiedad de que dicha medida se ha acordado y, por lo tanto, no se pueda alegar desconocimiento de tal circunstancia.

Según dispone el artículo 629 LEC, la ejecución se practicará mediante mandamiento librado por el Letrado de la Administración de Justicia, a instancia del ejecutante y dirigido al Registrador de la Propiedad, para que haga la anotación preventiva. El Registrador extenderá asiento de presentación tras la recepción telemática del mandamiento y, una vez recibido el original practicará la anotación preventiva[505].

4.4.3.3. Anotación preventiva por sentencia ejecutoria. Artículo 42.3.º LH

Esta anotación preventiva tiene como objeto, tanto el embargo de bienes consecuencia de una ejecución de título judicial consistente en sentencia ejecutoria, como de la propia sentencia. Aunque de una primera lectura del artículo 141 RH pudiera deducirse que el artículo 42.3 LH sólo tiene como

---

502 RDGRN/RDGSJFP de 25 de junio de 1991 (BOE de 16 de agosto de 1991).

503 RDGRN/RDGSJFP de 6 de septiembre de 2022 (BOE de 14 de octubre de 2022).

504 Señala Sacristán Represa que «el embargo preventivo de bienes es una de las medidas cautelares clásicas», manteniéndose su transcendencia en la Ley 1/2000, de 7 de enero, de Enjuiciamiento Civil. Sacristán Represa, G., «De las medidas cautelares», en *Enjuiciamiento Civil. Comentarios y Jurisprudencia*, obra colectiva, coordinador: Xiol Ríos, J.A., Sepin, Madrid, 2008, pág. 4204.

505 Señala Ferrer Gutiérrez que la principal garantía del embargo es «su constancia en el Registro de la Propiedad mediante la correspondiente anotación preventiva», evitando además la aparición de un tercero de buena fe. Ferrer Gutiérrez, A., «De la ejecución dineraria», en *Enjuiciamiento Civil. Comentarios y Jurisprudencia*, obra colectiva, coordinador: Xiol Ríos, J.A., Sepin, Madrid, 2008, pág. 3908-3911.

objeto la anotación preventiva de embargo de bienes, lo cierto es que no impide la anotación preventiva de la sentencia ejecutiva. Ésta es la interpretación realizada en RDGRN/RDGSJFP de 8 de noviembre de 2010[506] que permite la inscripción de una sentencia ejecutoria que contenga «condenas no dinerarias cuando ordenan al titular registral cumplir una obligación de hacer o de no hacer que conlleve, una vez cumplida, una mutación jurídico real susceptible de ser inscrita». Esta resolución, además, contiene la finalidad de esta anotación preventiva: prevenir que quien es ajeno al procedimiento y, por tanto, no se pueda ejecutar contra él, pueda ser considerado tercero de buena fe y amparado por la fe pública registral.

4.4.3.4. Anotación preventiva de secuestro o prohibición de enajenación de bienes inmuebles». Artículo 42.4.° LH

Esta anotación preventiva otorga publicidad registral a la prohibición de disponer de determinados bienes inmuebles como consecuencia de un procedimiento judicial, evitando que quien los adquiera pueda alegar buena fe. Además, se protege al posible adquiriente, puesto que, si adquiriera alguno de estos bienes indisponibles, la consecuencia sería la nulidad absoluta del negocio jurídico por ausencia de consentimiento por parte del transmite, faltando uno de los elementos esenciales del contrato de conformidad con el artículo 1261 CC.

Este precepto se centra en acciones que pretenden el cumplimiento de obligaciones, así como que el legitimado es quien demanda en juicio ordinario. En relación con esto último, debe tenerse en cuenta que la mención al «juicio ordinario» no debe entenderse como el que se regula en el artículo 249 LEC, sino como procedimiento declarativo y no especial. En este sentido, debe destacarse que la denominación de «Juicio Ordinario» se contenía en la redacción original del Decreto de 8 de febrero de 1946 por el que se aprueba la nueva redacción oficial de la Ley Hipotecaria, mientras que la denominación de Juicio Ordinario como tipo de juicio declarativo se introduce en nuestra legislación procesal a través de la Ley 1/2000, de 7 de enero, de Enjuiciamiento Civil. Por lo tanto, esta anotación preventiva puede derivar tanto del ejercicio de acciones judiciales para el cumplimiento de obligaciones, tramitadas como juicio verbal u ordinario. Se diferencia de las anotaciones preventivas a las que se refiere el artículo 26.2.ª LH, en que esta anotación preventiva contenida en el artículo 42.4.ª LH se refiere en exclusiva a procesos judiciales declarativos cuyo objeto sea el cumplimiento de obligaciones, mientras que respecto a la prohibición de disponer a la que se refiere el artículo 26.2.ª LH se refieren a cualquier tipo de procedimiento judicial, al que se añade, además, los procedimientos administrativos.

506 RDGRN/RDGSJFP de 8 de noviembre de 2010 (BOE de 1 de enero de 2011).

4.4.3.5. Anotación preventiva de demanda por la que se pretenda resoluciones judiciales de declaración de ausencia o fallecimiento, que afecten a la libre disposición de los bienes o sentencias y resoluciones judiciales dictadas en los procesos relacionados en el artículo 755 LEC. Artículo 42.5º LH

Este precepto es el resultado de la reforma llevada a cabo por Ley 8/2021, de 2 de junio, por la que se reforma la legislación civil y procesal para el apoyo a las personas con discapacidad en el ejercicio de su capacidad jurídica. El objeto de la anotación preventiva es la demanda interpuesta que pretenda que se dicte una resolución judicial en relación con las contenidas en el artículo 2.4.º LH:

a) Declaración de ausencia

b) Declaración de fallecimiento.

c) Que afecten a la libre disposición de bienes de una persona

d) Que afecten a las medidas judiciales de apoyo a las personas con discapacidad.

4.4.3.6. Anotación preventiva de derecho hereditario en abstracto. Artículo 42.6.º LH

Estas anotaciones preventivas no tienen como objeto los bienes concretos adquiridos por herencia, o aquellas partes indivisas que se les hubiera adjudicado a cada heredero. Se trata de los derechos hereditarios de los que goza el heredero antes de que se produzca la partición de la herencia. Una vez que se produzca ésta, se podrá inscribir el dominio de los bienes heredados. Su fundamento es evitar que se transmita a un tercero los bienes objeto de la herencia y que éste se convierta en tercero de buena fe.

4.4.3.7. Anotación preventiva de legados. Artículo 42.7.º LH

Como señala el precepto, su ámbito se reduce a aquellos casos de imposibilidad legal de promover la división judicial de la herencia, regulada en la sección 1.º, Capítulo I, Título II, del Libro IV de la Ley de Enjuiciamiento Civil. El artículo 782 LEC reconoce legitimación para instar dicho procedimiento al legatario de parte alícuota siempre que la división no deba ser realizada por comisario, contador-partidor, acuerdo entre herederos, Letrado de la Administración de Justicia o Notario[507]. Por lo tanto, cuando la división deba reali-

507 Seoane Spiegelberg, califica de «indiscutible» su legitimación activa. Seoane Spiegelberg, J.L., «De la ejecución dineraria», en *Enjuiciamiento Civil. Comentarios y Jurisprudencia*, obra colectiva, coordinador: Xiol Ríos, J.A., Sepin, Madrid, 2008, págs. 4533-4536.

zarla los anteriormente citados, el legatario podrá solicitar anotación preventiva sobre los bienes objeto de legado.

Según dispone el artículo 48 LH, si se tratara de legatario de género o cantidad, dentro de los ciento ochenta días siguientes al fallecimiento del causante, podrá solicitar anotación preventiva sobre los bienes inmuebles de la herencia, hasta el valor del legado. De conformidad con los artículos 50 y 51 LH, los legatarios que hagan uso de este derecho en el plazo indicado tendrán preferencia en relación con los bienes sobre los que se ha practicado la anotación preventiva, sobre los acreedores del heredero que hubieran aceptado la herencia sin beneficio de inventario, terceros adquirientes que traigan título del heredero y aquellos otros legatarios que no hayan hecho uso de su derecho de anotación.

4.4.3.8. Anotación preventiva de créditos refaccionario. Artículo 42.8.° LH

Crédito refaccionario es aquel que solicita el dueño de la obra, garantizándose con el objeto de esta[508].

Según dispone el artículo 61 LH, para poder practicar anotación de crédito refaccionario sobre finca sujeta a cargas o derechos reales inscritos, debe otorgarse escritura pública en la que conste el convenio unánime del propietario de la finca y los titulares de las cargas y derechos reales, sobre el objeto de la refacción y el valor de las fincas anterior al comienzo de las obras. El valor de la finca también pude determinarse judicialmente, mediante providencia dictada en expediente instruido al efecto, en el que hayan podido intervenir el propietario de la finca y los titulares de las cargas y derechos reales. No obstante, aunque no se hubiera otorgado escritura pública o dictado providencia judicial en los términos antes vistos, conforme al artículo 59 LH y siempre que conste por escrito, aunque sea privado, se podrá anotar el crédito refaccionario. En este segundo caso, nos encontramos ante el concepto amplio de crédito refaccionario, es decir, el acreedor no es quien ha otorgado el préstamo, sino que lo es quien ha ejecutado la obra y suministrados materiales. En este sentido, STS de 21 de julio de 2000[509].

508 Roca Sastre señala que «crédito refaccionario es aquel que se contrae y emplea en la construcción, conservación o reparación de una cosa». Se refiere a la garantía refaccionaria como «el derecho de afección y realización de valor que tiene el acreedor en seguridad de la devolución o pago de dicha cantidad prestada. ROCA SASTRE, R.M. y ROCA SASTRE MUNCUNILL, L. *Derecho Hipotecario*, 7.ª. Ed., tomo IV-1.°, Bosch, Barcelona, 1979, pág. 180.

509 STS (Sala 1.°, Secc. 1.ª) núm. 6148/2000, de 21 de julio (ECLI:ES:TS:2000:6148). Establece la citada: «En definitiva: el crédito refaccionario no nace necesariamente de un préstamo, en el sentido técnico-jurídico que ha de darse a este contrato, sino también de aquellos otros que hayan contribuido por modo directo al resultado de una construcción, reparación, conservación o mejora de un inmueble, y la palabra anticipar que usa el art. 59 LH

Para que el crédito refaccionario goce de la preferencia que le otorga el artículo 1923.3 CC dentro de la prelación de créditos, debe estar anotado o en el Registro de la Propiedad, caducando la anotación a los sesenta días de concluida la obra, si bien el acreedor, en caso de que no se hubiera pagado al término de dicho plazo a totalidad de su crédito, podrá solicitar su conversión en inscripción de hipoteca, como así disponen los artículos 92 y 93 LH[510].

4.4.3.9. Anotación preventiva por imposibilidad de inscripción. Artículo 42.9.º LH

Esta anotación preventiva persigue extender el efecto temporal del asiento de presentación, que con carácter general se limita a 60 días, cuando el título presentado se califica negativamente por defecto subsanable. En este sentido, el artículo 65.II LH dispone que para el caso que esto ocurra, «el Registrador suspenderá la inscripción y extenderá anotación preventiva cuando a solicite el que presentó el título». Si el defecto fuera insubsanable, el Registrador denegará la inscripción, estando vetada expresamente la posibilidad de hacer anotación preventiva en este caso.

4.4.3.10. Anotación preventiva a favor de los acreedores de una herencia, concurso o quiebra. Artículo 45 LH

El procedimiento de quiebra ha desaparecido de nuestro derecho, siendo absorbido dicho concepto jurídico por el de concurso de acreedores, dentro de cuya terminología se incluyen todas las formas de insolvencia.

4.4.4. Cancelación

El artículo 76 LH hace referencia a los medios de extinción de las inscripciones. Sólo hay dos formas válidas de extinguir una inscripción:

a) La inscripción da la transmisión del dominio o derecho real objeto de inscripción a favor de tercero.

b) La cancelación.

---

para anotar las cantidades entregadas de una vez o de modo sucesivo, ha de entenderse de modo amplio y comprensivo del adelanto que el contratista ha de hacer para ejecutar la obra, siendo la palabra "cantidad" una referencia a la valoración y determinabilidad a que alude el art. 1273 CC, máxime cuando el art. 60 de la propia ley habla de "dinero o efectos en que consistan los mismos créditos", a lo que ha de añadirse que no es a la Ley hipotecaria a quien corresponde definir el concepto, sino al Código civil, perteneciendo a aquélla solamente la publicidad en materia inmobiliaria».

510 Señala Santos Britz «la preferencia de cobro del acreedor refaccionario deriva de la asimilación a una hipoteca de su anotación preventiva o de su conversión en hipoteca». Santos Britz, J., «Artículo 1923 CC», en *Código Civil. Doctrina y Jurisprudencia*, obra colectiva, coordinador: Albácar López, J.L., 1.ª Ed., tomo VI, Trivium, Madrid, 1991, págs. 1138-1143.

Del mismo modo, el artículo 77 LH dispone los medios de extinción de las anotaciones preventivas:

a) Cancelación por caducidad.

b) Conversión en inscripción.

En ambos casos, la cancelación puede ser total o parcial, como así dispone el artículo 78 LH.

El artículo 79 LH determina las circunstancias que conllevan a que el interesado pueda solicitar la cancelación total de la inscripción o anotación preventiva, siendo obligada su práctica:

a) Extinción completa del inmueble.

b) Extinción completa del derecho inscrito o anotado.

c) La declaración de nulidad del título del que trae causa la inscripción o anotación.

d) La declaración de nulidad por falta de los requisitos esenciales contenidos en la Ley Hipotecaria.

Del mismo modo, el artículo 80 LH relaciona los motivos de solicitud y decreto de la cancelación parcial:

a) Reducción del inmueble.

b) Reducción del derecho.

Las cancelaciones se practicarán en los libros de inscripciones, en concreto, la cancelación de cualquier asiento deberá realizarse en el folio real de la finca a que corresponda, como así determinan los artículos 242 y 243 LH. La forma de llevar a cabo las cancelaciones se describe en el artículo 43 RH. Señala este precepto que las cancelaciones se señalarán al margen, no entendiéndose como el lugar señalado para las notas marginales, sino en el margen estrecho intermedio donde se numeran los asientos de inscripción. En el caso de la cancelación se señalarán por letras y no por números, al igual que ocurre con las anotaciones preventivas.

De conformidad con los artículos 173 a 214 RH, los títulos necesarios para la cancelación serán: Negocio cancelatorio, Resolución judicial cancelatoria, Resolución administrativa, Cancelaciones automáticas y de oficio[511].

4.4.5. Notas marginales

Las notas marginales son asientos accesorios de otros que tienen como finalidad el orden entre el resto de los asientos registrales. Podemos considerar las notas marginales como asientos menores pero que dotan de indudable agilidad y coherencia al Registro de la Propiedad.

511 Saborido Sánchez, P., «Asientos registrales. La inscripción», en *Esquemas de Derecho Civil III, Derechos Reales. Derecho Registral»,* obra colectiva, directora: Cañizares Laso, A., coordinadora: Diéguez Oliva, R., 4.ª Ed., Tirant lo Blanch, Valencia, 2022, pág. 143.

LACRUZ BERDEJO las clasifica según su finalidad[512]:

a) «Notas marginales que dan fe de un acontecimiento»: ya sea un acto negocial o declaración de voluntad de transcendencia real, aunque no suficiente para derivar en la práctica de un asiento de presentación.

b) Notas marginales que en principio deberían revestir forma de inscripción pero que la norma legal autoriza la forma de nota marginal[513].

c) «Nota marginal de oficina»: sirve para relacionar unos asientos con otros, como pueden ser los del edificio con cada uno de los elementos privativos integrantes del mismo[514].

El artículo 366.I RH contiene la forma del folio del libro de inscripciones donde se pueden practicar los distintos asientos y entre ellos, las notas marginales:

> «Cada folio del libro de inscripciones contendrá un margen en blanco suficiente para insertar en él las notas marginales correspondientes; dos líneas verticales formando columna, para consignar entre ellas el número o letra del asiento respectivo, y un ancho espacio, rayado horizontalmente, para extender las inscripciones, anotaciones preventivas y cancelaciones. En la parte superior de cada folio se estampará con el número del mismo el siguiente encasillado: "Notas marginales. —Número de orden de las Inscripciones. —Finca número ..."».

4.4.6. Menciones

Se considera mención a aquella anotación que hacer referencia a una carga o gravamen en la inscripción de un derecho distinto al que es objeto de mención. Obviamente no goza de los efectos de la fe pública registral puesto que para ello se hubiera requerido inscripción separada. Así se deduce del artículo 98 LH:

> «..., las menciones de derechos susceptibles de inscripción especial y separada y los legados no legitimarios que no hayan sido anotados preventivamente dentro del plazo legal no tendrán la consideración de gravámenes a los efectos de esta Ley ...».

512 LACRUZ BERDEJO, J.L., *Lecciones de Derecho Inmobiliario Registral*, 2.ª Ed., Universidad de Zaragoza, Zaragoza, 1957, pág. 323-324.

513 ROCA SASTRE las clasifica de forma paralela: notas marginales de oficina, notas marginales de modificación jurídica o propiamente dichas y notas marginales sucedáneas o con función semejante o equivalente a la de los asientos de inscripción, anotación preventiva o cancelación. Considera que «a pesar de surtir efecto jurídico hipotecario o registral, éste no tiene la suficiente envergadura para provocar una inscripción». ROCA SASTRE, R.M. y ROCA SASTRE MUNCUNILL, L. *Derecho Hipotecario*, 7.ª. Ed., tomo II, Bosch, Barcelona, 1979, págs. 914-922.

514 ROCA SASTRE consideran que tienen como finalidad «coordinar las operaciones registrables, constituyendo un medio que facilita el modo de llevar los libros del registro». ROCA SASTRE, R.M. y ROCA SASTRE MUNCUNILL, L. *Derecho Hipotecario*, 7.ª. Ed., tomo II, Bosch, Barcelona, 1979, págs. 914-922.

Lo anterior se confirma en el artículo 51.7.ª RH:

«Las cargas y limitaciones de la finca o derecho que se inscriba se expresarán indicando brevemente las que consten inscritas o anotadas con referencia al asiento donde aparezcan. En ningún caso se indicarán los derechos expresados en el artículo 98 de la Ley, ni los aplazamientos de precio no asegurados especialmente».

CAPÍTULO XI

PROCEDIMIENTO REGISTRAL

El procedimiento para la inscripción de un título en el Registro de la Propiedad, regulado principalmente por la Ley Hipotecaria y desarrollado mediante el Reglamento Hipotecario, se sustenta en una serie de principios como el de publicidad, tracto sucesivo y prioridad. El registrador actúa como garante de la legalidad, verificando la validez formal y sustancial de los títulos presentados para su inscripción.

1. Finca y folio real

Se debe partir de la base de que el objeto primario de inscripción en el Registro de la Propiedad es la finca, como así dispone el artículo 8.I y II LH: «Cada finca tendrá desde que se inscriba por primera vez un número diferente y correlativo. Las inscripciones que se refieran a una misma finca tendrán otra numeración correlativa y especial». En este sentido, la RDGRN/RDGSJFP de 1 de abril de 2013 señala[515]:

> «Siendo la finca el elemento primordial de nuestro sistema registral —de folio real—, por ser la base sobre la que se asientan todas las operaciones con trascendencia jurídico real (cfr. artículos 1, 8, 9, 17, 20, 38 y 243 de la Ley Hipotecaria y 44 y 51.6 del Reglamento Hipotecario), constituye presupuesto básico de toda actividad registral la identidad o coincidencia indubitada entre la finca que aparece descrita en el título presentado y la que figura inscrita en el Registro»[516].

515 RDGRN/RDGSJFP de 1 de abril de 2013 (BOE de 23 de abril de 2013).

516 Destaca Diéguez Oliva que, aunque la finca registral es el elemento fundamental del sistema hipotecario español, no existe una definición legislativa. Diéguez Oliva, R., «La finca como base del registro», en *Lecciones de Derecho Inmobiliario Registral*, obra colectiva, coordinadoras: Diéguez Oliva, R. y Saborido Sánchez, P., Tirant lo Blanch, Valencia, 2021, pág. 43.

A partir de aquí, todo son hechos jurídicos o derechos que afectan a las fincas. A este respecto debe tenerse en cuenta que la finca es la base del sistema registral español, desarrollándose a través del principio de folio real, como así se refleja en el artículo 9.I LH tras su reforma por la Ley 13/2015, de 24 de junio, de Reforma de la Ley Hipotecaria aprobada por Decreto de 8 de febrero de 1946 y del texto refundido de la Ley de Catastro Inmobiliario, aprobado por Real Decreto Legislativo 1/2004, de 5 de marzo:

> «El folio real de cada finca incorporará necesariamente el código registral único de aquélla. Los asientos del Registro contendrán la expresión de las circunstancias relativas al sujeto, objeto y contenido de los derechos inscribibles según resulten del título y los asientos del registro, previa calificación del Registrador».

Como señala la RDGRN/RDGSJFP de 11 de julio de 2013, «el concepto de finca ha dejado de ser exclusivamente perimetral», en consonancia con lo que señala Lacruz Berdejo al considerar que finca en sentido registral no se refiere siempre a una porción definida de terreno, sino que «es finca todo lo que abre folio en el Registro»[517]. El sistema registral español gira en torno a dos conceptos: finca y folio real. En este sentido, el artículo 243 LH dispone que se abrirá un folio por cada finca, practicándose sobre él todas las inscripciones, anotaciones y cancelaciones relativas a la misma. También se practicarán en las notas marginales, aunque no lo sea de forma consecutiva, sino en el espacio delimitado para ello en la izquierda del folio. La RDGRN/RDGSJFP de 7 de junio de 2012 señala que: «uno de los principios fundamentales del sistema registral es el de folio real según el cual el Registro se lleva por fincas abriendo a cada una el número registral correspondiente»[518].

Tras la reforma llevada a cabo mediante la Ley 11/2023, de 8 de mayo, de trasposición de Directivas de la Unión Europea en materia de accesibilidad de determinados productos y servicios, migración de personas altamente cualificadas, tributaria y digitalización de actuaciones notariales y registrales; y por la que se modifica la Ley 12/2011, de 27 de mayo, sobre responsabilidad civil por daños nucleares o producidos por materiales radiactivos, el Registro de la Propiedad se administra mediante el sistema de folio real en formato y soporte electrónico, utilizando un sistema informático interconectado que enlaza cada oficina registral con los servicios centrales del Colegio de Registradores de la Propiedad, Mercantiles y de Bienes Muebles de España a través de una red corporativa. El folio real electrónico se genera al momento de la inmatricula-

517 RDGRN/RDGSJFP de 11 de julio de 2013 (BOE de 24 de septiembre de 2013).
Lacruz Berdejo, J.L., *Lecciones de Derecho Inmobiliario Registral*, 2.ª Ed., Universidad de Zaragoza, Zaragoza, 1957, pág. 323-324.
Álvarez Caperochipi considera que «la finca es el elemento ordenador del registro». Álvarez Caperochipi, J.A., *Derecho Inmobiliario Registral,* Comares, 2.ª ed., Granada, 2006, págs. 109-110.

518 RDGRN/RDGSJFP de 7 de junio de 2012 (BOE de 12 de julio de 2012).

ción o primera inscripción de una finca, o al realizar cualquier operación registral sobre esta, salvo en el caso de asientos accesorios. El primer asiento en el folio real incluye la descripción de la finca y un resumen de las titularidades, cargas y derechos vigentes, con datos esenciales como las cantidades garantizadas, fechas de vencimiento y otros elementos relevantes.

Todos los asientos registrales se llevan en soporte digital, con firma electrónica cualificada del registrador, permitiendo la trazabilidad e integridad de estos. Estos asientos, así firmados y visualizados en la aplicación de gestión registral, tienen efectos legales. Las inscripciones, anotaciones preventivas y cancelaciones de cada finca se disponen en secuencia, mientras que las notas marginales aparecen junto al asiento al que corresponden. La representación gráfica de las fincas también se inscribe y se visualiza en la misma aplicación. No obstante, los archivos anteriores al sistema electrónico, aunque estén en formato físico, siguen siendo parte del archivo registral y mantienen su plena validez jurídica. Los libros y asientos en soporte digital llevados conforme a la ley, tienen fe pública registral.

Según dispone el artículo 242 LH, en los folios reales de cada finca se practicarán las inscripciones, anotaciones preventivas, cancelaciones y notas de todos los títulos sujetos a inscripción, folio real que se encabezará con el nombre oficial del Registro y del municipio donde se ubique la finca. La calificación, gestión, modificación y publicidad del contenido del folio real es responsabilidad del registrador competente, determinado según la ubicación de la finca y la demarcación correspondiente del Registro.

2. Objeto de inscripción

Como regla general, debemos reiterar lo dispuesto en los artículos 1.1 LH y 605 CC: «el Registro de la Propiedad tiene por objeto la inscripción o anotación de los actos y contratos relativos al dominio y demás derechos reales sobre bienes inmuebles». En un sentido amplio, también podemos incluir las resoluciones dictadas en sede judicial o administrativa que afecten a la propiedad y resto de derechos reales, así como las resoluciones judiciales que afecten a la capacidad de las personas en cuanto que, al modificarla, puede impedir o limitar actos o negocios jurídicos de transcendencia real.

La doctrina científica se encuentra dividida en cuanto a lo que es objeto de inscripción, existiendo cuatro posturas bien diferenciadas[519]:

a) Autores que defienden que lo que se inscribe son los títulos.

b) Quienes consideran que se inscriben los derechos reales.

519 García Ruiz de Huidobro, A., «El objeto de la inscripción», en *Tratado de Derecho Inmobiliario Registral*. Coordinadores: Espejo Lerdo de Tejada, M. Murga Fernández, J.P. y Del Rey Barba, S. Editorial Tirant Online., Valencia, 2021, TOL 8.622.258.

c) Otros *«distinguen entre el objeto de la inscripción y el objeto de la publicidad»*[520].

d) Por último, aquellos que consideran que «la inscripción es una materia compleja y heterogénea no reconducible a las categorías dogmáticas de título o derecho».

En este sentido, SÁNCHEZ CALERO distingue el documento objeto de inscripción, al que denomina título en sentido formal; con el acto o negocio jurídico contenido en el mismo, al que denomina título en sentido material, considerando que este último es el que accede al Registro. Este criterio es el que se deduce de los artículos 1.1 LH y 605 CC, que al hacer referencia a «actos y contratos» no se está refiriendo a los mismos como el soporte documental que los contiene sino al contenido de los mismos. Estos actos y contratos son los referidos como títulos en sentido material y, por lo tanto, los que son objeto de inscripción[521].

El artículo 2 LH detalla el objeto de inscripción en el Registro de la Propiedad:

> «En los Registros expresados en el artículo anterior se inscribirán:
>
> 1º) Los títulos traslativos o declarativos del dominio de los inmuebles o de los derechos reales impuestos sobre los mismos.
>
> 2º) Los títulos en que se constituyan, reconozcan, transmitan, modifiquen o extingan derechos de usufructo, uso, habitación, enfiteusis, hipoteca, censos, servidumbre y otros cualesquiera reales».

Entre los actos y contratos a los que se refieren los artículos 1.1 LH y 605 CC objeto de inscripción, destacan:

a) Título traslativo o declarativo del dominio y demás derechos reales.

   1. Los negocios jurídicos.

   2. Los actos jurídicos no negociales.

      I. Declaración de obra nueva.

      II. La renuncia abdicativa al dominio de un bien inmueble.

      III. Renuncia de derechos reales limitados.

b) Los hechos naturales: Accesión.

c) Cumplimiento de las condiciones suspensivas, resolutorias o rescisorias de los actos o contratos inscritos.

d) Prescripción y caducidad.

---

520 RAMS ALBESA, J., MORENO FLÓREZ, R.M. y RUBIO SAN ROMÁN, J.I., *Apuntes de Derecho Inmobiliario Registral*, Dykinson S.L., 5.ª ed., Madrid, 2020, págs. 102-106.

521 SÁNCHEZ CALERO, F.J. Y SÁNCHEZ-CALERO ARRIBAS, B. *Manual de Derecho Inmobiliario Registral*. Tirant lo Blanch. 5.ª ed., Valencia, 2017, págs. 273-237.

e) Retractos y opción de compra.

f) Destrucción fortuita de las edificaciones.

«3º) Los actos y contratos en cuya virtud se adjudiquen a alguno bienes inmuebles o derechos reales, aunque sea con la obligación de transmitirlos a otro o de invertir su importe en objeto determinado».

Aunque la persona a la que se le adjudican los bienes o derechos adquiere la titularidad registral de estos, su propiedad puede estar sujeta a una condición o a una obligación de transmisión futura o de inversión del importe obtenido en un objeto determinado.

«4º) Las resoluciones judiciales en que se declaren la ausencia o el fallecimiento o afecten a la libre disposición de bienes de una persona, y las resoluciones a las que se refiere el párrafo segundo del artículo 755 de la Ley de Enjuiciamiento Civil. Las inscripciones de resoluciones judiciales sobre medidas de apoyo realizadas en virtud de este apartado se practicarán exclusivamente en el Libro sobre administración y disposición de bienes inmuebles».

a) Resoluciones judiciales de transcendencia real.

b) Las resoluciones judiciales sobre capacidad.

c) Las resoluciones judiciales que constituyan la tutela para los menores no emancipados desamparados o no sometidos a la patria potestad.

d) Las resoluciones judiciales sobre adopción de medidas de apoyo a persona con discapacidad.

e) Los decretos del Letrado de la Administración de Justicia declarando la ausencia y el fallecimiento.

f) Las resoluciones judiciales dictadas ante la negativa injustificada de los padres o tutores del discapacitado para constituir dicho patrimonio y la denegación injustificada del consentimiento de los padres, tutores o curadores del discapacitado para la aportación a dicho patrimonio de bienes o derechos.

g) Declaración de concurso, nuevo nombramiento de administrador concursal, modificación de las facultades patrimoniales del concursado, medidas prohibitivas o limitativas de las facultades de administración y de disposición del concursado contempladas en el convenio de acreedores, sentencia de aprobación del convenio de acreedores, auto de declaración de cumplimiento del convenio de acreedores, apertura de la fase de liquidación y reapertura del concurso.

«5º) Los contratos de arrendamiento de bienes inmuebles, y los subarriendos, cesiones y subrogaciones de los mismos».

En la actualidad y a la vista de la redacción vigente, cualquier arrendamiento inmobiliario es inscribible en el Registro de la Propiedad siempre que se cumplan las exigencias derivadas de los principios de tracto sucesivo, titulación auténtica y especialidad.

1. Régimen del Código Civil: Respecto a los arrendamientos inmobiliarios sujetos al Código Civil, si el arrendamiento no se haya inscrito no tendrá efectos frente a terceros ajenos al contrato (artículo 1549 CC), ni los adquirientes del dominio quedarán vinculados por la relación locativa (artículo 1571 CC).
2. Régimen de arrendamiento de vivienda:
   a) Menos de cinco años: Si se encontrara sujeto a la misma los arrendamientos de vivienda, no necesitará publicidad registral para producir efectos frente a terceros durante los primeros cinco años o siete si es persona jurídica el arrendador. Artículo 14.1 LAU.
   b) Más de cinco años: Dependerá de la condición del adquiriente:
      I. Si no es tercero hipotecario de buena fe: Se subroga en la totalidad de la duración pactada
      II. Si es tercero hipotecario de buena fe:
         » Deberá respetar el arrendamiento hasta una duración máxima de cinco años o siete si es persona jurídica el arrendador.
         » El vendedor deberá indemnizar al arrendatario con un mes de renta por cada año que reste por cumplir por encima de los primeros cinco años o siete si es persona jurídica el arrendador.
3. Régimen de arrendamiento de fincas rústicas: Tampoco necesitarán publicidad registral los arrendamientos rústicos durante los cinco primeros años o de se trate de un tercero hipotecario. En el resto de los casos deberá respetarse la duración total pactada.

«6º) Los títulos de adquisición de los bienes inmuebles y derechos reales que pertenezcan al Estado o a las corporaciones civiles o eclesiásticas, con sujeción a lo establecido en las leyes o reglamentos».

Se trata de los actos administrativos de transcendencia real, es decir, los actos de las administraciones públicas dictados en el ámbito de sus competencias y que impliquen lo que SÁNCHEZ CALERO[522] denomina una «mutacion jurídico real». (Concesiones administrativas, expropiaciones forzosas, decisiones administrativas en materia de urbanismo, etc.).

522 SÁNCHEZ CALERO, F.J. Y SÁNCHEZ-CALERO ARRIBAS, B. *Manual de Derecho Inmobiliario Registral*. Tirant lo Blanch. 5.ª ed., Valencia, 2017, págs. 273-237.

3. Principios registrales

3.1. Principio de publicidad

La publicidad registral se manifiesta en dos formas: publicidad formal y publicidad material.

3.1.1. Publicidad formal

La publicidad formal se refiere al acceso público a la información contenida en el Registro de la Propiedad. Cualquier persona tiene derecho a conocer el contenido del Registro, ya que los asientos registrales son públicos y accesibles a todos los interesados, tal y como establece el artículo 221 de la Ley Hipotecaria. Cualquier interesado puede solicitar información registral a través de la expedición de certificaciones o notas simples. Estos documentos permiten conocer el estado jurídico de un bien inmueble, los derechos inscritos y las cargas que lo afectan. La publicidad formal no otorga ni garantiza la validez de los derechos, pero proporciona información sobre la existencia de dichos derechos en el Registro.

3.1.2. Publicidad material

Artículo 1 LH

La publicidad material da un paso más allá, ya que otorga efectos jurídicos plenos a los derechos inscritos en el Registro. Este principio implica que los derechos inscritos en el Registro se presumen válidos y están protegidos frente a terceros. Conforme a lo dispuesto en el artículo 1 LH, la publicidad material otorga al titular del derecho registrado una presunción de exactitud y veracidad, que es oponible a terceros.

3.2. Principio de fe pública

Este principio protege a los terceros que adquieren de buena fe un derecho inscrito en el Registro de la Propiedad, de tal manera que se presume que la información registral refleja de manera exacta la realidad jurídica del inmueble[523]. Por ello, si un tercero adquiere un derecho sobre un inmueble confiando en la información que aparece en el Registro, dicho derecho no puede

523 SABORIDO SÁNCHEZ señala que es «la consecuencia más relevante que otorga la inscripción en el Registro de la Propiedad». SABORIDO SÁNCHEZ, P., «Eficacia ofensiva del registro: la fe pública registral», en *Lecciones de Derecho Inmobiliario Registral*, obra colectiva, coordinadoras: DIÉGUEZ OLIVA, R. y SABORIDO SÁNCHEZ, P., Tirant lo Blanch, Valencia, 2021, pág. 141.

ser impugnado, incluso si posteriormente se demuestra que la información registral era incorrecta, siempre que el adquirente haya actuado de buena fe.

Este principio se fundamenta en el artículo 34 LH que determina que el adquirente de buena fe que confía en lo que figura inscrito en el Registro de la Propiedad está protegido frente a eventuales reclamaciones por errores registrales, siempre que su adquisición haya sido onerosa y de quien aparece como titular registral, procediendo a inscribir su derecho posteriormente.

3.3. Principio de legitimación

Este principio establece que el Registro de la Propiedad goza de una presunción de exactitud y veracidad, lo que significa que los derechos inscritos en él se presumen válidos y existentes mientras no se demuestre lo contrario. Se proclama en el artículo 38 LH y extiende sus efectos a la posesión, lo que tiene claros efectos respecto a la usucapión inmobiliaria.

Cualquier titular registral inscrito en el Registro de la Propiedad es considerado el legítimo titular del derecho, hasta que se pruebe lo contrario mediante una sentencia judicial que declare la nulidad o rectificación del asiento registral. La inscripción registral legitima al titular para ejercer su derecho frente a terceros, sin perjuicio de que el título pueda ser posteriormente impugnado judicialmente. Del mismo modo, si un tercero ejercitara una acción contradictoria con lo inscrito, deberán ejercitar, previa o conjuntamente, demanda de nulidad o cancelación de la inscripción existente. La STS de 7 de abril de 1981 señala que en caso contrario podría producirse una situación de *mostruum iuris*, en el sentido de que podrían coexistir una inscripción registral en un determinado sentido, amparada y protegida por el Registro de la Propiedad, con otra contradictoria resultante de una resolución judicial[524]. Por eso el artículo 38.2 LH exige el ejercicio conjunto o previo de la acción de nulidad.

3.4. Principio de prioridad

El principio de prioridad establece que el derecho que primero se inscribe en el Registro de la Propiedad prevalece sobre los derechos posteriores que puedan ser inscritos sobre el mismo bien inmueble[525]. Se fundamenta en el principio general *prior in tempore, potior in iure*, sobre el que se sustenta el artículo

524 STS 160/1981, de 7 de abril. ECLI:ES:TS:1981:4922.

525 Diéguez Oliva hace referencia al concepto de preferencia excluyente, lo que incluye los dos aspectos fundamentales de este principio: prioridad y exclusión frente al acto registrable posterior. Diéguez Oliva, R., «Los principios de tracto sucesivo y de prioridad», en *Lecciones de Derecho Inmobiliario Registral*, obra colectiva, coordinadoras: Diéguez Oliva, R. y Saborido Sánchez, P., Tirant lo Blanch, Valencia, 2021, pág. 121.

17 LH. Si varios derechos afectan a una misma finca, el orden de prelación o preferencia se determina según el orden de inscripción en el Registro. De esta forma, el derecho que se inscriba primero tendrá prioridad y será oponible frente a derechos inscritos con posterioridad. La fecha de inscripción es clave para determinar la preferencia de los derechos sobre un inmueble.

A este respecto, debe tenerse en cuenta que la fecha de inscripción se retrotrae al momento de extensión del asiento de presentación en el supuesto de calificación positiva. En este sentido, debe tenerse en cuenta que como dispone el artículo 17.2 LH, durante el término de sesenta días no podrá inscribirse o anotarse otro título traslativo o declarativo del dominio u otro derecho real, cuando previamente se haya extendido un derecho de presentación de un título de igual clase. Se produce el llamado cierre registral respecto de aquellos títulos que sean incompatibles con el que haya sido objeto de asiento de presentación.

3.5. Principio de tracto sucesivo

Los asientos registrales deben seguir una cadena ininterrumpida de titularidades para que un nuevo derecho pueda inscribirse en el Registro de la Propiedad. Conforme a lo dispuesto en el artículo 20 LH, para inscribir un derecho a favor de una persona, el derecho anterior debe haber sido inscrito a nombre del transmitente. Mediante este principio se asegura la continuidad en la titularidad de los derechos.

No obstante, el artículo 20 LH establece las siguientes excepciones siguientes:

a) La previa inscripción o anotación a favor de los mandatarios, representantes, liquidadores, albaceas y demás personas que con carácter temporal actúen como órganos de representación y dispongan de intereses ajenos en la forma permitida por las leyes, según lo dispuesto en el artículo 20.IV LH.

b) Tracto sucesivo abreviado regulado en el artículo 20.V LH. Se refiere a la inscripción de los siguientes documentos otorgados por los herederos:

   1. Cuando ratifiquen contratos privados realizados por su causante, siempre que consten por escrito y firmados por éste.

   2. Cuando vendieren o cedieren a un coheredero fincas adjudicadas proindiviso a los vendedores o cedentes, pero en la inscripción que se haga habrá de expresarse dicha previa adjudicación proindiviso con referencia al título en que así constare.

   3. Cuando se trate de testimonios de decretos de adjudicación o escritura de venta verificada en nombre de los herederos del ejecutado en virtud de ejecución de sentencia, con tal que el inmueble o derecho real se halle inscrito a favor del causante.

3.6. Principio de especialidad

Los derechos inscritos en el Registro de la Propiedad deben estar perfectamente identificados en cuanto a su objeto, naturaleza, contenido y extensión. El artículo 9 LH exige claridad y precisión como elementos esenciales para la validez de la inscripción. En este sentido, la inscripción debe contener una descripción clara y detallada del inmueble, así como del derecho que se inscribe[526].

3.7. Principio de legalidad

El principio de legalidad establece que todos los actos y contratos que se inscriben en el Registro de la Propiedad deben ser conformes a la ley. Antes de su inscripción, el registrador debe calificar la legalidad del acto o contrato y la capacidad de los otorgantes[527]. Los Registradores deberán calificar la legalidad de las formas extrínseca de los documentos presentados en el Registro de la Propiedad para su inscripción. Igualmente deberán calificar la capacidad de quienes hayan otorgado el documento, y la validez de los actos jurídicos de carácter dispositivo contenidos en los documentos públicos, no sólo por lo que se deduzca de su contenido, sino también de los que resulte de los asientos ya practicado en el Registro de la Propiedad. Así lo dispone el artículo 18.1 LH.

3.8. Principio de inoponibilidad

Este principio significa que los derechos que no están inscritos en el Registro de la Propiedad no pueden ser oponibles frente a terceros de buena fe que sí inscriban su derecho. Cualquier derecho que no esté inscrito en el Registro de la Propiedad no tendrá efectos frente a terceros, aunque dicho derecho exista. Esto incentiva la inscripción de los derechos sobre inmuebles

526 GOÑI RODRIGUEZ DE ALMEIDA señala que «la especialidad registral consiste en definir o especificar todos los elementos de la relación jurídico-registral. Entendiendo por ésta, todas las situaciones jurídicas inscribibles, es decir, aquellas susceptibles de ser inscritas y oponibles, lo cual implica tanto el sujeto (titular registral), como el objeto (finca y derecho), amén de las múltiples circunstancias part6iculares que nos sirven para identificarlas y diferenciarlas respecto de otras». GOÑI RODRIGUEZ DE ALMEIDA, M., *El principio de especialidad registral*, Fundación Beneficentia Et Peritia Iuris, Colegio de Registradores de la Propiedad, Mercantiles y Bienes Muebles de España, Madrid, 2005, págs. 13-14.

527 DOMÍNGUEZ YAMASAKI destaca que, a través de la calificación registral, el registrador realiza un control de legalidad. DOMÍNGUEZ YAMASAKI, M.I., «Clases de sistemas registrales. Caracteres del Registro de la Propiedad Español. El Catastro. Principios básicos del sistema registral español», en *Lecciones de Derecho Inmobiliario Registral*, obra colectiva, coordinadoras: DIÉGUEZ OLIVA, R. y SABORIDO SÁNCHEZ, P., Tirant lo Blanch, Valencia, 2021, pág. 40.

para otorgarles seguridad jurídica. Un derecho no inscrito no puede prevalecer frente a un derecho inscrito.

El artículo 32 LH señala que los títulos de dominio u otros derechos reales no inscritos o anotados en el Registro de la Propiedad y cuyo objeto sean bienes inmuebles, no perjudicarán a terceros. El artículo 34 LH señala que quien adquiere a título oneroso y de buena fe el dominio o cualquier otro derecho real sobre un bien inmueble, de quien aparece en el Registro de la Propiedad con facultad para transmitirlo e inscribe su título, será mantenido en su adquisición, sin perjuicio de la posibilidad de declaración de nulidad o resolución del título del transmitente por causas ajenas al contenido del registro.

La doctrina científica se encuentra dividida. En primer lugar, se encuentra la tesis monista, que considera que el tercero hipotecario de buena fe y sus requisitos contenidos en el artículo 34 LH son aplicables al tercero al que se refiere el artículo 32 LH. Sin embargo, la teoría dualista considera que se trata de dos terceros distintos, considerando el artículo 32 LH como manifestación del principio de inoponibilidad, mientras que el artículo 34 LH es manifestación del principio de fe pública registral. En este sentido, la STS de 15 de noviembre de 2021 se postula del lado de la tesis dualista[528].

3.9. Principio de rogación

El procedimiento Registral actúa a instancia de parte, a través de una petición al registrador por las personas legitimadas, conforme a la presentación del título en el Registro de la Propiedad.

El artículo 6 LH relaciona las personas legitimadas para pedir la inscripción de los títulos en el Registro de la Propiedad:

a) El que adquiera el derecho.

b) El que lo transmita.

c) Quien tenga interés en asegurar el derecho que se deba inscribir.

d) Quien tenga la representación de cualquiera de ellos. En este caso, se entiende que quien presenta el título en el Registro de la Propiedad ostenta la representación de cualquier legitimado, como así lo dispone el artículo 39 RH.

Para inscribir un título en el Registro de la Propiedad es necesario que, previamente se solicite su inscripción mediante la presentación del título[529].

528 STS 783/2021, de 15 de noviembre. ECLI:ES:TS:2021:4141.

529 De la Igesia Monje señala que la mera presentación de los documentos para la práctica del asiento registral implica una solicitud de inscripción, es decir, una declaración tácita de petición de la práctica del asiento, salvo que expresamente se manifieste lo contrario. De la Iglesia Monje, M.I., *El principio de rogación y el procedimiento registral,* Fundación

4. Procedimiento registral

4.1. Naturaleza jurídica

La RDGRN/RDGSJF de 26 de junio de 1986 considera que, aunque la actividad registral tiene notas propias de la jurisdicción voluntaria, no es una actividad jurisdiccional propiamente dicha y, además, los Registradores de la Propiedad no están integrados en el poder judicial[530]. Tampoco es una actividad propiamente administrativa, ya que se rige por la legislación civil y queda excluida del orden contencioso administrativo. La STS de 3 de enero de 2011 confirma la especialidad del procedimiento registral que, no admite, ni siquiera de manera abstracta, la supletoriedad del derecho administrativo[531]. Por ello, puede concluirse que el procedimiento registral es de una naturaleza especial, distinta de la actividad administrativa y jurisdiccional[532].

Como señala la RDGRN/RDGSJFP de 13 de abril de 2011, no se trata de un procedimiento contradictorio, ni se otorgan facultades discrecionales de interpretación al Registrador de la Propiedad[533]. La RDGRN/RDGSJFP de 11 de julio de 2013 señala que cada presentación de título constituye el inicio

---

Beneficentia Et Peritia Iuris, Colegio de Registradores de la Propiedad, Mercantiles y Bienes Muebles de España, Madrid, 2010, pág. 85.

530 RDGRN/RDGSJF de 26 de junio de 1986. BOE de 16 de julio de 1986.

531 STS 887/2010, de 3 de enero de 2011. ECLI:ES:TS:2011:263. Señala esta sentencia que «el procedimiento registral a diferencia de lo que normalmente acaece ante la actividad administrativa común no enfrenta el interés del administrado con el de la Administración. En el proceso registral no se debate un derecho subjetivo público que se reclama de la Administración, sino que el registrador, y en su caso la DGRN, mantienen una actitud de estricta defensa de la legalidad hipotecaria y de unos terceros identificados unas veces difusos otras que por definición no están presentes en el procedimiento registral pero que pueden verse alcanzados por la eficacia de la inscripción dada su eficacia erga omnes».

532 Pretel Serrano considera que el procedimiento registral «es una sucesión reglada de actos, tendentes a la práctica de un asiento en el Registro para proclamar oficialmente la situación jurídica de un inmueble. A todo este conjunto de actuaciones es a lo que llama la doctrina "procedimiento registral", el cual comprende todos los actos que tienden a la realización del asiento desde la petición de su práctica hasta la realización del asiento mismo, pues excluir del procedimiento a los asientos "resulta tan impertinente como excluir del procedimiento judicial las sentencias estimatorias» (Peña Bernaldo De Quirós, 2001, pp. 495-496)». Pretel Serrano, J.J., *Tratado de Derecho Inmobiliario Registral*, Coordinadores: Murga Fernández, J.P., Espejo Lerdo De Tejada, M., Del Rey Barba, S. 13 de septiembre de 2021, Tirant Online, Valencia, Documento TOL8.622.239.

Cadenas Osuna considera que «el procedimiento registral consiste en la sucesión ordenada de trámites que se han de seguir escrupulosamente para llevar a cabo cualquier variación en el Registro». Cadenas Osuna, D., «El procedimiento registral», en *Lecciones de Derecho Inmobiliario Registral*, obra colectiva, coordinadoras: Diéguez Oliva, R. y Saborido Sánchez, P., Tirant lo Blanch, Valencia, 2021, pág. 107.

533 RDGRN/RDGSJFP de 13 de abril de 2011. BOE de 10 de agosto de 2011.

de un nuevo procedimiento registral, sin que la calificación anterior vincule a la que haya que realizarse en el nuevo procedimiento[534]. Con la solicitud de inscripción de cada documento presentado se dará lugar al inicio de un nuevo procedimiento registral, como así lo recoge la RDGRN/RDGSJF de 17 septiembre de 2014[535].

Los Registradores de la Propiedad emplearán tecnologías de la información en el ejercicio de sus funciones, asegurando la seguridad, disponibilidad, integridad, autenticidad, interoperabilidad, confidencialidad y conservación de los datos y servicios que gestionen. Las personas, tanto físicas como jurídicas, tienen derecho a relacionarse electrónicamente con los Registros de la Propiedad, Mercantiles y de Bienes Muebles, para la presentación de documentos, consultas, certificaciones, pagos y recursos. Los usuarios no están obligados a presentar información que ya conste en otros registros, ya que los registradores pueden acceder a dichos datos electrónicamente, limitándose su uso al procedimiento específico para el que se recabaron. Además, se garantiza la igualdad de acceso a los servicios electrónicos registrales, el conocimiento del estado de tramitación de sus procedimientos, y el derecho a obtener certificaciones y conservar los documentos electrónicos en los registros durante el tiempo legalmente establecido. Asimismo, se asegura la identificación electrónica de los interesados mediante sistemas de firma electrónica, la confidencialidad de los datos, y la accesibilidad universal a los servicios registrales electrónicos, para que todos puedan ejercer sus derechos en igualdad de condiciones.

4.2. Fases

4.2.1. Aportación del título

Se trata del título en sentido formal y no material. En primer lugar, debe analizarse los requisitos del título:

a) Que se trate de un documento público auténtico, ya sea notarial, administrativo o judicial, es decir, que haya sido expedido por la autoridad o funcionario público competente y con los requisitos a que se refiere el artículo 34 RH[536].

b) Que el documento, por sí solo, ha de hacer fe su contenido. Artículo 34 RH *in fine*.

---

534 RDGRN/RDGSJFP de 11 de julio de 2013. BOE 24 de septiembre de 2013.

535 RDGRN/RDGSJFP de 17 septiembre de 2014; BOE 9-10-2014

536 Artículo 34 RH: «Se considerarán documentos auténticos para los efectos de la Ley los que, sirviendo de títulos al dominio o derecho real o al asiento practicable, estén expedidos por el Gobierno o por Autoridad o funcionario competente para darlos y deban hacer fe por sí solos».

c) Conforme al artículo 21.1 LH, el título inscribible debe reunir los requisitos exigibles para la práctica de la inscripción, relativas a los otorgantes, fincas y derechos inscritos, es decir, las circunstancias a las que se refieren los artículos 9 LH y 51 RH.

El artículo 2 de la Ley Hipotecaria establece que los documentos susceptibles de inscripción son:

a) Las escrituras públicas otorgadas ante notario, que son el medio principal para acreditar la transmisión de derechos reales sobre bienes inmuebles.

b) Las resoluciones judiciales o administrativas firmes que afecten a los derechos reales.

c) En casos excepcionales, documentos privados cuando la ley lo permita[537].

Además, antes de presentar el título para su inscripción, es necesario acreditar que se ha cumplido con las obligaciones tributarias correspondientes. El artículo 254 de la Ley Hipotecaria establece que el registrador no podrá practicar la inscripción si no se acredita el pago del impuesto devengado por el acto o contrato cuya inscripción se pretende.

El título debe presentarse en el Registro de la Propiedad correspondiente al lugar donde se encuentra ubicado el inmueble.

El artículo 112 del Reglamento Hipotecario permite la presentación telemática de los títulos a través de sistemas electrónicos de comunicación seguros. Esta posibilidad fue reforzada con la Ley 24/2001, que impulsó la modernización de los servicios registrales. El impulso definitivo al Registro de la Propiedad Electrónico se ha llevado a cabo a través del artículo 36 de la Ley 11/2023, de 8 de mayo, de trasposición de Directivas de la Unión Europea en materia de accesibilidad de determinados productos y servicios, migración de personas altamente cualificadas, tributaria y digitalización de actuaciones notariales y registrales; y por la que se modifica la Ley 12/2011, de 27 de mayo, sobre responsabilidad civil por daños nucleares o producidos por materiales radiactivos. Mediante este precepto se reforman los artículos 238 a 252 LH, habiendo entrado en vigor el día 9 de mayo de 2024.

Conforme a lo dispuesto en el artículo 245 LH, el procedimiento registral se inicia con la presentación presencial o telemática de la solicitud en el Registro, la cual debe incluir una dirección postal o electrónica para notificaciones y el documento a registrar. El modelo de solicitud para presentación telemática está disponible en la Sede Electrónica del Colegio de Registradores de España, y puede ser completado y firmado electrónicamente. Es

537 A título de ejemplo: contrato de arrendamiento, instancia privada en caso de heredero único del artículo 14.III LH o la anotación preventiva de crédito refaccionario que conste en documento privado según lo dispuesto en los artículos 59.I LH y 155 RH.

posible cumplimentarlo en línea para imprimirlo con un código de identificación que permita su carga automática en la presentación presencial, o bien descargar el formulario para completarlo manualmente. Los documentos en papel se admiten solo en el horario de atención al público, mientras que las demás operaciones pueden ejecutarse fuera de dicho horario. Los documentos electrónicos presentados y las copias digitalizadas de documentos en papel se archivarán electrónicamente, organizados en un único legajo electrónico según el número de entrada, para su conservación y custodia.

4.2.2. Solicitud de inscripción

Junto a la aportación del título, es precisa la solicitud de inscripción a instancia de la parte interesada. Se trata de una petición dirigida al Registrador en la que se solicita que practique una determinada inscripción. Esta solicitud a instancia de parte es la plasmación del principio de rogación antes examinado.

El Registrador no podrá actuar de oficio de forma general, aunque existe alguna excepción, entre otras:

a) Artículo 171 LH. Hipoteca dotal a favor de la mujer.

b) Artículo 161 RH: Anotación preventiva por ausencia de índices.

c) Artículo 164 RH: Embargos por causas criminales o en que el estado tenga un interés directo.

También existen supuestos en los que la inscripción es ordenada por la autoridad judicial[538]:

a) Anotación preventiva de demanda sobre la propiedad de bienes inmuebles o la constitución, declaración, modificación o extinción de cualquier derecho real. Artículo 43 I LH.

b) Anotación preventiva de mandamiento de embargo que se haya hecho efectivo en bienes inmuebles del deudor. Artículo 43 II LH.

c) Anotación preventiva de demanda sobre ausencia o el fallecimiento o afecten a la libre disposición de bienes de una persona, y las resoluciones a las que se refiere el párrafo segundo del artículo 755 de la Ley de Enjuiciamiento Civil (sentencias y demás resoluciones dictadas en los procedimientos a los que se refiere el artículo 748 de la Ley de Enjuiciamiento Civil). Artículo 43 III LH.

d) Anotación preventiva de legado a favor de persona incierta. Artículo 49 II LH.

e) Nota marginal del pago de cualquiera cantidad que haga el adquirente después de la inscripción por cuenta o saldo del precio en la

538 Sánchez Calero, F.J. y Sánchez-Calero Arribas, B., *Manual de derecho Inmobiliario Registral*, Tirant lo Blanch, Valencia, 2017, pág. 110.

venta o de abono de diferencias en la permuta o adjudicación en pago. Artículo 58 RH.

Como ya se ha señalado y, así lo dispone el artículo 6 LH, la inscripción de los títulos en el Registro podrá pedirse indistintamente:

a) Por el que adquiera el derecho.

b) Por el que lo transmita.

c) Por quien tenga interés en asegurar el derecho que se deba inscribir.

d) Por quien tenga la representación de cualquiera de ellos.

Una vez presentado un título en el Registro, se presume que se solicita la inscripción de la totalidad del contenido del documento, salvo que medie desistimiento o una solicitud expresa de inscripción parcial por parte del interesado, su representante, o la autoridad que realiza la presentación. Esta presunción asegura que el contenido del título se inscriba en su integridad, a menos que el solicitante indique lo contrario.

4.2.3. Presentación en el libro diario

Conforme a lo dispuesto en el artículo 416 RH, «al ingresar cualquier título que pueda producir en el Registro alguna inscripción, anotación preventiva, cancelación o nota marginal, se extenderá en el diario el asiento de presentación». Este procedimiento cumple con el principio de prioridad registral, el cual respeta el orden de acceso al Registro de la Propiedad. En este sentido, señala el artículo 246.1. III LH que la prioridad registral de los títulos susceptibles de inscripción se determinará respecto de cada finca o derecho por el asiento de presentación. El asiento de presentación es el que realiza el registrador en el libro diario cuando se le presentan documentos, dejando constancia de la fecha y hora de dicha presentación. Este asiento está sujeto a un plazo de caducidad, que se producirá si no se efectúa el posterior asiento de inscripción dentro del plazo establecido.

Conforme al artículo 255 LH y al artículo 432.1.º.b) RH, se permite que, en caso de una causa legítima debidamente justificada por la falta de pago del impuesto dentro de los 60 días de vigencia del asiento de presentación, el interesado pueda solicitar, por escrito y acompañado del documento justificativo, la prórroga del asiento hasta 180 días desde la fecha de presentación inicial. Esta solicitud debe realizarse antes de la caducidad del asiento, y es el registrador quien valora la justificación. En ausencia de esta justificación, el asiento de presentación caducará a los 60 días hábiles.

Asimismo, el registrador podrá denegar la práctica del asiento de presentación en los supuestos siguientes:

a) El documento no sea título inscribible

b) Documento que resulte incompleto su contenido para extender el asiento.

c) Documento que se refiriera a una finca para la que el Registro fuera manifiestamente incompetente.

La denegación del asiento de presentación deberá ser notificada el mismo día. Frente a esta denegación, el interesado podrá presentar un recurso ante la Dirección General de Seguridad Jurídica y Fe Pública, el cual deberá ingresar en el Registro dentro de los tres días hábiles posteriores a la notificación. La Dirección General resolverá expresamente el recurso en un plazo de cinco días hábiles y notificará su resolución telemáticamente al Registro correspondiente el mismo día en que se emita.

El asiento de presentación tiene un carácter provisional y se extiende por orden de presentación. Según los artículos 249 LH y 423 RH, debe incluir obligatoriamente los siguientes datos:

a) Nombre y apellidos de quien presenta el título.

b) El modo de ingreso, físico, telemático o por correo, del título.

c) Momento exacto de su presentación.

d) Especie de título presentado, su fecha y la autoridad o notario que lo suscribe.

e) El derecho que se constituya, reconozca, transmita, modifique o extinga por el título que se pretenda inscribir.

f) Naturaleza de la finca o derecho real que sea objeto del título presentado, con expresión de su situación, nombre y número, si lo tuviere.

g) Nombre y apellidos de la persona a cuyo favor se pretenda hacer la inscripción o asiento correspondiente.

h) Firma del registrador y, si así se solicita, la firma de la persona que presenta el título.

i) En caso de hipoteca, la responsabilidad por principal garantizada por cada finca

4.2.4. Actuaciones privadas posteriores a la presentación

4.2.4.1. Retirada

Una vez extendido el asiento de presentación, si el registrador no ha resuelto, el presentante o interesado puede retirar el título en papel, firmando una solicitud de devolución que solo indique la fecha y número de presentación, incorporados mediante sello o etiqueta automatizada. La firma de los presentantes o interesados puede recogerse mediante tabletas de firma digital o dispositivos biométricos que garanticen su autenticidad. Para documentos presentados electrónicamente, basta con firmar y enviar el formulario de solicitud de devolución disponible en la Sede Electrónica del Colegio de Registradores de la Propiedad, Mercantiles y de Bienes Muebles de España, siempre que el documento no haya sido despachado.

4.2.4.2. Desistimiento

Una vez practicado el asiento de presentación en el Registro de la Propiedad y si el registrador aún no ha procedido a su resolución, el presentante o cualquier interesado puede optar por retirar el título original en formato papel. Para ello, debe firmar una solicitud de devolución en la que únicamente se hará constar la fecha y el número de presentación, que podrán incorporarse mediante sello o una etiqueta automatizada. Esta medida garantiza que el retiro del documento quede registrado en el sistema, respetando el orden de presentación y proporcionando constancia documental de su retiro. En cuanto a la formalización de la retirada, la firma o conformidad del presentante o interesado puede recogerse a través de medios digitales avanzados, como tabletas de firma digital o dispositivos biométricos, que aseguren la autenticidad de la firma. Estos métodos, al integrar tecnologías de seguridad biométrica, permiten capturar la firma o huella del solicitante con total validez jurídica, garantizando que el acto de retiro sea seguro y verificable.

Para los documentos presentados electrónicamente, el procedimiento de retirada es aún más simplificado. En estos casos, será suficiente con la firma y el envío del formulario de solicitud de devolución, el cual está disponible en la Sede Electrónica del Colegio de Registradores de la Propiedad, Mercantiles y de Bienes Muebles de España. Este formulario puede completarse y remitirse en línea, permitiendo una gestión ágil y eficiente de la retirada del documento, siempre que dicho documento no haya sido despachado.

El desistimiento no será aceptado cuando su ejecución impida la tramitación de otro documento presentado, salvo que también incluya dicho documento, y el interesado sea la misma persona, o en caso de ser distinto, que también éste consienta formalmente en desistir, cumpliendo las mismas exigencias establecidas para el desistimiento anterior.

En lo que respecta a documentos judiciales o administrativos, el desistimiento debe ser decretado o solicitado por la autoridad, funcionario u órgano que emitió el mandamiento o documento presentado.

En cualquier circunstancia, el registrador denegará el desistimiento si considera que puede afectar a derechos de terceros. La negativa del registrador deberá ser registrada mediante nota marginal en el asiento de presentación, así como en el documento o solicitud correspondiente, y frente a esta denegación podrá interponerse un recurso gubernativo. Una vez aceptado el desistimiento, se procederá a la cancelación del asiento o de los asientos de presentación correspondientes mediante una nota marginal.

4.2.5. La calificación registral

4.2.5.1. Concepto

El Registrador de la propiedad, tiene la obligación de calificar el título presentado. La calificación registral constituye el examen exhaustivo que realiza el Registrador de la Propiedad sobre la solicitud de inscripción registral que, junto con el título correspondiente, es presentada en el Registro tras la realización del asiento de presentación en el Libro Diario. Este proceso responde al principio de legalidad que garantiza que sólo los actos y contratos que cumplan con los requisitos establecidos en la normativa vigente puedan inscribirse, asegurando así que el contenido del Registro de la Propiedad refleje fielmente la situación jurídica de los bienes inmuebles, dotando de seguridad jurídica tanto a los titulares de los derechos como a terceros.

El artículo 18 LH establece que la calificación del registrador debe abarcar:

a) La legalidad del acto o contrato: si cumple con los requisitos legales para su inscripción.

b) La capacidad de los otorgantes: si tienen la capacidad legal para realizar el acto

c) La validez formal del documento: si cumple con los requisitos externos y de forma que el documento debe cumplir para que pueda ser inscrito

La calificación registral garantiza la exactitud de los derechos inscritos, protegiendo a los adquirentes de buena fe frente a los posibles vicios o defectos en la constitución de dichos derechos. La publicidad que otorga el Registro de la Propiedad, mediante la calificación previa de los títulos que acceden a él, asegura que los datos sobre los bienes inmuebles y los derechos reales que recaen sobre ellos sean fiables, actualizados y accesibles al público. La calificación registral es un mecanismo para dotar de seguridad al tráfico jurídico inmobiliario, al garantizar que los terceros que consulten el Registro puedan confiar en los datos registrados.

La calificación de los documentos presentados en el Registro se considera limitada exclusivamente a la extensión, suspensión o denegación de la inscripción, anotación, nota marginal o cancelación solicitada. No impide el eventual inicio de un procedimiento judicial que se dirija a evaluar la validez o nulidad del título, o a cuestionar la competencia del juez o tribunal interviniente, ni prejuzga los resultados que pudieran derivarse de dicho procedimiento. La calificación registral posee eficacia *erga omnes*, aplicándose a todos, pero no adquiere el carácter de cosa juzgada.

4.2.5.2. Plazos

Los plazos para la calificación registral recogidos en el artículo 18 LH, son los siguientes.

a) Plazo General de Inscripción

1. El plazo máximo para inscribir un documento es de 15 días desde la fecha del asiento de presentación.

2. Nota de inscripción:
   I. En caso de calificación positiva o negativa, el registrador debe consignar la fecha de inscripción o de la calificación negativa.
   II. Esto garantiza el cómputo correcto del plazo de 15 días.

b) Excepciones al Cómputo del Plazo de Inscripción
   1. Si se presentan las siguientes situaciones, el plazo de 15 días se contará desde el momento específico correspondiente:
      I. Retiro del título antes de la inscripción: el plazo comienza desde la fecha de devolución.
      II. Defectos subsanables en el título: el plazo se cuenta a partir de la subsanación de defectos.
      III. Existencia de un título previo pendiente de inscripción: el plazo se inicia desde la inscripción del título previo.
   2. En estos casos, el asiento de presentación se prorroga hasta el término del plazo de inscripción.

c) Prórroga del Plazo por Causas Extraordinarias
   1. Por razones extraordinarias justificadas, el registrador puede solicitar a la Dirección General de Seguridad Jurídica y Fe Pública una ampliación de hasta 15 días adicionales.
   2. La solicitud debe realizarse dentro de los dos primeros días del plazo de inscripción.
   3. Respuesta de la Dirección General de Seguridad Jurídica y Fe Pública:
      I. Si la Dirección General de Seguridad Jurídica y Fe Pública no responde en un plazo de dos días desde la recepción de la solicitud, se considerará denegada.
      II. La decisión de la Dirección General de Seguridad Jurídica y Fe Pública sea expresa o tácita, no admite recurso por parte del registrador.

d) Derechos del Interesado ante el Incumplimiento del Plazo
   1. Si el plazo de inscripción máximo se excede:
      I. El interesado puede solicitar al registrador que inscriba el título en un término improrrogable de tres días.
      II. Si no se cumple, el interesado podrá pedir la aplicación del cuadro de sustituciones previsto en el artículo 275 bis de la Ley Hipotecaria.
   2. Transcurridos los tres días sin inscripción, el interesado tiene el derecho de instar nuevamente la aplicación del cuadro de sustituciones.

4.2.5.3. Resolución

Una vez finalizada la calificación, el registrador puede adoptar una de las siguientes decisiones: acordar la inscripción, denegarla por faltas subsanables o denegarla por faltas insubsanables. La calificación del registrador debe ser motivada.

4.2.5.3.1. Práctica de la inscripción

Si el título cumple con todos los requisitos legales, el registrador procederá a la inscripción. Cuando se practiquen los asientos en el Registro, la nota deberá reflejar esta circunstancia, especificando el tipo de inscripción o asiento realizado, así como el tomo y folio donde se encuentra, el número de la finca y el número de inscripción o, en su caso, la letra correspondiente a la anotación efectuada. En caso de que el asiento abarque varias fincas o derechos incluidos en un mismo título, se consignará, además, al margen de la descripción de cada finca o derecho, la referencia al tomo, folio, finca y número o letra del asiento en cuestión.

4.2.5.3.2. Suspensión de la inscripción

Si el título tuviere alguna falta subsanable, el Registrador suspenderá la inscripción y extenderá una anotación preventiva cuando la solicite quien presentó el título. Si se extiende la anotación preventiva, el plazo para subsanar se amplía a la duración de dicha anotación.

En aquellos casos en que no se solicite la anotación preventiva, los interesados disponen de un plazo de sesenta días, correspondiente a la vigencia del asiento de presentación, para subsanar los defectos.

Siempre que el Registrador suspenda la práctica del asiento solicitado, devolverá el título acompañado de una nota que explique de manera suficiente la causa o motivo de la suspensión, e incluirá, en su caso, el tomo, folio, finca y la letra de la anotación de suspensión realizada, salvo que se haya solicitado la devolución del documento sin otra nota que la señalada en el artículo 427 RH. Además, cada vez que el Registrador devuelva el título, deberá indicar en el mismo la fecha de presentación y, a su vez, extenderá una nota marginal en el asiento de presentación que registre la devolución.

Si los defectos se subsanan en el plazo señalado, el registrador procederá a la inscripción del título. Si los defectos no se subsanan o no se presentan las correcciones en el plazo correspondiente, el asiento de presentación caducará y el título perderá su prioridad, quedando sujeto a los nuevos asientos que se presenten.

4.2.5.3.3. Denegación de la inscripción

La denegación de la inscripción en el Registro de la Propiedad se produce cuando el registrador, tras la calificación del título presentado, considera que el documento adolece de defectos insubsanables o cuando los defectos subsanables no han sido corregidos dentro del plazo otorgado.

Si el título denegado pretendía transmitir la propiedad o constituir un derecho real, esta transmisión o constitución no tendrá efectos frente a terceros. El acto o contrato, si bien puede ser válido entre las partes, no gozará de la protección registral. no podrá gozar de los efectos de la publicidad material. Esto significa que el derecho no estará protegido frente a terceros adquirentes de buena fe, y no producirá los efectos legales derivados de la inscripción registral. Aunque la inscripción haya sido denegada, el asiento de presentación permanecerá durante el tiempo legalmente establecido. Esto puede servir como información a terceros de que se ha intentado inscribir el título, aunque no tenga los efectos de la publicidad material.

La denegación de la inscripción debe estar suficientemente motivada, indicando los defectos que impiden la inscripción y diferenciando entre aquellos que son subsanables y los que no lo son.

4.2.5.3.4. Denegación parcial

Cuando la suspensión o denegación afecte solamente a algún pacto o estipulación o a alguna de las fincas o derechos comprendidos en el título. Cuando la suspensión o denegación afecta exclusivamente a algún pacto, estipulación, o a alguna de las fincas o derechos comprendidos en el título, la nota deberá reflejar la causa o motivo de dicha suspensión o denegación. No obstante, si el presentante o interesado manifiestan su conformidad para que el documento se tramite sin incluir la estipulación o pacto en cuestión, o desisten de la realización de cualquier operación respecto de la finca o derecho afectado por el defecto, la nota únicamente indicará la conformidad o desistimiento, sin especificar los motivos de la suspensión o denegación.

4.2.5.3.5. Distinción entre faltas subsanables e insubsanables

Para apreciar si una falta es insubsanable o no, debe examinarse si afecta al título en su sentido formal o material.

Dentro del análisis formal del título, se consideran faltas subsanables aquellos defectos en la redacción o en el contenido que no alteran la validez esencial del acto y, por lo tanto, no requieren la celebración de un nuevo acto o negocio jurídico para su corrección. Sin embargo, serán insubsanables aquellas que implican una ausencia fundamental de las solemnidades exigidas, haciendo necesario un nuevo acto formal para su corrección. En estos casos, la deficiencia es tal que la ley exige una nueva intervención notarial o judicial que dote al título de los elementos formales imprescindibles para su validez.

Desde la perspectiva material del título, la distinción se fundamenta en el grado de invalidez del acto jurídico. En este sentido, los defectos subsanables incluyen casos de nulidad relativa o anulabilidad, donde la deficiencia permite que la parte interesada rectifique la situación a través de un acto complementario o de ratificación que resuelva el vicio material sin requerir una nueva constitución del acto jurídico. Los defectos insubsanables corresponden a situaciones de nulidad absoluta o radical o incluso a casos de inexistencia de título. En estas situaciones, la falta es tan grave que impide cualquier posibilidad de subsanación, ya que el acto carece de los requisitos mínimos de validez exigidos por el ordenamiento jurídico y, por tanto, no puede acceder al Registro.

4.2.5.4. Recursos

4.2.5.4.1. Recurso gubernativo

El recurso gubernativo constituye el medio de impugnación por el cual los interesados pueden reclamar contra la calificación del registrador que haya suspendido o denegado el asiento solicitado, según lo dispuesto en el artículo 66 LH y reiterado en los artículos 111 RH y 324 LH. Este recurso debe interponerse ante la Dirección General de Seguridad Jurídica y Fe Pública. No obstante, el legitimado podrá impugnar directamente ente el juzgado competente, por lo que este recurso es de naturaleza potestativa.

4.2.5.4.1.1. Legitimación

De acuerdo con el artículo 325 LH, están legitimados para interponer este recurso:

a) La persona, natural o jurídica, a cuyo favor debe practicarse la inscripción, cualquiera que tenga interés en asegurar sus efectos y quienes acrediten formalmente la representación legal o voluntaria de los interesados, con posibilidad de subsanar la acreditación de representación en un plazo no superior a diez días, salvo que el caso exija un plazo distinto.

b) El notario autorizante o el notario sustituto que autorice el título.

c) La autoridad judicial o funcionario competente de quien emane la ejecutoria, mandamiento o título en cuestión.

d) El Ministerio Fiscal cuando la calificación afecte documentos emitidos por jueces, tribunales o secretarios judiciales en procesos civiles o penales en los que el Ministerio Fiscal tenga interés conforme a la normativa.

Incluso si los defectos señalados por el registrador son subsanados, cualquiera de los legitimados, incluido el que subsanó, conserva el derecho de interponer el recurso.

4.2.5.4.1.2. Competencia y plazo

Según el artículo 324.I LH, las calificaciones negativas del registrador pueden ser recurridas de manera potestativa ante la Dirección General de Seguridad Jurídica y Fe Pública. El plazo de interposición es de un mes desde la notificación de la calificación. Es improrrogable y, si se agota sin que el recurso haya sido presentado, la calificación del registrador deviene firme.

4.2.5.4.1.3. Contenido

El escrito rector del recurso deberá contener lo siguiente:

a) Identificación del órgano al que se dirige.

b) Datos personales del recurrente (nombre, apellidos, cargo y destino, si aplica).

c) Identificación de la calificación impugnada, incluyendo el documento afectado, los hechos y fundamentos de derecho.

d) Lugar, fecha y firma del recurrente, indicando medio y dirección para notificaciones.

e) Domicilio del Registro objeto del recurso para su pronta remisión por el órgano receptor al registrador implicado.

El recurso se presentará en el registro que realizó la calificación, acompañado del título calificado en original o testimonio y una copia de la calificación. El recurso se interpone por escrito y debe ir dirigido a la Dirección General de Seguridad Jurídica y Fe Pública. En el escrito de recurso, los interesados deben fundamentar sus alegaciones y adjuntar los documentos que consideren pertinentes para demostrar que el título presentado es susceptible de inscripción. El recurso debe ceñirse estrictamente a cuestiones directamente relacionadas con la calificación del registrador, rechazándose cualquier pretensión basada en motivos externos o en documentos no presentados en tiempo y forma.

4.2.5.4.1.4. Trámite de alegaciones

Si el notario autorizante, la autoridad judicial o el funcionario emisor del título no son los recurrentes, el registrador debe remitirles el recurso en un plazo de cinco días para que puedan formular sus alegaciones en los cinco días siguientes.

El registrador, tras recibir el recurso y las alegaciones, podrá reconsiderar su calificación en un plazo de cinco días y, si procede, inscribir el documento en los términos solicitados. De hacerlo, comunicará su decisión al recurrente y, si procede, al notario, autoridad judicial o funcionario, en un plazo adicional de diez días. Si el registrador mantiene la calificación, debe enviar el expediente, incluyendo título, calificación, recurso, su informe y posibles alegaciones, a la Dirección General de Seguridad Jurídica y Fe Pública dentro de los cinco días siguientes al plazo mencionado.

4.2.5.4.1.5. Resolución del recurso

La Dirección General de Seguridad Jurídica y Fe Pública debe resolver y notificar el recurso en un plazo de tres meses desde su recepción en el Registro. Si no resuelve en este plazo, el recurso se entenderá desestimado, permitiendo al interesado recurrir a la vía jurisdiccional y sin perjuicio de las posibles responsabilidades disciplinarias[539]. La resolución del recurso gubernativo debe ser exhaustiva y motivada, indicando con claridad las razones para confirmar, revocar o modificar la calificación del registrador.

Si el recurso es estimado, la resolución se publica en el Boletín Oficial del Estado, y tendrá carácter vinculante, hasta que sea anulada por un tribunal. Si es firme, la anulación deberá publicarse también en el Boletín Oficial del Estado. Al ser estimado el recurso, el registrador deberá practicar la inscripción en los términos de la resolución, y en el plazo de dos meses desde la publicación de la resolución en el Boletín Oficial del Estado. Durante ese periodo, la prórroga del asiento de presentación se mantendrá vigente.

En caso de desestimación por silencio administrativo, la prórroga del asiento de presentación expirará un año y un día hábil después de la fecha de interposición del recurso gubernativo, salvo que el registrador sea informado de la interposición de recurso judicial.

El artículo 327.10 LH dispone que las resoluciones del centro directivo son vinculantes desde su publicación en el BOE mientras no sea anulada por los tribunales. Una primera interpretación del carácter vinculante de la resolución, en el sentido de vincular doctrinalmente a los registradores su contenido, podría dar lugar a que un registrador interprete la norma con fundamento en una determinada resolución, que posteriormente se vea anulada en el orden jurisdiccional civil. Resulta evidente la inseguridad jurídica que, en este caso, provocaría el artículo 327.10 LPH, que bien podría haber declarado la vinculación respecto del supuesto concreto, reservando su vinculación interpretativa al resto de registradores una vez que la resolución haya

539 González Pérez destaca la necesidad de aportar seguridad jurídica en los supuestos de resolución por silencio administrativo, destacando que no sólo es digno de protección los intereses del peticionario, sino también de quienes tengan intereses contrapuestos. González Pérez, J. *El recurso administrativo contra las calificaciones negativas registrales*, Fundación Beneficentia Et Peritia Iuris, Colegio de Registradores de la Propiedad, Mercantiles y Bienes Muebles de España, Madrid, 2006, págs. 133-134.

alcanzado firmeza[540]. El artículo 327.10 procede de la redacción contenida en la Ley 24/2005, de 18 de noviembre, de reformas para el impulso a la productividad. Desde la RDGRN/RDGSJFP 9 de marzo de 2012 el centro directivo volvió a la interpretación original del carácter vinculante de las resoluciones, en el sentido de declarar la independencia de cada registrador en su función calificadora, así como que todos los registradores a los que le presenten el título objeto de la resolución están obligados a practicar el siento, limitándose los efectos de la resolución del recurso a los defectos invocados o expresados en la norma de calificación[541].

4.2.5.4.2. Recurso judicial

Conforme a lo dispuesto en el artículo 324 LH, se pueden impugnar las calificaciones negativas del registrador ante los juzgados de la capital de la provincia donde se ubique el inmueble. Este recurso se tramita por las normas del juicio verbal, aplicándose, cuando sea pertinente, las disposiciones del artículo 328 LH. Este procedimiento es también aplicable a las demandas interpuestas contra las resoluciones, tanto expresas como presuntas, de la Dirección General de Seguridad Jurídica y Fe Pública resolviendo los recursos interpuestos contra las calificaciones registrales, manteniéndose en el ámbito jurisdiccional civil[542].

---

540 GUILARTE GUTIÉRREZ considera, y realmente debe compartirse, que resulta criticable la eficacia interpretativa de las resoluciones del centro directivo cuando ni siquiera son firmes. GUILARTE GUTIÉRREZ, V., *El efecto vinculante de las Resoluciones singulares de la Dirección General de los Registros*, Fundación Beneficentia Et Peritia Iuris, Colegio de Registradores de la Propiedad, Mercantiles y Bienes Muebles de España, Madrid, 2006, págs. 107-109.

541 RDGRN/RDGSJFP 9 de marzo de 2012. BOE de 7 de mayo de 2012: «Ahora bien, la resolución de un recurso administrativo no puede tener la eficacia de una disposición de carácter general, por tener ambos distinta naturaleza. En consecuencia, la expresión «tendrá carácter vinculante para todos los Registradores» ha de entenderse en el sentido de que todos los titulares de los Registros, donde se presente el título, están obligados a practicar el asiento, o asientos discutidos y ordenados por la resolución de la DGRN, pero bien entendido que, como ha proclamado reiteradamente dicho Centro Directivo "el recurso queda limitado a los defectos invocados" o "expresados en la nota de calificación" (resoluciones de 8 y 23 de marzo de 2010), por ello si en otro cualquier supuestos similar, las circunstancias fueran distintas a los razonamientos o argumentos empleados difirieran de los contemplados por las resoluciones del Centro Directivo, cabría plantear un nuevo recurso en el que se dilucidara, en su caso, la procedencia o no de una posible calificación negativa».

542 En este sentido, MARTÍNEZ MARTÍNEZ critica las características de coherencia y predictibilidad que pretende arrogar la RDGRN/RDGSJFP de 11 de febrero 2008 a las Resoluciones del centro directivo, considerando que no se trata de un acto de la administración, sino resoluciones vinculantes desde su publicación en el BOE sujetas, en su caso, a revisión vía jurisdiccional, en concreto, en el orden jurisdiccional civil. MARTÍNEZ MARTÍNEZ, F., *El carácter vinculante de las resoluciones gubernativas de la DGRN como actos de la administración*, Fundación Beneficentia Et Peritia Iuris, Colegio de Registradores de la Propiedad, Mercantiles y Bienes Muebles de España, Madrid, 2010, págs. 377-383.
RDGRN/RDGSJFP de 11 de febrero 2008. BOE de 1 de marzo de 2008.

La demanda debe interponerse en un plazo de dos meses desde la notificación de la calificación o resolución de la Dirección General de Seguridad Jurídica y Fe Pública, o de cinco meses y un día en el caso de recursos desestimados por silencio administrativo, presentándose ante los juzgados competentes de la capital provincial o, en su caso, los de Ceuta o Melilla. Los legitimados para interponer el recurso son los mismos que podrían haber recurrido ante la Dirección General de Seguridad Jurídica y Fe Pública. Una vez recibido el expediente, el secretario judicial emplazará a las partes interesadas para que se personen en los autos en un plazo de nueve días.

El notario autorizante del título, o su sucesor en el protocolo, así como el registrador de la propiedad, mercantil o de bienes muebles cuya calificación negativa haya sido revocada por la Dirección General de Seguridad Jurídica y Fe Pública, podrán recurrir cuando la resolución afecte un derecho o interés propio. Además, el juez que conozca del procedimiento puede exigir al recurrente la prestación de caución o fianza para prevenir posibles perjuicios al otorgante del acto o negocio jurídico que fue objeto de la calificación negativa.

La representación y defensa del Estado en el procedimiento corresponderá al Abogado del Estado, salvo que el recurso involucre derechos en los que la Administración tenga un interés directo, en cuyo caso el recurso deberá dirigirse contra el Ministerio Fiscal.

Este procedimiento no limita el derecho de los interesados a litigar entre ellos sobre la validez o nulidad del acto o negocio contenido en el título calificado. Dicho litigio judicial no suspenderá la resolución final del recurso. El demandante que pretenda la declaración de validez del título podrá solicitar que se practique una anotación preventiva de la demanda, la cual retrotraerá sus efectos a la fecha del asiento de presentación; una vez pasado este término, la anotación preventiva solo surtirá efectos desde la fecha de su práctica. En este procedimiento, el juzgador puede revisar, tanto los aspectos formales como los materiales de la calificación registral.

El juzgado puede adoptar una de las siguientes decisiones:

a) Confirmar la calificación del registrador y desestimar la demanda.

b) Revocar la calificación y ordenar la inscripción del título.

c) Modificar la calificación estableciendo condiciones para la inscripción.

4.2.6. Práctica de la inscripción

Conforme al artículo 97 RH, las inscripciones se practicarán, si no mediaren defectos, dentro de los quince días siguientes a la fecha del asiento de presentación, o de los treinta días si existiese justa causa, y, en todo caso, dentro del plazo de vigencia de dicho asiento a que se refiere el artículo 17 LH, el cual es de sesenta días.

4.2.6.1. Inscripción de la finca

Según el artículo 9 LH, la inscripción de una finca debe incluir:

a) Descripción de la finca, especificando su ubicación física, linderos, naturaleza, superficie, y, en el caso de edificaciones, la referencia al archivo registral del libro del edificio, salvo que no sea exigible por antigüedad. También debe incluir la referencia catastral y, cuando aplique, indicar si la finca está coordinada gráficamente con el Catastro.

b) Representación gráfica georreferenciada: en casos de inmatriculación, parcelación, concentración parcelaria, segregación, división, entre otros, debe incorporarse la representación gráfica de la finca con sus coordenadas georreferenciadas, siempre que estas consten debidamente acreditadas. Esta representación puede añadirse opcionalmente en otras operaciones registrales.

c) Naturaleza, extensión y condiciones (suspensivas o resolutorias, si existen) del derecho inscrito, incluyendo el valor del derecho cuando conste en el título.

d) Derecho preexistente sobre el cual se constituye el nuevo derecho objeto de inscripción.

e) Persona titular: la inscripción indicará la persona, física o jurídica, o el patrimonio separado a favor de quien se practique la inscripción, siempre que dicho patrimonio pueda ser titular de derechos u obligaciones. En caso de copropiedad no se incluirá la inscripción a nombre de la comunidad de benes, sino la participación de cada cotitular[543].

f) Persona transmisora: identificación de la persona de quien proceden los bienes o derechos inscritos.

g) Título inscrito, incluyendo la fecha, así como el tribunal, juzgado, notario o funcionario autorizante.

h) Fecha de presentación e inscripción en el Registro.

i) Acta de inscripción y firma del registrador, lo cual supone su conformidad con el asiento.

4.2.6.2. Inscripción de derechos reales

La inscripción de derechos reales sigue una estructura específica para garantizar su validez frente a terceros y su adecuada vinculación a la finca:

a) Derechos reales limitativos y de garantía: para que estos derechos tengan efectos frente a terceros, deben constar en la inscripción de

543 Diéguez Oliva, R., «La inscripción registral», en *Lecciones de Derecho Inmobiliario Registral*, obra colectiva, coordinadoras: Diéguez Oliva, R. y Saborido Sánchez, P., Tirant lo Blanch, Valencia, 2021, pág. 56.

la finca o del derecho afectado, incluyendo cargas y limitaciones. Las servidumbres reales, además, pueden inscribirse en el predio dominante como cualidad inherente a este.

b) Hipoteca: conforme a lo dispuesto en el artículo 12 LH, debe expresarse el importe del principal de la deuda y, cuando aplique, los intereses pactados o el importe máximo de la responsabilidad hipotecaria, identificando las obligaciones garantizadas. Las cláusulas de vencimiento anticipado y otras de naturaleza financiera, una vez calificadas favorablemente por el registrador, deben constar en el asiento tal como se detallan en la escritura de constitución.

c) Derecho de superficie: conforme a lo dispuesto en el artículo 53.2 del TRLSRU, para constituir válidamente este derecho es imprescindible su formalización en escritura pública y posterior inscripción en el Registro de la Propiedad. La escritura debe establecer un plazo de duración que no puede superar los noventa y nueve años.

BIBLIOGRAFÍA

1. Fuentes oficiales

CONSEJO GENERAL DE LOS COLEGIOS DE ADMINISTRADORES DE FINCAS DE ESPAÑA. *Estudio Global sobre la Morosidad de las Comunidades De Propietarios de 2017.* Publicado en Nota de Prensa en su página web el 6 de junio de 2018. https://www.cgcafe.org/wp-content/uploads/2018/06/comunicado-de-prensa-informe-morosidad-2017.pdf

IMPERIUM.ORG https://www.imperivm.org/las-insulas-los-edificios-romanos-de-varios-pisos-de-altura/

INSTITUTO NACIONAL DE ESTADÍSTICA, *Censo de población de 2011*, https://www.ine.es/dynt3/inebase/index.htm?type=pcaxis&path=/t20/e244/edificios/p02/&file=pcaxis&L=0

INSTITUTO NACIONAL DE ESTADÍSTICA, *Censo de población de 2011*. https://www.ine.es/dynt3/inebase/index.htm?type=pcaxis&path=/t20/e244/edificios/p02/&file=pcaxis&L=0

INSTITUTO NACIONAL DE ESTADÍSTICA, *Censo de población de 2020*. https://www.ine.es/dyngs/INEbase/es/operacion.htmc=Estadistica_C&cid=1254736177012&menu=ultiDatos&idp=1254734710990

INSTITUTO NACIONAL DE ESTADÍSTICA. *Censos de población y viviendas 2011. Notas de prensa de 12 de diciembre de 2013.*https://www.ine.es/dyngs/INEbase/es/operacion.htmc=Estadistica_C&cid=1254736176992&menu=ultiDatos&idp=1254735572981

NOVÍSSIMA RECOPILACIÓN DE LAS LEYES DE ESPAÑA, *Libro X, Título XVI, Ley II*, 2.ªEd., Tomo V, Boletín Oficial del Estado, Madrid, 1992.

REGISTRADORES DE ESPAÑA. https://www.registradores.org/

REGISTRO DE LA PROPIEDAD INTELECTUAL. https://www.culturaydeporte.gob.es/cultura/areas/propiedadintelectual/mc/rpi/inicio.html

UNESPA Página Web. 29 de marzo de 2021. https://www.unespa.es/notasdeprensa/coches-hibridos-electricos-2019-espana/

2. Libros y artículos de revista

Accursio, F., *Gran Glosa*.

Albácar López, J.L., «Comentario al artículo 1518», en *Código Civil, Doctrina y Jurisprudencia*, obra colectiva, coordinador: Albácar López, J.L., Trivium, Madrid, 1991.

Albácar López, J.L., «Comentario al artículo 1563», en *Código Civil, Doctrina y Jurisprudencia*, obra colectiva, coordinador: Albácar López, J.L., Trivium, Madrid, 1991, págs. 711-712.

Albácar López, J.L., «Comentario al artículo 1564», en *Código Civil, Doctrina y Jurisprudencia*, obra colectiva, coordinador: Albácar López, J.L., Trivium, Madrid, 1991.

Albácar López, J.L., «Comentario al artículo 1566», en *Código Civil, Doctrina y Jurisprudencia*, obra colectiva, coordinador: Albácar López, J.L., Trivium, Madrid, 1991.

Albácar López, J.L., «Comentario al artículo 1581», en Código Civil, Doctrina y Jurisprudencia, obra colectiva, coordinador: Albácar López, J.L., Trivium, Madrid, 1991.

Albácar López, J.L., «Comentario al artículo 1595», en *Código Civil, Doctrina y Jurisprudencia,* obra colectiva, coordinador: Albácar López, J.L., Trivium, Madrid, 1991.

Algaba Ros, S., «Solidaridad impropia y responsabilidad civil contractual», en *Función de las Condiciones en el Tráfico Inmobiliario*, obra colectiva, coordinadores: s: Ana Cañizares Laso, Rocío Diéguez Oliva, Tirant Lo Blanch, Valencia, 2020, TOL8.217.503.

Álvarez Caperochipi, J.A., *Derecho Inmobiliario Registral*, Comares, 2ª ed., Granada, 2006.

Álvarez Lata, N., «Comentario a la Sentencia de 8 de octubre de 2010 (RJ 2010, 7446) Resolución contractual e incumplimiento recíproco», en *Revista Cuadernos Civitas de Jurisprudencia Civil,* núm. 87, 2011.

Álvarez Olalla, M.P., «Comentario al art. 1108 del CC, BIB 2009\1705», en *Grandes Tratados. Comentarios al Código Civil*, Aranzadi, Cizur Menor, 2009, BIB 2009\7904.

Amezcua Ormeño, E., «Ius variandi, precios contradictorios y revisión de precios en el contrato de obras celebrado por poder adjudicador no administración pública tras la Ley de economía sostenible», en *Revista Aranzadi Doctrinal,* núm. 6/2011, BIB 2011\1276.

Aranda Rodríguez, R. «El régimen jurídico de los complejos inmobiliarios privados en la ley de propiedad horizontal», en *Revista de Derecho Patrimonial*, núm. 24/2010, parte doctrina, 2010, BIB 2010\135.

Arboleda López, S. A., y **Serna Gutiérrez, E.** *Presupuesto y programación de obras: conceptos básicos*, Instituto Tecnológico Metropolitano, Medellín, 2019.

Arias Ramos, J. y **Arias Bonet, J.A.**, *Derecho Romano II, Obligaciones, familia y sucesiones*, 18ª Ed. Editoriales de Derecho Reunidas, Madrid, 1986.

Arnau Moya lo define como responsabilidad por hecho ajeno. Arnau Moya, F., *Los vicios de la Construcción (Su régimen en el Código Civil y en la Ley de Ordenación de la Edificación)*, Tirant Lo Blanch, Valencia 2004.

Baeza Pastor, A., «Doctrina y Polémica en torno al Artículo 1594 del Código Civil. Comentario de la sentencia de 17 de junio de 2004, de la Sección Quinta de la Audiencia Provincial de Alicante», en *Actualidad Jurídica Aranzadi*, núm. 675/2005, BIB 2005\1161.

Bendersky, M. *Introducción al estudio de la propiedad horizontal*, Universidad de Buenos Aires, Buenos Aires, 1964.

Bercovitz Alvarez, G. «Comentario al artículo 4 de la Ley de Propiedad Horizontal», en *Comentarios a la Ley de Propiedad Horizontal,* obra colectiva, coordinador: Rodrigo Bercovitz Rodríguez-Cano, Aranzadi, Cizur Menor, 2020.

Berrocal Lanzarot, A.I., «Análisis de la Ley 8/2013, de 26 de junio, de rehabilitación, regeneración y renovación urbanas», en *Revista Actualidad Civil,* núm. 9, 2013.

Blasco Gascó, F.P., *Derecho Civil. Derecho de Obligaciones y Contratos,* Tirant lo Blanc, Valencia, 2001, TOL 10.654.

Blasco Gascó, F.P., *La hipoteca inmobiliaria y el crédito hipotecario*, Tirant On Line, Valencia, 2000, TOL 163.309.

Blazquez Martin, R., «La nueva jurisprudencia del Tribunal Supremo sobre la calificación de bienes en la liquidación de la sociedad de gananciales y la sociedad postganancial», en *Diario La Ley*, núm. 9247, julio de 2018, La Ley 7831/2018).

Caballero Lozano, J.M., *La mora del acreedor*, J.M. Bosch, Barcelona, 1992.

Cabeza Pérez-Manglano, A., «La edificación: Marco legal», en *Manual de Derecho Inmobiliario*, obra colectiva, coordinador: Moreno Ubric, R., Aranzadi, Cizur Menor, 2021.

CADENAS OSUNA, D., «El procedimiento registral», en *Lecciones de Derecho Inmobiliario Registral*, obra colectiva, coordinadoras: DIÉGUEZ OLIVA, R. y SABORIDO SÁNCHEZ, P., Tirant lo Blanch, Valencia, 2021.

CARANDE DE LARDONE, E.M., «Régimen de Propiedad Horizontal», en *Revista Notarial. Colegio de Escribanos de la provincia de Córdoba*, núm. 47, 1984.

CARRASCO PERERA, A. y **GONZÁLEZ CARRASCO, M.C.**, «Comentario al Artículo 17 de la Ley de Propiedad Horizontal», en *Comentarios a la Ley de Propiedad Horizontal*, obra colectiva, coordinador: Rodrigo BERCOVITZ RODRÍGUEZ-CANO, Aranzadi, Cizur Menor, 2014.

CARRASCO PERERA, A., «Licencias y autorizaciones administrativas», en *Comentarios a la Legislación de Ordenación de la Edificación*, obra colectiva, coordinadores: CARRASCO PERERA, A., CORDERO LOBATO, E. y GONZÁLEZ CARRASCO, M.C., Aranzadi, Cizur Menor, 2011.

CARRASCO PERERA, A., CORDERO LOBATO, E. y **GONZÁLEZ CARRASCO. M.C.** *Derecho de la Construcción y de la Vivienda*. 7.ª Ed., Thomson Reuters Aranzadi, Cizur Menor, 2012.

Carreras MARAÑA, J.M., «Algunos problemas de legitimación pasiva en la reclamación de deudas comunitarias», en *Artículo Monográfico Sepín*, septiembre de 2016, SP/DOCT/208/9.

CARRERAS MARAÑA, J.M., «La nueva reforma de la Ley de Propiedad Horizontal por el Real Decreto-Ley 7/2019, de 1 de marzo: en busca de la accesibilidad universal», en *Artículo Monográfico Sepín,* abril 2019, SP/DOCT/81729.

CARRERAS MARAÑA, J.M., «Unanimidad o tres quintos en materia de obras y contratos comunitarios. Una necesaria uniformidad de criterio y seguridad jurídica», en *Artículo Monográfico Sepín*, octubre 2019, SP/DOCT/82998.

CARRERAS MARAÑAS, J.M., «Comentario al Artículo 15 de la Ley de Propiedad Horizontal», en *Propiedad Horizontal*, obra colectiva, Tomo II, directores: DÍEZ NUÑEZ, J.J. y GONZÁLEZ MARTÍN, L.A., Consejo General del Poder Judicial, Madrid, 2008.

CASTELAO SIMÓN, J., «A vueltas con el silencio administrativo en urbanismo», en *Derecho Urbanístico en España: situación actual y perspectivas de futuro. Estudios en Homenaje a Julio Castelao Rodríguez*, El Consultor de los Ayuntamientos, Madrid, 2024, págs. 393 y ss.

CASTELAO SIMÓN, J., «Las Modificaciones de la legislación sectorial por la LRRRU. La LRRRU y la Ley de Propiedad Horizontal», en *Práctica Urbanística,* núm. 138, enero-febrero 2016.

Cerdeira Bravo de Mansilla, G., «Presente y futuro (Post-Covid) de las juntas de vecinos en régimen de propiedad horizontal: ¿Presenciales o virtuales?», en *Diario La Ley*, núm.9940, 20 octubre de 2021.

Chinchilla Peinado, J. A., «La ejecución subsidiaria en materia de urbanismo», *Revista de Derecho Urbanístico y Medio Ambiente*, núm. 164, 1998, págs. 29 y ss.

Chinchilla Peinado, J. A., «Régimen urbanístico de la propiedad del suelo», *Revista de Derecho Urbanístico y Medio Ambiente*, núm. 152, 1997, págs. 11 y ss.

Clemente Meoro, M.E., «Preferencia y afección real del crédito comunitario en la Ley de Propiedad Horizontal», en *Revista de Derecho Patrimonial*, núm. 31, 2013, BIB 2013/ 1583.

Cobacho Gómez, J. A., «Reflexiones sobre el Derecho de superficie urbana», *Revista Crítica de Derecho Inmobiliario*, núm. 710, 2008, págs. 2281 y ss.

Concheiro Del Río, J. «Propiedades horizontales atípicas (I)». en *Artículo Monográfico Sepín,* 2004. SP/DOCT/1952.

Cordero Lobato, E., «Comentario a la Sentencia del Tribunal Supremo de 22 de abril del 2014. El privilegio refaccionario en el concurso»., en *Revista Cuadernos Civitas de Jurisprudencia Civil*, núm. 97, 2015, BIB 2015\327.

Cordero Lobato, E., «El director de la obra», en *Régimen Jurídico de la Edificación. Ley de Ordenación de la Edificación y Código Técnico de la Edificación*, obra colectiva, coordinadores: Carrasco Perera, A., Cordero Lobato, E. y González Carrasco, M.C., Aranzadi, Cizur Menor, 2007.

Cordero Lobato, E., «El promotor», en *Comentarios a la Legislación de Ordenación de la Edificación, obra colectiva*, coordinadores: Carrasco Perera, A., Cordero Lobato, E. y González Carrasco, M.C., Aranzadi, Cizur Menor, 2011.

Cordero Lobato, E., «El proyectista», en *Régimen Jurídico de la Edificación. Ley de Ordenación de la Edificación y Código Técnico de la Edificación*, obra colectiva, coordinadores: Carrasco Perera, A., Cordero Lobato, E. y González Carrasco, M.C., Aranzadi, Cizur Menor, 2007.

Cordero Lobato, E., «Los suministradores de productos», en *Comentarios a la Legislación de Ordenación de la Edificación*, obra colectiva, coordinadores: Carrasco Perera, A., Cordero Lobato, E. y González Carrasco, M.C., Aranzadi, Cizur Menor, 2011.

Cordero Lobato, E., «Los suministradores de productos», en *Régimen Jurídico de la Edificación. Ley de Ordenación de la Edificación y Código Técnico de la Edificación*, obra colectiva, coordinadores: Carrasco Perera, A., Cordero Lobato, E. y González Carrasco, M.C., Aranzadi, Cizur Menor, 2007.

Cordero Lobato, E., «Responsabilidad civil de los agentes que intervienen el proceso de la edificación», en *Comentarios a la Legislación de Ordenación de la Edificación*, obra colectiva, coordinadores: Carrasco Perera, A., Cordero Lobato, E. y González Carrasco, M.C., Aranzadi, Cizur Menor, 2011.

Cordero Lobato, E., «Responsabilidad civil de los agentes que intervienen el proceso de la edificación», en *Régimen Jurídico de la Edificación. Ley de Ordenación de la Edificación y Código Técnico de la Edificación*, obra colectiva, coordinadores: Carrasco Perera, A., Cordero Lobato, E., y González Carrasco, M.C., Aranzadi, Cizur Menor, 2007.

Cremades Morant, J., «Los juicios verbales y ordinarios, recursos de apelación y casación», en *Artículo Monográfico Sepín*, junio 2015, SP/DOCT/20044.

Cuq: «Etudes sur les contrats de l´epoque de la première dynastie babylonienne», *en Nouvelle Revue Historique de Droit Française el* étrangère, 1910.

De Ángel Yágüez, R., «La acción directa en el concurso (art. 1597 CC)», en *Anuario de Derecho Concursal*, núm. 18, 2009, BIB 2009\732.

De la Iglesia Monje, M.I., *El principio de rogación y el procedimiento registral,* Fundación Beneficentia Et Peritia Iuris, Colegio de Registradores de la Propiedad, Mercantiles y Bienes Muebles de España, Madrid, 2010.

De Lara Vences, C. *Régimen Jurídico de la Morosidad en la Propiedad Horizontal*, Colex, A Coruña, 2023.

De Lara Vences, C., «Conservación de los edificios urbanos privados como complemento del urbanismo; perspectiva comparada entre España y Colombia», en *Revista Americana de Urbanismo y Medio Ambiente*, núm.10, 2023, págs. 119-17.

De Lara Vences, C., «Medidas disuasorias de carácter convencional frente al impago en la propiedad horizontal», en *Revista Crítica de Derecho Inmobiliario*, n.º805, 2024. págs. 2439-2477.

De Lara Vences, C., «Representación en juicio del presidente de la comunidad de propietarios», *Propiedad horizontal: cuaderno jurídico*, núm. 361, 2024, págs. 14-19.

De los Mozos y de los Mozos, J. L., «Propiedad y urbanismo», en *Hacia un nuevo urbanismo: curso sobre ordenación del espacio y régimen del suelo*, Fundación de Estudios Inmobiliarios, Madrid, 2005, págs. 231 y ss.

De Vicente González, J. L., «Suelo urbano», en *Fundamentos de Derecho Urbanístico*, Thomson Reuters Aranzadi, Cizur Menor (Navarra), 2009, págs. 514 y ss.

Del Riso Sotil, L. F., «El Derecho de Superficie», *IUS ET VERITAS: Revista de la Asociación IUS ET VERITAS*, núm. 54, 2017, págs. 210 y ss.

Delalande. *Coutume D´Orleans commentée par Monsieur Delalande. Imprimeur ordinaire du Roi à la Couronne d´or. Orleans*. 1704. págs. 525-527.

Díaz Barco, F., «La cláusula Rebus Sic Stantibus en los contratos de ejecución de obras», en *La Rebus Sic Stantibus en Tiempos de Pandemia: Análisis General e Impacto por Sectores Económicos*, obra colectiva, coordinadores: Prudencio López Martínez-Acacio y otros, Tirant lo Blanch, Valencia, 2021, TOL8.370.239.

Díaz Barco, F., *Manual de Derecho de la Construcción,* 4.ª Ed., Aranzadi, Cizur Menor, 2018.

Diaz Martínez A., «Comentario al artículo 23 de la Ley de Propiedad Horizontal», en *Comentarios a la Ley de Propiedad Horizontal*, obra colectiva coordinador: Rodrigo Bercovitz Rodríguez-Cano, Aranzadi, Cizur Menor, 2020.

Díaz Martínez, A., «La enésima reforma fragmentaria del régimen de propiedad horizontal (esta vez por Ley 8/2013, de 26 de junio)», en *Revista Doctrinal Aranzadi Civil-Mercantil*, núm. 6, 2013, BIB 2013\1794.

Díaz Martínez, A., *Propiedad horizontal y Registro de la Propiedad: título constitutivo y responsabilidad patrimonial*, Mc Graw-Hill, Madrid, 1996.

Díaz Martínez, A., Propiedad Horizontal. *El título constitutivo y su impugnación judicial*, Aranzadi, Pamplona, 1996.

Diéguez Oliva, R., «Anotaciones preventivas», en *Lecciones de Derecho Inmobiliario Registral*, obra colectiva, coordinadoras: Diéguez Oliva, R. y Saborido Sánchez, P., Tirant lo Blanch, Valencia, 2021.

Diéguez Oliva, R., «La finca como base del registro», en *Lecciones de Derecho Inmobiliario Registral*, obra colectiva, coordinadoras: Diéguez Oliva, R. y Saborido Sánchez, P., Tirant lo Blanch, Valencia, 2021.

Diéguez Oliva, R., «La inscripción registral», en *Lecciones de Derecho Inmobiliario Registral*, obra colectiva, coordinadoras: Diéguez Oliva, R. y Saborido Sánchez, P., Tirant lo Blanch, Valencia, 2021.

Diéguez Oliva, R., «Los principios de tracto sucesivo y de prioridad», en *Lecciones de Derecho Inmobiliario Registral*, obra colectiva, coordinadoras: Diéguez Oliva, R. y Saborido Sánchez, P., Tirant lo Blanch, Valencia, 2021.

Diez de Lezcano Sevillano, I. «Derecho de bienes», en *Manual de Derecho Civil*, obra colectiva, Vol. IV, Walters Kluwer, Madrid, 2021.

Dionisio de Halicarnaso. *Historia antigua de Roma*. Libros X, XI y fragmentos de los libros XII-XX. Libro X, 32, 5, Gredos, Barcelona, 1988.

Domínguez Luelmo, A., «Doctrina jurisprudencial sobre la interpretación de la prescripción en los supuestos de responsabilidad solidaria subsidiaria de los agentes que intervienen en el proceso de edificación. Comentarios a la STS de 27 de junio de 2017 (RJ2017, 3197)», *Cuadernos Civitas de jurisprudencia civil*, núm. 105, 2017, págs. 609-628.

Domínguez Yamasaki, M.I., «Clases de sistemas registrales. Caracteres del Registro de la Propiedad Español. El Catastro. Principios básicos del sistema registral español», en *Lecciones de Derecho Inmobiliario Registral*, obra colectiva, coordinadoras: Diéguez Oliva, R. y Saborido Sánchez, P., Tirant lo Blanch, Valencia, 2021.

Dutti, A. https://www.monografias.com/trabajos93/derecho-propiedad-horizontal/derecho-propiedad-horizontal.shtml#iniciodela.

Echevarria Summers, F.M., «Comentario al artículo 5 de la Ley de Propiedad Horizontal», en *Comentarios a la Ley de Propiedad Horizontal*, obra colectiva, coordinador: Rodrigo Bercovitz Rodríguez-Cano, Aranzadi, Cizur Menor, 2020.

Echeverría Summers, F.M., «Comentario al artículo 6 de la Ley de Propiedad Horizontal», en *Comentarios a la Ley de Propiedad Horizontal*, obra colectiva. Coordinador: Rodrigo Bercovitz Rodríguez-Cano, Aranzadi, Cizur Menor, 2020.

Echeverria Summers. F.M., «Comentario al artículo 10 de la Ley de Propiedad Horizontal», en *Comentarios a la Ley de Propiedad Horizontal*, obra colectiva, coordinador: Rodrigo Bercovitz Rodríguez-Cano, Aranzadi, Cizur Menor, 2020.

Escriche, J., *Diccionario razonado de legislación y jurisprudencia*, Librería de Rosa, Bouret y Cia., París, 1854.

Estruch Estruch, J., *Las responsabilidades en la Construcción: Regímenes Jurídicos y Jurisprudencia*, 2.ª Ed., Aranzadi, Cizur Menor, 2005.

Fernández del Moral Domínguez, L., «Notas sobre el derecho de tanteo en la Ley de Arrendamientos Urbanos (con referencias al ordenamiento italiano)», *Anuario de derecho civil*, Vol. 46, núm. 3, 1993, págs. 1311-1372.

Ferrer Gutiérrez, A., «De la ejecución dineraria», en Enjuiciamiento Civil. Comentarios y Jurisprudencia, obra colectiva, coordinador: Xiol Ríos, J.A., Sepin, Madrid, 2008.

Fortea Gorbe, J.L., «Derecho de retracto arrendaticio y liquidación concursal», *Actualidad Civil*, núm 2, Sección Derechos reales e hipotecario, febrero 2018, LA LEY 1540/2018.

Fuentes Lojo, J.V. *Novísima Suma de la Propiedad Horizontal*. Tomo I. Bosch, Barcelona, 1998.

Fuentes Lojo, J.V. y **Fuentes Lojo, J.**, *Suma de arrendamientos Urbanos*, 7.° Ed., Tomo I, Bosch, Barcelona, 1973.

Fuentes-Lojo Rius, A., «Apartamentos Turísticos: Insuficiencia del quorum de 3/5 de propietarios y cuotas para autorizar el uso de una vivienda turística, que estaba prohibido. RDGRN, de 19 de diciembre de 2019: SP/SENT/1040366», en *Jurisprudencia Comentada Sepín*, abril 2020. SP/DOCT/104246.

Fuentes-Lojo Rius, A., «Cláusulas nulas y abusivas en arrendamientos urbanos, *Diario La Ley*, núm. 9467, Sección Tribuna, 30 de Julio de 2019. LA LEY 8741/2019.

Fuentes-Lojo Rius, A., «La renovación contractual por tácita reconducción y su importancia en el tráfico inmobiliario», *Diario La Ley*, núm. 10609, Sección Tribuna, 15 de noviembre de 2024.

Gallego del Campo, G., «Concepción funcional y presupuestos ideológicos del Registro de la Propiedad Español», en Historia de la Propiedad en España, Siglos XV-XX, obra colectiva, Coordinadores: V.V.A.A., Centro de Estudios Registrales, Madrid, 1999.

García Aburuza, M.P, «El nuevo régimen del Artículo 10 de la Ley de Propiedad Horizontal tras su reforma por la Ley 8/2013», en *Revista Aranzadi Doctrinal*, núm. 8, 2014, BIB 2014\3966.

García Conesa, A., *Derecho de la Construcción*, 1.ª Ed. Bosch, Barcelona, 1996.

García García, J.M., *La Propiedad Horizontal en la legislación, en la doctrina y en la jurisprudencia,* Thomson Reuters, Cizur Menor, 2017.

García García, J.M., *Legislación Hipotecaria*, 2.ª ed., Thomson Reuters Aranzadi, Cizur Menor, 2022.

García Ruiz de Huidobro, A.V., «El objeto de la inscripción», en *Tratado de Derecho Inmobiliario Registral*, obra colectiva, coordinadores: Espejo Lerdo de Tejada, M. Murga Fernández, J.P. y Del Rey Barba, S., Editorial Tirant Online, DOCUMENTO TOL 8.622.258.

García Tejera, M. A. y **Torres, C. F.**, *Manual práctico de legislación de la construcción*, 2.ª. ed., Editorial Nobuko, Buenos Aires, 2005.

García-Moreno Rodríguez, F., «El límite del deber de conservación: El difícil equilibrio entre la conservación de los edificios, construcciones e instalaciones y la ruina económica», *Revista de Derecho Urbanístico y Medio Ambiente*, núm. 347, 2021, págs. 19 y ss.

García-Moreno Rodríguez, F., «La muchas veces olvidada obligación de justificar el nuevo suelo urbanizable que se aprueba, en cuanto que garante del predicado desarrollo urbano sostenible·, *Revista de Derecho Urbanístico y Medio Ambiente*, núm. 364, 2023, págs. 37 y ss.

García-Moreno Rodríguez, F., «Régimen jurídico del suelo rústico de Castilla y León», en *Nuevo Derecho Urbanístico de Castilla y León*, Thomson Reuters Aranzadi, Cizur Menor (Navarra), 2017, págs. 391 y ss.

García-Moreno Rodríguez, F., «Suelo urbanizable», en *Fundamentos de Derecho Urbanístico*, Thomson Reuters Aranzadi, Cizur Menor (Navarra), 2009, pág. 548 y ss.

García-Moreno Rodríguez, F., «Sujetos obligados a la realización de las obras que comprenden tanto la rehabilitación edificatoria, como la regeneración y renovación urbanas», en *Ley de Rehabilitación, Regeneración y Renovación Urbanas, El Consultor de los Ayuntamiento y de los Juzgados*, La Ley, Madrid, 2013, págs. 162 y ss.

García-Moreno Rodríguez, F., y **Villanueva López, A.**, «Las órdenes de ejecución hoy: de su tradicional apego al deber de conservación a su desarraigo presente y consiguiente desnaturalización. Una visión de conjunto a la luz de su vigente regulación», *Revista de Derecho Urbanístico y Medio Ambiente*, núm. 320, 2018, págs. 19 y ss.

Gómez de la Escalera, C., «La obligación de contribuir a los gastos generales en la Ley de Propiedad Horizontal tras la Ley 8/1999», en *Artículo Monográfico Sepín*, septiembre 1999, SP/DOCT/945.

González Carrasco, M.C. «Comentario al Artículo 17 de la Ley de Propiedad Horizontal», en *Comentarios a la Ley de Propiedad Horizontal*, obra colectiva, coordinador: Rodrigo Bercovitz Rodríguez-Cano, Aranzadi, Cizur Menor, 2014.

González Carrasco, M.C. «Comentario al Artículo 17 de la Ley de Propiedad Horizontal», en *Comentarios a la Ley de Propiedad Horizontal*, obra colectiva, coordinador: Rodrigo Bercovitz Rodríguez-Cano, Aranzadi, Cizur Menor, 2020

González Carrasco, M.C., «La protección de los derechos frente a la morosidad en las comunidades de propietarios», en *CISS*, 2018, La Ley 12105/2018.

González Carrasco, M.C., «Objeto del régimen de ordenación de la edificación», en *Comentarios a la Legislación de Ordenación de la Edificación*, obra colectiva, coordinadores: Carrasco Perera, A., Cordero Lobato, E. y González Carrasco, M.C., Aranzadi, Cizur Menor, 2011.

González Carrasco, M.C., «Proyecto», en *Régimen Jurídico de la Edificación. Ley de Ordenación de la Edificación y Código Técnico de la Edificación*, obra colectiva, coordinadores: Carrasco Perera, A., Cordero Lobato, E. y González Carrasco, M.C., Aranzadi, Cizur Menor, 2007.

González Carrasco, M.C., «Recepción de la obra», en *Comentarios a la Legislación de Ordenación de la Edificación*, obra colectiva, coordinadores: Carrasco Perera, A., Cordero Lobato, E. y González Carrasco, M.C., Aranzadi, Cizur Menor, 2011.

González Pérez, J. *El recurso administrativo contra las calificaciones negativas registrales*, Fundación Beneficentia Et Peritia Iuris, Colegio de Registradores de la Propiedad, Mercantiles y Bienes Muebles de España, Madrid, 2006.

Goñi Rodriguez de Almeida, M., *El principio de especialidad registral*, Fundación Beneficentia Et Peritia Iuris, Colegio de Registradores de la Propiedad, Mercantiles y Bienes Muebles de España, Madrid, 2005.

Guardiola, J. J., y **Varsi Rospiglosi, E.**, «Perpetuidad o temporalidad del derecho real de superficie», *Revista de Direito Civil Contemporáneo – RDCC: Journal of Contemporay Private Law*, núm. 37, 2023, págs. 309 y ss.

Guilarte Gutiérrez, V., *El efecto vinculante de las Resoluciones singulares de la Dirección General de los Registros*, Fundación Beneficentia Et Peritia Iuris, Colegio de Registradores de la Propiedad, Mercantiles y Bienes Muebles de España, Madrid, 2006.

Hernández Antolín, J.M., «La constitución del régimen de propiedad horizontal», en *Estudios sobre la propiedad horizontal*, obra colectiva, coordinadora: Susana San Cristóbal Reales, La Ley, Madrid, 2009.

Hernández Rodríguez, M.M., «Comentario Artículo 1100. Real Decreto, de 24 de julio de 1889, que dispone la publicación del Código Civil», en *Artículo Monográfico Sepín*, junio 2009, SP/DOCT/11781.

Herrero Perezagua, J.F., «Comentario al artículo 21 de la Ley de Propiedad Horizontal», en *Comentarios a la Ley de Propiedad Horizontal*, obra colectiva, coordinador: Bercovitz Rodriguez-Cano, R., Aranzadi, Cizur Menor, 2020.

ILLESCA RUS, A.V., «El arbitraje común en la propiedad horizontal», en *Estudios sobre la propiedad horizontal*, obra colectiva, coordinadora: Susana SAN CRISTÓBAL REALES, La Ley, Madrid, 2009.

IZAGUIRRE FERNÁNDEZ, J. «Es nulo el acuerdo de una comunidad de propietarios que veta las viviendas turísticas». Economist & Jurist, 7 de marzo de 2022. https://www.economistjurist.es/actualidad-juridica/jurisprudencia/es-nulo-el-acuerdo-de-una-comunidad-de-propietarios-que-veta-las-viviendas-turisticas/

IZAGUIRRE FERNÁNDEZ, J. «Las comunidades de propietarios no pueden vetar las viviendas turísticas, según la AP de Córdoba». Economist & Jurist, 13 de noviembre de 2022. https://www.economistjurist.es/actualidad-juridica/jurisprudencia/las-comunidades-de-propietarios-no-pueden-vetar-las-viviendas-turisticas-segun-la-ap-de-cordoba/

JIMÉNEZ PARÍS, T.A., «La publicidad de los derechos reales y el registro de la propiedad en España». https://eprints.ucm.es/id/eprint/35416/1/La%20publicidad%20de%20los%20derechos%20reales%20y%20el%20Registro%20de%20la%20Propiedad%20en%20Espa%C3%B1a.pdf.

LACRUZ BERDEJO, J.L., *Lecciones de Derecho Inmobiliario Registral*, 2.ªEd., Universidad de Zaragoza, Zaragoza, 1957.

Larrosa Amante, M.A., «Comentario Artículo 350. Real Decreto, de 24 de julio de 1889, que dispone la publicación del Código Civil», en *Artículo Monográfico Sepín*, junio 2009, SP/DOCT/10851.

LARROSA AMANTE, M.A., «Comentario Artículo 1598. Real Decreto, de 24 de julio de 1889, que dispone la publicación del Código Civil», *en Código Civil. Comentarios y Jurisprudencia. RD 24 julio 1889 (Serie Oro)*, Obra Colectiva, coordinador Antonio SALAS CARCELLER, Sepín, Madrid, 2009. SP/DOCT/12192.

LARROSA AMANTE, M.A., «Comentario Artículo 358. Real Decreto, de 24 de julio de 1889, que dispone la publicación del Código Civil», en *Artículo Monográfico Sepin*, junio 2009, SP/DOCT/10859.

LARROSA AMANTE, M.A., «Comentario Artículo 359. Real Decreto, de 24 de julio de 1889, que dispone la publicación del Código Civil», en *Artículo Monográfico Sepin*, junio 2009, SP/DOCT/10860.

LARROSA AMANTE. M. A., «Comentario Artículo 1540. Real Decreto, de 24 de julio de 1889, que dispone la publicación del Código Civil», *Artículo Monográfico Sepín*, junio 2009, SP/DOCT/12135.

LARROSA AMANTE. M. A., «Comentario Artículo 1541. Real Decreto, de 24 de julio de 1889, que dispone la publicación del Código Civil», *Artículo Monográfico Sepín*, junio 2009, SP/DOCT/12136.

Leiva López, A., «El régimen legal del silencio administrativo en las licencias urbanísticas. Especial referencia a los efectos del silencio positivo», en *Revista General de Derecho Administrativo*, núm. 59, enero 2022.

Locertales Fuertes, D., *Los Arrendamientos Urbanos*, Sepin, Madrid, 2000.

López Hernández, C.N., «El deber de contribuir a los gastos en la propiedad horizontal», en *Revista Crítica de Derecho Inmobiliario*, núm.703, 2007, págs. 2017-2058.

López-Dávila Agüeros, F. y **Rosales Araque, M.**, «Presentación de Jurisprudencia al Detalle: El derecho de superficie», *Notas y Comentarios Sepin*, diciembre 2017, SP/DOCT/73087.

Loscertales Fuertes, D., «Comentario Artículo 17. Los acuerdos de la Junta de propietarios. LEY 46/1960, de 21 de Julio, de Propiedad Horizontal», en *Artículo Monográfico Sepín*, marzo 2018, SP/DOCT/74411.

Loscertales Fuertes, D., «Comentario Artículo 9. Las obligaciones de los propietarios. LEY 49/1960 de 21 de julio, de Propiedad Horizontal», *en Artículo Monográfico Sepín*, marzo 2018, SP/DOCT/74403.

Loscertales Fuertes, D., *Comentarios a la Ley de Arrendamientos Urbanos*, 12.º Ed., Colex, A Coruña, 2023.

Loscertales Fuertes, D., *Comentarios a la Ley de Propiedad Horizontal*, Ed.14.ª, Colex, A Coruña, 2023, pág. 77.

Loscertales Fuertes, D., *Propiedad Horizontal. Legislación y Comentarios*, Dykinson, Madrid, 2020.

Luna Salas, F., & **Nisimblat Murillo, N.**, (2017). «El Proceso Monitorio. Una innovación judicial para el ejercicio de derechos crediticios», en *Revista Jurídica Mario Alario D'Filippo*, IX, núm. 17, 2017, págs.154-168.

Magro Servet, V. «El nuevo carácter de las obras obligatorias en las comunidades de vecinos tras la Ley 8/2013 de reforma de la LPH». en *Práctica de Tribunales*, núm. 15, 2013.

Magro Servet, V., «¿Cuáles son las modificaciones relevantes en la LPH en la tramitación del Proyecto de Ley del Decreto-Ley ómnibus y el de eficiencia procesal?», en *El derecho Inmobiliario, Tribuna*, 27 de noviembre de 2024.

Magro Servet, V., «¿Se puede realizar el voto telemático en las juntas extraordinarias?», en *El Derecho Inmobiliario, Tribuna*, 16 de marzo de 2023.

MAGRO SERVET, V., «Cláusula en el contrato de arrendamiento de gastos de desplazamiento por pago de renta en domicilio de arrendatario». *Diario La Ley*, N.º 10322, Sección Doctrina, 6 de Julio de 2023, LA LEY 6241/2023.

MAGRO SERVET, V., «El "curioso" carácter de las obras obligatorias en la propiedad horizontal del art. 10 LPH tras la ley 8/2013», en *Revista Aranzadi Doctrinal,* núm. 1, 2014, BIB 2014\847.

Manzano FernÁNDEZ, M., *Preferencia, prelación, prioridad y afección real por la cuota de gastos en la propiedad horizontal*, Consejo Nacional de Registradores de la Propiedad y Mercantiles de España, Madrid, 2001.

MARCO MENCHÓN, S., «Contrato de arrendamiento de obra», en *Manual de Derecho Inmobiliario*, obra colectiva, coordinador: MORENO UBRIC, R., Aranzadi, Cizur Menor, 2021.

MARTÍNEZ MAGALLANES, R., «Contrato de permuta de solar por obra futura», en *Manual de Derecho Inmobiliario*, obra colectiva, coordinador: MORENO UBRIC, R., Aranzadi, Cizur Menor, 2021.

MARTÍNEZ MARTÍNEZ, F., *El carácter vinculante de las resoluciones gubernativas de la DGRN como actos de la administración*, Fundación Beneficentia Et Peritia Iuris, Colegio de Registradores de la Propiedad, Mercantiles y Bienes Muebles de España, Madrid, 2010.

MAS BADIA, M.D., ¿Una habitación propia? Arrendamiento y propiedad en la Ley por el derecho a la vivienda, Marcial Pons, Madrid, 2024, DOI: 10.37417/1z6xgd96

MAS BADÍA, M.D., «Bajada de ascensor a cota cero: cláusula de exoneración de gastos, acuerdos abusivos y otros problemas», en *Revista Cuadernos Civitas de Jurisprudencia Civil*, núm. 112, 2020, BIB 2020\8075.

MATAMOROS MARTÍNEZ, R., «La propiedad de los edificios», en *Estudios sobre la propiedad horizontal*, obra colectiva, coordinadora: Susana San Cristóbal Reales, La Ley, Madrid, 2009.

MINERO ALEJANDRE, G. «Gastos de comunidad de vivienda familiar de carácter ganancial cuyo uso se atribuye a los hijos del matrimonio y a uno de los cónyuges tras el divorcio. Comentario STS de 27 de junio de 2018 (RJ 2018, 2929). BIB 2019/5834» en *Cuadernos Civitas de Jurisprudencia Civil*, núm.110, 2019.

MIRANDA BONILLA, H., «El acceso a internet como derecho fundamental», en *Revista Jurídica IUS Doctrina*, num.15, 2016, págs. 1-23.

MONSERRAT VELASCO, A., *Responsabilidad por vicios de la construcción*, Difusión Jurídica, Madrid, 2008.

Muñoz García, C., «Posición de los copropietarios. Adhesión al régimen de propiedad horizontal», en *Estudios sobre la propiedad horizontal*, obra colectiva, coordinadora: Susana San Cristóbal Reales, La Ley, Madrid, 2009.

Muñoz García, C., *Propiedad Horizontal, sujetos obligados a la contribución de los gastos generales. (Alcance de la obligación, preferencia del crédito comunitario y afección del bien en caso de transmisión)*, Dykinson, Madrid, 2006.

Muñoz Paredes, M.L., «La aplicación del artículo 1597 cc. en casos de pago mediante entrega de pagarés», en *Revista de Derecho Bancario y Bursátil*, núm. 134/2014, BIB 2014\2043.

Ortega Marquez, T.E. *Análisis jurídico de la constitución de la propiedad horizontal,* Universidad de Cuenca, 2018.

Ortíz Ramírez, J., «Gestión urbanística para la formación del solar y formas de intervención municipal para el control de la legalidad urbanística de las obras, instalaciones y actividades», en *Manual de Derecho Inmobiliario*, obra colectiva, coordinador: Moreno Ubric, R., Aranzadi, Cizur Menor, 2021.

Pacheco Jiménez, M.N., «La determinación del precio: Fijación unilateral por una de las partes del contrato», en *Revista Doctrinal Aranzadi Civil-Mercantil* núm. 5/2010, BIB 2010\1344.

Pareja i Lozano, C., *Régimen del suelo no urbanizable*, Marcial Pons, Madrid, 1990.

Pau Pedrón, A., *Elementos de Derecho Hipotecario*, Madrid, Publicaciones de la Universidad Pontificia de Comillas. 2003.

Perea González, A. «Diálogos para el futuro judicial XXXVII. Vivienda y perspectiva legislativa. Plan de choque de la Justicia». *Diario La Ley*, n.º 9993, 2022.

Pérez Ureña, A.A., «La atribución del uso de la vivienda familiar y el pago de los gastos de la Comunidad de Propietarios», en *Práctica de Tribunales*, núm.112, enero-febrero 2015, La Ley 9199/2014.

Pérez Vega, A., «El gran tenedor de inmuebles como propietario de segunda categoría en la Ley 12/2023, de 24 de mayo por el derecho a la vivienda», *Diario La Ley*, núm. 10306, Sección Tribuna, 13 de junio de 2023, LA LEY 5132/2023.

Polo Portilla, M.J. y **Gamella Carballo, S.**, «Presentación de Jurisprudencia Al Detalle: Nuevos servicios comunes en la Comunidad de Propietarios», en *Notas y Comentarios* Sepín, octubre 2020, SP/DOCT/106933.

Polo Portilla, M.J., «Gastos comunes. Es necesario que se acuerden en Junta», en *Artículo Monográfico Sepín*, 2021, SP/DOCT/109589.

Polo Portilla, M.J., «La rehabilitación energética de los edificios. Modificación de la LPH. Primeras reflexiones y muchas dudas», en *Opinión Sepín*, octubre 2021, SP/DOCT/114443.

Polo Portilla, M.J., «Los propietarios ausentes en los acuerdos de mejora STS, Sala Primera, de lo Civil, 11-11-2020 (SP/SENT/1072947)», en Jurisprudencia Comentada Sepín, enero 2021, SP/DOCT/109048.

Polo Portilla, M.J., «Presentación de Jurisprudencia al Detalle: Sanciones en el Régimen de Propiedad Horizontal» en *Notas y Comunitarios Sepín*, agosto 2022, SP/DOCT/119757.

Posteguillo Gómez, S. *Los asesinos del emperador*, Planeta, Madrid, 2021.

Pretel Serrano, J.J., «El Derecho de Superficie», en *Lecciones de Derecho Privado*, obra colectiva, directores: Manuel Rivera Fernández y Manuel Espejo Lerdo De Tejada, coordinadora: Esther Muñiz Espada, Tomo III, Tecnos, Madrid, 2022.

Pretel Serrano, J.J., *Tratado de Derecho Inmobiliario Registral*, Coordinadores: Murga Fernández, J.P., Espejo Lerdo De Tejada, M., Del Rey Barba, S. 13 de septiembre de 2021, Tirant Online, Valencia, Documento TOL8.622.239.

Puche Ramos, A. «Objeto de la acción de impugnación de acuerdos comunitarios: Acuerdos colectivos y anulables, no nulos de pleno Derecho STS, Sala Primera, de lo Civil, de 12-1-2022 (SP/SENT/1128051)», en *Jurisprudencia Comentada Sepín*, marzo 2022, SP/DOCT/119002.

Puente y Franco, A. y **Díaz, J.F.** H*istoria de las Leyes, Plebiscitos y Senadoconsultos más notables desde la fundación de Roma hasta Justiniano*. Editorial Vicente de Lalama. Madrid, 1840.

Rams Albesa, J., **Moreno Florez, R.M.** y **Rubio San Roman, J.I.**, Apuntes de Derecho Inmobiliario Registral, Dykinson S.L., 5.ª. Ed. Madrid, 2020

Rifá Soler, J.M., *La anotación preventiva de embargo*, Montecorvo S.A., Madrid, 1983.

Roca Sastre, R.M. y **Roca Sastre Muncunill, L.** *Derecho Hipotecario*, 7.ª. Ed., tomo I, Bosch, Barcelona, 1979.

Roca Sastre, R.M. y **Roca Sastre Muncunill, L.** *Derecho Hipotecario*, 7.ª. Ed., tomo II, Bosch, Barcelona, 1979.

Roca Sastre, R.M. y **Roca Sastre Muncunill, L.** *Derecho Hipotecario*, 7.ª. Ed., tomo III, Bosch, Barcelona, 1979.

Rodríguez Morata, F. «Ejercicio de la acción prevista en el art. 1597 del Código Civil (LEG 1889, 27) en caso de aumento de obra (Notas a la Sentencia del TS de 15 de marzo 1990 [RJ 1990, 1698])», en *Revista Doctrinal Aranzadi Civil-Mercantil*, 1993, BIB 1993\113.

Rodríguez Rosado, B., «Comentario al Artículo 9 de la Ley de Propiedad Horizontal», en *Comentarios a la Ley de Propiedad Horizontal*, obra colectiva, director: Miquel González, J.M., Aranzadi, Cizur Menor, 2011.

Rodríguez Tapia, J.M. «Comentario al artículo 10 de la Ley de Propiedad Horizontal», en *Comentarios a la Ley de Propiedad Horizontal*, obra colectiva, director: José María Miquel González, Aranzadi, Cizur Menor, 2011.

Rojo Iglesias, E. «El asiento de presentación. La prioridad y el rango», en Tratado de Derecho Civil. La fe pública registral, tomo X. obra colectiva, director: Rams Albesa, J., coordinadores: Lacruz Bescós, J.L. y Vigil De Quiñones Otero, D., Dykinson S.L., Madrid, 2022.

Ruda González, A., *El contrato de cesión de suelo por obra*, Tirant lo Blanch, Valencia, 2002, TOL 636.3499.

Ruiz Rico Ruiz, J.M., «Comentario al Artículo 9 de la Ley de Propiedad Horizontal», en *Propiedad Horizontal*, obra colectiva, Tomo II, directores: Diez Nuñez, J.J. y González Martín, L.A., Consejo General del Poder Judicial, Madrid, 2008.

Sabaté I Vidal, J.M. y **Fuentes I Gasó, J.R.** «Derecho público y derecho privado en las concesiones administrativas de dominio de los puertos y dársenas deportivas», en *Actualidad Administrativa*, núm. 5, mayo 2015.

Saborido Sánchez, P., «Asientos registrales I», en Lecciones de Derecho Inmobiliario Registral, obra colectiva, coordinadoras: Diéguez Oliva, R. y Saborido Sánchez, P., Tirant lo Blanch, Valencia, 2021.

Saborido Sánchez, P., «Asientos registrales. La inscripción», en Esquemas de Derecho Civil III, Derechos Reales. Derecho Registral», obra colectiva, directora: Cañizares Laso, A., coordinadora: Diéguez Oliva, R., 4.ª Ed., Tirant lo Blanch, Valencia, 2022.

SABORIDO SÁNCHEZ, P., «Eficacia ofensiva del registro: la fe pública registral», en *Lecciones de Derecho Inmobiliario Registral*, obra colectiva, coordinadoras: DIÉGUEZ OLIVA, R. y SABORIDO SÁNCHEZ, P., Tirant lo Blanch, Valencia, 2021.

SABORIDO SÁNCHEZ, P., «La transmisión de la propiedad de los inmuebles y su publicidad. El Registro de la Propiedad», en *Lecciones de Derecho Inmobiliario Registral*, obra colectiva, coordinadoras: Rocío DIÉGUEZ OLIVA y Paloma SABORIDO SÁNCHEZ, Tirant lo Blanch, Valencia, 2021.

SABORIDO SÁNCHEZ, P., «La Usucapión y el Registro de la Propiedad», en Lecciones de Derecho Inmobiliario Registral, obra colectiva, coordinadoras: DIÉGUEZ OLIVA, R. y SABORIDO SÁNCHEZ, P., Tirant lo Blanch, Valencia, 2021.

SACRISTÁN REPRESA, G., «De las medidas cautelares», en *Enjuiciamiento Civil. Comentarios y Jurisprudencia*, obra colectiva, coordinador: XIOL RÍOS, J.A., Sepin, Madrid, 2008.

SALAS CARCELLER, A., «Comunitario Artículo 989.Real Decreto de 24 de julio de 1989, que dispone de la publicación del Código Civil», en *Artículo Monográfico Sepín*, junio 2009, SP/DOCT/10798.

SALGADO MEJÍA, R.A. y **VELASQUEZ MONCADA, C.A.**, «Procedimiento monitorio hondureño desde el derecho procesal comparado europeo. Garantía constitucional del derecho a la defensa», en *Revista Portal de la Ciencia*, núm. 15, 2013, págs. 67-70.

SALVATIERRA OSSORIO, D., «El desistimiento en los contratos de arrendamiento». *Práctica de Tribunales*, núm. 126, Sección Estudios, mayo-junio 2017, LA LEY 4208/2017.

SÁNCHEZ CALERO, F.J. Y **SÁNCHEZ-CALERO ARRIBAS, B.** *Manual de Derecho Inmobiliario Registral*. Tirant lo Blanch. 5.ª ed, Valencia, 2017.

SÁNCHEZ HERNÁNDEZ, A., «Comentario a la Sentencia de 5 de julio de 2010 (RJ 2010, 5701)», en *Revista Cuadernos Civitas de Jurisprudencia Civil*, núm. 86/2011, 2011, BIB 2011\860.

SANTOS BRITZ, J., «Comentario al artículo 1124», en *Código Civil, Doctrina y Jurisprudencia*, obra colectiva, coordinador: ALBÁCAR LÓPEZ, J.L., Trivium, Madrid, 1991, pág. 162.

SANTOS BRIZ, J., «Comentarios a los artículos 1088 a 1314», en *Código Civil, Doctrina y Jurisprudencia*, obra colectiva, coordinador: ALBÁCAR LÓPEZ, J.L., Trivium, Madrid.

SEOANE SPIEGELBERG, J.L., «De la ejecución dineraria», en *Enjuiciamiento Civil. Comentarios y Jurisprudencia*, obra colectiva, coordinador: XIOL RÍOS, J.A., Sepin, Madrid, 2008.

SERNA VALLEJO, M., «La protección Registral de la propiedad: especial referencia a las resoluciones de la Dirección General del Registro de la Propiedad y a la doctrina del Tribunal Supremo», en *Historia de la Propiedad en España*. Siglos XV – XX, obra colectiva, Coordinadores: V.V.A.A., Centro de Estudios Registrales, Madrid, 1999.

SIGNES PASCUAL, M., «Propiedad y derechos reales», en *Manual de Derecho Inmobiliario*, obra colectiva, coordinador: MORENO UBRIC, R., Aranzadi, Cizur Menor, 2021.

TORRENT RUIZ, A., *Manual de Derecho Privado Romano,* Librería General, Zaragoza, 1987.

TORRES LANA, J.A., «Comentario al artículo 366 CC», en *Código Civil. Doctrina y Jurisprudencia*, obra colectiva, Tomo II, Coordinador ALBACAR LÓPEZ, J.L., Trivium, Madrid, 1991, págs. 218-220.

VALDERRAMA, F., *Mediciones y presupuestos para arquitectos e ingenieros de edificación*, Reverté, Barcelona, 2007.

VALPUESTA FERNÁNDEZ, R., *Derecho Civil, Derechos Reales y Derecho Inmobiliario Registral*, Tirant Online, Valencia, 2021, documento TOL74.600.

VENTURA-TRAVESET Y GONZÁLEZ, A. *Derecho de propiedad horizontal*. Bosch, Barcelona, 2000.

VIGIL DE QUIÑONES OTERO, D. «El derecho Inmobiliario registral», en *Tratado de Derecho Civil*. La fe pública registral, tomo X. obra colectiva, director: RAMS ALBESA, J., coordinadores: LACRUZ BESCÓS, J.L. y VIGIL DE QUIÑONES OTERO, D., Dykinson, Madrid, 2022.

WACKE, A. *Revista chilena de derecho*. Versión On-line ISSN 0718-3437. Revista chilena de derecho, vol.40 núm. 2, ago. 2013. http://dx.doi.org/10.4067/S0718-34372013000200015.

ZURILLA CARIÑANA considera que se trata de mitigar una «excesiva sanción». ZURILLA CARIÑANA, M.A., «Comentario al Artículo 9 de la Ley de Propiedad Horizontal», en *Comentarios a la Ley de Propiedad Horizontal*, obra colectiva, 5.ªEd., coordinador: BERCOVITZ-RODRÍGUEZ CANO, R., Aranzadi, Cizur Menor, 2014.

SENTENCIAS Y RESOLUCIONES

Tribunal de Justicia de la Unión Europea

- STJUE de 22 de noviembre de 2022, ECLI:EU:C:2022:912.

Tribunal Constitucional

- STC 102/1987, de 17 de junio. ECLI: ES: TC: 2020: 95.
- STC 61/1997, de 20 de marzo. ECLI:ES:TC:1997:61.
- STC 334/2006, de 20 de noviembre. BOE núm. 303, de 19 de diciembre de 2006.
- STC, Pleno, 1/2018, de 11 de enero. ECLI:ES:TC:2018:1.

Tribunal Supremo

- STS 160/1981, de 7 de abril. ECLI:ES:TS:1981:4922.
- STS 180/1992, de 2 de marzo de 1992. ECLI:ES:TS:1992:12705.
- STS 3 de abril de 1992. ECLI:ES:TS:1992:2942.
- STS 749/1993, de 19 de julio. ECLI:ES:TS:1993:4300.
- STS 563/1994, de 15 de junio. ECLI:ES:TS:1994:4628.
- STS de 22 de julio de 1995. ECLI:ES:TS:1995:4405.
- STS 456/1997, de 29 de mayo. ECLI:ES:TS:1997:3772.
- STS 491/98, de 26 de mayo. ECLI:ES:TS:1998:3452.
- STS 607/1998, 23 de junio de 1998. ECLI:ES:TS:1998:4206.
- STS de 26 de enero de 1999. ECLI:ES:TS:1999:372.
- STS 891/1999, de 2 de noviembre. ECLI:ES:TS:1999:6855.
- STS 235/2001, de 8 de marzo. ECLI:ES:TS:2001:1839.
- STS 933/2003, de 16 de octubre. ECLI:ES:TS:2003:6361.
- STS 218/2004, de 23 de marzo. ECLI:ES: TS:2004:1968.

- STS 311/2004, de 15 de abril. ECLI:ES:TS:2004:2488.
- STS 2011/2006, de 24 de febrero. ECLI:ES:TS:2006:1052.
- STS de 19 de julio de 2006. ECLI:ES:TS:2006:4429.
- STS 205/2007, de 19 febrero. ECLI:ES:TS:2007:713.
- STS 1278/2007, de 12 diciembre. ECLI:ES:TS:2007:8270.
- STS 779/2008, de 3 de julio de 2018. ECLI: ES:TS:2008:4344.
- STS 715/2008, de 22 de julio. ECLI:ES:TS:2008:4826.
- STS 1093/2008, de 3 de diciembre de 2008. ECLI:ES:TS:2008:6779.
- STS 389/2009, de 27 de mayo. ECLI:ES:TS:2009:3564.
- STS 517/2009, de 30 de junio. ECLI:ES:TS:2009:4247.
- STS 582/2009, de 9 de septiembre. ECLI:ES:TS:2009:5443.
- STS 887/2010, de 3 de enero de 2011. ECLI:ES:TS:2011:263.
- STS de 25 de febrero de 2010. ECLI:ES:TS:2010:906.
- STS 181/2010, de 18 de marzo. ECLI:ES:TS:2010:1133.
- STS 190/2010, de 22 de marzo. ECLI:ES:TS:2010:1517.
- STS 446/2010, de 5 de julio. ECLI:ES:TS:2010:3537.
- STS 599/2010, de 1 de octubre. ECLI:ES:TS:2010:5782.
- STS 66/2011, de 14 de febrero. ECLI:ES:TS:2011:542.
- STS 433/2011, de 21 de junio. ECLI:ES:TS:2011:6075.
- STS 412/2011 de 22 de junio. ECLI: ES:TS:2011:4043.
- STS 541/2011, de 7 de julio. ECLI:ES:TS:2011:4487.
- STS 217/2012, de 13 de abril de 2012. ECLI:ES:TS:2012:3065.
- ATS de 30 de mayo de 2012. ECLI:ES:TS:2012:8017.
- STS 15/2013, de 31 enero. ECLI:ES:TS:2013:1135.
- STS 184/2013, de 7 de marzo. ECLI:ES:TS:2013:1894.
- STS 242/2013, de 10 de mayo. ECLI:ES:TS:2013:3127.
- STS 332/2013, de 24 de mayo. ECLI:ES:TS:2013:3548.
- STS 613/2013, de 22 de octubre. ECLI:ES:TS:2013:5359.
- STS 772/2013, de 19 de diciembre. ECLI:ES:TS:2013:6635.
- STS 539/2014, de 14 de enero. ECLI: ES:TS:2015:125.
- STS 50/2014, de 6 de febrero. ECLI:ES:TS:2014:350.
- STS 221/2014, de 5 de mayo. ECLI: ES:TS:2014:2612.
- STS 604/2014, de 22 de octubre. ECLI:ES:TS:2014:4455.
- STS 757/2014, de 30 de diciembre. ECLI: ES:TS:2014:5698.
- STS 36/2015, de 30 de enero. ECLI:ES:TS:2015:262.

- STS 211/2015, de 22 de abril. ECLI:ES:TS:2015:1536.
- STS 215/2015, de 29 de abril. ECLI:ES:TS:2015:1731.
- STS 622/2015, de 5 de noviembre. ECLI:ES:TS:2015:4588.
- STS 86/2016, de 19 de febrero. ECLI: ES:TS:2016:624.
- ATS 3029/2016, de 13 de abril. ECLI:ES:TS:2016:3029.
- STS 438/2016, de 29 de junio. ECLI:ES:TS:2016:3141.
- STS 963/2016 de 20 diciembre. ECLI:ES:TS:2016:5815.
- STS 52/2017, de 27 de enero. ECLI:ES:TS:2017:173.
- STS 418/2018, de 3 de julio. ECLI: ES:TS:2018:2565.
- STS 543/2018, de 3 de octubre. ECLI:ES:TS:2018:3342.
- STS 586/2018, de 18 de octubre. ECLI:ES:TS:2018:4462.
- STS 710/2018, de 18 de diciembre. ECLI:ES:TS:2018:4248.
- STS 381/2018, de 21 de junio. ECLI:ES:TS:2018:2387.
- STS 216/2019, de 5 de abril. ECLI:ES:TS:2019:1090.
- STS 239/2019, de 24 de abril. ECLI:ES:TS:2019:1341.
- STS 13/2020, de 15 de enero. ECLI:ES:TS:2020:25.
- ATS de 12 de febrero de 2020, ECLI:ES:TS:2020:1265A.
- STS 6148/2000, de 21 de julio. ECLI:ES:TS:2000:6148.
- STS 590/2020, de 11 noviembre. ECLI:ES:TS:2020:3645.
- STS 197/2021, de 12 de abril. ECLI:ES:TS:2021:1350.
- STS 205/2021, de 15 de abril de 2021. ECLI:ES:TS:2021:1453.
- STS 1497/2021, de 4 de mayo. ECLI:ES:TS:2021:1497.
- STS 276/2021, de 10 de mayo. ECLI:ES:TS:2021:1792.
- STS 370/2021, de 31 de mayo. ECLI: ES: TJ: 2021: 2195.
- STS 783/2021, de 15 de noviembre. ECLI:ES:TS:2021:4141.
- STS 7/2022, de 7 de enero. ECLI:ES:TS:2022:25.
- STS 12/2022, de 12 de enero. ECLI:ES:TS:2022:36.
- STS 154/2022, de 28 de febrero. ECLI:ES:TS:2022:719.
- ATS de 2 de marzo de 2022. ECLI:ES:TS:2022:3163A.
- STS 1211/2023, de 25 de julio. ECLI: ES:TS:2023:3503.
- STS 1671/2023, de 29 de noviembre. ECLI:ES:TS:2023:5199.
- STS 80/2024, de 23 de enero. ECLI: ES:TS:2024:171.
- STS 90/2024, de 24 de enero. ECLI: ES:TS:2024:196.
- STS 105/2024, de 30 de enero. ECLI:ES:TS:2024:331.
- STS 287/2024, de 28 de febrero. ECLI:ES:TS:2024:1125.

- STS 332/2024, de 6 de marzo. ECLI:ES:TS:2024:1385.
- STS 916/2024, de 27 de junio. ECLI:ES:TS:2024:4100.
- STS 1232/2024, de 3 de octubre, ECLI: ES:TS:2024:4790.
- STS 1233/2024, de 3 de octubre, ECLI:ES:TS:2024:4791.

Tribunales Superiores de Justicia

- STSJ Principado de Asturias 358/2021, de 30 abril. ECLI: ES:TSJAS:2021:1367.

Audiencias Provinciales

A Coruña

- SAP A Coruña, Sec. 5.ª, 448/2014, de 12 de diciembre. ECLI:ES:APC:2014:2893.
- SAP A Coruña, Santiago de Compostela, Sec. 6.ª, 381/2016, de 30 de diciembre. ECLI:ES:APC:2016:3258.
- SAP A Coruña, Santiago de Compostela, Sec. 6.ª, 71/2022, de 8 de marzo. ECLI:ES:APC:2022:759.
- SAP A Coruña, Sec. 5.ª, 413/2023, de 14 de noviembre. ECLI:ES:APC:2023:2748.

Albacete

- SAP Albacete, Sec. 1.ª, 18/2023, de 20 de enero. ECLI:ES:APAB:2023:49.

Alicante

- SAP Alicante, Sec. 4.ª, 375/2014, de 18 de diciembre. ECLI:ES:APA:2014:4058.
- SAP Alicante, sec. 9.ª, 349/2015, de 2 de octubre. ECLI: ES:APA:2015:3164.
- SAP Alicante, Elche, Sec. 9.ª, 351/2021, de 14 de septiembre. ECLI:ES:APA:2021:2118.
- SAP Alicante, Elche, Sec. 9.ª, 514/2021, de 26 de noviembre. ECLI:ES:APA:2021:2595.
- SAP Alicante, Elche, Sec. 9.ª, 47/2022, de 7 de febrero. ECLI:ES:APA:2022:137.

Asturias

- SAP Asturias, Oviedo, Sec. 6.ª, 303/2019, de 24 de septiembre. ECLI:ES:APO:2019:2557.
- SAP Asturias 146/2020, de 19 de mayo. ECLI:APO:2020:2027.
- SAP Asturias, Oviedo, Sec. 4.ª, 64/2023, de 3 de febrero. ECLI:ES:APO:2023:515.

Ávila

- SAP Ávila,Sec. 1.ª, 129/2023, de 19 de abril. ECLI:ES:APAV:2023:159.

Badajoz

- SAP Badajoz, Mérida, Sec. 3.ª, 184/2016, de 5 de septiembre. ECLI:ES:APBA:2016:654.

Baleares

- SAP Baleares 261/2003 de 7 de mayo. ECLI:ES:APIB:2003:1129.
- SAP Baleares, Sec. 3.ª, 196/2015, de 1 de julio. ECLI:ES:APIB:2015:1174.
- SAP Baleares, Sec. 4.ª, 633/2022, de 14 de diciembre. ECLI:ES:APIB:2022:3396.
- SAP Baleares, Sec. 4.ª, 95/2023, de 7 de marzo, ECLI:ES:APIB:2023:896.
- SAP Baleares, Sec. 5.ª, 766/2023, de 14 de noviembre. ECLI:ES:APIB:2023:2836.

Barcelona

- SAP Barcelona 315/2012, de 7 de junio. ECLI: ES:APB:2012:7857.
- SAP Barcelona, sección 17.ª, 607/2010, de 15 de diciembre. ECLI:ES:APB:2010:10787.
- SAP Barcelona, Sec. 17.ª, 11/2016, de 14 de enero. ECLI:ES:APB:2016:1230.
- SAP Barcelona de 6 de marzo de 2000. ECLI:ES:APB:2000:2789.
- SAP Barcelona 414/2020, de 13 de octubre. ECLI:APB:2020:9740.
- SAP Barcelona, Sec. 14.ª, 343/2020 de 24 de noviembre. ECLI:APB:2020:11868.
- SAP Barcelona, Sec. 4.ª, 251/2023, de 24 de abril. ECLI:ES:APB:2023:4491.
- SAP Barcelona, Sec. 17.ª, 291/2023, de 25 de mayo. ECLI:ES:APB:2023:5555.

Burgos

- SAP Burgos, 184/2007, de 2 de mayo. ECLI:ES:APBU:2007:753.
- SAP Burgos 228/2007, de 6 de junio. ECLI:ES:APBU:2007/410.
- SAP Burgos, Sec. 2.ª, 113/2019, de 29 de marzo. ECLI:ES:APBU:2019:354.
- SAP Burgos, Sec. 3.ª, de 26 de enero de 2022. ECLI:ES:APBU:2022:37.
- SAP Burgos, Sec. 2.ª, 403/2022, de 23 de diciembre. ECLI:ES:APBU:2022:1077.
- SAP Burgos, Sec. 3.ª, 27/2023, de 30 de enero. ECLI:ES:APBU:2023:83.

Cáceres

- SAP Cáceres, Sec. 1.ª, 987/2020, de 11 de diciembre. ECLI:ES:APCC:2020:1246.

Cantabria

- SAP Cantabria 40/2023, de 25 de enero. ECLI:ES:APS:2023:62.

Castellón

- SAP Castellón, Sec. 3ª, 630/2022, de 4 de noviembre. ECLI:ES:APCS:2022:731.

Córdoba

- SAP Córdoba, Sec. 1.ª, 806/2023, de 18 de septiembre. ECLI:ES:APCO:2023:886.

Girona

- SAP Girona, Sec. 2.ª, 388/2022, de 27 de septiembre. ECLI:ES:APGI:2022:1230.

Granada

- SAP Granada, Sec. 5.ª, 15 de octubre de 2010. ECLI:ES:APGR:2010:1635.
- SAP Granada, Sec. 5.ª, 267/2020, de 11 de septiembre. ECLI:ES:APGR:2020:1935.
- SAP Granada, Sec. 3.ª, 526/2022, de 4 de julio. ECLI:ES:APGR:2022:1122.

Guadalajara

- SAP Guadalajara 142/2007, de 22 de junio. ECLI: ES:APGU:2007:222.

Huesca

- SAP Huesca, Sec. 1.ª, 159/2015, de 25 de noviembre. ECLI:ES:APHU:2015:335.

Las Palmas

- SAP Las Palmas, Sec. 3.ª, 2/2014, de 10 de enero. ECLI:ES:APGC:2014:873.
- SAP Las Palmas, Sec. 4.ª, de 7 de septiembre de 2016. ECLI:ES:APGC:2016:1374.
- SAP Las Palmas 84/2020, de 13 de febrero. ECLI:ES:APGC:2020419.

León

- SAP León, Sec. 1.ª, 187/2021, de 2 de marzo. ECLI:ES:APLE:2021:309.

Lugo

- SAP Lugo 126/2022, de 21 de febrero. ECLI:ES:APLU:2022:129.
- SAP Lugo, Sec. 1.ª, 692/2022, de 15 de diciembre. ECLI:ES:APLU:2022:1105.

Madrid

- SAP Madrid, sección 14.ª, 523/2011, de 20 de octubre. ECLI:ES:APM:2011:1463.
- SAP Madrid 24/2012, de 27 de enero. ECLI: ES:APM:2012:1040.
- SAP Madrid, 144/2015, de 31 de marzo. ECLI:APM:2015/6388.
- SAP Madrid, Sec. 21.ª, 136/2016, de 11 de marzo. ECLI:ES:APM:2016:5173.
- SAP Madrid 424/2016, de 23 de diciembre. ECLI:ES:APM:2016:17750.
- SAP Madrid, 172/2019, de 28 de marzo. ECLI:ES:APM:2019:2937.
- SAP Madrid, Sec. 14.ª, 53/2020, de 21 de febrero. ECLI:ES:APM:2020:2665.
- SAP Madrid, Sec. 20.ª, 398/2021, de 2 de noviembre. ECLI:ES:APM:2021:13681.

- SAP Madrid 428/2021, de 18 de noviembre. ECLI:ES:APH;2021:15594.
- SAP Madrid, Sec. 13.ª, 229/2022, de 1 de junio. ECLI:ES:APM:2022:7739.
- SAP Madrid, Sec. 21.ª, 199/2022, de 13 de junio. ECLI:ES:APM:2022:10061.
- SAP Madrid, Sec. 9.ª, 355/2022, de 18 de julio. ECLI:ES:APM:2022:11587.
- SAP Madrid, Sec. 20.ª, 52/2023, de 9 de febrero. ECLI:ES:APM:2023:3797.
- SAP Madrid, Sec. 8.ª, 168/2023, de 13 de marzo. ECLI:ES:APM:2023:4592.
- SAP Madrid, Sec. 14.ª, 299/2023, de 21 de junio. ECLI:ES:APM:2023:10368.
- SAP Madrid, Sec. 8.ª, 368/2023, de 27 de julio. ECLI:ES:APM:2023:12400.
- SAP Madrid 536/2023, de 22 de diciembre. ECLI:ES:APM:2023:20127.

Málaga

- SAP Málaga 1332/2004, de 3 de diciembre. ECLI:ES:APMA:2004:5053.
- SAP Málaga, Sec. 6.ª, 179/2011, de 30 de marzo. ECLI:ES:APMA:2011:1111.
- SAP Málaga, Sec. 5.ª, 496/2022, de 28 de noviembre. ECLI:ES:APMA:2022:3255.
- SAP Málaga, Sec. 4.ª, 195/2023, de 17 de marzo. ECLI:ES:APMA:2023:717.
- SAP Málaga 354/2024, de 20 de mayo. ECLI:ES:APMA:2024:1913.

Murcia

- SAP Murcia, Cartagena, Sec. 5.ª, 278/2022, de 25 de octubre. ECLI:ES:APMU:2022:2591.

Navarra

- SAP Navarra, Sec. 3.ª, 754/2022, de 17 de octubre. ECLI:ES:APNA:2022:1239.

Orense

- SAP Ourense, Sec. 1.ª, 301/2018, de 2 de octubre. ECLI:ES:APOU:2018:535.
- SAP Ourense, Sec. 1.ª, 498/2019, de 13 de diciembre. ECLI:ES:APOU:2019:862.

Palencia

- SAP Palencia, Sec. 1.ª, 224/2020, de 20 de julio. ECLI:ES:APP:2020:304.

Pontevedra

- SAP Pontevedra, Sec. 3.ª, 208/2023, de 13 de abril. ECLI:ES:APPO:2023:614.

Salamanca

- SAP Salamanca, Sec. 1.ª, 428/2011, de 17 de octubre. ECLI:ES:APSA:2011:669.

Santa Cruz de Tenerife

- SAP Santa Cruz de Tenerife, Sec. 3.ª, 239/2014, de 7 de julio. ECLI:ES:APTF:2014:979.
- SAP Santa Cruz de Tenerife, Sec. 3.ª, 164/2016, de 5 de mayo. ECLI:ES:APTF:2016:1307.
- SAP Santa Cruz de Tenerife, Sec. 3.ª, 320/2018, de 4 de septiembre. ECLI:ES:APTF:2018:1545.

Segovia

- SAP Segovia, Sec. 1.ª, 129/2020, de 21 de abril. ECLI:ES:APSG:2020:145.

Sevilla

- SAP Sevilla de 20 de junio de 2007. ECLI: ES:APSE:2007:3096.
- SAP Sevilla, Sec. 8.ª, 274/2014, de 16 de octubre. ECLI:ES:APSE:2014:4188.

Tarragona

SAP Tarragona, Sec. 3.ª, 106/2021, de 4 de marzo. ECLI:ES:APT:2021:301.

Toledo

- SAP Toledo, Sec. 1.ª, 823/2022, de 29 de junio. ECLI:ES:APTO:2022:1283.
- SAP Toledo, Sec. 2.ª, 219/2022, de 9 de noviembre. ECLI:ES:APTO:2022:1822.

Valencia

- SAP Valencia, Sec. 6.ª, 331/2011, de 26 de mayo. ECLI:ES:APV:2011:3818.

Vizcaya

- SAP Vizcaya, Sec. 5.ª, 231/2020, de 1 de octubre. ECLI:ES:APBI:2020:709.
- SAP Vizcaya, Sec. 3.ª, 381/2020, de 3 de diciembre. ECLI:ES:APBI:2020:3483.
- SAP Vizcaya, Sec. 5.ª, 105/2022, de 27 de abril. ECLI:ES:APBI:2022:931.

Zaragoza

- SAP Zaragoza, Sec. 5.ª, 154/2010, de 15 de marzo. ECLI:ES:APZ:2010:264.
- SAP Zaragoza, Sec. 4.ª, 234/2022, de 29 de julio. ECLI:ES:APZ:2022:1809.
- SAP Zaragoza, Sec. 5.ª, 74/2023, de 10 de febrero. ECLI:ES:APZ:2023:347.
- SAP Zaragoza, Sec. 5.ª, 121/2023, de 9 de marzo. ECLI:ES:APZ:2023:43.

Resoluciones de la Dirección General de los Registro y del Notariado / Dirección General de Seguridad Jurídica y Fe Pública

- RDGRN/RDGSJFP de 26 de junio de 1986. BOE de 16 de julio de 1986.
- RDGRN/RDGSJFP de 25 de junio de 1991. BOE de 16 de agosto de 1991.
- RDGRN/RDGSJFP de 3 de diciembre de 2003 (Resolución-circular).
- RDGRN/RDGSJFP de 11 de febrero 2008. BOE de 1 de marzo de 2008.
- RDGRN/RDGSJFP de 8 de abril de 2008. BOE, 7 de mayo de 2008.
- RDGRN/RDGSJFP de 9 de abril de 2008. BOE, 7 de mayo de 2008.
- RDGRN/RDGSJFP de 15 de septiembre de 2009. BOE de 7 de octubre de 2009.
- RDGRN/RDGSJFP de 3 de febrero de 2010. BOE de 5 de abril de 2010.
- RDGRN/RDGSJFP de 17 de mayo de 2010. BOE de 5 de julio de 2010.
- RDGRN/RDGSJFP de 8 de noviembre de 2010. BOE de 1 de enero de 2011.
- RDGRN/RDGSJFP de 13 de abril de 2011. BOE de 10 de agosto de 2011.
- RDGRN/RDGSJFP de 18 de julio de 2011. BOE de 7 de octubre de 2011.
- RDGRN/RDGSJFP de 9 de marzo de 2012. BOE de 7 de mayo de 2012.
- RDGRN/RDGSJFP de 7 de junio de 2012. BOE de 12 de julio de 2012.
- RDGRN/RDGSJFP de 1 de abril de 2013. BOE de 23 de abril de 2013.
- RDGRN/RDGSJFP de 11 de julio de 2013. BOE de 24 de septiembre de 2013.
- RDGRN/RDGSJFP de 7 de mayo de 2014. BOE de 3 de julio de 2014.
- RDGRN/RDGSJFP de 17 septiembre de 2014. BOE 9-10-2014
- RDGRN/RDDSJFP de 12 de enero de 2015. BOE de 19 de febrero de 2015.
- RDGRN/RDGSJFP de 7 de julio de 2015. BOE de 12 de agosto de 2015.
- RDGRN/RDGSJFP de 26 de febrero de 2015. BOE de 19 de marzo de 2015.
- RDGRN/RDGSJFP de 1 de diciembre de 2015. BOE de 28 de diciembre de 2015.
- RDGRN/RDGSJFP de 12 de febrero de 2016, BOE de 10 de marzo de 2016.
- RDGRN/RDGSJFP de 6 de septiembre de 2016. BOE de 30 de septiembre de 2016.
- RDGRN/RDGSJFP de11 de julio de 2017. BOE de 27 de julio de 2017.
- RDGRN/RDGSJFP de 19 de febrero de 2018. BOE de 7 de marzo de 2018.
- RDGRN/RDGSSFP de 11 de mayo de 2018. BOE 29 de mayo de 2018.
- RDGRN/RDGSJFP de 18 de julio de 2018. BOE de 7 de agosto de 2018.
- RDGRN/RDGSJFP de 20 de septiembre de 2018. BOE de 10 de octubre de 2018.
- RDGRN/RDGSJFP de 20 de junio de 2019. BOE 17 de julio de 2019.
- RDGRN/RDGSJFP de 22 de julio de 2019. BOE 9 de agosto de 2019.
- RDGRN/RDGSJFP de 4 de septiembre de 2019. BOE de 30 de octubre de 2019.

- RDGRN/RDGSJFP de 28 de noviembre de 2019. BOE de 27 de diciembre de 2019.
- RDGRN/RDGSJFP de 12 de marzo de 2020. BOE de 6 de julio de 2020.
- RDGRN/RDGSJFP de 3 de junio de 2020. BOE de 23 de julio de 2020.
- RDGRN/RDGSJFP de 20 de noviembre de 2020. BOE de 7 de diciembre de 2020.
- RDGRN/RDGSJFP de 15 de enero de 2021. BOE 28 de enero de 2021.
- RDGRN/RDGSJFP de 22 de enero de 2021. BOE 12 de febrero de 2021.
- RDGRN/RDGSJFP de 27 de abril de 2021. BOE 19 de mayo de 2021.
- RDGRN/RDGSJFP de 29 de abril de 2021. BOE 19 de mayo de 2021.
- RDGRN/RDGSJFP de 8 de junio de 2021. BOE 29 de junio de 2021.
- RDGRN/RDGSJFP de 16 de julio de 2021. BOE de 30 de Julio de 2021.
- RDGRN/RDGSJFP de 2 de septiembre de 2021. BOE de 14 de octubre de 2021.
- RDGRN/RDGSJFP de 30 de marzo de 2022. BOE, de 19 de abril de 2022.
- RDGRN/RDGSJFP de 11 de julio de 2022. BOE, de 2 de agosto de 2022.
- RDGRN/RDGSJFP de 6 de septiembre de 2022. BOE de 14 de octubre de 2022.

Made in the USA
Monee, IL
08 November 2026

67811064R20254